文
景

———————

Horizon

中国原生
文明论

文明新论

孙皓晖 著

上海人民出版社

目 录

上 篇

第一编　我们的文明史意识　/ 51

在文明继承的意义上，我们必须具有一种立足于整体中
国文明史的大器局、大气魄。我们的文明视野，必须高
高越过两千余年的文明停滞期，直接与我们的原生文明
时代实现精神对接，直接与我们的文明正源实现精神对
接。那里有我们的光荣，那里有我们的梦想。

大秦帝国是中国文明的正源。大秦帝国所处的时代是中国五千年文明史中最重要的一个时代。秦帝国骤然消逝于历史的天宇，是中国文明史的一个巨大变数。原生文明淡出高端文明视野，是中国文明史的一幕深刻悲剧。

他们没有被巨大的政治灾难摧垮，没有被西部戎狄海洋吞没，没有被长期颠沛流离的苦难泯灭，没有被列强卑秦与众多围攻肢解，没有被一己族群的生存恩仇遮蔽视野，终于以强势开放的襟怀为根基，在变法浪潮中杀出了一条血路，一举强势崛起，再度挺进百余年，终于统一了中国文明。

下　篇

第三编　战国之兴亡反思：新六国论 / 301

好战者必亡，忘战者必危；国家生存之道，寓于对战争的常备不
懈之中。纵观中国历史，举凡耽于幻想的偏安忘战政权，无一不
因此迅速灭亡。

第四编　战国人物论 / 387

在那个"求变图存"的时代，他们自觉地卷入了历史大潮，既强

烈地追求着自我价值的最大实现，又自觉担负起了天下兴亡的重担。他们的个人命运，已经变成了国家命运与族群命运的缩影。他们义无反顾，死不旋踵，一代一代地推进着社会变革。

总序

中国统一文明的体系结构

一

确立中国文明话语权，已经成为紧迫的历史性需求。

一个民族，一个国家，其文明话语权的基本方面，是能在世界国家文明之林中清晰准确地表述自身文明的本质架构、历史演变特征，及核心价值观体系。能将如此三个基本方面，在本国民族群所能具有的共同社会意识的基础上清晰准确地做出表述的国家，基本上没有出现过。至少，近现代以来五百余年的历史上，没有一个国家能够真正以理论形式做出对自身文明的系统表述。因为，即使是历史很短的国家，如美国这样只有两百余年历史的新生代，也对自身历史充满了争议，很难整合出一种具有广泛社会认知基础的共同表述。经常可见的大多数国家所能做出的自我表述，往往更多体现于对某些重大事件所持有的价值观评判，而不是整体性的国家文明陈说。

中国对自身文明的认知，基本上也是这种状态。

显然，国家文明自我认知的普遍混乱，是长期的历史存在，绝非现当代才突然出现。从本质上看，这一现象意味着人类世界对于国家时代庞大芜杂的生存形态，依然处于自发状态。也就是说，世界各个国家对于自身的现实文明形态，对现实的国家冲突，对未来的发展方向，基本上还处于以眼前利益为依据而本能做出种种应对；真正依据国家文明所具有的价值观体系，对历史、现实、未来，皆能做出理性应对的国家，很少很少。这一认知现状，距离人类文明冲破各自形态的局限性而出现历史性突破，尚有很大距离。就现实而言，则对世界各国各民族的相互交流融合，生成了无数错综复杂的历史鸿沟；对国家文明之间的相互理解，则构成了巨大的深层障碍。

作为世界上唯一不脱离本土而延续至今的文明常青树，中国理应首先确立自身的国家文明话语权。如此，既有利于国家文明的自我认知，亦有利于世界国家之林对中国形成明确稳定的认知。任何一种国家文明形态，要获得强大的生命力，都必须完成这一基础性人文工程。否则，只能停滞于现代生产力基础上的自发状态。要完成这一基础性人文工程，首要的一步，便是深入发现中国统一文明在上述三个方面的基本内涵，并在此基础上确立中国统一文明的体系结构。

虽然道路必然坎坷，但是我们必须开始。

二

统一文明，是中国文明形态最基本的范畴定性。

这是中国文明五千余年历史实践所呈现的目标性所确立的。

历史实践，是任何文明形态生成与发展的原生态呈现，是认知任何文明的基础"材料"大海。对于一个以诸多民族构成的民族群为生命主体，又有辽阔生存空间的庞然大国，历史实践生成的种种"材料"几乎是无边无际的。要从庞大芜杂的"材料"海洋中发现历史主流的走向，及其经由长期冲击所形成的具有稳定外在形态的框架，则如同大禹治水，首先必须在"浩浩怀山襄陵"的纷纭乱流中发现洪水主流的趋东向海走向，才能确立向海疏导的治水路径。

中国文明的历史实践主流，是有清晰走向的。

这一历史主流，就是持续不断地走向统一国家，及持续不断地维护统一文明形态的浩浩大潮。总体上看，前三千余年的历史主流，是不断走向更高的统一生存形态，直到秦帝国创建出巅峰高度的统一国家文明。从黄帝时期基于消除无序争夺，创建早期族群大联盟政权，中国民族群就开始了走向更高统一形态的历史脚步。其后，历经五帝时期的发展，在相对统一政权下能够达成有序生存发展形态，已经成为中国民族群的自觉认知。唯其如此，当洪荒大灾难来临的危机时期，才有了舜帝强力有效组织的大禹治水。历经尧、舜、禹三代大联盟政权艰苦辉煌的奋争，夏人族群创建了具有坚实根基的第一个真正意义上的国家——夏。由此，中国开始了国家文明的历史进程。

夏王国，是以"天子"直领（直接治理）的"王畿"族群聚居区域为核心；对其余现存的诸多独立部族，则承认为拥有自治权的"诸侯国"，名义上对夏王国"称臣"。如此形态的王国，以现代国家理念看，就是邦联制国家。发展到商王国时期，商王除直领王畿之外，对诸侯邦国已经有了部分干预权；成为半邦联又半联邦性质的国家。再到西周王国时期，历经周公东征之后，王室有效控制了天下土地与人口。因此，诸侯国变成了由周天子直接封赏的附属邦国，王室具有极大的军政号令权。由此，西周王国发展为成熟的联邦制统一国家。在如此一千五百余年中，中国逐步向前，终于发展到成熟联邦制的统一文明的新高峰。

从春秋战国开始，中国民族群以多元思想大争鸣为历史形式，完成了对既往生存历史的自觉总结，对诸侯分治的危害性与灾难性有了深刻认知。由此，生成了"天下向一"，即走向更高统一的思想潮流。正是有了这五百余年的历史认知基础，秦帝国才能创建出最具典型性的大国统一文明。若是没有既往不断走向更高统一生存形态的历史基础，没有春秋战国时代完成的统一文明自觉，秦帝国不可能创建治权统一的新国家文明；即或是能够创建，也不可能具有后世无可撼动的历史根基的坚实性。

此后两千余年，则是坚持延续统一文明，并坚持维护统一文明的历史进程。在这两大时期中，都曾经有过统一文明濒临破碎的重大危机。前三千年，除了夏商两代各自在中段出现过分裂危机，尚有春秋时期"四夷侵扰，中国不绝如缕"的重大文明危机。后两千余年，更出现过已成既定事实的几次分裂时段，都是空前深刻的濒临崩溃的文明大危机。但在历史过程中，中国民族群都依靠高度的文明自我认知，依靠强大的国家理性凝聚力，坚持浴血奋争，使统一文明始终颠扑不破。也就是说，每遇统一国家文明分裂的重大危机，中国民族群总能依靠深入血脉的强力奋争，一次次地冲破惊涛骇浪。

近代以来，中国从列强入侵、山河破碎、遭遇国家文明转型的三重危机中，掀起了救亡图存大潮；历经百余年巨大牺牲，终能历经两次民主主义革命而进入现代统一国家。其间之艰难壮烈，举世罕有其匹。应该说，这是中国五千余年统一文明长河中最为艰苦卓绝的一曲国家文明之英雄奋争交响曲。这种始终以统一国家为最高目标的历史实践，是全世界绝无仅有的国家文明奇迹。

三

文明形态的本质架构，是其基因元素的构成方式。

中国文明的第一系基因元素，是远古创世神话所体现的远古族群的思维方式与人本意识。这种对生命环境的生成，及人类最初活动进程的理解与想象，是中国民族群原生思维方式的两个本能方向。这一远古创世神话系，蕴涵着两种相互关联的想象路径：一则，以求变为基点的想象方向；再则，以人类自身为基点的想象方向。由此，解释生存环境起源，便生出了"盘古氏开天辟地"的突变性想象；解释人类生命起源，则是"女娲氏造人补天"，将人类生命的产生同样想象为突变而来。解释人类最初的生存发展进程，则产生出人类英雄一步步创造生存条件的想象。这一创世神话系，便是中国最古老的五大神话——盘古氏开天辟地、女娲氏造人补天、伏羲氏钻木取火、有巢氏居林造屋、神农氏教民耕稼。

这组创世神话系，对人类生存环境及人类生命起源的突变性想象，与现代科学的宇宙大爆炸学说有着惊人的暗合。任何现代学说，都无法解释这种思维方式的产生根源。我们只能认定，它是曾经的事实存在。从本质上看，中国神话系所体现的突变性思维方式，是现代社会难以理解的深邃文明基因；在这一创世神话系中，很可能隐藏了远远超出现代人常识的初始奥秘。

世界其余民族的神话体系，都是各不相同的神祇创造了生存环境与人类生命。西方希腊神话，是天神群体创造人与万物。西方国家群的主流宗教基督教的创世说则认为，上帝在一周之期制造出了生存环境——伊甸园，也造出了最初的人类生命——亚当与夏娃。这种油画创作式的渐次过程，显然是大不相同的另一种思维方式。

另一个基本点是，中国的远古创世神话系，又体现出鲜明的人本意识：人类生存发展的原动力，都是人类英雄创造的，而不是神灵天赐的。与此对应，西方希腊神话与基督教教义，则认为人类生存发展的最初动力，都是天神群体与上帝赋予的；包括人类的情感与灾难，都是天神赐予的；人类在天神或上帝赐予的这些最初要素的作用下，才开始了自身的渐进发展。

总体上两相比较，中国文明之原生思维方式，与西方原生文明之思维方式，显然是对立的两端。中国文明之原生基因，体现的是求变基点与人本基点；西方原生文明基因，体现的是渐进基点与神本基点。这是显然对立的两种生成方式，两个出发点。

中国文明的第二系基因元素，是自黄帝时期开始，到秦统一中国的三千余年历史实践中，相继锤炼出的三组新的基因认知。

第一组，是长期历史实践确立的统一生存认知。这一认知有两个层面的基点，外在层面是统一国家疆域，内在层面是统一国家文明。这一认知形成的历史进程，又表现为两个时期的两个方面。在黄帝开始的五帝时期，远古中国族群对无序争夺的毁灭性灾难，有了深刻的生存之痛。由此，消除无序争夺而建立足以保障有序生存的统一联盟，便成为普遍而深刻的族群认知。在之后的夏商周及春秋战国时期，中国民族群则对历代诸侯分治所带来的国家动荡及社会民生灾难的巨大危害，有了更深刻的连续体验。由此，历经春秋战国时期五百余年的理性总结，统一国家及统一文明的普遍认知，终于发展为以国家大争为实现统一路径的历史大潮。此后，经由秦统一中国并同时创建中国统一文明，中国民族群的"统一"认知，定格为中国文明最重要的基因旗帜。

第二组，是对国家政权与统一文明形态之间的动静关系的历史认知。具体说，中国民族群在前三千年的长期实践中，积淀出了这样一则深刻的历史认知——具体的国家政权，是会衰朽灭亡的，是可以改变的，是可以被替换的；而以"中国"为总体概念的统一文明框架，也就是有序生存的国家平台，则是必需的，是恒定不变的。从历史实践看，中国民族群是这样认定这一总体关系的：在"如月之恒，如日之升，如南山之寿，不骞不崩"的统一文明形态下，国家政权是可以变化的；凡是不再具有生命力的陈腐政权，都可以被新生代政权替换。这一认知，是中国民族群进入国家文明时代后的二次觉醒，是极为重要的文明基因性的历史认知。关于这一方面，我在《国家时代》一书中已经全面论证，此处不再赘述。

第三组，是对"君权至尊"的定位认知。这里的君权，实质是国家最高权力体系。这一组基因性认知具体呈现为三个分支：其一，君权高于神权。在中国历史上，任何神道信众团体及首领，都必须得到国家（君主）的认可，方能合法存在。自黄帝开始到秦始皇帝的三千余年，没有可以超越君权的任何神道团体权力。这一基因认知，始终贯穿着五千余年的中国文明史。从根基上看，它无疑来自中国远古神话所体现的摒弃神性干预的人本生存思维，与世界其余国家曾经普遍长期出现的神权统治相比，这是中国文明独一无二的世俗政权恒定化的原生基因。

其二，君权高于族权。具体说，以血缘认同与人种认同为根基的氏族、部族、民族，其族群领袖权力皆从属于君权，即居于国家权力之下。这一基因认知，来源于远古中国族群对早期社会的族权决定族人生存方式的偏狭性的真实体验。在无序争夺的早期社会，各式族群都以本族利益至上为生存法则，强烈拒绝任何异族人群以任何方式融入本族。这一现实，是无序争夺普遍化的社会基础。其深重危害，既表现于各个族群因人少力薄而易被异族攻破；也表现在对聚结众多人力从而战胜各种严重灾难的普遍需求，带来巨大的阻力。基于此等现实，黄帝后期确立的初始宗法制，其实际目标便是有效解决族权严重遏制社会人群联合的阻力问题。初始宗法制的核心要义，是明确一个基本点：无论联盟权力的君主出自何族，其权力地位都高于本族族领，同时高于父母及家族任何长辈族亲元老；族长、父母、元老及所有族人，都必须尊奉出自本族的联盟君主为至高的天下"共主"，必须以大礼形式拜见。本族人群尚且如此，其余非血缘族群，君主的地位自然便是至高无上的。体现联盟各种利益的君主，天然地需要扩大自己的土地与人口规模。这一基点，超越了任何族领的偏狭性。因此，进入国家时代后，君权高于族权，已经成为中国民族群的自觉认知。这一基因性规制，使国家政权具有了大规模融入其余族群的包容性。这一点，在中国原生文明的本质架构中，具有特别重要的基因意义。

其三，君权至尊的国家伦理，高于一切社会伦理。这一伦理关系准则，同样起源于黄帝时期生发的初始宗法制。这一制度的基础方面，是以"嫡长子继承制"为权力及财产的血统世袭准则。一切国家伦理关系与社会伦理关系，皆以如上两法则为基本点而构建。如此，国家伦理与社会伦理的关系，便以"君君，臣臣，父父，子子"的四元交错，编织成了普遍化的伦理网格，将国家与整个社会有效融合为一体。其中，嫡长子继承制，为全社会血统单元的传承与分支确立了明晰的结构；君权至尊的国家伦理，则具有最高的伦理道德权力。苟遇国家危难，人皆必须以效忠君主（国家）为最高义务，君命可夺人伦孝道并婚嫁之约、守丧之期的任何礼制规范；被征召者立即奉命勤王，则谓之忠君报国，一直被视为伦理道德的最高典范。凡此等等，皆是中国民族对国家伦理至上的基因认知。这一方面的相关内容，我已经在《原生文明》一书中较详呈现，不再赘述。

中国文明的第三系基因，是基于长期历史实践而确立的应对内外种种差异与冲突的根基性方式——执中而立。这一应事方式，被春秋战国时期的思想家们总结为"中庸"与"中和"。从具体内涵上说，它所体现的是立足于事物的错综复杂性而生发的一种深刻认知：处置任何差异、矛盾与冲突，对"度"的把握永远都是第一位的；重此重彼都可能深化差异（矛盾）或激化冲突，只有"居中"而断，不偏不倚，才是最适当的。从本质上说，这一应对认知不是策略与方法，而是一种思维方式，即基于对事物复杂性的自觉认知而生成的一种看待事物的思想方法。它产生于中国远古神话所生成的第一组基因之后，却在后来的历史实践中融为一组相互渗透的结构性思维方式，即构成了认知事物的三个基本点——既要立足于求变生存，又要立足于人本基础，同时要把握好执中而断的"度"。

就历史实践而言，这是一种非常深刻、非常智慧、非常理性的整体思维方式。以此为内生基础，衍生出中国历史上处置生存发展之重大问题的一系列涉及国家兴亡的战略价值观。最为典型者，是中国文明对外部威胁的战略原则——强力反弹，有限扩张。具体说，中国文明应对外敌威胁，首先是基本不主动兴兵先发制人；敌方发起进攻战争，我则全力反击；胜利之后，也基本不会乘胜灭却敌国而大举扩张生存空间，而只以夺取敌方对我发动战争的进军基地为终点。秦汉两代对匈奴大反击，均打到贝加尔湖（北海）为终点，便是典型例证。此后之历史实践，亦反复证明这一战略原则的持续性。

中国文明应对外敌的战略原则的有效性，最典型地体现了思维方式三基点的深刻性与生命力：精准的执中之"度"的把握，立足变化的有限扩张，立足人本的对异族文明的长期融合；没有这种综合形态的考量，中国文明绝不可能走过五千年而巍然矗立。

从历史实践看，"执中有度"的思维方式见诸具体矛盾冲突的处置，时有失之于正义度不够鲜明的弊端。但是，就基本面而言，这一弊端大多数呈现为非关文明兴亡的具体事件。从国家文明存亡的大格局出发，"执中有度"的认知原则是非常重要的。至少，中国文明历史上没有出现过大规模的种族灭绝屠杀，没有出现过法西斯独裁，没有出现过罗马帝国那样的绝对化强盛大扩张，也没有出现过黑暗的神权统治。也就是说，举凡绝对化的历史现象之所以没有在中国出现，与中国文明与生俱来的"执中"防火墙有绝大关系。

这是我们必须看到的历史事实。

如此三系列的文明基因，组成了中国文明的基因大系结构。

四

价值观体系，是文明形态的基因大系生发的认知体系。

就其内容及形式而言，价值观体系一般具有三个历史特征。其一，它超越了任何思想家及英雄伟人的个体认知，是一个民族群所具有的最普遍的公众理性认知。其二，它超越了任何社会团体、任何学派门派、任何宗教团体的思想认同及信仰坚持，是一种具有国家意识高度的政治哲学意义上的理性认知。其三，它不具有文明基因元素的恒定性，而是随着社会实践的发展而具有可变化性，但又具有相对稳定性的历史性认知。

从总体上说，价值观体系具有极其重要的基础性意义：它是一个民族、一个国家及社会所有个体生命，据以进行任何活动的理性出发点。历经相对长期的历史实践之后，这种表现为价值判断的理性认知，会在很大程度上深化为所有文明主体接近于本能的直觉反应。唯其如此，某些长期有效的价值认知，又具有"变异"深化为文明基因的可能。从历史实践的发展看，价值认知体系与文明基因大系，是一种在表里关系基础上，又相互作用的动态关系。这种深层动态关系，只有依据对长期历史实践的深入解析，才能有所发现。

对于中国文明之价值观体系的概括，似易实难。

中国文明的悠长历史，使其在各个历史时期的各个领域，都累积了丰厚的既有相同面又有差异面更有变化性的价值理念，林林总总不胜枚举。任何一个中国人，都可以随口说出一套做人做事的道理，实为历史沉积的传统价值理念。各领域的知识人物，则更不待言。这就是了解中国文明价值观体系的易知一面。但是，你要任何一个即或是受过最系统教育的理论人物，对中国文明之价值观体系做出相对准确的全面扼要的框架概括，当真是较凤毛麟角还要珍稀。最重要的是，我们在国家层面的文明价值体系的自我认知，也依然处于不得要领的半自发状态。这，就是我们所说的难以做到的一面。

所以如此，既在于我们数千年历史学的既定技术传统——只有事件与人物的素材积累，而没有本质架构上的文明史研究理念及基本成果；又在于自近代史以来，我们依然没能借助西方传入的以理性研究为本的基础研究理念，形成我们在人文领域的革新突破，创建中国文明史研究新领域。在缺乏思维方式创新的历史条件下，我们能够做到的，仅仅是借用西方传入的各种"主义"思潮，去解释中国历史实践。其结果，只是积累了一大堆不断被新的历史发现推翻的张冠李戴式的误读性结论。因为各种各样的历史原因及现实原因，这些张冠李戴的误读，至今没有得到学界主流与国家层面的系统纠正。如此，我们距离在社会意识与民族意识中真正确立中国文明价值观体系，还有着非常遥远的距离。

这一步很难，但我们必须努力去做，去迈出第一步。

要对中国文明价值观体系做出相对清晰的发现性概括，在于以两个基础方面的发现与认知为条件。一则，是对民族价值体系的发展历史的深度了解，从而能够基本分辨出价值体系的相对历史性。就是说，要能够发现并遴选出那些具有历史稳定性、继承性的价值观群落，以良性价值体系为基础而做出概括。对那些已经度过有效期而成为"废品"的价值认知，则不纳入被概括的范围。再则，是将中国文明价值体系与世界其余文明价值体系比较，尤其是与近代史以来作为世界主流文明的西方文明价值体系的比较。这种比较，既有利于清晰呈现出中国文明价值体系的历史特质；亦可在种种差异鉴别中，校正对中国文明价值体系的发现性整理。从方法论上说，就是在发现性整理中注意比较，在多方比较中注意校正对中国文明价值体系的发现性整理，从总体上力求达到最大限度的客观性及准确性。本书各篇章都涉及中国文明价值体系的问题，这里无须一一重复性概括。这篇新序所要强调的，是本书各篇章没有专门论述的两大价值体系。

其一，关于社会生存形态之终极目标的认知体系。

这一认知体系，以生发于春秋战国时期的"大同"思想为根基，包括了中国民族群一系列关于社会生存理想的价值认定。其中，以战国"弭兵"思潮为基础，彻底消弭战争的全面和平的渴求；以墨家"兼爱非攻"为基础，人各相爱互助的良善人性的需求；以法家"法以利民、法以爱民"为基础，并然有序的国家生存状态的需求；以儒家人伦学说为基础，尊老而爱幼的仁爱生存的需求；以来自历史实践的财富平均诉求为基础，最高社会道德成为人人自觉的需求；以政治生活高度清明为基础，建立松散国家框架的需求；凡此等等，都鲜明地在"天下大同"的社会生存状态中体现出来。故此，"大同"社会的认知构想，不是单一的价值认知，而是所有社会生存领域之理想状态的体系性认知。

从历史实践看，"大同"理念一经提出，就立即成为贯穿中国古典历史数千年的恒定的社会生存理想，虽然从未实现过，但也从未消失过。历朝历代都有人研究，都有人强调。历代农民起义的发生，更是无不以"大同"理念的"均贫富"为政治基础。甚或，直至近代戊戌变法，谭嗣同还有著名的《大同书》问世，以作为中国近代变法的思想基础之一。可以说，假若没有中国民族群这一强固的"大同梦"的历史传统认知，后来的马克思主义传入中国并在中国化的过程中站稳脚跟而日益强大，事实上是不可能的。因为，无数的历史实践已经证明，任何外来思想体系——典型如宗教——要在不同文明形态中立足，最必需的基础就是这一文明形态中有其据以"嫁接"的社会需求根基。从实质上说，中国民族群延续数千年的"大同梦"，就是马克思主义中国化最丰厚的土壤。

马克思主义为什么在曾经的苏联一朝弥散，说到底，就是俄罗斯民族群没有马克思主义持续成长的社会土壤——俄罗斯是一个没有产生出终极目标理念的民族群。作为政治体系的成品"移植"，仅仅以武装革命的方式建立实体政权，而缺乏强固的历史精神根基，是不可能成为稳定、良性的新国家形态的。苏联七十余年便轰然解体，最深刻的原因绝不仅是美国与西方国家群的"和平演变"，更有自身的无根基状态不可能在历史风浪中矗立不倒的必然性。

必须注意到，关于社会生存形态的终极目标，在欧洲原生文明时期，也曾以柏拉图的《理想国》，及后来的《太阳城》《乌托邦》的理论虚拟形式表现出来；甚或，在欧洲近代史上，也曾以"无政府主义"的极端思潮表现出某些元素点。在虚拟构想这一基础方面，西方与中国并无不同。历史实践呈现的不同点是，西方原生文明时期的虚拟社会生存的理想体系，在欧洲中世纪千余年的神权教义摧残下，在其后数百年资本主义价值体系的强大冲击下，其在西方国家群的社会根基损伤极大。导致的直接后果，是这一原生思想体系的历史影响力很小，更没有形成绵延相续的历史传承。总体上看，其历史坚固度已经远远不足以成为欧洲近现代文明的历史传统之一。时至当代，马克思主义在"本土"也只能以"空壳"方式存在，既在于《理想国》与《乌托邦》的历史根基已经基本毁灭，再也没有了历史认知的社会土壤；同时，也在于现实社会宗教意识的普遍覆盖，及资本主义价值体系对"异端"思想强大而猛烈的恶性吞噬。在这样的历史条件下，立足于一切劳动者的思想体系，基本上无法获得持续成长。

其二，以"向善去恶"为本位的人性认知体系。

这里所说的人性认知体系，是指一种文明形态在原生时期所生发的关于人性的理论，并在一定时期内沉积为社会意识的价值认知。从基本方面说，这一认知体系有两个方面：一则，是对人性本质的理性认知；一则，是基于社会生存秩序而生发的对人性（人基于本能而表现出的各种行为）的动态呈现和理性认知。从世界各文明形态的生成发展历史看，能够在原生文明时期对人性认知清晰达到以上两个基本方面者，极少极少。绝大多数文明所呈现的状态，是虽有相关方面的论说，但非常模糊，很难达成普遍社会意识意义上的价值认知。

关于人性认知体系，中国在春秋战国时期已经达到了非常深刻完备的理性高度，并已经在当时的历史实践中发展为普遍性的价值认知。第一个基本方面，出现了关于人性本质的三大认知——人性本恶论、人性本善论、人性自然论。这里，其主导提出者与基础认定者，往往有学派交叉、个人提出与团体支撑交互现象。如"人性恶"，其形式上是由亦法亦儒的荀子大师提出的；但在实质上，整个法家学派在法治实践中始终是坚持"人性恶"认知，并将国家立法认知建立于"人性恶"的认知基础之上。我们需要强调的是，在文明史研究的意义上，学派提出权的明晰划分，已经不是必须关注的方面。

第二个基本方面，是在春秋战国各种思潮的大争鸣中，形成了基于历史实践需求的以"向善去恶"为本位，以"返璞归真"为理想的社会意识认定。就是说，无论学派与个体主张人性本质如何，都对人在社会行为中的方向做出了共同认定，这就是以"向善去恶"为实际标尺，以"返璞归真"为理想境界的价值认知体系。

具体说，这一体系所呈现的价值观渗透于社会各个领域。国家政治领域的有德者得天下理念、善政（仁政）理念、反贪官理念、德治理念等等；战争领域的"杀降不祥"理念、"兵为凶器"理念、"好战必亡"理念、"善战者服上刑"理念等等；法治领域的法贵正义理念、法以爱民理念、法以利民理念、以刑去刑理念等等；经济生活中的"义本利末"理念、公平交易理念等等；社会伦理中的尊老爱幼理念、兼爱非攻理念、扶危济困理念等等，不一而足。

须知，这还仅仅是原生文明时期的基础认知体系。及至后世，各种外来宗教传入中国，其教义中国化之后，更派生出诸多有关人性善恶及人之行为如何实现"向善去恶"准则，而生发出的种种具体化的价值观。这些价值认知，虽然隐藏着种种似是而非的谬误，未必都具有继承性，但从总体上看，其基本面依然是良性的，是中国文明价值观的历史根基之一。

从古希腊文明到古罗马文明，直到近代启蒙运动，欧洲国家群的人性认知体系相比较于世界其余文明，在学术方面是多有理论成果的。但是，从欧洲国家的历史实践，及基本覆盖欧洲各国的基督教教义看，其国家群与民族群所呈现的人性认知，却与历史上关于人性价值认知的学术理论成果有着极大的距离——甚至说是背道而驰，亦不为过。最基本点是，西方文明在历史实践中所呈现的以国家民族之实际体现出来的人性认知，其基本方面是背离人道的向恶性。

这种人性实践的向恶性，主要呈现为四个方面——

一则，古希腊后期，被西方人无限崇拜的称为亚历山大"大帝"的马其顿兵团，进行了人类历史上的第一次跨海东征——渡过地中海进攻西亚（中东）地区，攻灭了第一波斯帝国；后持续屠杀进攻，直到深入西印度边缘地区遭遇瘟疫，方才被迫撤军。亚历山大本人在三十三岁猝然病死，这场罪恶的"东征"方告结束。这是西方文明在人类国家时代第一次呈现人性价值的向恶性。其后的罗马帝国时期，更有多次越海侵入西亚地区，并在西亚地区以殖民地为根基建立东罗马帝国的罪恶历史。迄至中世纪，在教权黑暗统治的时期，严酷镇压科学，肉体消灭"异端"教众。其间，教皇又发动领主及教众进行了长达百余年的"十字军东征"，对西亚地区展开残酷的战争屠杀与财富掠夺。这种长达两千余年的原罪恶行，为欧洲文明的向恶性奠定了历史基础。

二则，在近现代以来的国家竞争中，以弱肉强食的"丛林法则"为主导价值，发动霸权战争成为常态。近代工业革命之后，世界各种不同性质的所有大小战争，几乎都是西方国家群发动并主导进行的。第二次世界大战之后，所有的局部战争，几乎都是美国与西方国家群主导发动的。西方文明的向恶性，有了现代性的持续发展。

三则，西方国家文明，在现当代国际社会完全没有正当竞争理念。西方国家群制定的种种世界规则，如同他们的人性理论及"自由世界"的旗帜一样，全然是虚拟的价值体系；其实际的国家行为，则是不断出新的种种恶性背离。在世界范围内，美国与西方国家发动的颠覆其他国家政权的阴谋政变，数不胜数。对以典型战争不能摧毁的世界大国，则发动"冷战"，其实际呈现，即是以经济封锁、文化渗透、间谍特战为主导手段的"和平演变"。美国与西方国家群在二战之后进行的对苏长期冷战，将西方文明的向恶性大规模、全面性地展示了出来。及至当下的局部战争，则将西方文明的伪善性更为深刻地呈现出来，使其向恶性的本质第一次在历史上展示了毫无掩饰的丑陋。

四则，自近代工业革命以来，西方文明没有以先发技术优势引领人类良性发展。西方国家活动的重心，从近代原罪战争开始，就是利益掠夺的恶行破坏。在其对世界国家群发动的原罪"代差"战争中，西方国家大规模掠夺殖民地及各国人口，无限制掠夺各国财富，掠夺各国文化遗产。如此深重原罪，西方国家群至今没有任何悔悟。这样的向恶性历史与不忏悔现状，最充分地证明了西方文明关于人性认知的理论体系，具有显然缺乏历史实践依据的空洞性。从本质上说，这就是理论体系的信用缺失。理论体系丧失历史实践的支撑，如同货币丧失实体财富的背书一样，完全是色纸一张，没有任何价值。

实践高于理论，这是历史的真理。

以历史实践为依据，而不是以其理论说明为依据评价一种文明形态的性质，应该是永远不会过时的科学研究方法论。在这样的意义上，中国文明的正义性显然是不朽的，伟大的。

孙皓晖

2023 年 5 月上旬

于海南积微坊

走出文明冲突极端化的历史陷阱（2022 版序）

一 新的世界格局与新的历史课题

2020 年，已经注定成为地球文明史的一个重大转折点。

这一年，以全球新冠病毒持续加强并不断变异的多层次冲击为诱因，以普世灾难所激发的世界各国不同的应对政策及其连带产生的不同效应为历史标识，世界格局呈现出第二次世界大战后最为重大的实质性变化。这一变化的深刻程度，显然已经大大超越了冷战结束后西方世界亢奋认定的"历史终结"人设效应，对人类国家文明在近代历史基础上形成的框架格局提出了新的挑战，同时，对人类文明如何继续向前发展也提出了深刻新颖又内涵巨大的历史课题。

新出现的这一世界格局，由三大板块构成——

其一，近代资本主义文明崛起以来，传统的世界轴心——美国与欧洲发达国家群，已经陷入历史峡谷，且在瘟疫泥沼中持续下滑。以国家治理能力为活体核心，西方的"自由民主"政治文明体系，已经在全面的社会动荡中呈现出严重的机体锈蚀与肌肉萎缩效应；国家机器整体运转效率极低，紧急状况下的执行力与协调力极差；国家法治体系对人性恶的遏制度极低，疯狂的极端化的个人自由主义对社会契约原理所要求的多元妥协呈现出深刻的破坏性。其经济发展之内在张力，其社会民生之高福利光芒，已经严重丧失了本该具有的最起码的自救与应急弹性，整个社会经济呈现出不可思议的硬着陆式的刚性下跌。由此，二战后以"七强"为轴心的资本主义发达国家群，在冷战大获全胜后，以全世界难以想象的低能应急与内在分裂，不同程度地纷纷跌入了历史峡谷之中。

其二，广泛存在的非资本主义与非发达国家群，基本都处于一种两线作战的困难境地。一是必须全力遏制新冠病毒灾难的冲击，二是必须在世界经济大萧条的趋势下艰难阻止本国经济民生的大幅下滑。传统的热点地区国家，还有另外一重灾难——必须防止美国等传统强权力量的无端封锁及制裁，甚或武力挑衅与发动战争。可以说，没有一个国家能在这场世界性灾难中置身事外。最好的状况，大约就是处于世界灾难冲击波的边际效应状态了。

其三，长期被西方资本主义世界及少数发达国家所斜视的东方文明大国——中国，却在世界瘟疫灾难的第一波冲击浪潮中，以周严的、正确的、高效的、覆盖性的社会政策应对与国家管控能力，迅速控制了疫情，使一个13亿人口的特大国家迅速摆脱了灾难状态，进入到全力防范零星病例的自觉防御阶段。与此同时，中国呈现出空前的民族大团结，上下协力，区域互助，国家机器如臂使指，社会空前稳定；从2020年夏季开始，中国大面积恢复生产，保持了大国经济的正增长，成为拉动世界经济走出低谷的最强动力。

这就是2020年形成的具有强烈对比效应的地球大格局。

这一地球格局的历史内涵，具有永恒的真理性——世界各民族生存方式的形成发展是多元化的，各个民族所创建的国家文明形态在本质上是平等的；世界上没有绝对无缺陷的国家文明形态，也没有能够"终结历史"的国家文明形态，更没有一种永恒的天赋领袖世界的国家文明。强盛时期的中国古典统一文明如此，今日的美欧资本主义文明更是如此。任何国家文明要想长期保持世界领先地位，都需要不断修正自己，不断完善文明形态的内在缺陷；企图一劳永逸地成为世界领袖，只能是自大狂与妄想症。2020 地球病毒风暴，已经将美国文明的"世界灯塔"神话，将资本主义国家文明的神话绞得灰飞烟灭了。历史实践证明，美国永恒居于世界霸权地位的历史企图心，已经与美国资本主义文明生命力之间出现了巨大的现实鸿沟。

这一世界格局尚在持续变化，将随着时间推延不断清晰。

可以明确的是，2020 世界格局，是以各个文明形态之生命力为基础而形成的一种国家竞争格局。它既是似曾相识的文明冲突的再版，又具有不同于任何一次因重大转折而形成的世界格局的新的历史内涵。新内涵的基本方面在于：这次重大转折所开辟的未来时期国家文明生命力的竞争，超越了人类历史上任何时期国家竞争的局部性及具体性，更超越了既往国家文明竞争的生产力基础；将以人类在高科技时代所能达到的辉煌成果为历史条件，进行以民族生存形态与人种生存形态为现实基础的全方位、整体性的国家文明竞争。

由此，各个国家文明形态的种种差异，国家文明形态的内在生命力，都将以远远超越冷战阵营对峙的历史深度，第一次以清晰、深刻、全面的整体比较方式展现出来。世界国家关系的竞争形态，将在剥去冷战时期的阵营伪装及种种不得要领的对峙之后，进入到更为全面、更为根本的整体性"大争之世"。请记住，"大争之世，多事之时"八个字，是中国古典大政治家韩非子对战国时代国家竞争形态的概括。在这样似曾相识的时代，各个民族群将以自主创建的国家文明为历史平台，进行国家文明之生存方式的全方位竞争。

这是人类文明在大竞争中走向大融合的历史序曲。

2020 年重大转折所开辟的历史前景，将是一个空前伟大的时代。它明确宣告，人类文明历史并没有因为某一阵营的消逝而终结；它也同时宣告，地球文明将迎来高科技时代全方位的以文明差异为基础的国家文明形态之间的全面"大争"；在这一历史性"大争"中，地球格局也将迎来前所未有的、深刻而普遍的各文明形态的大融合。在不断快速发展的历史实践中，我们将必然产生一种强烈的历史预感——这个以国家文明全面竞争为内涵的人类历史"大争"时代，将是人类文明融合互补，淡化文明认知差异，进而跨越非理性冲突有可能引发的人类文明同归于尽的历史陷阱；在全球文明相对融合的基础上，创建全新的地球联邦社会，完成飞向宇宙文明的伟大前奏。

应该说，人类命运的共同需求性，在这个新的转折时期达到了历史上的最大公约数。作为世界国家之林的众多单元，一个国家若无视这一空前的世界新格局，无视这一历史最大公约数，无疑意味着这个国家丧失了推动历史前进的思考能力；若资本主义国家群无视这一世界新格局所提出的历史新课题，则是资本主义文明最大的悲剧。

毕竟，面临重大历史转折而能当即觉醒者，往往是极少数。

唯其如此，深刻认知高科技时代的文明冲突，深刻认知文明冲突极端化的历史陷阱，深刻认知更为残酷的大国文明对冲，既是中国文明安全的最基本战略需求，也是地球文明跨越非理性冲突的历史陷阱而走向更高发展形态的最基本战略需求。

二 基因缺失：资本主义文明的认知盲区

资本主义对世界格局的认知，必须从美国意识的变化开始。

这是第二次世界大战结束后，美国领军世界资本主义文明的现实格局所决定的。其后，冷战也在将近半个世纪的两大阵营对冲中，因苏联帝国阵营的解体而结束。绷紧了对抗神经的西方世界顿感松弛，陷入了一片狂欢。狂欢心绪的代表性呐喊，就是美国思想界极端亢奋的理论产出——历史终结论。这一"理论"的认知表述是：世界文明的发展终止于资本主义时代，资本主义文明是人类文明发展的终极。这一臆想宣言，使整个西方世界陷入了事后连自己也觉得脸红的扭曲性狂躁。可是，狂欢躁动之后的美国与西方资本主义世界，又很快陷入了一片茫然——美国主导的资本主义世界没有了敌人，往前的路应该如何走？

这个问题，对于思维正常的国家文明，显得非常突兀。

没有敌人了，不是更有利于向着更高社会形态的发展目标去努力吗？何有茫然之说？十足的笑话。的确，对于正常的国家文明意识，当然如此。可是，对于美国资本主义的国家意识，恰恰就是问题，而且是非常严重的问题。

美国意识的茫然，来自资本主义文明的内在缺陷。

资本主义文明，是一种对人类未来缺乏认知能力的文明。

我们应该清楚地知道，在已知的人类文明形态中，所有文明都曾经提出过超越自身所处时代的人类未来社会的生存形态，以作为人类生存发展更为高远的目标。中国古典文明在三千余年之前，就曾经提出了"大同"社会的未来文明形态；西方古典文明在两千余年之前，就曾经提出过"理想国"，之后又相继提出了"乌托邦"及"太阳城"的未来文明形态的发展目标。后来的马克思主义体系，则提出了"社会主义"与"共产主义"两大阶段的人类未来社会生存的文明形态目标。显然，这些目标在提出时代都是没有条件实现的。它们只是饱含激情与理想的人类，在某一特定时代依据自己的认知能力，并借助丰富的想象力，所设定的一种关于未来社会生存的理想形态。不管这些理想目标中包含了多少缺失与谬误，它们都是作为智慧生命种群的人类的善性激情与智慧理性的爆发，都对人类文明的良性发展与持续前进起到了难以估量的精神推动作用。

而资本主义文明，没有这样的认知产出。

资本主义文明，从以资本为核心基因而生发的时期开始，就只认定自身所创建的资本主义社会，是唯一合乎人性内在需求的永恒生存状态；在资本主义的认知体系中，不存在未来社会的发展目标问题。

这一认知，在资本主义文明发展到第二次世界大战结束后，借助资本主义国家群强大的工业体系、科学体系、制度体系及传媒体系形成的强劲辐射力，几乎覆盖了整个世界。对于资本主义文明发达性的认知，事实上已经成为一个历史时段的普世认知。以致到 20 世纪末期，因为苏联阵营的突兀解体而冷战骤然结束，资本主义文明的生命力便在既往的认知基础上被无限度地抬高了。由此，西方思想界狂妄地将资本主义文明定位为"历史的终结"。也就是说，原本只是资本主义文明基于资本趋利本能而不自觉认定的一种自我封闭认知，在资本主义国家群的两次阶段性胜利后，被疯狂地固化，并亢奋地宣告资本主义已经成为"历史的终极存在"。

这就是美国西方世界"终极狂欢"的认知基础。

基于资本主义文明的单向认知功能，美国国家意识的思维结构也必然是单向性的。这种单向认知能力的外在呈现方式是：只有寻觅直接敌人（或曰竞争对手）的功能，没有提出未来社会形态发展目标的功能。当然，更不会存在为未来社会形态的实现而做出实际努力的远程规划性质的国家认知。

基于资本主义文明形态的这一本质缺失，美国意识中的文明理念在总体上可以这样表述：资本主义社会，就是最好的绝对无缺陷的文明社会；资本主义文明，只存在国民生活不断提升与国家经济不断增长的问题，根本不存在社会形态的未来发展目标问题；资本主义文明帝国，只有不断捕捉敌人吞灭敌人而饮血壮大的现实功能，而没有提出新社会形态的未来发展目标并努力实现的理想功能；美国的国家行为，只有不断获取现实功利的义务，而没有围绕人类未来的共同发展目标而付诸行动的国家义务。

资本主义文明的历史实践之路，确实是这样走过来的。

美国是后发资本主义文明，一路走来二百四十余年。在这"漫长"的历史之路上，美国文明都是饮血成长的，都是一步一步打出来的。各个阶段都有明确的敌人，各个阶段都有明确的盟友，各个阶段都有明确的功利目标，不存在国家意识盲目性的问题。是故，美国文明始终是精神抖擞的，从立国起步到逐步壮大，到全力以赴领袖资本主义世界进行殖民主义功利奋争，美国从来没有丧失过敌人。

　　像今天这样，突然没有了敌人的情况，在美国历史上当真是旷古未有。美国西方世界的敌人突然消于无形，与之强力对峙的敌对阵营也消于无形。试想，一个以美国为轴心聚拢架构的资本主义帝国霸权机器群落，骤然之间四下找不见敌人了，庞大无比的霸权机器只有轰轰然空转了，当真是使世界为之噤声的最恐怖的事情。一时之间，世界沉默了。连志得意满的美国与整个西方资本主义世界，也在一时狂欢后陷入了集体茫然。

　　在没有敌人的和平竞争世界里，美国的强权势力将无处施展；巨无霸式的战争机器，无从饮血存活；以霸权威慑为后盾的经济贸易往来中的独占独赢，也将不复存在；美元金山将会倒塌，美国人在优裕生活之上的浪漫自由，可能将成为丑陋贫困的流浪；美国自由文化的魅力，很可能将迅速暴露出谎言欺骗的本色……总之，果真进入平等竞争的新世界，美国如何能无限度聚敛世界财富，美国拿什么独占利益动员社会，美国又有什么动力向前发展？至于带动整个地球文明的发展，积极援助不发达国家等等，在美国资本主义文明的视野里是根本不存在的事情，美国从来没有带动全球发展的任何义务。

　　总之，对于资本主义文明的美国，没有敌人是一个致命问题。

　　于是，如何寻求新的敌人，以使美国社会重新获得满血运转的内在活力，就成为美国资本主义文明最紧迫的问题。但是，当此时段，资本主义文明似乎丧失了思索研究能力，竟然迟迟没有出现自觉构建世界未来格局的深度研究成果，主流思想界更没有出现对世界文明未来发展的深度研究。

从历史实践看，西方资本主义世界并不缺乏研究精神，各个历史时期也并不缺乏对世界格局深入思索的社会土壤。从生发点上说，资本主义文明被创造出来的历史根源，正在于"十字军东征"后西方社会基于对东方文明的长期比较反思，才开始了文艺复兴与启蒙运动长达数百年的思想探索；在此期间，对欧洲中世纪封建社会的黑暗性做出了深刻揭示，才在新的蒸汽机出现前后的历史时期，创造性地构想出以资本阶级价值理念为本位、以"三权分立"为政治文明根基的资本主义社会形态。正是西方资本主义文明的率先崛起，给世界人类文明的竞争，带来了新的知识体系与新的思想体系。

由此，西方资本主义文明在血腥的原罪掠夺战争中，对人类世界带来了一种与生命鲜血俱来的丛林法则的时代启蒙；什么是弱肉强食，从此有了血光闪耀的世界标杆。尤其是美国这个新兴资本主义国家的崛起，在初期所呈现的蓬勃朝气，在二战时期所呈现的世界意识，与其对法西斯敌对势力深入到国家文明层面的研究，以及努力推动建立战后世界新秩序的种种国家行为，都曾经成为耀眼的资本主义文明的历史光芒。

但是，这里有一个巨大的根基性的黑暗缝隙的存在。

这个根基性的黑暗缝隙是，美国与西方资本主义国家对人类文明及世界格局的思索与研究，从来都不是基于推动人类文明向更高社会形态的发展而生发的，而从来都是基于确定敌人，为战胜敌人而研究敌人的国家动机生发的；对二战后创建联合国及美国主导的世界新秩序，也是从实现资本主义文明主导世界这一巨大的现实功利目标出发的。当二战"轴心国"对美国及西方资本主义世界形成巨大威胁的时候，当德国与日本成为美国最主要敌人的时候，美国对敌对阵营的研究是非常深刻的。其中，《菊与刀》《日本帝国的兴亡》《第三帝国的兴亡》等代表性研究著作的出现，典型体现了资本主义世界的对敌研究精神的社会土壤之深厚。

所有这些国家行为，都不能掩盖资本主义文明结构中道义元素缺乏的根基性缺陷。文明体系结构中的道义元素，特指一种文明形态在生发创建阶段所产生、所汲取的人类终极关怀精神的丰厚程度。一种文明形态在开始阶段所生发的人类善性基因越多，其对人类社会的终极目标的关怀与探索，就会愈加充分。如果，一种文明形态在生发建构时期选择以功利元素为主要架构，甚或为唯一的价值理念支撑面，那么这种文明形态的道义精神，就会成为基因性的天然缺陷，永远地呈现为面目狰狞的功利本位主义文明。

毕竟，人类生命种群有别于任何其余生物种群，其高远悲悯的终极关怀与内在发展精神，是人类区别于任何生物种群的根本界限。没有道义精神的人类恶性文明，虽然也会产生一定的客观性的历史作用，但终将会成为被人类摒弃的恶性存在，成为人类前进中的历史遗迹。

令人遗憾的是，以资本趋利功能为核心价值理念的资本主义文明，就是这样的一种道义缺失的文明。因此，资本主义文明所能达到的历史发展最高度，就只能是以强大霸权力量主宰世界秩序，借以最充分地实现其饮血功能。这个功能性历史目标一旦达到，资本主义文明将无可挽救地陷入持续衰落，直至崩溃灭亡；其最终存在形式，只能是融合为人类新时代所创建的共性文明的边缘部分。

这就是说，西方资本主义世界的茫然无措，不是研究精神与思索能力的缺乏，而是文明基因的本质缺陷带来的认知盲区的存在。资本主义世界的研究仍然会持续下去，只不过依然是只寻觅敌人，而不是寻求实现人类文明更为高远的发展目标。

三 亨廷顿"文明冲突论"的国策效应

终于，在苏联解体后的第三年，"文明冲突论"出现了。

美国著名的政治学家、哈佛大学教授塞缪尔·亨廷顿，1993 年在美国《外交季刊》发表了题为"文明冲突"的文章，认为冷战后国家之间的冲突仍然存在，并简要分析其原因并列出其表现形式。这篇文章的潜台词很清楚——国家冲突存在，美国的敌人就依然存在；不同的是，要以新的思维去发现新的敌人。仅是如此一篇破题文章，顿时引起了西方世界的强烈反应及多方争论。拥戴者自感醍醐灌顶大解饥渴，反对者则众说纷纭各方质疑，包括斥责其命题古老毫无新意。

历经三年的思想整理，1996 年底，亨廷顿出版了《文明的冲突与世界秩序的重建》一书，对自己的"文明冲突论"做出了相对系统化的进一步阐释。从基本方面说，亨廷顿对冷战后世界格局变化的认知，有四个值得注意的出新方面——

其一，两极世界结束后，世界政治正形成一个多极化的发展趋势，各种国家冲突不是减少了，而是更加突出和更加复杂化了；新的国家冲突，不再是民族国家或意识形态，而是文化和文明的差异。

其二，对国家最重要的分类，不再是冷战中的三个集团，而是世界上的七八个主要文明。其在书中的排列次序是：中华文明、日本文明、印度文明、伊斯兰文明、西方文明、东正教文明、拉美文明、有可能的非洲文明。

其三，在这个新世界中，文明的冲突取代了超级大国的竞争，世界乱象呈现无序化状态；恐怖主义泛滥、宗教冲突加强，各种乱象不断生发；种种灾难现象，有可能带来世界失控现象。

其四，既往的世界秩序理论（和谐整体发展等）都完全过时，只有以若干个文明单元划分世界，才可以理出一个较为清晰的冲突框架，才易于把握未来的走向。

表层地看，亨廷顿的文明冲突理论，抛弃了既往资本主义世界的西方中心论立场，将新时期的世界格局定位为"多元文明的冲突"，似乎很客观。也正是这一特征，引起了中国知识界与诸多非资本主义国家知识界较为热烈的反应，他们为西方思想界的"客观"立场，以及好容易获得的一次与资本主义文明"平等"的说法，很是兴奋了一阵子。从本质上看，这完全是一种胶柱鼓瑟的"吃瓜"反应。

何为胶柱鼓瑟？以不得要领的蠢笨方式堵住了真正的琴音发声部位也。要真正认识亨廷顿理论的真实意图，及其所追求的实际效应，就必须认真全面地分析"文明冲突论"及其关联效应，而不是以个别论点的共鸣性而做出全面的价值肯定评判。

首先，从内容上看，亨廷顿的"文明冲突论"并不是一种预言性质的理论，而是一种发现性质的理论。这两种思想产品的区别是：对尚未出现的未来事物所做出的种种预测及分析构成，称之为"预言"；对历史上或现实中客观存在并反复出现的事物或现象，做出前所未有的认知揭示，称之为"发现"。也就是说，亨廷顿所论述的文明冲突现象，在本质上并不是人类历史上从未有过的冲突形式，而是从来就有并反复出现的。如果要从高科技时代的文明冲突的形式特点出发，说亨廷顿理论具有新意，也未尝不可。但是，这依然不能取代历史上曾经的客观存在。

至少，从两千多年前的亚历山大东征开始，当时的东西方文明冲突就出现了，并且在环地中海地区留下了所谓"希腊文明圈"的历史存在。后来的罗马帝国东扩，并与东方第二波斯帝国的残酷战争；再后来二百年左右的"十字军东征"，更后来的资本主义初期大规模的殖民主义原罪战争等，更是极端化的残酷性的文明对冲。其中，中国古典文明与北方游牧文明（匈奴）长达千余年的冲突与融合，更是世界文明冲突长期化的典型；欧洲地区在罗马帝国跌落为一地碎片后，所经历的百余年的"宗教战争"，更是奠定欧洲中世纪国家基础的地区文明冲突典型。

亨廷顿的认知误区在于，他将自己实际是发现性认知的研究性陈述，当作了预测性的预言，且做出了论断性表述。因此，亨廷顿的著作缺乏对历史反复出现的文明冲突现象做出基础性的陈述与解析，更没有总结开掘文明冲突现象所呈现的共性法则类的历史启示，或者文明冲突历史所积累的某种经验教训。这种基础性缺失，使亨廷顿的理论自动抛弃了系统研究所应该呈现的体系性内容，而完全跌入了政策应对的实用主义水准，成为与当时的布热津斯基、莫伊尼汉等策论家共同争鸣的国策专家群之一员。

但是，这一缺失并未影响亨廷顿文章与著作的国策效应。

从达成目标看，亨廷顿的"文明冲突论"的问世目的，本来就不是出版一部文明史研究著作了事，而是旨在唤醒资本主义世界在冷战后的集体无意识状态，是要填充西方世界在一时失去敌手后四顾茫然的精神真空状态。一般意义上说，研究著作与实际国策是两种形态的理论产出：对策一般不需要基础深度，只需要实用可行；著作一般不需要实用可行，只需要认知深度。从这样的意义上说，亨廷顿的目标显然是达到了。他本来就是"预言"式的论断表述，要的就是国策效应，而不是理论效应。

同时，在资本主义国家意识中，与《大混乱》《大失控》等诸多夹杂大量现象陈述的策论著作相比，亨廷顿的"文明冲突论"相对明晰，也有相对的历史高度，对现实国家关系的覆盖性也更为广泛。在美国的国家意识看来，无论这一理论有没有历史基础，无论它是"发现式"还是"预言式"，都有极为现实的政策意义——既可以在无比宽泛的时空寻求并确定潜在的"竞争对手"，更可以具体地、即时地确定当下应当打击的"敌人"或"流氓国家"。在如此逻辑演变之下，美国霸权力量将在"西方文明"之外有数不清的"文明差异"国家，可以随时随地将任何不同文明国家确立为"敌人"。

显然，亨廷顿无意"发现"的历史认知，为资本主义世界发掘出了一种回归人类文明基础差异的古老的"寻敌"依据，借以能够为美国霸权寻求源源不断的敌人。对于美国意识，这一理论的现实可行性实在是一劳永逸，实在是妙不可言——只要人类文明差异存在，资本主义世界就永远不缺敌人。于是，亨廷顿的"文明冲突论"，尽管因基础浅薄而仅仅成为一时的理论泡沫，但在冷战后的国策应对思潮中，却实实在在地引导美国走出了"寻敌乏力"的认知困境。

事情的另一方面是，在1993年前后，西方世界政治群落中与亨廷顿持同一理念者不在少数。在此之前，西方世界已经开始了整合资本主义国家阵营的努力。1993年，"欧洲联盟"（欧盟）正式成立，在1967年成立的"欧洲共同体"的基础上，更加组织化与协作化，成为能够独立发行货币的实体化形态，并有统一欧洲的大趋势。应该说，这是美国为主导的西方资本主义世界，为即将到来的"文明冲突"时代预为绸缪的步伐。

自欧盟成立及北约同步扩大，冷战后第一时期的世界格局的实际态势是：无论世界其余地区的力量发生什么样的变化，"西方文明"的国家阵营已经赫然列成，进入待战状态。与此同时，美国主导的资本主义世界也已经明确了两个对手目标：一个是有现实威胁的诸多"恐怖主义"势力及"流氓国家"，一个是有足够份量的潜在竞争对手——中国。

由此，美国首先将消灭"恐怖主义"与震慑"流氓国家"放在了第一位，中国问题暂时居于第二位。在敌人已经明确的大格局下，美国霸权精神再度振作，并预先给新的敌人精心设计出四面"罪犯辨识旗帜"：一曰恐怖主义，二曰大规模杀伤武器，三曰破坏人权，四曰流氓国家；同时，对于由美国力量操纵的渗透它国的叛乱势力，则插上一面"独立自由"的道义同盟旗帜。在其后的二十余年中，这五面"罪犯旗帜"被美国霸权行动与连绵不断的局部战争，已经插得满世界血色迸溅了。

但是，美国霸权在既往竭力维护的"文明道义"迷彩，也被自己彻底抖落而完全显示出浴血狰狞的真面目。世界大多数主权国家，因美国资本主义世界在这一时期毫无遮掩的单向霸权行径，深刻清晰地看到了美国在国际关系中奉行"双重标准"的粗鄙与残酷，美国的"道义灯塔"第一次遭到了世界性的自我毁灭；美国霸权与西方资本主义文明的黑暗性，第一次成为非资本主义国家群的普世认知。客观地说，美国在二战之后形成的道义制高点，在冷战后的"寻敌"风暴中完全沦陷，曾经覆盖世界的美国文明魅力一去不返了。

问题的另一面是，美国的自我感觉却非常良好。

依据"文明冲突论"的"寻敌"逻辑，冷战结束后的三十余年间，以"西方文明"为利益集团标识的美国霸权碾压世界，一时风头无二，似乎处处都没有敌手。进入奥巴马时期，美国已经志得意满，膨胀到了历史最高点。在澳大利亚一次国际活动的公开讲演中，奥巴马公然提出，"美国人的生活方式与对资源的消耗数量"，是中国及其余国家不能达到的禁区标准；如果中国人也过上了美国人一样的生活，世界资源是无法承受的。这一宣告的背后逻辑非常清楚：有限的世界资源只能优先保证美国人的生活水准，中国和其余非资本主义国家，必须比美国穷，必须比美国弱。可以说，这种没有任何遮掩的极端化野心宣示，是人类文明史上最为粗鄙也最为野蛮的国家意识。

至此，美国全面谋划"重返亚太"，准备对最后一个大国敌手，一个足够份量的竞争对手——中国，发动全面威压与战争准备了。

四 美国悲剧提出的文明存亡新课题

历史的幽默，往往是令人瞠目结舌的。

就在资本主义世界的"寻敌"效应风生水起的时候，资本主义头狼的美国，却发生了国家运转轨道严重扭曲的悲剧——美国特朗普政府骤然脱离资本主义世界刚刚确立的对敌认知，一头栽进了国家意识大混乱的泥坑，在全世界开始了几近国家失忆状态的疯狂闹剧；当其时也，恰逢覆盖世界的新冠病毒大冲击，美国应对乏力，整个社会陷入严重的灾难混乱。由此叠加所形成的"美国悲剧"，带累整个资本主义世界骤然跌入了黑暗峡谷。

孰能预料，历史以如此惊人的方式，打开了新的世界格局。

特朗普是一个纯粹的大商，是一个正宗的大资本家；同时，也是一个没有任何政治锤炼，且已经再也没有锤炼余地的70余岁的固化老人。喜欢寻求刺激的美国社会，在选择黑人担任总统尚觉不错之后，又选择了一个已经固化的老资本家做总统。就社会意识的基础面看，这一选择显然意味着大资本群落对美国的既往道路要有所"纠偏"。对于这一基本点，美国以白人社会为基础的资本群落是一心赞成的。否则，在特朗普"纠偏"陷入灾难泥沼之时，美国白人社会的反应岂能如此激烈？

但是，美国白人社会与大资本群落没有料到，正是因为特朗普将国家完全当作了一家私人大公司去办，最充分的以国家行为发挥资本逐利的价值功能，走上了违背国家平台综合功能要求的极端化道路，才导致了无可挽回的"美国悲剧"的发生。

须知，人类所创建的国家平台，毕竟有超越任何一个阶级要求的某些最基本的共性综合特质。即或是构成资本主义文明最本质元素的大资本群落，譬如美国政治群落的"建制派"，也不能完全无视国家平台与资本家公司相区别的那些共性综合特质。谁要以偏执极端的集团利益为唯一的国家功能，肆意违背国家平台运转的最基本共性特质，谁就会将国家机器的正常运转搞得一团混乱，就会将这个国家带入社会分裂的悲剧，最终使这种国家文明形态走向崩溃。

这就是特朗普造成"美国悲剧"的深层根源。

特朗普执政，立即以固化老资本家特异的国家认知，将以"文明冲突论"为基础的"寻敌"方式,来了个大大的反转。特朗普政府认定:美国既往的"寻敌作战"国策,并没有给美国带来经济上的丰厚收入,并没有使美国人过上更为优裕的生活;美国称霸世界的"寻敌作战"方式是错误的,结果反倒是美国吃亏,完全有违大资本群落的价值理念;正确的美国国策,应该立即回归纯正的资本逐利功能,以那些使美国"吃亏"的国家与工商业集团为敌,打击它们,封锁它们,制裁它们,消灭它们,从而绝对维护"美国优先"的神圣原则。只有彻底"纠偏",只有彻底脱离美国既往的"寻敌"理念,才是使"美国重新强大"的不二法门,才是美国逐利于全世界的真谛。

特朗普的国家认知,实在是资本文明的"原教旨主义"回归。

二战之后,美国提升资本主义文明水准的历史脚步,已经基本上中止了。美国意识认定,资本主义文明已经发展到无缺陷状态了,已经是"世界灯塔"了。由是,美国社会日益走向浅薄与浮躁,各种颓废思潮与反伦理、反人性的畸形叛逆思潮,风靡美国社会;决定国家意识的社会政治生活,已经严重粗俗地广场化及娱乐化;美国人追求新鲜、追求刺激、追求绝对自由的粗鄙浮躁心理,伴随着低素质移民人口的大大增加,已经弥漫全社会。二战前后的魅力美国,迅速演变成为一种世界性溃疡。

在此等国民社会形成的基础大势之上,特朗普政府独有的、新奇的、粗鄙的、直接诉诸财富移民及国民收入等浅层社会问题的"精算会计师"式的国家政策,立即激起了美国社会的强烈反响。传统的美国白人社会,立即认定特朗普回归了资本正道,回归了白人正宗及白人至上的美国精神,激情地铁心地支持特朗普政府。黑人社会与其他人种的美国人社会,也同样觉得"美国优先"并大占世界便宜,实在是暖烘烘的过好自家日子的国策,如此何乐而不为焉。

于是,美的国家行为突然大转向,一切向钱看。

独特的"美国悲剧"开始了。一切以美国独赢独占为目标,展开了光怪陆离的"美国多面打"风暴。以消灭中国贸易顺差为重点，大树贸易壁垒，大肆推行美国司法创造的"长臂管辖"，以种种前所未有的特异方式制裁中国及其高科技企业；同时，国家贸易战处处烽烟，谁在美国有贸易顺差，谁就是美国的敌人；任何国家条约，任何世界组织，只要不能使美国获得显而易见的当下重大收益，或美国不能一言堂的场所，则美国立即退出；任何国家只要有美国驻军，就必须向美国缴纳巨额的保护费——在既往驻军费基础上大大提高，否则美国撤军；韩国、日本、欧洲，一律如此。其中，以对中国的贸易战最为全面，最为强硬，甚至不惜直接制裁中国政府官员。如此短短四五年之间，美国粗鄙霸权掀起的勒索收费风潮、贸易壁垒风潮、阻断移民风潮、退出世界组织风潮、贸易战风潮、地区挑衅风潮、高价军火风潮等一时弥漫全球。

一时之间，美国几乎就要回到"光荣孤立"时代去了。

正当特朗普掀起的"挖钱狂潮"肆虐于全世界之时，世界范围的新冠病毒冲击波开始了。任谁也预料不到的是，第一个顶住瘟疫冲击波而持续稳定下来的，竟然是被西方世界一片唱衰的中国；第一个在病毒冲击波中轰然倒下的，竟然是医疗水平最高、科技实力最强、生活顺准最高且号称"文明无缺陷"的美国。在灾难与动荡中，强大富裕的美国、世界灯塔的美国、自由民主的美国、文明无缺陷的美国、月亮都比外国圆的美国，竟然被一场大规模的新冠病毒冲击波全面击垮，伤痕累累，连白人社会与资本群落的根基都松动了。美国社会各群体之间的裂痕，美国政府的管理混乱，美国整体自救能力的低下，美国大选的层层黑幕，美国国会被攻陷的社会动乱……既往那些几乎无人相信的美国文明缺陷，都已经实实在在地摆在了全世界面前。

今天，当特朗普政府已经成为世界笑料，强大的美国光环也如同流星尾焰一样，在大规模病毒与社会动荡的持续冲击下，黯然黑化了。可是，直到特朗普下台，世界舆论依然基本保持着沉默。

历史过山车太过粗暴，世界需要时间消化一场突兀的悲剧。

但是，就历史实践所催发的世界反思效应说，美国的"特朗普悲剧"，或曰特朗普的"美国悲剧"，对国家文明的兴亡却实实在在提出了一个新的历史课题——国家元首假若过于偏离国家政治的一般性轨道，陷入过于偏执的个性化国家认知，对一个国家的实际影响会有多么深重，会不会直接导致国家崩溃或最终灭亡？如果这种危害是可能的，一个文明国家应该如何预防？

世界将如何回答这一拷问，尚在各民族国家的自我思索中。

单就"美国悲剧"的演变前景看，特朗普翻不了天，颠覆不了美国文明。美国法治虽然已经暴露出重大缺陷，但确保最高权力有风险地交接成功的自救能力，在美国还是基本稳定的。美国文明真正的"阿喀琉斯之踵"，并不在表层的国家权力秩序，而在美国社会基础的构成缺陷，在美国只有人种主体而没有民族主体的独特的社会深层裂痕。因此，总体上说，特朗普所导致的"美国悲剧"，不会对美国造成毁灭性结局。

美国文明时间虽短，但却是一路战争一路饮血走过来的超级实力大国。这种深度裂痕所引发的社会阵痛，一定时段内确实会影响美国的实力增长，但也会得到相应的修复。另一方面，就自然灾难性的疫情后续发展说，美国一定会因自己的严重失误而付出更为沉重的生命死亡代价。但是，美国毕竟有强大的综合国力与科技实力，一旦国家运作进入相对正常化轨道，再加上有可能的各种世界援助，数年之间，美国应该会从历史峡谷中以满血复活的状态走出来。

但是，就历史实践的发展趋势看，2020 瘟疫灾难与特朗普效应相叠加而铸成的"美国悲剧"，已经撕开了美国文明不那么厚实的历史防护罩，已经使美国文明产生了相对深度的全面震荡。如此程度的国家悲剧，已经对美国文明发出了极其严重的历史警讯——美国文明的历史命运，将取决于其结构性缺陷能否在灾难之后得到深刻的自我完善。如果不能，那么这种已经产生严重裂痕与暴露出根基性缺陷的文明形态，能否经得起下一次内部动荡与外部风暴的深层次全面性的残酷冲击，就成为一个危险系数极高的历史悬念了。

这样的历史趋势，毕竟已经开始了方向性的衍化。

虽然如此，美国霸权还是会带着累累伤痕，在世界范围内进行跛足冲撞。因为，没有敌人的美国，就无法感知自我，无法延续霸权。

在人类文明历史上，只要文明差异存在，文明磨合、文明竞争及文明冲突，甚或极端化的文明对冲，就不会消失；文明冲突极端化的历史陷阱，就依然存在。尤其是，在当代高科技生产力条件下，历史上曾经存在的文明冲突，会以什么样的新方式出现，我们尚未有一定程度的实际认知。在这样的意义上，"文明冲突论"在当代所引发的"西方文明"对其余文明的自觉对冲，在这次因"美国悲剧"而出现的世界格局重大转折的时段，只会暂时消失。在这一转折之后，"西方文明"一定会再度回归"寻敌"逻辑，国家文明形态的竞争与冲突，将会在更高阶段上回归曾经的历史轨迹；世界范围内的文明冲突，将在现当代高科技条件下以更为多元而全面的方式展开。

五　三大战略：应对文明冲突的中国历史经验

在人类国家历史上，中国是唯一全程走来的文明大国。

在人类文明冲突历史上，中国是从来没有失败过的大国文明。

当以美国为轴心的"西方文明"——亨廷顿单独列出的囊括了全部西方世界的一个文明板块——剥去了一切道义迷彩外包装，而将未来的国家关系回归于全面性本质性的文明冲突，使人类各个民族以国家文明为历史平台的生存方式竞争进入全方位冲突时，中国民族群是淡定从容的，是没有丝毫生疏感的。因为，对于只有二百余年历史的美国文明，及只有千余年历史的欧洲资本主义国家，文明冲突是一种颇有新意而又方便"寻敌",同时又非常适合资本主义文明主动攻击性的国家关系状态。但是,对于历经五千余年沧桑变幻的中国,文明冲突只是镌刻在国家意识与民族精神历史中的纷繁复杂甘苦难辨的深刻年轮而已。

由于地球自然地理环境的原因,中国与美国及西方世界的距离相对遥远。在农耕经济及冷兵器时代粗朴的交通条件下,中国与西方欧洲文明的核心生长点——地中海文明,中间横亘着广袤的西亚(中东)地区及中亚大沙漠与南亚次大陆地区。因此,在世界近代史之前,中国与欧洲早期的古希腊文明与古罗马文明,没有直接发生文明冲突的历史条件;到欧洲中世纪时期,同样由于山重水复的西亚、中亚、南亚的阻隔,欧洲的"十字军"也无法越过这些广袤阻隔而直接冲击到遥远的东方中国。因此,直到欧洲资本主义国家群崛起,东方中国对于欧洲西方世界,已然是一个遥远而神秘的国度;对于后起的美国,中国则更是一个古老而神秘的文明存在。同理,"西方文明"世界对于中国,也是一片朦胧的存在。

但是,这绝不意味着中国文明是在太平长河中走来的。

在资本主义文明出现之前,世界范围内的文明冲突热点区域,是以世界范围内的国家群数量分布为历史基础形成的。当时的国家集中区域是三个:其一,是早期国家群最集中的西亚(中东)地区,在世界轴心时代(公元前700年到公元前200年)来临之前,这一地区曾经有12个早期国家(当时的世界国家总数是15个),是世界早期国家文明冲突最激烈的地区。

其二,是欧洲西部的地中海区域,先后有古希腊联邦、亚历山大帝国、古罗马帝国三个国家存在;整个欧洲进入中世纪封建社会后,欧洲地区的国家数量大为增长;因此,包括欧洲在内的整个环地中海地区,同样也是国家文明冲突激烈化的地域。

其三,是亚洲的东北亚地区及南亚、东南亚地区,以古老的中国文明与印度文明为大国文明形态，在公元 10 世纪已经增长到数 10 个国家，也是国家文明冲突激烈化的地域。

总体上说，在世界古典文明时代，这三个地区的文明冲突，在加入迁徙无定的游牧民族力量因素之后，呈现为三种历史形式的文明冲突：其一，本地区内各国之间因文明差异（主要是宗教形态不同）而引发的文明冲突。在罗马帝国灭亡后，欧洲各国长达百余年的"宗教战争"，西亚地区的波斯帝国与阿拉伯帝国之间的长期战争冲突，都是地区文明冲突的典型。

其二，两大地域之间的国家文明冲突。其历史典型，是从公元前 300 余年亚历山大东征开始，直到欧洲中世纪后期的"十字军东征"的千余年里，欧洲文明与西亚文明的长期性剧烈对冲。

其三，地区国家文明之间的冲突，与对世界游牧民族文明对冲夹杂在一起的全方位、长期性文明冲突。这一类型的文明冲突的典型，正是中国文明在 1840 年之前走过的漫长的文明冲突的历史道路。若再将 1840 年之后西方资本主义国家群对中国文明的原罪战争连续计入，则中国文明所经受的历史性冲击，在世界文明历史上堪称最为深重、最为长期、最为残酷，所经历的冲突方式又最为丰富多元的全方位文明冲击。

在如此浴血奋争中走过来的文明中国，是世界唯一的存在。

唯其如此，中国所积累的文明冲突的历史经验教训，对于人类在未来高科学技术时期的文明冲突，及走出文明冲突极端化的历史陷阱，都具有深刻的启迪，是人类文明在竞争融合中走向更高发展阶段的历史灯塔。其中，中国文明在与游牧民族文明对冲的千余年里锤炼出的三大战略应对，是中国文明永远的骄傲。

在人类冷兵器时代，世界游牧民族力量拥有的以集群骑兵为主力的快速打击能力，几乎是所向无敌的。单向地说，从公元前 700 年左右开始，世界范围内的游牧族群开始逐渐聚合，并逐步形成，不断滚大，且阶段性地形成有分、有合、有政权的军事集团。大约从公元前四五世纪（中国的春秋战国时代）开始，世界游牧力量主要聚合在东北亚地区，对中国文明造成了长时期的巨大冲击。在这样的世界性强力黑潮的冲击下，中国文明开始了从春秋战国时代直到三国魏晋时期的对匈奴"胡患"长达千余年的文明对冲历史。

中国文明以厚重精细的农耕经济为根基，以严整的国家组织力量为主导，以深邃的战争文明与强大的军事力量为直接打击手段，辅以持之以恒的国家层面与民间层面的长期融合国策；历经春秋时代的"尊王攘夷"、战国时代的常态对峙与局部反击、秦帝国时期的大规模反击、西汉中期的大规模反击、东汉时期的连续反击，与三国时期曹魏集团持续对峙，加之长期对匈奴势力的融合与分化国策，终于取得了这场"文明对冲"的巨大胜利。其时形成的历史格局是，将同时聚合了欧洲东部大多数游牧力量的"匈奴集群"，有效分化为南北两大集群；南匈奴集群全部归化中国文明，北匈奴集群大为衰落并迁徙东部欧洲。至此，与中国文明对冲千余年的匈奴集群宣告历史性失败，大为衰弱的北匈奴集群大规模向西方席卷而去，成为蹂躏西方世界的"上帝之鞭"。

虽然如此，这仍然只是中国文明史上的一个篇章而已。

在之前之后的中国历史上，也从来没有减少过各种规模的文明冲突。直到西方资本主义列强以"代差"性热兵器为原罪战争手段，中国才陷入了将近两百年的水深火热的历史灾难。两百余年之后，中国文明浴血重生，又以无可遏制的趋势重新成为强大的现代国家。

认真审视中国在漫长的文明冲突中走过的历史道路，总结我们应对文明冲突的最为根本的经验，主要是长期恒定的三大战略——

其一，强韧而又持之以恒的良性共赢的文明融合战略。

能够超越政权形态的兴亡，而一贯秉持文明融合国策，来自中国文明内在结构中伟大而深厚的道义根基。中国文明，在本质上就是一个以"自强自立"为本位的偏向于内在完善的文明形态。在两千多年前，中国人就提出了超越时代的"大同"社会的高远目标。在此后的历史上，中国从来没有主动发起过诉诸战争的大规模文明对冲，从来都是被动迎击一波又一波冲击浪潮。这种漫长而稳定的文明生存姿态，在历史上酿成了历久弥香的中国文明的独特魅力——亲和而智慧，朴实而高贵，浩大而坚实，精美而厚重，真正的乐于容纳百川而自成汪洋大海。世界上几乎所有的移民群体，只要真正生活在中国之后，都很快化成了中国人，包括最难融化的古犹太人。其间答案，就在中国文明与生俱来的对"人类契约精神"的力行实践——相互理解、相互妥协、共存共荣的伟大民族精神。在未来的高科技时代的文明冲突中，中国在继承文明融合传统之后提出的"人类命运共同体"理念，一定会弘扬出新的璀璨的历史光芒。

其二，以创新竞争为本位的自身壮大战略。

中国文明的内在结构，具有"多元互撑"的天然合理性。其中的奋争创造精神，是中国文明最为宝贵的动力性价值体系。中国原生文明的根基特质，是天然排斥保守性的。这种创造性，非但表现在社会人文形态的文明架构创造力上，更为基础的方面是表现在生产力的不断推陈出新上。不要忘记，中国是最早进入铁器时代的国家，中国在战国时代的大型水利工程的建造水准就已经是超越时代的，中国的冷兵器制造水准更是世界超一流的；中国的基础科学研究与工艺技术的创新，在古典文明时代同样是领先世界的。这种以"大争之世"为本位的科学技术创新精神，成为文明冲突中保持强大国家实力的最深厚基础。如果没有这样的生产力创新基础，秦汉时代对匈奴集群势力的远距离战略大反击，就是不可能的。

继承并进一步发展这一战略国策，就要摒弃在后来历史上形成的漠视与遏制技术发展的保守主义思想体系，就要与中国原生文明时代的大创造精神对接，摒弃依靠外部科学技术输入的"造不如买"的捷径理念，将中国的科学技术实力推向新时代的巅峰。

坚持这一优良的传统战略国策，有着与现实需要相结合的认知基础：要在高科技时代的文明冲突中立于不败之地，首先就要在重型战略武器系统的建设方面处于优势地位，就要大幅度超越中国自近代以来居于弱国地位而形成的"火力不足恐惧症"，否则，不足以应对极端化文明对冲的最残酷战争形态。只有在科学技术全面创新的基础上，才可能形成重型化的远程战略武器系统的不断升级。只有通过坚持创新生产力的历史战略，将中国的战争实力推向世界超一流水准，才能为跨越大国文明对冲的历史陷阱做好实际准备。

　　其三，坚持统一文明本位而凝聚中国民族精神的战略。

　　详察中国走出文明冲突极端化陷阱的历史道路，其最重要、最核心的历史经验，就是中国统一文明本位所生发所激扬的雄厚民族力量。举凡中国统一文明强固之时，都是中国文明大开放大融合的鼎盛时期；举凡中国处于分裂分治时段，都是中国在文明冲突中处于乏力的历史时期。因此，弘扬中国统一文明本位的强固传统，坚定彻底地反对一切分裂，是中国文明走出文明冲突极端化历史陷阱的最为基础的战略法则。在未来高科技时代的文明冲突中，要持续强固统一文明本位的历史传统，就要将中国当代现实的政治文明体系——社会主义国家形态与中国统一文明的历史传统——中央集权的统一文明体制，进行大胆的无缝对接，借以实现中国文明在新时代的历史与现实的一体化融合，给中国当代政治文明输入强大的历史力量，在历史风暴中发展成为强大的新生文明形态。

　　三大战略传统在前，中国文明将"如日月之恒，不蹇不崩"。

　　我们所能做到的，就是满怀信心地迎接即将到来的历史风暴。

孙皓晖

2021 年 1 月 18 日

于西北大学中国文明史研究院

走出中国历史意识的沼泽地（原版序）

一

世界各个文明民族、文明国家，都有自己独有的历史意识。

这种历史意识，主要指一个民族、一个国家对自身文明历史所拥有的基本共识。这些共识，至少包括四个基本方面：1.该国文明成熟定型，或达到高峰（原生文明）的历史时期；2.该国文明成熟定型时代的最主要历史坐标——代表人物、重大事件、重大思想体系等；3.该国文明历史在成熟定型之后的演变脉络，文明发展主要的历史阶段；4.该国文明形成发展的主要历史经验、主要历史教训等基本评判。是否具有这种历史意识，以及这种历史意识是否清晰，是判断一个民族、一个国家在自我认知方面所达到高度的重要标准。历史意识决定着一个国家、一个民族在走向未来的历史过程中是否心中有底，是否具有清醒的历史方向感。

我们不能说，世界所有文明国家，都具有清晰明确的历史意识。但是我们可以说，世界最重要的一些文明国家，都具有这种清醒的历史意识。

在世界文明大国中，只有中华民族的历史意识是一片沼泽地，烟雾泥泞、重重交织。在表现为上述四个基本方面的历史意识中，我们没有一个方面是清楚的。不是说所有人都不清楚，而是说，我们在上述四个基本方面，缺乏最基本的社会共识。我们的问题事件、问题人物、问题时代层出不穷。譬如，春秋、战国、秦帝国三大时代，依据现代文明理念评判，是我们的原生文明高峰期，是我们的原典时代，是我们的文明圣土。可是，两千余年来的二十五史，却一直在咒骂指斥这三个时代，当今社会也对这种陈腐的咒骂指斥有着广泛的共鸣。譬如对秦始皇帝，譬如对孔夫子及其儒家，等等，我们都还陷在最基本的长期争论之中。在俄罗斯，指斥彼得大帝的人，绝对是极少数。在美国，指斥华盛顿的人，也绝对是极少数。可是在中国，指斥秦始皇帝的人，绝对不会是极少数，甚或可以说是普遍的。

所有这一切，都意味着我们民族要走出历史意识的沼泽地，还有很长的路要走。

在世界现存国家中，我们这个国家太过古老。唯其古老，唯其漫长，也就必然会有许许多多"老年病"。在1840年鸦片战争来临的时候，我们的"老年病"几乎导致了我们文明的灭亡。那时候，我们成了世界列强的一块历经漫长岁月腌制的丰厚的"古老肉"，任人宰割，任人鲸吞。时间过去180余年，我们的城市生存方式，已经在表面上跨入了当代物质生活水平的前列。可是，我们的文明发展程度，依然是农业文明的根底，种种严重问题上下头疼。我们广大的农村世界的大部分，更是"淘洗正未有穷期"的残农业文明生存状态。我们的整个社会，陷入了沉渣已经被搅起，但是却没有过滤方法的严重困境。

中国文明向前发展，方向何在？

从国家高层到中国公民，每个人都面临着"我是谁，我要到哪里去"的严峻考问。

历史给不给我们时间，并不由我们决定。

但是，我们愿不愿意思考问题，解决问题，却是我们自己的选择。

二

我们这个国家，陷入严重的历史意识沼泽地，有着种种深刻的历史现实原因。

就既往传统说，主要有两个基本原因。

其一，我们蓬勃多元的思想体系，在西汉武帝时期发生了一个重大转折。

这个重大转折，是中国骤然由多元化（百家争鸣）的不同思想形态，转入了宗教式的一家"独尊"，转入了一元化形态。由于被"独尊"的儒家，是诞生于春秋时代的一个坚定的复古学派，对当时社会的种种新潮变革，持强烈的否定与反对态度，对当时社会种种偏离王道礼治的新变化，也持强烈的否定立场；因此，孔子、孟子及其儒家，在春秋、战国、秦帝国三大时代，变成了时代潮流的弃儿。

这一深刻的历史原因，导致儒家学派对遗弃自己的三大文明高峰时代怀有极深的偏见。在此后占据文化霸权的历史条件下，儒家对三大时代进行了全方位的攻击与否定。这种攻击与否定，伴随着对三大时代社会求变创造精神的否定，伴随着教化人民恭顺服从皇权统治的保守内敛思想，而这些思想却被历代皇权政治奉为圭臬。于是，对三大时代的否定，与皇权制度对儒家保守思想体系的需要相结合，就渐渐演变为浓厚的官方意识形态的历史评判。自此，我们的历史意识出现了第一个巨大的历史断裂——实际继承了中国统一文明的框架，理论上却彻底否定了诞生中国统一文明的时代，形成了历史意识沼泽地的畸形生态。

其二，自"独尊"时代开始，我们的修史大权，就被儒家全面掌控了。

自司马迁的《史记》开始，修史的评价选择权，就是儒家思想了。我们尊重以司马迁为代表的儒家学人对中国文明历史的系统整理；但是，我们必须看到问题的另一面：儒家以孔子的"春秋笔法"为修史模式，对历史事件、历史人物、各领域专史等，都仅仅以儒家价值观衡量取舍，并进行直接评价。由于儒家的文化霸权，这种评价与取舍，迅速演化为官方标准，又迅速演化为入仕的取舍标准。及至科举制出现，这一标准又演变为国家制度与文化政策。自此，学人研究历史、陈述思想，必须以儒家标准为标准，否则只能被国家遗弃。

那么，儒家的历史价值观，是否具有现代文明可以继承的基本面呢？

如果有，当然万幸了。可惜的是，儒家的历史价值观非但与现代文明理念格格不入，即便与春秋、战国、秦帝国三大时代相比，也是陈腐的。简单举例说，《史记》有先秦人物传记二十八篇，涉及人物数百。举凡对文明发展有重大贡献，对国家社会敢于负责、敢于牺牲的英雄伟人，《史记》都给予了种种批评。譬如对文仲、吴起、商鞅、吕不韦、蒙恬、秦始皇帝等，都是如此。与此同时，《史记》对明哲保身、身在国家却不敢临难负责的人物，却做出了高度褒扬。譬如对范蠡、赵良、蔡泽、张良等，都是如此。赵良说商鞅的说辞，蔡泽说范雎的说辞，都充满了保守萎缩的逃避主义，《史记》却大篇幅记录，全面并正面评价。此后的史书，更是充满了此种类型的儒家式评价。

客观地说，西汉之前，中国文明的价值观体系是多元化的。先秦时代，有儒家史观所认可的临难苟且明哲保身的人生哲学，但更有重义轻生的国家大义与社会正义理念。最简单地说，商鞅对赵良的反驳，范雎对蔡泽的反驳，就是这样的大义理念的体现。战国法家政治家为当时的变法运动做出的众多牺牲，更是这样的大义理念所支撑的。可是，儒家修史，唯以一家理念取代多元价值观，对曾经居于时代主流的众多大义行为与正义言论，都采取了否定性的评价，并且变成了官方立场，又渐渐变成了普遍的社会历史意识。

儒家的这种治史理念与史观，对中国文明史是不公正的。

沉积两千余年的儒家史观，已经使我们的历史意识严重沼泽化。演变的结果是，使许多进步思想家与外国研究者，都对中国文明产生了严重误读。鲁迅说，中国书可以不读。柏杨说，中国文化是酱缸。20 世纪 80 年代的一大批激进知识分子，更是秉持"黄色文明落后论"。这都是误读中国文明史的典型例证。

凡此误读，以及对中国古典文明的一揽子否定，都是基于我们的文明在西汉"独尊"之后的保守性、萎缩性、陈腐性、阴谋性、混乱性说的。因为，在西汉之后的中国文明价值观中，阳光的、积极的、健康的、创造性的、变革性的价值观念体系，已经被儒家钝刀一丝一缕地阉割了，已经被烟雾泥沼深深地遮盖了。

这种泥沼，是两千余年来一层一层涂抹出来的。

三

自近代以来，西方思想的传入，对中国文明史又形成了新的误读。西方理念对中国文明史不适当的清理总结，又形成了新的泥沼烟雾。

"五四"时期将西方文明概括为两个基本点，一曰科学，二曰民主。用这两个基本点衡量中国的文明传统，产生了一种最简单的评判：中国文明一无是处，没有任何值得继承的东西。这种被中国人大大简化了的西方文明体系——德先生和赛先生，既不能全面认识中国文明历史，又不能合理解释中国文明历史。于是，在对中国产生新思潮冲击的历史作用的大形势下，又形成了新的历史意识泥沼。

这个思潮群，为中国问题寻找不到妥善的解决之道而破罐子破摔。于是有了百余年经久不散，甚或愈演愈烈的"全盘西化"思潮。

这一思潮的实际操作，就是要我们自己拽着自己的头发，完全脱离中国文明的根基，全面走向以西方体制为轴心的社会生存方式。对于一个有五千余年历史的独创的庞大文明体系，这种构想，这种历史选择，显然是丧失理性的轻率谋划。

与德先生、赛先生思潮不同的，是唯物史观对中国文明历史的另一种误读。

唯物史观传入中国之初，对中国文明历史基本上是总体否定的。以"原始社会——奴隶社会——封建社会——资本主义社会——社会主义社会/共产主义社会"的五阶段论解释人类历史的发展，曾经风靡中国思想界。此所谓社会发展史学说。后来，这种认定又被严重政治化，被称为"放之四海而皆准"的真理。于是，一种新的文明史评判就此形成：中国社会的发展与西方社会的发展，人类所有国家的社会发展，都是基于共同法则发展的，西方文明史是五阶段发展，中国文明史也是五阶段发展。

可是，随着当代文明史研究的日益深化，我们蓦然发现，中国文明远远不是唯物史观五阶段论阐释的那种样式。那种样式，只是西方欧洲社会的文明历史。至少，最基本的三个社会阶段，已经被证明是误读了。奴隶社会，在中国的夏商周三代基本不存在。封建社会，在中国则是一个牛头不对马嘴的基本概念，它所表述的社会状态，在中国从战国到清末都没有存在过。资本主义社会在中国，更是从来没有过。

当代中国与世界的普遍研究已经证明：中国文明从一开始，就是独立发展的特殊形态，就与西方的欧洲是完全不同的文明体系。在人类发展的长期历史中，中国文明体系曾经表现出远远高于欧洲文明的优越性，但是，她又不是西方文明那样的阶段发展形态。这就是说，唯物史观对中国文明形态与中国文明发展史做出的阐释与评判，实际上是将仅仅适用于欧洲的理论当作普遍原理在中国套用所发生的误读。

我们的历史意识泥沼，似乎越来越没有边沿了。

四

我们的文明史意识的现状，又是如何呢？

一个基础的传统与基础的现实是，以中国历史学界为基本阵地的中国人文研究，长期陷入技术主义境地。所谓技术主义，就是注重事件、年代以及种种历史具体元素的考据，注重编年叙述，而忽视以文明大视野审视历史，回答历史意识的若干基本问题。虽然，这种传统与现实的形成有种种历史原因，但是，中国学界学人自身的治学精神日益萎缩，也是一个基本的原因。这种治学意识，既使我们抬不起头，也使我们直不起腰。

当代以来，虽然我们已经有了一些文明研究理念，也有了一些以考古呈现为主的文明史著作，但是，我们期待的具有厘清中国文明史意义的著作，几乎没有。或者说，这种文明史厘清意识，还只是闪烁在史学家著作的字里行间，还远未形成具有真知灼见并集中深刻论述的文明史大著。世界各国历史意识形成的经验告诉我们，各国历史学界的大量研究成果所获得的共同结论，是一个国家历史意识形成的基础。从这一点看，我们的这个基础还远远没有形成。

中国文明史的真相，始终埋藏在扭曲的史观和琐碎的具体记载里。

中国人的历史意识，大部分还都是一堆集成的碎片。

中国面临新的历史机遇，我们的历史意识还非常之不适应。

中国的历史机遇，并不仅仅是有可能成为经济军事强国，更根本的历史机遇，在于我们正面临一个有可能出现的新文明跨越，一个真正从根本上强大自己、发展自己的转折点。这个新文明，就是工业科学与商品经济时代的中国文明。这个历史转折，就是中国从农耕文明形态发展到工业科学文明形态的跨越。应该说,这是我们历史机遇中最具有本质意义的一个。既往,中国文明曾经有过两次历史大转折。第一次大转折,是由洪水时代跨入国家文明时代;第二次大转折,是由青铜文明跨入铁器文明。从政治文明的意义上说,第二次大转折就是由邦联制与联邦制文明,跨入中央集权的统一国家文明的大转折。

当代,我们面临着第三次文明大转折——由农耕文明跨入工业科学文明。要实现这种历史大转折、大跨越,可能需要很长的一个历史时期。但是,这个机遇与希望,是从我们这个时代开始显现的。因此,我们这一代人,就要做出自己的努力。至少,我们应该为未来的文明跨越做些先期的基础工作,完成"第一棒"使命。

所谓先期基础,最重要的,就是寻求我们这个民族新的强大的精神资源。

这个精神资源,就是走出中国历史意识的沼泽地,重建我们的历史意识,厘清我们的文明历史根基,使我们这个历史时期形成的价值理念体系,足以成为我们子孙前进与跨越的精神根基。本书所做之努力,尽在于此。

孙皓晖

2011 年盛夏

于西北大学秦文明研究院·曲江工作室

上
篇

第一编

我们的文明史意识

在文明继承的意义上，我们必须具有一种立足于整体中国文明史的大器局、大气魄。我们的文明视野，必须高高越过两千余年的文明停滞期，直接与我们的原生文明时代实现精神对接，直接与我们的文明正源实现精神对接。那里有我们的光荣，那里有我们的梦想。

突破史障　寻求中国文明正源

近年，中国社会已经产生了对中国文明史再认识的新思潮。

这一新思潮，是自发的，缓慢的。但是，它所产生的根基，却具有非常深刻的历史必然性，远比"五四"时期与"文化大革命"对中国历史的极端化、简单化、政治化的"运动"思潮，要深厚得多。

因为，只有在今天，我们才真正摆脱了极端的物质匮乏，走向了深度改革下相对富裕的商品经济生活。我们的国家与民族，初步实现了和平崛起，真正走到了向新的文明形态跨越的历史转折点。这一历史性的转折，决定了一个新的历史命题必然出现在社会意识之中，并且必然引起普遍性的思考。

这个历史命题就是：我们的国家与民族，必须对自己五千年的传统文明做出全面的、深刻的重新解读与重新认知，借以确定我们实现文明跨越的历史根基。这一历史命题第一层面的具体化，是确定：我们的文明历史中究竟哪些是应该继承的良性传统，哪些是应该抛弃的腐朽传统？我们的统一文明根基，究竟应该是曾经的哪个时代？我们的国学，究竟应该是单一的独尊，还是百家争鸣的多元平衡？

如果不能清楚地回答这些问题，我们的国家，我们的民族，就会始终停留在文明话语权缺失的状态。

我们陷入了奇特的"史障"困境

有一种物理现象——音障，说的是航空器逼近音速时会遇到巨大尖利的音波震荡障碍。只有突破这一障碍，航空器才能达到超音速飞行。

类似的社会现象，我们可以称之为"史障"。特定的国家与民族，其社会发展到某种文明突破的临界点时，几乎必然会出现一种对既往历史根基的困惑与迷失，以及由这种困惑与迷失衍生的社会精神的探索波澜。只有突破这种困惑与迷失，只有推进并深化这种精神探索，才能实现真正的文明跨越。

这种逼近文明突破期而产生的史障，在欧洲中世纪的末期出现过。欧洲人以文艺复兴与启蒙运动的历史形式，突破了史障，实现了文明的突破与跨越。在中国，这种逼近文明突破期的史障正在出现，或正在酝酿，但距离突破史障还尚远。

中国人的文明史意识，已经沉睡得太久太久了。

就普遍意义而言，在中国人文学界的视野里，只有具体琐碎的中国历史，没有立足根基的中国文明史。换言之，我们的学界只拥有如山如海的历史资料，只拥有对无数历史事件的考据成果，只拥有无数编年纪事的中国通史或者断代史，只拥有无数个专业领域的专史，只拥有无数个地方区域的方志整理与地方史记述，等等。从考据意义上说，我们自有纪年的历史，几乎达到了每一天都能说得清的地步。

但是，我们没有系统整理中国文明发展脚步的历史学成果，甚至在历史研究中渗入文明研究理念，也还很不普及，甚或还是凤毛麟角。许多史学著作，虽然冠以"文明史"名号，实际上依然是事件整理，或文物遗存考据，或地下发掘考据，远远没有达到文明史研究的水准。也就是说，关于五千年中国文明的特殊历史形态，中国古典文明的基本发展阶段，中国古典文明的特殊历史性质，中国统一文明的正源在哪个时代、其后又经过了什么样的演变阶段，我们文明史的最基本坐标（最重大事件与最重要人物），等等，我们都没有一个接近于社会共识的说法。

正是这种关于文明与文明历史的失语，形成了我们在新的历史转折关口的一种无比奇特的史障。长久的沉吟迷思，既无法对浩如烟海的史料做出基本的文明价值评判，更无法确定未来的突破方向。

突破史障的第一步：确认我们的文明根基

我们的文明历史有五千年之久。我们的发展道路是极其特殊的。

说极其特殊，是说我们的古典文明形态，在全世界是独一无二的大文明系统。无论相比于欧洲，还是相比于美洲、非洲，抑或相比于亚洲其他国家，中国文明都是一个庞大的独一无二的文明体系。对如此一个拥有漫长历史而又在自己的土地上绵延相续至今且庞大无比的文明系统，世界说不清其中诸多要害问题，是可以理解的。但是，中国人同样说不清其中最基本的若干问题，就是非常奇怪的了。

我们拥有最庞大的文明体系。

我们却没有与之相匹配的中国文明史研究体系。

这就是我们文明话语权的困境，就是我们的史障。

突破这一困境，突破这一史障，首先的一步，是要说清我们的文明根基。

我们的文明，从神话时代就已经开始了。虽然，鉴于缺乏文字记载的可靠性，我们可以将神话时代大体先搁置一旁，而只在思维方式的意义上研究中国神话的特殊文明价值。但是，从黄帝时代开始，我们的文明脚步已经是清楚的，且越来越清楚。之后，我们历经了近千年的族群大联盟文明发展，在大禹治水的后期，我们进入了国家时代。

此后，历经夏（早期邦联制国家）、商（成熟邦联制国家）、西周（经典联邦制国家）、春秋（突破联邦制时代）、战国（大分治时代）、秦帝国（大统一时代）六个时代。

从文明史的意义上说，这六大时代，分作三大历史阶段：第一阶段，夏、商、西周，是我们的国家文明由邦联制向联邦制不断跨越的历史阶段；第二阶段，春秋、战国，是我们的文明以不断走向分治的历史形式，酝酿新的文明突破的历史阶段；第三阶段是秦帝国统一中国，又统一中国文明的历史阶段。

自秦帝国创建中国统一文明开始，我们的文明形态在此后两千余年没有变化。

这就是说，历经近两千年的六次历史大锤炼，我们终于实现了文明大爆发与文明大飞跃，形成了全人类古典社会最为发达、最为成熟、最为稳定的统一文明。在全人类的历史上，历经六次大翻新、大锤炼、大创造而最终形成了稳定文明的，只有我们。

六大时代，是我们的原生文明。秦帝国时代，是我们的统一文明正源。

我们的文明体系总根基，是六大时代。我们的统一文明根基，是秦帝国时代。

我们的统一文明在流变中趋于僵化腐朽

自西汉的汉武帝时期开始，我们的统一文明开始变形。

基于政治上的逆反心理，基于偏狭的"安定"意识，汉武帝时期的国家政权，自觉地尊奉一种保守主义的学说体系为整个社会的意识形态，以利于对社会灌输服从意识。这就是"罢黜百家，独尊儒术"

的文明大转折。这一转折的文明史效应，是第二代中国统一政权背弃了中国文明的多元化传统，仅仅将诸子百家中的一个学派，抬上了国家意识形态的宝座，而对无比丰厚的中国原生文明的思想价值大体系，采取了自觉遏制的政策。

自此，儒家学说变成了国家的教化工具。

中国原生文明的多元思想价值体系，开始了国家平台遏制之下的萎缩过程。

由此，我们的文明创造精神渐渐趋于凝滞。其最大的危害，是中国的修史权力，以及国家对社会文化、教育、思想的发展方向的主导权力，从此交到了一个具有严重意识形态偏见的学派手里，别种理念不能染指。

中国文明史的萎缩趋势，由此开始，弥漫后世，未尝稍减。

自公元 10 世纪后期的宋代开始，中国文明严重下滑，进入了整个社会精神严重僵化的时期。宋、元、明、清四个时期，历时近千年，中国社会出现了以"存天理，灭人欲"为基本诉求的理学体系，将原本已经是保守主义的儒家思想体系，"提纯"到了极端僵化的非人类精神的"绝学"境地。由此弥漫，出现了扼杀思想活力，扼杀自由创造的文字狱；强化了迫使社会知识阶层皈依意识形态教条的科举制。这一时期，中国民族的思想文化，已经发展为严密的绝对教条体系，进而衍生出弥漫整个社会的教徒式治学风习。

中国社会的开放精神、理性精神、探索精神、正义精神、百家争鸣精神、原典创造精神等，基本上被窒息，基本上被扑灭。知识分子只能以钻研经书、考据注释、官方修史、整理笔记、撰写游记等方式，作为治学正统途径。整个社会人文领域，堕落为一种"只能解释，不能创造"的庞大的神学院体系。秉持思想创造精神的个别学者，被整个社会与官方视作大逆不道。社会实用技术的研究，则被冠以"奇技淫巧"的恶名，受到正统意识形态的极大轻蔑。

在如此僵化的社会状况之下，宋代以后的中国社会以"文富弱"为外在特征，民族进取精神日渐委顿，国家竞争意识几乎泯灭，绥靖主义思潮大肆泛滥。但有外部入侵，大规模的汉奸政府，大规模的汉奸军队，大规模的卖国条约，大规模的割地求和，大规模的镇压抵抗力量等种种恶行，孳生于中国大地，成为整个中国历史与世界历史的丑陋奇观。

这，就是今天我们脚下的社会历史土壤。

这样的社会历史土壤，能作为我们实现文明跨越的历史根基吗？

在文明继承的意义上，我们必须具有一种立足于整体中国文明史的大器局、大气魄。我们的文明视野，必须高高越过两千余年的文明停滞期，直接与我们的原生文明时代实现精神对接，直接与我们的文明正源实现精神对接。

那里有我们的光荣，那里有我们的梦想，那里有我们的大阳精神，那里有我们的凛凛风骨，那里有我们如山岳如大海的原典世界，那里有我们的国家竞争精神，那里有我们的民族血气与大争之心，那里有我们实现凤凰涅槃的文明圣地……归根结底，那里是可供我们坚实矗立的历史土壤，那里是我们实现历史飞跃的无比广阔、无比丰厚的文明资源宝库。

确立中国文明的继承原则

我们的文明遗产沼泽地

为什么要提出文明遗产继承原则的问题?

因为,我们已经陷入了文明遗产沼泽地。

自 1840 年以来,我们跋涉了一百八十余年,还没有走出这片漫漫沼泽。中国文明的一系列基本问题,仍然云里雾里,一片泥潭。沼泽地形成的根本原因,是西汉之后在儒家文化霸权之下长期形成的传统价值观体系,与"五四"时期新价值观体系的冲突,与近现代文明理念的冲突,与"文化大革命"理念的冲突,与马克思主义价值观的冲突,与当下社会新文明思潮的冲突。同时,对以儒家体系为轴心的传统价值观体系持批评立场的所有价值理念,相互之间又有着不同深刻程度的冲突。种种冲突相互交织,相互重叠,相互渗透,就形成了关于中国文明遗产的巨大沼泽地。

这片沼泽地,使我们民族在面临新文明重建的历史关口,拔不出腿,直不起腰。

中国文明遗产的灵魂何在

中国文明，是世界文明之林中极具特色的独特文明体系。

在漫长的发展历史中，中国文明发生了沉沦式的演变。演变的结局是，博大渊深的多元文明体系，被保守主义的儒家体系所取代；以诸子百家为生命形式的多元文明，就此严重萎缩；以"变革图强"为根基理念的法家体系，就此沦落为君主专制的卑微工具；中国文明中的诸多创造性思想体系，就此遭遇严重遏制，从而导致了中国国民精神的深刻衰退。

在人类所有的文明形态中，政治文明都是灵魂所在。

中国古典文明中，最有价值的政治文明体系，是诞生于春秋战国并在秦帝国时代普遍实践于全社会，因而具有最强大生命力的法家体系。法家体系，不仅是法家学说，还是以战国法家学说为轴心，以兵家、墨家、纵横家，与农家、水家、工家、医家等诸多实用学派为思想同盟的中国强势文明系统的灵魂。这种法家体系，是中国古典文明中最成熟、最辉煌的价值观体系。其"求变图存"的改革理念，其求真务实的实践能力，其强健昂扬的生命状态，其强势生存的价值取向，其关注民生的治世主张，其代表人物以国家兴亡为己任的人格魅力，其力求领先时代潮流的创造精神，其震古烁今的历史业绩，等等，都远远超越了基于复辟根基而产生的儒家保守主义思想体系，是中国文明体系中最为灿烂的星系，也是最具继承性的历史遗产。

中国民族要实现新历史时期真正的文明跨越，必须以春秋、战国、秦帝国三大时代为文明遗产之根基，以继承这一时代政治文明体系的轴心——法家体系为历史条件，建立真正既符合中国历史传统，又符合今日国情的新文明体系。

我们的继承原则：百家共存，法儒共生，多元并进

我们的基本理念是全面厘清中国古典文明的历史遗产，同时顾及西汉之后形成的儒家历史传统，确立能够真正反映中国古典文明基本面貌的继承原则，为我们民族在新时代的文明跨越奠定根基。

这一继承原则是百家共存，法儒共生，多元并进。

什么是"百家共存，法儒共生"？

首先，以春秋、战国、秦帝国三大时代为基本历史平台，中国文明多元化的历史特质已经在历史进程中确立了坚实的根基。将诸子百家的多元体系，确立为我们的文明根基；将秦帝国时代，确立为我们的统一文明正源，这是符合历史实践的明智选择。

其次，法家体系是我们文明遗产的灵魂。同时，儒家体系又在西汉之后的两千余年形成了新的保守主义的传统价值体系。尽管儒家在本质上是主张滞后于历史的保守主义学说，但是，儒家在西汉之后的两千余年发展中，也做出了许多方面的自我修正，从一个纯正的复古、复辟的政治学说派，演变为以伦理哲学为轴心的人文学说派，并就此形成了某些新的人文传统。我们批评儒家，实际上只是反对"独尊"，我们不主张"铲除"，更无所谓"打倒"。我们寻求的目标，只是接近于中国文明基本面貌的文明遗产继承道路。

再次，法家体系与儒家体系，是中国文明遗产中最为基本的两个价值观体系。假如说，在西汉之前，一直是法家体系占据思想主流，在引导着我们历史前进的方向；那么在西汉之后，就一直是儒家居于思想文化的霸权地位，在规范着我们的历史方向。固然，我们应该正视儒家体系在中国文明沉沦中的历史责任，但是，我们也应该看到儒家既定的历史影响力，看到儒家剔除复古复辟学说后的不同历史风貌，看到儒家学说中有价值的一方面。

为此，中国文明大体系中的这两个基本体系应该共生。不需要刻

意为它们做国家定位，也不需要顾忌它们学说内涵的冲突性。任何学说体系之间的冲突与差异，都应该以"百家争鸣"的方式去解决。我们需要做到的，就是不能以国家的权力，将某一家再次抬上"独尊"的地位。譬如，我们国家在国外普遍建立的传播中国文化的"孔子学院"，就是变相的"独尊儒术"，就是再度将中国文明遗产沼泽化的不适当政策。（孔子学院已经由国家宣布于 2020 年取消，这是中国文明的逐步前进的结果。）

"百家共存，法儒共生"，是我们的文明遗产继承原则。

"多元并进"，则既是我们文明的历史原生形态，又是我们新时期的文明发展方向。

文明的生命力与国家的生命状态

人类文明史是渐进的历史过程，各个民族的文明史也是渐进的过程。

文明的发展与跨越，需要耐心，更需要一个民族以饱满昂扬的生命状态做持久的努力奋争。以国家形式为载体的文明发展，不可能抛弃本民族悠久的历史传统。任何民族在任何时代，都必须在自己的文明历史中发掘出最有价值的文明遗产，结合当代历史潮流，形成最具有推进力的社会价值体系。因为，特定形态的文明生命力，既取决于这个民族、这个国家的生命状态，又会对这个民族、这个国家的生命状态产生巨大的精神影响。

近代史以来的中国备受欺凌，其最深刻、最本质的原因，正是中国文明沼泽状态所导致的国民精神萎缩，而绝不仅仅是什么"生产力落后"的问题。

半个多世纪以来，中华发生巨变的最根本原因，在于中国共产党借助新的思想体系，激活了中华民族的强势生存精神，使中华民族真正挺起了脊梁，在血与火、贫困与灾难中接受了极其残酷的挑战，直至昂昂然自立于世界民族之林。

关于中国政治文明遗产的继承

政治文明在任何一种文明形态中都居于核心地位。

政治文明有三个最基本的层面：其一，该国的现实政治制度；其二，该国的政治文明传统；其三，被该国民众普遍认可的政治哲学价值观。从这三个基本方面来看我们的政治文明遗产继承，会相对清楚一些。

第一方面，不是遗产，不在我们的讨论范围。

第二方面，是文明遗产，是我们的讨论范围。可是，这方面的状况很糟，我们的政治文明传统中最主要的部分，是君主制，没有任何意义上的可继承性。

第三方面，是我们讨论的中心，它既存在于我们的政治文明传统，也存在于我们的现实政治意识。这就是我们形成于春秋战国时代并至今深深植根于中国社会意识中的政治哲学。

中国政治哲学的灵魂何在？在"尚一"理念。

我们民族具有悠久的"尚一"传统，具有悠久的反多头政治传统，具有极其强大的统一国家传统。《老子》概括得最典型："一生二，二生三，三生万物。"《吕氏春秋》则有"执一""不二"理念。民间则有谚语："龙多主旱。"这些都是历史给我们的政治哲学，每个中国人都了然于胸。中国有过分裂，有过多头分治的历史现实，但是从来没有过多头分治的政治哲学。这种强大的"尚一"传统，曾经长期牢固地凝聚了我们这个多民族国家，使中国统一文明在辽阔的国土上汪洋恣肆地发展壮大，使中国在最衰弱的时代，艰难维护了文明的生存延续。这种传统，曾经带给我们无尽的光荣与辉煌。

我们没有理由责备历史形成的政治哲学，也不可能一朝改变这种政治哲学。

　　唯其如此，我们主张正视中国国情，以经济发展与文化发展为相应历史阶段的核心使命；政治文明的发展，则要渐进化；不追求在中国实现西方式的民主政治，允许我们民族在历史的脚步中，逐渐探索符合中国国情的政治文明建设法则。

　　中国人要对世界保持清醒的认识，不能盲从，不能重蹈苏联被西方和平演变肢解的惨痛覆辙。当代的西方民主，既不适合中国现实，更不适合中国传统。中国政治文明体系的最终成熟，是一个艰难的长期的发展过程。我们既要吸取西方政治文明中有价值的东西，更要寻找那种能与中国传统和现实相结合的东西。这种兼容不同文明，进而做出最出色历史选择的本领，是中国文明的先天优势，也是中国文明的一个强大传统。我们要对中国文明的化解能力有最充分的自信，要有战国法家在历史实践中磨合创造出新制度的历史精神。

　　人本精神的最终体现，是人的自由平等。自由平等的实现途径，不是一条路。西方的道路，不是唯一正确的道路。只要一个国家一个民族，明确地提出了这样的历史目标，我们就要允许历史跨越所必需的时间来实现这个目标。

　　中国要建立法治社会，不能全盘照搬西方法制，而要在中国法治传统的基础上推陈出新，创造既具有时代进步性，又具有中国文明特色的法制体系。要实现这个伟大的目标，首先得承认战国法家体系的文明价值与历史作用，辛勤发掘，努力整理，翻新创造出新的中国法学理论体系。战国法家具有完整严密的理论体系，《法经》《商君书》《韩非子》《荀子》，以及发掘出土的秦法竹简等，都是最为宝贵的历史遗产。

　　一个伟大的民族，必然是一个清醒的民族。

一个伟大的国家，必然是一个清醒的国家。

清醒的声音，是一个民族最具勇气的声音。

对于一个民族，最大的勇气是什么，最大的清醒是什么？是抛弃曾经的腐朽价值体系，是发掘被历史烟雾湮没的优秀文明传统，是重塑必须重塑的新文明体系。

只要我们有认真的探索精神，道路就在我们脚下。

我们的整体困境：世界文明的沼泽期

人类文明的发展面临着前所未有的整体困境

从公元前三千余年的古巴比伦王国开始，人类各民族相继进入了国家时代。

以国家为单元的人类文明的竞争演进，迄今已经有五千余年的历史了。

漫漫岁月，沧桑变幻。人类文明在灾难与收获的交互激荡中拓展伸延，已经由缓慢发展的古典文明社会，进境为发展速度骤然提升的工业文明时代了。但是，文明的进境与发展速度，并没有从根本上改变人性，并没有改变人性的基本需求，更没有改变人类面对的种种基本难题。贫困与饥饿依然随处可见，战争与冲突依然不断重演。古典社会曾经反复论争的种种基本问题，并没有因为工业与科学的创新而消弭。甚或相反，科学的发展，交通的开拓，信息的密集，使人类的生存空间更加狭小，生存资源更显贫乏，各种冲突更为剧烈，更为残酷，更为全面。

我们蓦然发现，当下的人类世界，面临着一个整体性的困境。

这个整体困境就是，人类技术手段的飞速发展与人类文明停滞不前之间的巨大矛盾。

一方面，我们的生产能力，我们的科学发现，都在日新月异地发展；我们对宇宙空间的普遍探索，已经拉开了绚烂的序幕；我们对人类生命的微观认识，已经达到了相当的高度，也许不远的将来，我们对复制生命的使用就会成为现实；我们的物质生活水平，获得了较为普遍的空前改善；世界一部分人的生活水准与享受方式，已经进展到令任何古典贵族都瞠目结舌的地步；在人类社会的整体结构方面，我们已经拥有了解决人类共同问题的跨越国家政权的世界组织——联合国，我们几乎已经迈入了建立世界性文明秩序的门槛。这一切，似乎都很美好。

可另一方面，我们的文明发展却停滞不前，我们的道德水准正在急剧下滑。

腐败与堕落的生活方式，充斥着发达国家与不发达国家的另一极；巨大的浪费与极度的匮乏同时并存，形成了令人触目惊心的两极差别；对遍布世界的贫困、饥饿与天灾人祸，发达国家有着普遍性的淡漠，所谓的共同救援组织的作为，始终停留在杯水车薪与虚应故事的层面上；人类的文明教育，对不发达地区普遍存在的文化缺失现象无能为力，致使主要以这些地区为社会土壤所滋生的邪教组织、恐怖主义势力不断蔓延，并与各个国家的分裂势力相融合，掀起了前所未有的人类文明的沙尘暴；作为世界组织的联合国，则日益沦为少数强势国家操纵下的某种机器，主持正义与伸张公理的能力，已经微乎其微；掌握最先进战争手段的强国，依然醉心于价值观的输出，醉心于意识形态的对峙，忙碌于对世界资源的巧取豪夺，忙碌于富裕集团对全球利益无休止的分割；结构与目的同样混乱的各种军事同盟，不断在世界范围内出现，都在如堂吉诃德一样地盲目寻求与风车作战；曾经百余年领先世界，并曾以炮舰强权主导世界文明进程的资本主义国家集团，已经在一场首先爆发于其心脏地带的经济大危机中，褪尽了"活力无限"的光环，显示出空前的国家疲惫与制度弊端；对"世界警察"强国的普遍不满正在不断地弥漫增长，在某些地区已经淤积为深刻的仇恨，并且以丧失理性的恐怖主义方式不断爆发出来……

面对种种灾难与整体性困境，我们的世界陷入了一种万事无解的尴尬局面。

从总体上说，我们这个时代，解决普遍问题的能力正在急剧衰减。极端化的例子有两个。一个是实际争端无法解决，即或对很小面积有争议的领土与海域资源，大多数相关国家宁可兵戎相见，也不愿意接受"搁置争议，共同开发"的开阔思路；另一个是文化争端，强权国家在炮舰时代通过侵略战争方式抢劫了大量世界级文物，无论被抢劫国家如何呼吁，强权者都只是颇有绅士风度地耸耸肩了事。

更重要的是，我们当下的时代，已经丧失了文明发展的主题与方向，丧失了一个时代应该具有的主流精神。曾经主导世界文明秩序的列强力量，已经无法创造出新的人类精神，更无法以高远的视野、开阔的胸襟，平衡人类的利益冲突与价值观念的冲突。这种曾经的主导力量，正在各种实际细节争夺与意识形态对峙中持续地沉沦下去。世界秩序失去了曾经的主导精神。人类的基本价值理念，正在迅速地模糊化、逆反化。

真正值得忧虑的是，面对如此巨大的整体性困境，面对如此重大的人类文明危机，世界政治家阶层却是空前麻木，既没有自觉感知的理性揭示，也没有奔走呼吁的世界精神与天下意识，更没有高瞻远瞩、联手协力的主动磋商应对战略。频频举行的形形色色的高峰会议、强国集团峰会，除了发明出种种时尚而庸俗的外交秀，在圆桌会议上争吵议论的，几乎都是中世纪地主一样的利益细节的纠葛。整个人类所期待的着眼于解决基本问题的诉求，在我们这个时代的政治家视野里，已经消失得无影无踪。

这个巨大的整体性困境，使世界文明的发展陷进了极其罕见的沼泽时期——无论是前进或是后退，如果我们盲目做出反应，就有可能全面沉陷下去。

结束困境的途径只有一个，要从对人类文明发展史的审视中，寻求我们的思维突破。

人类文明如何走出第一次沼泽期

在世界文明发展史上，一个时期的突破经验，给我们提供了讨论的路径。

这个突破时期，就是人类结束第一次文明沼泽期——中古社会的历程。

中古文明沼泽期，在西方，是指罗马帝国后期及罗马帝国灭亡后一千余年的文明停滞期。在东方的中国，这个时期开始得要更早一些，是指秦始皇创建的中国统一政权灭亡后两千余年的文明停滞期。在这样的文明停滞期，人类在技术层面上都获得了某种程度的发展，虽然速度很缓慢，但在文明形态的发展上，却始终是徘徊不前的。这就是我们所说的文明沼泽期，亦即文明史的停滞期。

这里，有一个逻辑的环节必须搞清楚：什么是文明意义上的发展？

文明，是人类在"自觉的精神，自觉的秩序"意义上的整体生存形态。文明意义上的发展，最重要的基本点，在于社会制度的创新，在于社会生活方式的普遍提高，在于社会生产方式的普遍改变，在于社会价值观念与社会主流精神的历史性跃升。在人类社会的整体发展中，生产手段（技术）的局部更新，并不必然与文明发展相联系，更不必然等同于文明发展。古典社会在某个领域的技术手段，完全可以达到当代技术无法复制的地步。但是，仍然不能由此而说，古典时期的文明发展程度比当代要高。因为，技术手段如果不能发生普遍性变革，从而达到激发整个社会文明发生普遍变革的程度，技术就永远是局部的生产手段，而不是文明的历史坐标。

中国在隋唐之后的历史现象，很能说明技术发展不能等同于文明发展的道理。

东方中国的四大发明，其中的两大发明——火药与印刷术，诞生于公元 10 世纪前后的宋代；中国的古典数学，在元代出现了新突破；中国的古典筑城技术，在明代达到了最高峰；中国的古典园林技术，在清代达到了最高峰。这些，都是古典科学技术的很大发展。但是，中国的宋、元、明、清四代，恰恰是中国文明严重下滑、社会严重僵化的时期。这四个时期，历时千余年，中国出现了以"存天理，灭人欲"为基本诉求的理学体系，出现了以扼杀思想活力与自由创造为基本诉求的文字狱，强化了以迫使社会知识阶层皈依意识形态教条为基本诉求的科举制，又衍生出弥漫社会的考据治学风。由此，中国社会的理性精神、探索精神、创造精神，基本上被窒息，基本上被扑灭；知识分子只能以钻研书缝、考据细节为治学之正统途径；秉持思想创造精神的个别学者，被整个社会与官方视作大逆不道；社会实用技术的研究，在这一时期被冠以"奇技淫巧"的恶名，受到正统意识形态的极大轻蔑。甚或，宋明时期还对中国文明的历史遗产进行了全面清扫，连荀子这样具有客观立场的战国大师，也被请出了孔庙，并有了极其荒唐的"灭荀运动"。至此，中国的修史权利与对社会文化思想的主导权力，彻底全面地落入了具有严重意识形态偏见的唯一一个学派集团手里。思想领域的客观公正精神，社会学派的多元发展，从此消失殆尽。如此"教化"之下，宋代以后的中国社会，民族精神日渐委顿，但有外部入侵，大规模的汉奸政府、汉奸军队便孳生于中国大地，成为整个中国历史与世界历史的丑陋奇观……

正是在这样的意义上，我们说，中古社会是人类文明发展的沼泽期。

同是人类文明的第一次停滞期，西方社会的文明突破，取得了历史性成功。东方社会的中国，却陷在了文明沼泽期，长期不能自拔。无论这种差别的背后隐藏了多少历史的奥秘，我们都暂且搁置在一边。这里最重要的问题是，西方的欧洲如何突破了中古社会的文明沼泽期，它给当代世界提供了什么样的历史启示？

欧洲的文明突破，经历了两个历史阶段，历时四百年左右。

第一个历史阶段是发端于14世纪而弥漫于16世纪的文艺复兴。最简单地说，就是欧洲的艺术家们最先深感中古社会的僵化窒息，开始怀念并召唤古希腊与古罗马时代的鲜活艺术精神，并实践于当时的宗教艺术创作。由此滥觞，欧洲社会渐渐开始了对远古文明的重新思索，其文明目光高高越过了千余年的中古时期，而与古希腊、古罗马文明直接实现精神对接！也就是说，欧洲社会思潮将自己所要继承的文明根基，确定在了已经远远消逝的古希腊古罗马时代，而不是当时的中古文明传统。

应该说，这是文明发展史上最伟大的思维方式的突破。

第二个历史阶段是从18世纪初弥漫西方的启蒙运动，到19世纪普遍爆发的资产阶级大革命。这一时期的思想创新，是文艺复兴的直接延续。具体说，就是社会思潮对如何重新构建国家体制、如何重新确立价值观念所进行的理论大探索。启蒙运动的思想成果，通过英国大宪章运动的君主立宪方式，或通过法国大革命的方式，波及了整个欧洲与北美，实现了普遍的制度大创新与文明大创新。

从此，人类文明进入了资本主义时代。

请注意，人类突破第一次文明沼泽期的基本方式，是诉诸理性的。

对中古文明沼泽期突破的历史过程，对于我们这个时代有着极其重要的历史启示。

这一启示的核心方面是：要实现真正的文明跨越，就必须认真审视历史上曾经存在过的各种文明形态的合理价值，不能以当下自己的本体文明为唯一的价值观；只有大大放宽文明视野，以超越本国文明、本民族文明、本时代文明的历史高度，有勇气与不同的文明价值观实现自觉比较、自觉对接，才能最大限度地吸收其他文明的合理价值，才能完成对自身文明的创新与重建，才能找到新的文明出路，同时最大限度地影响世界文明的进程。

东方中国有一句古老的成语——他山之石，可以攻玉。

人类第二次文明沼泽期是如何形成并延续至今的

进入资本主义文明时代，人类获得了空前的发展。

但是，很快地，人类就陷入了第二次文明沼泽期。

至20世纪初，资本主义的文明发展仅仅只有百余年时间。对于一种新生的文明形态，这是很短很短的历史。由于生产方式的全面跃升，由于价值观念的重新构建，由于社会制度的创造变革，资本主义文明体系一度给整个人类带来了巨大的进步，使人类文明的发展出现了新的曙光。

可是，作为文明形态的资本主义，有着一个根本性的缺陷。这一缺陷就是，在对待国家关系与民族关系的价值理念上，资本主义以动物界的丛林法则为根基，而不是以人类合理的竞争精神为根基。由于这一根本性的价值观，资本主义作为一个国家群体出现的初期，就没有对普遍落后于它们的国家与民族，采取正当竞争的手段，以达到推动人类文明共同前进的目标。恰恰相反，资本主义文明体系一开始成长，就立即利用自己的全面优势，对国内社会开始了残酷的原始积累，对外部世界则开始了战争征服、暴力掠夺与残酷杀戮。

在资本主义生命的本质结构中，没有担负世界道义的基因。

资本主义文明的最主要基因，是将实力征服理念尊奉为国家关系价值观的核心。

文明新论

在文明的人性根基意义上，这是人类的恶欲文明。

由于这一本质因子的迅速裂变，第一次世界大战在 20 世纪初便骤然降临了！

此前，资本主义对全世界无比宽广丰厚的"无主"财产，包括尚未以国家领土形态存在的陆地与海洋，通过"发现""开发""购买"等方法，已经大体完成了争夺式的分配；对全世界落后国家中潜藏的物质财富与商业利益，则通过局部战争、炮舰通商、毒品通商等方法，完成了对世界殖民地势力的划分。至此，举凡人类可以居住的地球环境，已经基本上都变成了国家形式的"有主"财产。

可是，实力与恶欲一起膨胀的资本主义文明并没有就此满足，争夺的范围迅速转向内化——世界资本主义国家间的征服与争夺大规模地展开了。第一次世界大战，以欧洲为中心，波及全世界，从 1914 年打到 1918 年，牺牲人类生命两千多万。战后的人类世界，开始了弱肉强食的混乱争夺，变成了战争胜利者对世界利益的瓜分。世界近代史上宰割弱国的绝大部分不平等条约，都是在这一时期"签订"的。

至此，人类文明的发展，进入了第二个停滞不前的沼泽期。

第一次世界大战结束后，这一文明沼泽期更趋恶化了。持续恶性膨胀的资本主义文明，孽生出了最大的文明灾难——法西斯主义。短短 21 年后，以德国法西斯主义为中心，世界三大法西斯主义国家结成了邪恶轴心，向全世界开始了种族屠杀与灭国战争。这场真正的全人类战争，历时 6 年，牺牲人类生命一亿有余。1945 年，当第二次世界大战结束的时候，整个世界陷入了普遍的贫困与饥饿，人类的地球一片萧条。

经过这次极其惨痛的人类全面战争，资本主义文明体系终于做出了一定程度的文明反思。这一反思的基本点是：真正对人类存在构成毁灭性灾难的，是资本主义文明自身孽生的无限度的国家恶欲，而不是不同文明、不同意识形态的国家；以"争夺生存空间"为目标，以种族灭绝为手段的法西斯主义，是整个人类的极恶势力，其膨胀的结果是毁灭包括资本主义自身在内的整个人类；要防止这种整体毁灭的灾难，必须建立某种世界秩序。

于是，世界出现了联合国，人类有了大体的秩序，发动战争的难度加大了。

非常值得注意的历史现象是，社会主义文明形态在这次文明沼泽期出现了。

社会主义文明体系，是与资本主义文明体系对立的人类文明的不同形态。这种思想体系的最早根源，产生于对资本主义极恶作为的严厉批判。这一理论体系，伴随着第一次世界大战的动荡与混乱，迅速普及全世界，并相继产生了一系列以这一理论体系为根基的国家政权——社会主义国家。

从文明本质上说，社会主义体系立足于穷困人群与落后国家的自由解放，具有天然的人类文明胸襟；从文明的人性意义上说，社会主义文明体系是人类正义与良知的觉醒，是人类的善性文明，与资本主义的恶欲文明直接对立。社会主义文明所诉求的人类境界，社会主义文明所秉持的国家关系、民族关系的价值原则，都比资本主义要更高。如果按照正常的历史逻辑，并保持不间断地发展，人类在这两种不同本质的文明体系的对立与竞争中，完全有可能达到新的突破、新的平衡、新的发展，出现类似于人类突破第一次文明沼泽期那样的文明理性的历史跨越。

但是，社会主义出现了历史的变异，曾经的社会主义国家体系消散了。

这种"解体"式变异的最根本原因，潜藏在社会主义实践与社会主义原发理论体系的矛盾之中。按照社会主义理论体系的本质，要求其国家形态必须建立在比资本主义工业与科学更为发达的社会基础之上，才能有效实现比资本主义更为高级的社会主义文明，才能推动整个人类文明向健康方向发展。可是，由于种种错综复杂的历史原因——主要是资本主义的极恶掠夺，促使受害方必须最快地寻找到反抗资本主义的思想武器。于是，社会主义恰恰诞生在了许多贫困落后的国家。正是由于实践方式与理论本质的相对脱离，社会主义国家在发展历程中，发生了很大的变异。

这一历史变异，给资本主义重新崛起留下了巨大的历史空间。

人类文明的发展，失去了总体制约，失去了总体平衡。资本主义重归"垄断"，其恶欲本质立即重新膨胀起来。曾经的文明突破的希望，迅速地湮灭了。我们这个时代，又迅速回到了几乎没有中断的文明沼泽期。

当然，这次沼泽期与两次世界大战造成的沼泽期，不是完全相同的。

新沼泽期有所变化，其基本点如下。

1. 少数几个信奉社会主义的国家，仍然以各自不同的历史形式存在着，社会主义文明仍然以某种不断改革的方式，继续发展着。

2. 资本主义对待国家关系的丛林法则，有了多种形式的变化。最主要的变化是，发动战争的主要诉求，演变为人权与民主。战争胜利之后，一般不再提出直接的领土要求，而代之以种种方式的利益置换。

3. 整个资本主义价值观体系经过了很大改造，资本主义原教旨的丛林法则被隐藏起来，其核心价值观被限定在"科学、民主、人权"三个方面。改造后的资本主义核心价值观，打造出了多元化的强大的文化载体，向世界各国进行强大输出，某种程度代替了经典的炮舰政策，代替了直接的战争掠夺。

4. 核威慑、常规高科技军事力量威慑、经济制裁三大手段，成为谋取资本主义国家利益并维持强权的主要实际方式，某种程度上取代了野蛮的直接侵略；对各种世界组织的精致操作，取代了赤裸裸的要挟；对世界资源分配的操作，具有精致的"商业方式"，某种程度上取代了横刀立马签订不平等条约的粗野方式。

资本主义文明体系，戴上了白手套，挎上了金手杖，以绅士风度出现在人类面前。

可是，整个世界对资本主义文明的不理解却在日益加深，对资本主义发达国家的不信任有增无减。甚或，局部地区与民族对资本主义最强势国家的仇恨，变得更加深刻，更加不理性。由此产生的恐怖主义势力与各国分裂势力相融合所掀起的文明沙尘暴，几乎成为普遍灾难。世界任何重大的基本问题，都得不到有效的磋商、有效的解决。世界任何声音，都失去了让整个人类认真聆听的力量。

这就是我们这个时代的整体矛盾，整体困境。

我们的出路在哪里？

资本主义国家关系准则的改变是突破文明整体困境的基本点

依据人类的基本哲学观，任何矛盾的主导方面，都在强势一方。

在资本主义文明体系还依然主导世界进程，社会主义文明还处于相对缓慢成长期的总体格局下，我们要讨论世界文明走出整体困境的历史突破点，其第一个着力点，一定是对资本主义文明所奉行的国家关系准则做出反思。

在国家时代，人类文明的全面发展，永远依赖于国家关系层面上的首先突破。

人类世界目下面临的这种文明困境，其最基本的根源，在于资本主义国家集团的表面理论与实际作为的极端矛盾性。这种极端矛盾的实际表现形式是，一方面，资本主义强势国家集团，以经过重大改造的价值观体系为旗帜，大力向全世界输出"科学、民主、人权"的价

文明新论

值观。另一方面，在不间断的局部战争中，任意入侵、肢解与自己有文明差异与意识形态差异的国家；对与自己有实际利益冲突的国家与地区，则毫无商量余地，坚决以战争方式解决；对所谓的"利益相关地区"，则绝对地以自身价值观念为唯一法则，进行以军事威慑为后盾的"会谈"，如若不从，则战争随后；对不服从于自己的小国，对有文明差异的落后地区，则以强势制裁为主要手段，拒绝平等对话；对"潜在对手"国家，则竭力以敌对军事同盟包围等手段全面遏制；即或是商业进出口贸易，也绝对地以褊狭一己的国家利益为准则，动辄祭起单方标准的"制裁"手段，全然不顾平等的通商原则。

凡此等等，不一而足。

这种自相矛盾，意味着一种令人不愉快的事实——资本主义的强权征服价值观，依然是资本主义文明的根基，并没有因为论说形式的变化而发生根本性变化。

如此发展下去，人类文明要走出这一沼泽期，希望是很渺茫的。

资本主义强势集团的国家关系准则，如果能发生真正的改变，则这种文明突破的进程无疑将会大大加快。至少，以下的几个方面，应该有可能改变。

其一，抛弃意识形态对立，抛弃文明差异歧视，不以军事同盟围堵遏制这些国家，而是与全世界国家展开真正的良性竞争，给世界不发达国家一个相对公平的竞争环境。

其二，对各个地区国家间的实际利益争端，包括有争议的小面积领土与海域，若必欲介入，应该以真正公平的精神做真正的仲裁者，譬如组织庞大的历史、科学家集团进行全面调查，向全世界公布调查结果，在此基础上做出裁定，而不是一力维护同盟国家，压制不发达国家或"潜在对手"。

其三，对资本主义的原罪，应该全面清理。至少，应该将在炮舰时代公然抢掠各国的世界级文物发还本国，并做出赔偿。

其四，对主要以资本主义国家为土壤所滋生的法西斯主义、军国主义思潮，应该严厉禁止；不能只对不发达国家滋生的恐怖主义严厉出击，而对滋生于自身的人类更大的恐怖主义思潮采取怪异的容忍政策。

……

一种文明体系核心价值观的改变，是非常非常困难的。

资本主义文明，能否成为人类走出整体困境的主要动力，尚需历史给出答案。

资本主义文明，如果错过了这次为整个人类文明的发展承担道义的历史机遇，其前途必将是全面黯淡，全面衰落。在此期间，无论它获得了多大程度的技术发展，都难以逃避文明整体衰落的历史命运。

文化霸权与文明衰落

——关于儒家独尊的历史解析

凡是中国人，不能不关注儒家。

说它是宗教也好，说它是文化也好，说它是学派也好，说它是教育也好，一言以蔽之，在中国要说清任何事情，归根结底都绕不开儒家。在写作《大秦帝国》的十多年中，几乎日日都随着战国人物与儒家做方方面面的精神纠缠，浸润既久，对儒家也就有了许多思考。诸多问题与现象之中，以对儒家文化霸权与中国文明衰落之间的关联想得最多。

儒家原生态一：完全彻底的复古学派

春秋、战国、秦帝国，是儒家获得文化霸权之前的原生态时期。

儒家的学派基因，正是在这极为特殊的三大时代形成的。不了解儒家在原生态时期的真实面目，就不可能理解儒家在获得文化霸权之后的种种作为，更不可能理解儒家文化霸权对中国文明产生的令人欲哭无泪的深远影响。

儒家诞生的春秋时代（公元前 770 年—前 476 年），是一个蓬勃生长的新文明浪潮对摇摇欲坠的旧文明根基不懈冲击的时代。至孔子立学成派，华夏天下已经是士人大起、学派大兴、变革迭生的春秋中后期。其时也，对社会产生巨大影响力的各种学派，已经林林总总，比肩而立，竞相叱咤风云了。面对剧烈变化的时势，面对涉及每一个人的切身利益，谁也不能回避种种社会变革。那时，所有学派都不约而同地展现出一种使命意识：对社会变革的方向，提出自己的鲜明主张；对社会变革的实践，积极投身其中。彷徨骚动的社会，对清醒的理论有着紧迫的需求，对理念鲜明而躬行实践的名士大家，更是奉为上宾。

这就是那个时代浓烈的社会风尚——"贵士"。

当此大势，各家各派的士人们义无反顾，轻生死，谋天下，非但慷慨地承担起在理论上探索社会出路的重大责任，而且身体力行，积极入仕，力图实践本学派的政治主张。潮流相催，彼此竞争，一时蔚为时代大观。非但大学派（显学）如此，操持实务技术与玄妙思辨的学派，也不能不将本学派的实践与社会的变革联系起来。如工家之公输般，医家之扁鹊，水家之李冰、郑国，名家之惠施、公孙龙子，甚至最是消极的老子、庄子，也都一样曾经有游说诸侯，预言邦国命运，阐发治世之道的经历。可以说，那个时代没有置国家兴亡于不顾，置天下变革于不顾的学派，也没有蝇营狗苟、一味逃遁的名士。那是一个参与意识最为急切的时代，也是知识阶层入世精神最为浓烈的时代。

应当说，这是整个中国知识阶层在生成时代与生俱来的精神基因，也是世界文明生成时期绝无仅有的一种典型现象。春秋、战国、秦帝国时代，士人阶层的这种以天下为己任的使命意识，极大地鼓荡了那个时代的国民精神，也奠定了中国文明中的"天下"意识，形成了中国民族独有的精神大格局。

正是在那样的时代，孔子立学成派，提出了一整套有关社会未来走向的主张。

大要说来，孔子提出的一系列政治主张是祖述尧舜，宪章文武，德治仁政，回归周礼，回归井田，兴灭国，继绝世等。总体上说，孔子的政治主张，就是完全回复到周代的礼治社会去。孔子对社会架构的主张是：君君、臣臣、父父、子子，孝悌仁本，也就是完全回归西周严格的礼治社会。孔子主张的处世理念是忠恕中庸，文行忠信，完全回归到礼治社会温柔敦厚的人际关系。孔子对社会阶层分工的主张是：民可使由之，不可使知之；唯上智与下愚不移等——完全地维护已经消逝了的礼治社会的构成基础。孔子的教育主张是有教无类，六艺教人，始于诗书，终于礼乐，回归到以上古经典为归宿的王化教育。

在儒家获得文化霸权之后，孔子的种种理念被生发得庞大无比。孔子的任何一句话，都成了说不完的学问。当然，这是后话。就其本来面目而言，在那个风起云涌的时代，初始儒家的社会主张，大体就是上述五个方面。

在孔子提出的种种主张中，最为社会所关注的，是政治主张。

孔子终其一生，带领弟子们全力效命的，也是实践其政治主张。

孔子以政治主张立学成派，儒家以政治主张不见容于天下。

政治主张，是孔子的本质所在，也是儒家的本质所在。政治实践是孔子的生命历程，也是儒家的生命历程。不从政治主张与政治实践入手，甚或有意识地忘记、淡化儒家在原生态时期的政治生涯，而只在抽象意义上"研究"孔子语录与儒家经典，一定无法触摸到儒家的社会本质，也永远不能了解这个学派由"惶惶若丧家之犬"的狼狈，到后来却能霸权加身的历史奥秘。

与同时代的其他学派相比，原生态儒家政治主张的最突出特点是：公然尊奉一个已经消亡的时代，并将那个时代作为理想社会；强烈主张正在变革的动荡社会完全返回到礼治时代去，恢复纯正的田园诗一般的上古王道。

这是儒家复古主张的独一无二之处——完全复古，不是局部复古。

儒家对过去时代的全盘肯定，以及无以复加的赞颂，与同时代的其他学派形成了鲜明的区别。事实上，当时主张变革的大家中，不乏对上古社会一定程度的肯定者，譬如墨子，譬如商鞅，譬如荀子，譬如韩非子。可以这样说，主张变革的各个学派，没有一家，没有一人，对上古社会（尤其是上古圣贤）持完全否定的态度。他们强调的是：三王不同礼，五霸不同法，世事因时而变。变革学派不否定任何一个时代的合理性，更立足生身时代的变革合理性。即或今日，这种观念仍然放射着炫目的光彩。

儒家却很特异，对自己的生身时代完全否定，对已经消亡的社会却完全肯定。而且，没有商量的余地，比苟延残喘的周天子还要坚定，还要鲜明。直到今日，我们仍然看不出孔子这种完全复古的合理性究竟在哪里。在整个人类文明史上，没有哪一个国家的哪一个学派，有如此完全彻底的不可思议的复古主张。

这个举世唯一的彻底复古学派，后来却不可思议地霸权加身，实在值得深加揣摩。

儒家原生态二：强硬的复辟实践，顽韧的履行精神

原生态时期的儒家，其生活轴心只有一个：全力实现自己的政治主张。

儒家兴起之初，社会新兴势力对其政治主张的力度，还是不甚了了的。至少，没有多高的警惕性。孔子的名声之所以很大，十有八九是探索时代的士人群体，以开阔胸襟捧场的结果。也就是说，无论各个变革学派如何不赞成孔子儒家的政治主张，都还承认孔子学派的治学态度，承认孔子学派以天下唯一的彻底复古派的孤绝态势所形成的

社会影响力。由此，士人世界承认孔子学派是"天下显学"之一。

但是，在鲁国真正任用孔子"摄相事"——不是丞相而行使丞相大权，大张旗鼓地重新整合鲁国社会之后，儒家的命运却骤然发生了极大的转折。孔子雷厉风行的"隳三都"（摧毁三家新兴势力所建城堡），断然诛杀鼓荡变革的新派名士少正卯，使天下新兴势力与天下士人阶层骤然明白：这个以君子自居的大学问家，原来是个骇人听闻的正牌复辟人物！

当然，孔子"摄相权"期间，绝不是仅仅做了上述两件事。在齐国与鲁国的"夹谷会盟"中，孔子以齐国乐舞有夷狄乐舞之嫌疑，断然喝令中止。齐国再献歌舞，又以不合礼仪规范为由，喝令鲁国武士砍下了齐国乐舞师的手足。此事，使齐景公与名臣晏子大为震恐，但慑于鲁国有"武备"而来，只有作罢。

几件事之后，天下汹汹，合力攻讦。

鲁国旧贵胄恐惧于孔子可能激发民变——新兴地主阶层的强烈反弹，并开罪大邻邦，只有罢黜了孔子。

从此，孔子及其儒家，陷入了漫长的历史困境。

强硬的复辟实践，仅仅只有这一次，而且迅速地失败了。但是，这仅有的一次，却最充分地显示了孔子的强横政风——对政敌毫不手软，更不讲恕道，是决然的有形摧毁主义。孔子没有任何保留，也没有试图以迂回的方式复辟，提刀便上，迎头砍杀，所谓的"君子风度"在孔子的政治实践中荡然无存。如此政治作为，虽然只有几次，天下也足以看透了。从此，整个社会对孔子及其儒家，表现出一种奇特的状态——敬而远之，避之唯恐不及。

但是，孔子没有倒下，儒家没有倒下。

孔子履行政治理念的顽韧精神，就此开始充分展现出来。

孔子带着全套弟子，孜孜不倦地周游列国，向各诸侯国以不同的说辞，阐发着自己的政治理念；反反复复地诉说着自己的"仁政"方略，诉说着自己的反"苛政"主张。孔子在以反复的诉说，表示着某种失悔。孔子甚至公然表明："如有用我者，吾其为东周乎！"——如果哪国再用我，我就不一定要重建东周了！

可是，无论如何辩解表白，还是没有人敢用孔子。后来，甚至连吃喝也不好好招待了，以至于在陈蔡两国"绝粮"，孔子自嘲"似丧家之犬"。尽管如此，孔子还是没有气馁，没有屈服，依然顽韧地周游列国，顽韧地游说诸侯，做着寄希望于万一的努力。直到七十岁古稀之年，孔子才停止了绝望的奔波，才从复古情结中极不情愿地摆脱出来，开始了以治学方式传承政治理念的独特实践。以自己的复古史观（春秋笔法），整理文献，编辑史书，教育弟子。

我们无法知道，孔子是否在屡屡碰壁之后，真正地汲取了某些教训。

因为，基于种种原因，孔子的辩解表白，是极其模糊的，是可以做多种解释的。更重要的是，社会从此再也没有给孔子及其儒家弟子提供整合社会的任何机会。我们没有理由在缺乏实践证明的情况下，以揣测方式判定一个人的内心世界。

问题是，原因在哪里？是春秋时代再也没有了企图复古的当权势力吗？是周王室与所有诸侯国，都不赞同孔子的政治主张吗？显然不是。在任何一个大变革时代，基于传统根基的保守势力，都是极其强大的，他们不会放弃任何一个重新整合旧传统的机会。春秋、战国时代的变法派迭遭惨祸，可谓明证。

孔子及其儒家，此后始终不为天下复古势力所接纳，其间之根本原因在于：孔子与儒家学派，已经成了完全彻底复古的理论大旗；政治实践上，则被天下公认为最强硬、最彻底的复辟派。任何一国的复古势力，但用其人，该国完全可能立马成为招风大树，招致"天下共讨之"的危局，旧贵胄们连苟延残喘、以待最佳时机的可能也没有了。复古势力阵营政治家们的政治嗅觉，显然比孔子儒家灵敏得多，看得很清楚，只好忍着心疼，冷冰冰地一次又一次拒绝了孔子。

后来的实践依然如故，孔子之后的儒家，依然是顽韧的。从孔子到孟子，儒家一以贯之地奔波了三百多年，最终还是处处碰壁。虽然如此，儒家依旧没有改变自己的基本主张。认真思索，似乎很难简单地说，这只是儒家的政治意识过于迟钝。

原生态时期的儒家悲剧，令人常有扼腕之叹。

那么，导致这种悲剧结局的深层原因，究竟在哪里？

这个悲剧根源，不在于儒家的复古主张。古今中外，政治上的复古派、复辟派、保守派多如牛毛，最终酿成悲剧者，却并不多见。也就是说，政治上的复古派、复辟派、保守派崛起，以至于大权在握者比比皆是。其首领与集团势力之善终者，也比比皆是。孔子、孟子及其儒家学派的悲剧根源在于：以哲人的智慧与洞察力，却提出了一种与社会变革及民生需求相去甚远，甚或背道而驰的完全复古理念，并以最强硬的手段实施于社会。失败之后，又坚韧不拔地为其奔波数百年。既未在实践碰壁之后做出应有的反思，也未在此后的实践中表现出应有的改变。

精神世界的封闭性与孤绝性，是孔子及其儒家悲剧的最深刻根源。

在整个人类文明史上，我们很难在社会实践生涯中，尤其很难在政治实践生涯中，找到这种完全以已经消逝的"过去"为信仰的学派团体、领袖人物。即或是同样具有殉道精神的宗教团体，也是以"来世"或者"天堂"为号召力的。以已经消逝的过去社会为自己的坚定信仰，并甘愿做出殉道式的努力，古今中外，唯有孔孟，唯有儒家。

认真回想起来，原生态时期的儒家，是一个极其矛盾的学派团体。

一方面，是鲜明得毫无掩饰的彻底复古理论，是强硬得毫无回旋余地的施政作风，因而知音难觅，终被整个社会遗弃；另一方面，是强毅顽韧的履行精神，是持之以恒的信仰原则。这种极其可贵的生命状态，感动着当时的社会，也感动着无尽的后人。两者合一，酿成了儒家在原生态时期的孤绝悲剧，也埋下了后来霸权加身而终为社会接受的种子。

变身之后，儒家讳莫如深

一个顽韧彻底的复古学派，何以被雄风尚在的西汉王朝骤然独尊？

这是一个巨大的历史谜团，其中奥秘，儒家从来都是讳莫如深。

谜团的核心在于：儒家被独尊之后，鲜明的政治立场，忽然变得极其模糊；彻底的复古主张，忽然变得极其空泛；顽韧的复辟情结，忽然消失得无影无踪；是古非今而攻讦现实的癖好，忽然变成了唯官府马首是瞻的忠顺。

一言以蔽之，自从成为唯一的官方学派，作为儒家立学成派之根基的政治复古特质，便迅速地淡化了，消失了。呈现在人们眼前的，再也不是原生态时期的儒家了。客观地说，任何一个学派，随着历史的发展而发展，都是正常的。即或是最具有惰性特质的宗教教义，随着时代发展而不断修正教义，也是极为普遍的。但是，任何学派与学说的发展，都有一个基本的共同点：后来的修正者，必然要竭尽全力向社会与信众昌明原教义的缺陷以及适时发展的必要，从而最大限度地争取社会与信众的理解，保证本学派不因学说的修正、发展而缩小影响。譬如西方之天主教，也曾有过不止一次的宗教改革。每次改革，倡导者都得千方百计地向信众说明改革的必要。甚或，今天的马克思主义要中国化，要改变某些结论、某些主张，同样要对中国社会做出最基本、最必要的说明。

唯其如此，我们质疑的不是儒家的变化与发展，而是儒家对待自身变化发展的一种极为反常的历史表现。这一历史表现的基本点是：对于淡化"原教旨"（政治立场与政治主张）的巨大变化，儒家从来不做任何正面解释，既不说明其变化原因，也不解释变身前后学说内容的显然失衡，就好像儒家的理念从来如此。

如此改变信仰体系者，古今中外唯此一例。

唯其如此，后来不得不修习儒家之学的知识阶层，在各种混乱中歧义百出。

为什么如此？

似乎没有人问过，似乎也没有人回答过。

着意品味儒家被独尊之后的变化，是很微妙的，也是很尴尬的。

分明是显然的变化，却硬是掩耳盗铃，佯作无事。其基本的表现是：儒家再也不顽强地传播克己复礼、兴灭国、继绝世、举逸民、复井田之类的政治主张了，再也不游说天下做复辟努力了。那个以"祖述尧舜，宪章文武"为最鲜明立场的政治实践学派，忽然在一夜之间，变成了远离现实政治的纯粹治学派了。

涉及政治主张，儒家的复辟立场，已经演变为"王道仁政"之类的哲学式敷衍；涉及历史论述，儒家所有关于复古的强硬主张，都巧妙地演变为一种柔性的崇古颂词；涉及治道吏道，原本具有复古特质的仁政学说，已经演变为一种反对苛政的现实吏治主张；涉及孔子、孟子一班祖师圣人，构成其一生主旋律的孜孜复辟的政治实践，已经被大大淡化为抽象的颠沛流离的人格赞美。

在现实政治中，儒家原本有两大癖好：一是喜好是古非今，二是喜好攻讦法治。如今，也都在这种对远古社会的赞美性陈述中，变成了完全避开当年现实政治的学术评价。虽然掩耳盗铃，然而在官方的默许与保护之下，历经千百年反复渲染，也终于渐渐弄假成真了。魏晋南北朝之后，臣服于儒家的整个知识阶层，几乎已经完全忘记了儒家本来的政治复辟特质，完全变成了对现实政治有所裨益的人伦政治学说。儒家自己则"忘记"得更彻底，似乎儒家教义从来就是如此这般。在世界文明的大宗教中，几乎每个教派都有坚持原生信仰的原教旨主义派别。古老的儒家儒教，却从来没有类似于原教旨主义的派别。汉武帝之后两千余年，儒家从来没有出现过坚持弘扬孔孟复辟立场的儒家原教旨主义。

与此同时，一个显然荒诞的事实是：儒家的原始经典，仍旧是天下之"经"，谁也没有着意删改；所有后世儒家，也都很在意地反复宣称，自己是孔孟的忠实信徒。谁也没有宣布过背叛孔孟，背叛儒家原生教义。儒家祖师圣贤，被供奉得越来越神圣崇高，儒家的原生经典，也越来越成为万世不移的真理；初始圣人与原生经典所赖以存在的政治根基与实践特质，却早已经荡然无存了。

骨头没有了，正肉没有了，留下的只有一锅似是而非的儒家肉汤。

儒家变了吗？变了。

儒家变了吗？没有。

要说清楚吗？难矣哉！

我们有理由问：儒家失语如此，知识阶层健忘如此，究竟发生了什么事情？

任何秘密都会被漫漫岁月洗去尘封，儒家的变身奥秘自然也不可能成为永远的玄机。

西汉政权：儒家变身的历史土壤

西汉是一个极其特殊的王朝。

西汉时代的特殊之处在于，它推翻了创建中国统一文明的秦帝国，处在中国统一文明开创之后的第一个十字路口，最具有发生种种变化的社会潜质，最具有重塑中国文明的种种可能。一言以蔽之，西汉王朝承担着"如何承前，如何启后"的最重大的历史课题。由于秦帝国过于短命，没有巩固统一新文明所必需的时间条件，使新创建的统一文明具有相对脆弱的历史缺陷。唯其如此，西汉王朝的历史抉择，便显得特别特别地重要。

就基本的历史事实说，推翻秦帝国的社会力量有三方：一是率先发难的陈胜、吴广的农民力量，一是以项羽集团为核心的六国旧贵族复辟力量，一是以刘邦集团为核心的布衣士人力量。三方力量的消长，最终取决于各自领袖阶层的政治视野及其所能代表的社会利益广度，而绝不是表面上轰轰烈烈又极富传奇色彩的秉性差别与权力阴谋。这种政治视野，这种社会利益广度，有一个具体核心：如何对待秦帝国所开创的统一文明框架？正是这个看似宏大宽泛，实际上却囊括了种种社会利益铺排的现实核心问题，最终决定了三方反秦力量不同的历史命运。

利益结构的合理性，决定着特定政治集团的历史命运。

从三方反秦力量的社会利益构成看，西汉的开国阶层，显然是由各种社会职业的布衣之士组成的。刘邦集团中，除了一个韩国旧贵族后裔的张良，其文臣武将大体是由下层吏员、小商贩、小工匠、小地主、游学布衣，以及各色苦役犯等六种人构成。广义地说，这些文臣武将所出身的阶层，都是游离出"布衣之士"的社会土壤。这一社会土壤生长出的佼佼者，无不具有战国布衣之士的特质。

具体地说，刘邦阵营的灵魂与核心是两种人：下层吏员，布衣士人。刘邦、萧何、曹参、陈平等，是下层小吏；吕后、樊哙、韩信、周勃、灌婴等，是小地主与下层职业布衣。也就是说，西汉集团的核心层中，绝大多数都是社会中下层人士，鲜见六国贵族后裔。

一个不容忽视的背景是，春秋、战国、秦帝国三代，是士人阶层发生、成长、壮大的时代。在那个时代，士人阶层是鼓动社会风云并推动社会变革的直接力量。从社会阶层的意义上说，只有士人阶层对社会与时代有着相对全面、客观、清醒的认识。

正因为如此，刘邦阵营对待秦帝国统一文明的立场，与项羽旧贵族阵营有着巨大的反差。项羽阵营作为既得利益的丧失者，对帝国统一文明恨之入骨，彻底地有形消灭，无形摧毁；其所要建立的社会制度，则是完全的封建诸侯制——回到诸侯时代去！刘邦阵营则不然，虽然反秦，却对帝国统一文明及其煌煌功业，始终有着一种实实在在的景仰。对于帝国统一制度，至少不是简单地彻底否定，而是极其审慎地权衡取舍，抉择如何建立大动荡之后的国家体制。

从汉高祖刘邦，到汉武帝刘彻，历经百余年，西汉终于完成了历史的权衡抉择。

这种权衡抉择，并不全部都是难题。对于诸如中央集权、郡县制、统一文字、统一度量衡、统一生产交通之标准、移风易俗、社会基本法度等，西汉王朝都没有丝毫犹豫地全部继承了帝国体制。因为，这些实际制度既有利于国家，也有利于民众生计。事实上，秦帝国所创立的基本制度，被全社会迅速地接受了。

所谓权衡抉择，主要集中在两个核心领域：

一则，如何对待拥有强大传统与既得利益基础的诸侯分封制？

二则，如何对待同样拥有深厚根基的思想文化领域的自由竞争传统？

具体说，对待分封制的难点，是要不要仿效秦帝国废除实地分封制，实行虚封制；对待文化自由竞争传统的难点，是要不要仿效秦帝国的"以法为教，以吏为师"，遴选一种学说作为治国之道，作为官方意识形态。

这两个领域，一硬一软，都是直接影响整个社会核心结构的命脉所在。西汉王朝在这两个领域所做的试探摸索，可谓几经顿挫。对于分封制，西汉王朝几经诸侯之乱，到汉武帝时期，已经基本确立了"有限实地分封制"，显然比秦帝国有所倒退。这是中国历史的一个基本问题，容当另论。

对于具有深厚根基的思想文化领域的自由竞争传统，西汉王朝在初期采取了审慎的摸索态度。所谓初期的审慎摸索，其政策表现是：

对经过反秦战争大动荡之后所存留下来的各有残缺的文化学派，不做官方评价，也不着意扶持任一学派，基本上是实用主义的一事一论。譬如，需要建立皇家礼仪，便起用了儒家；为论证与民休息之合理性，又一度尊奉了黄老无为之学；整肃吏治民治，则起用了一批法家之士，等等。

与其说西汉初期的这种实用主义是一种审慎自觉的政策方针，毋宁说它是一种摇摆不定的不自觉摸索。在西汉王朝的摸索过程中，大动荡之后几乎全都丧失了领袖大师的各个学派，也都在艰难地恢复元气，艰难地展开竞争。竞争的方式，与战国时代、秦帝国时代已经有了很大区别。最大的区别，是没有了百家争鸣的大论战形式，没有了庙堂讨论大政方针的大论战，没有了蓬蓬勃勃的官学私学并立从而相得益彰的社会舞台。

西汉初中期，各个学派所能进行的竞争，实际上只有两方面：一则，各自重新组合力量，对流散的典籍恢复整理，以为本学派之传承文本，借以获得立足生存之地，再图谋传播范围的扩大；二则，尽最大能力影响官方，看哪个学派能对现实政治发生影响，从而在国家支持下获得重大发展。在这样的竞争过程中，除了与现实格格不入的墨家销声匿迹，战国之"显学"，都曾经暂时性地先后或同时占据过主流，一个是大体可以划入道家的黄老之学，一个是法家之学，一个是儒家之学。

汉武帝拍板：儒家变身的历史玄机

汉武帝时期，西汉社会的思想土壤已经开始发生重大变化。

汉武帝前期，一时曾经奇峰突起的法家群体，随着贾谊、晁错等一批执"申、商、韩、苏、张"之言的法家能事之臣在政治斗争中落败，西汉法家的势头已经大为衰减。从学派态势上说，此后基本上是道家"黄老之学"占据主流，儒家则正在积蓄力量渗透上层。

当此之时，忽然发生了一个越往后越觉得重大的事件。

这件事，是汉武帝忽然以"诏举贤良、方正、直言、极谏之士"，以"对策"的方式，来讨论思想学派问题。为什么会有这件事？基于汉武帝此前此后的作为，我们可以大体推定：汉武帝对于西汉思想界的多元并进，并不认为是好事，而认定是一种混乱，需要整肃一番，从而达到"汉家自有汉家威仪"的自我存在。

这里要探讨的问题是：在这次对策中，汉武帝为什么最终接受了董仲舒的主张？

只要比较仔细地研读《汉书》中汉武帝与董仲舒的三次问对，就不难看出其中脉络。我的研究结论是：三次问对所表现的磨合轨迹，显示出这样一个两相交换的关系——儒家以放弃复辟上古社会之政治主张为条件，换取"绝百家之道"的独尊地位；汉武帝则以"天下洽和"为目标，将阉割了复辟根基的柔性儒家推上文化霸权地位，使之发挥"教化"社会之功能。

这三次问对的大体脉络是——

第一回合，相互试探。

汉武帝下诏，说明自己对三王之道的崇敬，"欲闻大道之要，至论之极"，请贤良们抒发高论，并且保证"朕将亲览"——"我会亲自看"。由此，董仲舒第一次上书对策，洋洋近两千言，主要陈述了三层意思：其一，上古王道的源流演变及其伟大崇高；其二，将天下沦丧之根源归结于法家，攻讦法家"任刑虐政"，"欲尽灭先王之道"，而导致天下沦丧；其三，着力分析"教化"社会的重要，一力褒扬孔子之学的"教化"功能。请注意，董仲舒虽然大肆赞美了上古王道，却只字未提原生态儒家坚持了几百年的复辟主张。也就是说，董仲舒实质上表达了这样一种意思：儒家是尊古的，但当下的儒家未必一定要坚持回到上古社会去；只要国家能像上古三代那样教化民众，社会就不会动乱；教化之能，莫如儒家。

第二回合，相互磨合。

汉武帝回答董仲舒的对策，提出了一个意味深长的问题：都说秦代"任刑"而导致天下倾覆，可是，如今我竭力按照王道行事，如何还是一片混乱？由此，董仲舒第二次对策。仍然是洋洋近两千言，意思却相对明确多了：其一，再次描述上古禅让制的美好，与社会习俗的敦厚安宁，指出其根本原因是"教化大行，天下和洽"；其二，严厉指斥秦帝国"绝教化之道"，任用法家，导致社会大乱，人心大坏；其三，建议"兴太学，置明师，以养天下之士"，使其作为"教化之本源"；其四，提出了任用官吏的两个标准，"量才以授官，录德以定位"。

这次，值得注意的是，董仲舒依然赞美上古，却还是只字未提原生态儒家的复辟主张。董仲舒着意强调的重点是，教化人心，极端重要。董仲舒提出了教化方略，但却不是孔子、孟子的原生教义——以西周礼制教化民众，而是两个新主张：以"太学明师"为教化本源，以"才德官吏"为教化力量，可大行教化之道。请注意，董仲舒这次上书，没有提出儒家独尊之意，反而表示了在太学中与天下之士共存的意思，在任用官吏标准上，也将"才"摆在了"德"之前。显然，董仲舒还是在试探。

第三回合，终见真章。

汉武帝再答董仲舒对策，表示了"虚心以改"的求教诚意，同时明确表示：先生还是说得不甚明白，希望听到更具体、更明确的意见。由此，董仲舒第三次上书对策。这次，董仲舒洋洋洒洒近三千言，终于将最真实的主张和盘托出。

首先，董仲舒万分感慨地检讨了自己前两次上书没说清楚，"辞不别白，指不分明，此臣浅陋之罪也"。而后，董仲舒汹涌直下，一鼓作气将自己的对策层层说来：其一，以天道为轴心，详细剖析了三代教化的异同，指出了教化民心的根本，是"乐而不乱，复而不厌"的大道。生发出"道之大，原出于天。天不变，道亦不变"的教化永恒论；其二，再度攻讦法治社会，强调王道教化，提出了一条图谋极深的主张——天子纵然行法，亦当以王道教化驾驭之，即"天子之所宜法以为制"；其三，最终提出儒家独尊主张，"今，师异道，人异论，百家殊方，指意不同……法制数变，下不知所守。臣愚以为：诸不在六艺之科、孔子之术者，皆绝其道，勿使并进！邪僻之说灭息，然后统纪可一，而法度可明，民知所从矣！"

如何，董仲舒说清楚了吗？

很清楚。董仲舒提出的根本目标，是绝百家之道；当下策略，是"勿使并进"！

董仲舒的主张，演化为文化政策就是：官方不能接纳百家之学，社会也不能给其他学派留并进之路；在儒家保持文化霸权的条件下，法家与法制才是可以作为手段使用的。此所谓"统纪可一，法度可明"。用当代文明理念解析之，董仲舒以实现儒家文化霸权的形式，将法家及其相连的法治，置于了儒家统御之下，从而完成了国家统治方式的倒退——以儒家意志驾驭法制，从秦帝国的法治时代退回到人治时代。

同为政治学派，法家是儒家最大的天敌。儒家可以不顾忌别家，但是不能不顾忌法家。董仲舒的三次上书，每次都要大肆攻讦法家，将儒家压倒法家作为最实际的学派目标，充分说明了儒家对于法家的忌惮。更重要的是，秦帝国之后，儒家也已经看到了，法制不可能完全退出社会。三代王道礼制，也不可能无保留地复辟。

唯其如此，董仲舒对法家提出了这样的安置——我为统驭，你为工具。

汉武帝接受了董仲舒的主张，自此，儒家开始了长达两千余年的文化霸权。

儒家学派的性格缺失

儒家学派有若干一以贯之的精神缺失，我称之为儒家的学派性格。

迂阔之气，大约是儒家性格中唯一有着些许可爱之处的缺失。

迂阔者，绕远而不切实际也。儒家蔑视任何民生技能，蔑视任何形式的劳动，在所有学派中，独获"四体不勤，五谷不分"之殊荣。见诸政治实践，入仕多居"清要"之职，对需要专业技能的领域涉足极少。譬如兵事，譬如工程，譬如经济，譬如行法，等等，少见儒家身影。喜欢做官，却不喜欢做事，尤其不喜欢做那种既辛苦又专业的苦差事。美其名曰"君子论道不计功"，"君子喻于义，小人喻于利"。其执着之处，只在专一地扫天下而不扫庭院，只在专一地坐而论道，最热衷于担当道德评判角色。

此风流播后世，便有了一班"清流"儒家，以做官不做事为名士做派，终日玄谈，在职酗酒，观赏性事，竞赛颓废。其种种作为，直比当时腐败的社会更腐败，实在令人齿冷。儒家迂阔处，还在于议政议事之言论，多大而无当，很少具有操作性。此风在原生态时期，以孟子为甚，雄辩滔滔云山雾罩，似乎有着某种精神指向，却不知究竟要你做甚。"笔下空有千言，胸中实无一策"之评，可谓传神。凡此种种迂阔处，若仅仅是个人做派，自是无可无不可。然而，儒家却将这种迂阔之风，带进了庙堂官署，带进了学堂书房，不敬业，不成事，不务实学，不通民生，酿成官场流风，酿成治学恶习，沾沾自喜，不以为非，实在是中国文明变形之一大奇观，教人不敢恭维。

偏执习性，是儒家又一性格缺失。

儒家偏执，基本点在三：其一，咬定自家不放松，绝不相信世界上还有另外活法；其二，不容纳其他任何学派的任何主张，绝不相信自家经书之外还有真理。你说山外有山吗，人上有人吗，扯淡，儒家理论绝对天下第一；其三，对其他学派恶意攻讦，人身伤害，其用语之刻毒天下仅见。

孔子骂人很少，稍好，大约生平只骂过一件事——"始作俑者，其无后乎！"直骂陶殉，实骂人殉。此等事该骂，不能算作孔子缺点。但是，孔子此骂，瞄准了"无后"，却定下了儒家骂人定式——人身攻击，直捣传宗接代。此种秉性，以孟子为最，骂论敌刻毒异常。骂墨子，是"兼爱无父，禽兽行"；骂杨朱学派，是"无君，禽兽行"；骂纵横家，是"妾妇之道"。近见网络文章，有人将孟子称为"战国职业骂客"，比较实在。儒家动辄口诛笔伐，毒骂入骨，实在是一种阴暗心理，恶劣秉性。用语武断的指斥性评判，孟子更是多见。一则典型例子是，古文献记载武王伐纣的战争很残酷，有"血流漂杵"四个字；孟子偏不信，昂昂然宣称："以至仁伐至不仁，而何其血之流杵也！"指示弟子当即删去了古文献的这一句。

如此武断偏执，千古之下，无出其右。

论事诛心，是儒家又一性格缺失。

儒家论人论事，有一个可怕的习惯——动辄诛心。

什么是诛心？不问行为言论之本身正确与否，只专一地纠缠行为动机，以求心罪。不是看你如何做事，而是看你如何想法，这就是论事诛心。此法成为一种杀人方略，有学者考证认为：出于战国时期的《公羊春秋》，成于董仲舒的种种论证。无论其演变如何，儒家在原生态时期，就已经开始了这种以"道"定罪的路子。所谓"孔子作《春秋》，乱臣贼子惧"，正是儒家"诛心"套路的自我表白。

儒家以《春秋》立起的政治标尺，不是行为法度，而是道义标尺，教义标尺，心理标尺。由诛心之法，衍生出儒家攻讦政敌、论敌的一个威力无穷的非常规武器——"名教罪人"。你可以没有犯法，但你完全可能因为某句话某件事，而被认定为"名教罪人"。原因无他，只是"其心有异"。

此风传承流播，儒家大得其手，非但将有形之敌统统打倒，更将无形之敌也置于死地。后世之宋明理学更甚，非但要"存天理，灭人欲"，还要破"山中贼"，更破"心中贼"。如此汹汹诛心，勘问灵魂，天下孰能不诚惶诚恐？孰能不臣服儒家？

记仇，是儒家的又一性格缺失。

在所有的先秦学派中，儒家是最记仇的一家。但有歧见，殷殷在心，一有机会，便新账老账一起算，绝不手软。这种性格，与儒家提倡的"恕道"很不相应，使人难以相信。但是，事情就是如此奇怪——一个孜孜提倡"恕道"的学派，事实上却是一个锱铢必较、睚眦必报的学派。在春秋战国时代，儒家与几乎所有的学派，都因主张不同而产生过龃龉。其间，除了论战中的观念批判，没有任何一个学派揪住儒家不放。儒家却是耿耿于怀，念兹在兹，一遇机会，便以"史家"禀性，将论敌种种时期的言辞作为清算一通，而后再做定性式的人身攻击。读儒家经书，每遇此等攻击之辞，不用说，便是儒家在发泄仇恨。

然，若仅仅如此，还不能说明儒家记仇。

儒家记仇，积成秉性，有基本事实为依据。

基本事实一，儒家在春秋战国时代被无情遗弃，所以，对生身时代仇恨极深。举凡儒家修史，"自周以降，风气大坏"之类的词句，比比皆是。司马迁的《史记》稍好，但也是否定春秋战国，以儒家观念做史家评判的。《汉书》最鲜明，大凡直接表现修史者观念的领域通论，诸如《刑法志》《食货志》《礼乐志》《律历志》《郊祀志》等，无不先狠狠赞颂一通上古三代，紧接着便是一句必然的转折定性——"周室既衰"，春秋时代如何如何坏；"陵夷至于战国"，更是如何如何坏；连番指斥两大时代，然后又一转折，说到"汉兴"之后如何好，再变为连篇累牍的颂词。如此三段论法，已经成为定式，实在是有趣得紧。显然，在儒家眼里，所有的时代中，唯春秋战国最不是东西！

基本事实二，儒家在秦帝国时期大遭"压制迫害"，从此对秦帝国永远地咬牙切齿，不由分说一言以蔽之——暴政暴秦！两汉之后的儒家，干脆只管骂秦，连论证都懒得做了。说儒家患有"秦过敏症"，似乎不为过分。事实上，古今中外任何一个新政权，都必然要镇压复辟势力。事情起因，在于儒家自己不守秦法，伙同六国贵族大肆散布种种流言，从而获罪，被坑杀了寥寥几人（被坑杀者绝大多数是方士）。纵然冤枉，两千余年之后，竟仍然不能释怀，一概骂倒秦帝国，也是绝无仅有了。除了"记仇成癖"，不知道还能有何种解释。

基本事实三，儒家在原生态时期善为人敌，几乎被天下学派孤立。一旦得势，儒家立即以"独尊"平台为条件，全力排斥百家经典的流传。至近代梁启超时期，《墨子》文本已经难以寻觅，隐藏到道家炼丹术之类的书里去了。一个学派"独尊"，在春秋战国时代，无异于痴人说梦，任何学派都不可能有如此狼子野心。所以，西汉时期的其他任何学派，都没有提出如此狂妄、如此荒谬的主张。唯独儒家，不但要说，还要做。这便是儒家，为图复仇，敢与天下作对，敢与春秋、战国、秦帝国三大时代的文明成就作对，破罐子猛摔，以求出人头地，唯求复仇为快。

其心之野，其图之大，两千年之后，尤令人咋舌。

君子报仇，三百年不晚。世界文明史之一大奇观也。

身为学问家，身为史家，身为显学大派，百年千年之后，尚不能摆脱一己一家一团体之恩怨，而相对客观地看待历史，将中国文明史上最辉煌的时期肆意涂抹，将好赖有些贡献的秦帝国一言毙杀，我们该如何评价这个学派的道德水准？该如何评价这个学派的心理特质与秉性特点？

执青史之笔，泄一家之怨，将三大时代无数的志士英烈，钉上了历史的耻辱柱，唯将自己粉饰得光彩煌煌。如此学派，说它是中国文明的精华，说它是中国文明的根基，说它是万世师表，说它是中国文明的良知道义，不滑稽吗？

人云，"谎言重复一千遍便是真理"。

儒家将谎言重复了两千年，自然成了圣人。

谁要再说它是谎言，只怕连自己也要心虚了。

历史往往在荒诞中前行。诚哉斯言！

儒家文化霸权之下，中国文明迷失本色

终于，儒家黄袍加身，获得了文化霸权，走上了"文化寡人"的道路。

一个曾经有过些许健康心理的学派，在三百多年压抑之后，竟获得了文化霸权。这当真是一个奇迹，一个不可思议的奇迹，一次惊人的死灰复燃。深层探究其原因，足以构成专门学问。这里说的，只能是儒家获得霸权之后的基本作为、基本影响。

儒家复活后，其潜在能量惊人地爆发出来，开始了大规模重新"整合"中国文明漫长而浩大的工程。让我们简单地数数两千余年中，儒家的基本大事。

第一件事，以修史之权，效春秋笔法，对既往历史做整理记述。

自西汉司马迁开始，此后两千余年的修史大权，一直操持在儒家学派手里。儒家修史，是绝对以儒家理念整理历史的。春秋笔法之下，纵然不能过分掩盖、扭曲某些众所周知的事实，也必在文后以评点形式，给予鲜明褒贬。无论是《史记》的"太史公曰"，还是《资治通鉴》的"臣光曰"，以及全部二十四史的种种作者评点，全部目的只有一个：告诉世人，历史就是如此，只应该这样认识历史！应该说，儒家掌控修史大权的实质，是"重塑"中国文明发展的足迹，是掌控社会意识形态的走向。儒家之心，不可谓不重。修史，是儒家的看家功夫，做得老到细致，绝对以真学问面目出现，绝对以道德仁义

为评判标尺，几乎使你不能不相信，事实就是如此。

第二件事，掌控教育制度，以儒家与符合儒家观念的上古经典为唯一教材。

从此，神圣如教义一般的"四书五经"问世，其他所有学派的所有学说，一律从教育领域退出。应该说，教育是儒家的基本功之一。从孔子办学开始，儒家唯一可以骄人的实际成就，便是办教育。但在先秦时代，实在不能说儒家办学最好。就实而论，先秦学派大都是办学高手。除了老子、庄子学生寥寥，墨家、法家、名家、阴阳家、鬼谷子、荀子等，办学本领与实际水平，都丝毫不输于儒家。尤其是墨家，只怕比儒家还强出了三分。唯其如此，儒家深知教育办学的重要，一得霸权，自然要在教育上全力以赴。一家一派掌天下教育大权两千余年之久，而能使教育不濒于窒息者，未尝闻也！

儒家独尊之后，办教育的要害是两处：一则，以儒家经书为教材；二则，以对儒家经典的研习程度为官方应试标准，为入仕标准。如此两个要害，便实际掌控了绝大部分知识分子的奋争出路，使天下"读书人"不得不"入彀"了。

第三件事，对其他学派学说一律封杀，全部逐出官方视野，逐出学堂庭院。

自有"五经"立世，儒家便以其霸权地位，驱逐诸子百家学说于庙堂学堂，使其余学说沦为民间形式，逐渐自生自灭。对诸如墨家、法家这等声望过于显赫的死敌，儒家无法强硬抹杀，便极尽冷落排斥，逼你自我萎缩。魏晋南北朝时期，墨家经典已经淹没于"杂书"之中，几乎无法找到文本了。到了清代，涉足法家、墨家、名家等先秦学派的学者，已经是凤毛麟角了。

第四件事，掌控科举制度，从而掌控整个知识阶层的入仕路径。

儒家在这方面的实施方略是，与已经掌控的教育制度相配合，以儒家认可的方式与内容考核知识阶层，从而确定知识分子是否具有做官资格。见诸实践，读书读儒家之四书五经，科举考试考儒家经典题目，阅卷标准是儒家理念，阅卷人是当时的儒家大师，凡此等等关口，你还能逃出儒家手心？这一招厉害之极，连根收拾了所有具有"事功"精神的贫寒阶层。你想改变自身命运，便得经过儒家学问这一关，奈何？自唐代科举制度建立之后，儒家忽然人才多多，儒学也代有翻新。至于宋明，理学大为兴盛，可见其中奥妙。

第五件事，将文化人的求学方向单一化，学问内容单一化。

如此做法，目标只有一个——使知识阶层仅仅成为职业文官基地。

儒家的设定是，知识阶层的人生使命只有一个，求学目的也只有一个，那就是做官。人从启蒙开始，修学的内容只能有一种，那便是当官的学问。据儒家说，这是"治世"之学。出于这般设定，儒家对修学内容全面改造。孔子"六艺"中的射箭、驾车等生存技能，因于当官无涉，被后世儒家全部删除；工、水、医、农等末支细学，全部不入正式学堂；官学私学，修学者只能以四书五经为圭臬，舍此无他。

为此，后世儒家以通俗形式，做出了社会性说明："书中自有黄金屋，书中自有颜如玉。"只要当了官，一切享受与特权应有尽有，完全不需要生存技能。所以，一切"末支细学"都是有失身份的，统统不能学。

此等社会政策之下，中国有了全世界独一无二的一个奇特阶层——"读书人"。这种所谓"读书人"，在社会民众心目中的种种形象表征是，四体不勤，五谷不分；两耳不闻窗外事，一心只读自己书；衣来伸手，饭来张口；黄卷青灯，皓首穷经；手无缚鸡之力；不修边幅；君子远庖厨，等等。于是，"读书人"也有了一个社会名号——书呆子。对于这种全世界独一无二的"书呆子"现象，中国"读书人"圈子非但丝毫不以为忤，反倒以此类呆痴做派为能事，多有标榜，实在令人啼笑皆非。

历史淘洗，未有穷期

两千余年，儒家已经渗透了中国古典社会的每个毛孔，一一罗列，难而又难。

仅仅是上述基本方面，儒家文化霸权已经给中国文明带来了极为深远的负面影响。

这种深远的负面影响，最重要的有两个方面。

其一，中国文明迷失了本色，日渐趋于衰落，以致最终僵化。

中国的原生文明，形成于中国历史的前三千年，以春秋、战国、秦帝国三大时代为核心与历史高峰。那时候，诸子百家汪洋恣肆，门派种类应有尽有，其雄浑强健与妖娆秀美相得益彰的气势，其质朴实用与玄奥思辨和谐并存的架构，使中国原生文明有着一种极其坚实的本色，堪称世界文明之唯一。这种本色，要用一句话概括，便是"刚柔相济，强势生存"。从根基上说，中国文明在本质上摒弃懦弱，摒弃"文胜于质"的低劣竞争力。

在这种健康的相互制约而又共生共荣的文明生态环境下，保守复古的儒家，是不足为害的。其学派悲剧，甚至成了一道孤绝凄美的独特文化风景。有强大的天敌制约，儒家既无法泛滥成灾，无法危害社会，又对社会起着一种保守主义的制约作用。儒家自身的健康一面，又为时代增添着内涵。这便是中国文明原生态的伟大意义所在。破坏了这种文明原生态，必然遭受历史的惩罚。

但是，从儒家文化霸权开始，中国原生文明海洋中最保守的孤岛，骤然跃升为自己从来没有担当过的领袖角色，骤然没有了任何学派的制约。从此，中国文明的健康生态开始失衡了。儒家洪水在整个华夏文化圈内猛烈地泛滥着，弥漫着，中国文明开始了漫长的儒家洪水时代。从此，头戴王冠，坐拥霸权的儒家，丧失了对自己赖以成长的伟大文明时代的敬畏，鼓荡着漫天的污泥浊水，开始肆意淤塞最壮美的中国文明原生态环境。儒家越走越远，中国文明原生态，也越来越沙漠化，枯萎化。恒久侵蚀，恒久淤塞，伟大的中国原生文明，终于渐渐僵化了，腐朽了。

及至晚清，中国文明已经沦为一堆令世界强盗垂涎的"古老肉"了。

百余年前，中国惨遭列强连番凌辱，国人方才开始反思。最深刻的困惑是，中国究竟怎么了？为什么忽然之间变成了世界民族之林的屠弱者？我们的老祖先害了我们吗？由此，知识界开始艰难地淘洗已经被侵蚀污染得无法辨认的古老文明，力图淘洗出她本来的颜色。

于是，"打倒孔家店"的口号出来了，新文化运动起来了，难觅踪迹的墨家被挖出来了，法家被挖出来了，林林总总的被淹没学派也被挖出来了。革命有了，运动有了。轰轰烈烈百余年，反反复复"翻烧饼"，那个最根本的老问题，还是没有明确答案：中国文明的力量根基究竟在哪里？

时至今日，淘洗工程似乎有了些许眉目。

人们开始从更广阔的历史视角，探索中国原生文明了。社会开始关注春秋、战国、秦帝国时代了，民族特质的东西，似乎比过去被看得重了。但是，普遍的社会思潮，仍然将儒家看作中国文明的正统。即或如此刚刚开始淘洗，许许多多的"读书人"也已经惶惶不安了。在"新儒家"的旗号下，有人重新考证出"克己复礼"是进步的；有人重新考证出董仲舒是法家；有人重新考证出"罢黜百家，独尊儒术"不是儒家提出来的；有人要光大"国学"，恢复儒家经典在启蒙教育中的作用，要发起读经运动，等等，不一而足。即或是我们的官方，也将境外文化机构定名为"孔子学院"了；一度，孔子像也住进天安门广场了。

显然，在许许多多的中国"读书人"看来，儒家仍然是他们的灵魂依托。他们自觉不自觉地运用种种儒家手段，为儒家的合理性辩护，进而继续维护儒家的文明文化正统地位。更不要说，还有许许多多专吃儒家饭的"专家"群了。显然，要为中国文明确定一个文明历史坐标，从而弄清中国文明的原生态根基，依旧是十分艰难的话题。

其二，中国民族的生命状态严重萎缩，知识阶层的创造力大大降低。

儒家独尊，其内敛保守的学说思想渐渐蔓延渗透社会，中国人的生命状态在一个一个时代中不断递减。西汉之后至隋唐，缓慢递减。宋代开始，迅速递减。中国民族的整体素质，大为下降，民众愚昧之势蔓延社会，书生迂腐之气积重难返，社会尚武之风大为衰落，事功创造精神日渐委顿，实用性科学技术备受遏制，以致被视为"奇技淫巧"，堕入下九流地位。

最重要的是，职业官僚阶层的精神世界严重退化。执政理念不断趋于僵化，政务能力日益沦为钻营发迹的厚黑伎俩；腐败无能充斥官场，乡愿之风弥漫政坛。由儒家观念引领的中国王朝之"公器"阶层，日益封闭堕落，导致了中国社会的麻木沉睡。

于是，历史劫难接踵而至，屡次濒临亡国之危。一个基本事实是，在 11 世纪（北宋）及其之后的抗御外来侵略中，中国开始出现了全世界蔚为奇观的大规模汉奸现象——汉奸政府、汉奸军队、汉奸团体、汉奸文人，花样繁多，丑类汇聚，令人咋舌！外侮当前，相互攻讦的内斗之风大起，"宁亡外敌，不资家奴"的令人目瞪口呆的口号，也从中央庙堂喊了出来……凡此等等丑行，鲜有不以"大儒"自居者所为。

我们不能说，儒家都是软骨头。

但是，软骨头总是儒家，却是十之八九不错。

庙堂淤塞，知识阶层必然窒息。整个 11 世纪之后，中国"读书人"阶层，几乎完全丧失了文明创造力。所谓"百无一用是书生"，成为知识阶层无可奈何的哀叹与共鸣。凡此等等，中国文明在后一千年经受的种种顿挫屈辱，已经给了儒家霸权最好的结局说明——奉儒家为圭臬，中国文明必然走向衰落。

可以预料的是，许多"读书人"与儒家信奉者，必然要振振有词地将种种危难归结于腐败政府，最终再喊一句："儒家并不当权，欲加之罪，何患无辞！"但是，我们要问一句：作为占统治地位的意识形态，作为决定民族精神指向的居于文化霸权地位的学派，作为曾经的民族精神领袖，儒家究竟做了些什么？儒家不值得检讨吗？信奉儒家的"读书人"们，不值得探究其原因吗？

我们呼唤伟大的中国原生文明。

我们期待伟大的中国文明复兴。

第二编

大秦帝国:
中国统一文明的正源

大秦帝国是中国文明的正源。大秦帝国所处的时代是中国五千年文明史中最重要的一个时代。秦帝国骤然消逝于历史的天宇,是中国文明史的一个巨大变数。原生文明淡出高端文明视野,是中国文明史的一幕深刻悲剧。

秦帝国是中国统一文明正源 [1]

一

　　大秦帝国是中国文明的正源。

　　大秦帝国所处的时代是中国五千年文明史中最重要的一个时代。

　　不幸的是，作为统一帝国的短促与后来以儒家观念为核心的官方意识形态的刻意贬损，秦帝国在"暴虐苛政"的恶名下几乎湮没在历史的沉沉烟雾之中。有限史料所显示的错讹断裂且不必论，明清通俗小说《东周列国志》《二十四史演义》等通俗史话作品，对秦帝国的描述更是鲁莽灭裂，放肆亵渎，竟然将这段历史涂抹得狰狞可怖，面目全非。这种荒诞的史观，非但是官方正统意识形态的形象化，而且流布民间，形成了中国民众源远流长的"暴秦"口碑。事实上，对于酷爱说古道今的中国老百姓而言，话本小说、评书戏剧、民间传说等对民众意识所起到的浸润奠基作用，远远大于晦涩难懂的史书。两千

1　这是旧版多卷本长篇历史小说《大秦帝国》的总序言，原题目为《中国文明正源的强势生存》。这次收入本书，做了基于本书总体思索的相应修订。

年来，在对秦帝国的描绘评判中，旧的正统形态与旧的民间艺术异曲同工，或刻意贬损，或无意涂抹，悠悠岁月中竟是众口铄金，中国文明正源的万丈光焰竟然离奇地变形了。

这是中国历史的悲剧，也是中国文明的悲剧——一个富有正义感与历史感的民族，竟将奠定自己文明根基的伟大帝国硬生生划入异类而生猛挞伐！

悲剧的深远阴影正随着历史的进步而渐渐淡化，儒家式的恶毒咒骂也已经大体终止了。但是，国人乃至世界对秦帝国的了解，还依然朦胧混沌。尽管万里长城、兵马俑、郡县制、度量衡，以及我们每日使用的方块字（请注意，人们叫它"汉字"），都实实在在地矗立在那里，人们观念的分裂却依旧如斯。秦为何物，老百姓还是不甚了了。即或在知识阶层，能够大体说叨秦帝国来龙去脉与基本功绩的，也是凤毛麟角。

于是，就有了将秦帝国说叨清楚的冲动。

在漫长艰苦的写作中，这种冲动已经慢慢淡了下来，化成了一个简单的愿望——将事实展现出来，让人们自己去判断。

虽然如此，还是想将研究与写作过程中形成的一些基本思想大体说说，给读者与研究家们提供些许谈资，以做深究品评。

二

通常意义上，"帝国"是一个历史概念，它一般包含三个基本特征：其一，统一辽阔的国土（小国家没有帝国）；其二，集权或专制统治（民主制没有帝国）；其三，强大的军事扩张与领土扩张（无扩张不成帝国）。秦在这三个方面都表现得极为鲜明，可算是典型的古典帝国，而不是一个普通的王朝。

所以，这部关于秦之兴亡生灭过程的长卷历史小说，就叫了《大秦帝国》。

秦之作为大帝国，略早于西方的罗马帝国，但大体上是同时代的。在古朴粗犷的铁器农耕时代，大秦帝国与西方罗马帝国一起，成为高悬于人类历史天空的两颗太阳，同时成为东西方文明的正源。但是，大秦帝国与罗马帝国的历史命运却是截然不同的。这里有两个基本方面特别值得注意：其一，秦帝国统一大政权存在的时间极短，只有十五年，而罗马帝国却有数百年大政权的历史；其二，秦帝国创造的一整套国家体制与统一文明体系，奠定了中国文明的根基，而且绵延不断地流传了下来，具有数百年历史的罗马帝国，却在历史更替中变成了无数破碎的裂片，始终未能建立一脉相承的统一文明。

一个是滔滔大河千古不废；一个是源与流断裂，莽莽大河化成了淙淙小溪。

历史命运的不同，隐喻着两种文明方式内在的巨大差异。详细比较研究这种差异，不是文学作品的任务。《大秦帝国》所展现的，只是这个东方大帝国生灭兴亡史的形象故事。与罗马帝国的比较只是说明，秦帝国是一个具有世界意义的东方帝国，是创造了一整套不朽文明体系的大帝国。在整个人类文明史中，这样的大帝国是独一无二的。

这是我创作《大秦帝国》的信念根基。

我对大秦帝国，有着一种神圣的崇拜。

三

先说说那个伟大的时代与伟大的时代精神。

秦政权兴亡沉浮的五百多年（从秦立诸侯国到帝国二世灭亡），是中国历史上最为自由奔放、充满活力的大黄金时代。用那个时候的话说，那是一个"礼崩乐坏""瓦釜雷鸣""高岸为谷，深谷为陵"的剧烈变化时代。用历史主义的话说，那是一个大毁灭、大创造、大沉沦、大兴亡，从而在总体上大转型的时代。青铜文明向铁器文明的转型，隶农贵族经济向自由农地主经济的转型，联邦制国体向中央集权国体的转型，使中华民族在那个时代达到了农业文明的极致状态。

这个辉煌转型的历史过程，就是秦帝国生灭兴亡的历史过程。

春秋战国孕育出的时代精神，是强力竞争，是强势生存。用当时的话说，就是"大争之世"。所谓大争，就是争得全面，争得彻底，争得漫长，争得残酷无情。春秋三百年左右，王权衰落，诸侯纷争组合，各种新势力活跃涌动，就像春水化开了河冰，打碎了古典联邦王国时代的窒息封闭。铁器出现，商业活跃，井田制动摇，新兴地主与士人阶层蓬勃涌现，整个社会的生命状态大大地活跃起来。

于是，旧制度崩溃了，旧文化破坏了，像瓦罐一样卑贱的平民奴隶雷鸣般躁动起来，高高的山陵塌陷了，深深的峡谷竟然崛起为巍巍的大山。进入战国，这种普遍纷争终于演变为实力大争，开始了强势生存彻底化的国家竞争。弱小就要灭亡，落后就要挨打，成为几乎没有任何缓冲的铁血现实。彻底的变法，彻底地刷新自己，成为每个邦国迫在眉睫的生存选择。由此引发的人才竞争，赤裸裸白热化。无能的庸才被抛弃，昏聩的国君被废黜，名士英才成为天下争夺的瑰宝，明君英主成为最受拥戴的英雄。名将辈出，名士如云，能才当国，英主迭起。中华民族的所有文明支系，都被卷进了这场全面彻底的大竞争之中。经济、政治、军事、文化、科技、管理，举凡社会生活的所有领域，都在大争之中碰撞出最灿烂的辉煌。战争规模最大，经济改革最彻底，权力争夺最残酷，思想争鸣最激烈，建设精神最强烈，国家管理水平最高，民众命运与国家命运联系最紧密，创造的各种奇迹最多，涌现的伟人也最多……所有这些，都是后来的时代无法与之比肩的，甚至是无法想象的。

在这样的历史土壤中成长的秦帝国，是那个伟大时代强力锻铸的结晶。

秦帝国崛起于铁血竞争的群雄列强之林，包容裹挟了那个时代的刚健质朴、创新求实精神。她崇尚法制，彻底变革，努力建设，统一政令，历一百五十余年六代领袖坚定不移地努力追求，才完成了一场最伟大的帝国革命，创建了一个强大统一的帝国，创建了恒久不灭的中国统一文明，开创了一个全新的铁器文明时代，使中国农业文明完成了伟大的历史转型。

时代精神锻铸的大秦帝国，最集中体现了那个时代的强势生存精神。

中国统一文明体系所以能够绵延相续如大河奔涌，秦帝国时代开创奠定的强势生存传统，起到了决定性作用。这种强势生存精神，可以概括为六个基本方面：其一，求变图存的变革精神，连绵不断的革命性变法，激发民众最旺盛的生命活力，以国家最强大的实力为生存之本。其二，对外部野蛮民族与愚昧文明的冲击，实行"强力反弹，有限扩张"的战略，既不在"强力反弹"中过度复仇，也不在"有限扩张"中泯灭自己。其三，整合统一，霸气巍巍，绝不允许裂土分治长期存在。其四，自觉秉持多元文明理念，对以种种形式流入的异质文明兼容并蓄，消解融合，使华夏文明的根基不断趋于广阔坚实。其五，崇尚法治，在长期的战争时代自觉追求战时法治，不以战争为由剥夺社会、遏制社会。这种高远的国家精神，是中国古典社会之唯一。其六，贵士敬贤的社会土壤极其丰厚，"用贤者兴，缓贤者亡"，成为自觉实行英才治国的强大推动力。

这种强势生存精神，已经在中国文明的历史发展中，一以贯之地表现了出来。否则，我们这个幅员辽阔人口众多的国度，根本不可能在统一文明形态下顽强生存数千年而成为世界唯一。

大秦帝国是中国历史的又一个黑洞，一个巨大的兴亡之谜。

她只有十五年生命，像流星一闪，轰鸣而逝。

巨大的历史落差与戏剧性的帝国命运，隐藏了难以计数的神奇故事，以及伟人名士的悲欢离合。他们以或纤细、或壮美、或正气、或邪恶、或英雄、或平庸的个人命运，奏响了一部宏大的历史交响乐。帝国所编织的统一文明框架，帝国所凝聚的多元文化传统，今天仍然规范着我们的生活，渗透在我们的灵魂中，构成了中华民族最为坚实的生命支柱。

这些，就是《大秦帝国》要用故事去表现的最基本内涵。

四

虽然我们没有忘记秦帝国，但却淡漠了那个时代的勇气与创造力。在这种民族精神的衰退面前，欧洲人的复兴之路是我们的镜子。

当欧洲社会因中世纪的死海将要窒息时，欧洲人发动了文艺复兴，力图从古希腊与罗马帝国生气勃勃的文明中，召回强大的生命力。历史没有辜负欧洲民族。正是古希腊与罗马帝国原生文明的光焰，摧毁了中世纪宗教领主社会的藩篱，引发了波澜壮阔的启蒙运动。一个新兴的资产阶级破土而出，开辟了人类历史的新纪元。

被尘封的历史竟然有如此巨大的力量？

原生文明，是一个民族的根基。一个国家，一个民族，在她由涓涓细流汇聚成澎湃江河的历史中，必然有一段沉淀、凝聚、升华、成熟的枢纽期。这个时代所形成的以民族生存方式为核心的文明形态，如同一个人的生命基因，将永远以各种各样的方式影响或决定一个人的生命轨迹。这种文明，便是原生文明。各个民族对其原生文明的深刻反思，从来都是各个民族在各个时代发挥创造力的精神资源宝库。

当许多人在西方文明面前底气不足时，当我们的民族文明被各种因素稀释搅和得乱七八糟时，我们淡忘了大秦帝国，淡忘了那个伟大的时代，淡忘了向巨大的原生文明时代寻求"凤凰涅槃"的再生动力。

与西方原生文明相比，秦帝国开创的中国统一文明更加灿烂，更加伟大。

与中国春秋时代大体同步的古希腊文明，温和，脆弱，娇嫩。虽然开放得多姿多彩，终是缺乏一种强悍的张力，缺乏一种坚韧的抵抗力。所以，在罗马军团的剑盾方阵面前，古希腊文明倏忽就崩溃灭亡了。这是一个文胜于质的民族的必然悲剧。

幅员辽阔的罗马帝国，则是铁马剑盾铸成的刚性社会。她没有汲取希腊文明而融汇改造自身，本民族又缺乏丰厚渊深的原生文明。所以，罗马帝国在岁月浸蚀中，无声无息地解体了。这是一个质胜于文的民族的必然悲剧。

大秦帝国则不然。她既创造了博大精深的统一文明体系，又具有强悍的生命张力与极其坚韧的抵抗力。自然条件的严酷、内部整合的激烈、野蛮部族的蚕食、强大外敌的入侵、意识形态的较量、各种异质文明的渗入，都远远未能撼动她的根基。秦帝国兴亡沉浮的五百多年中，华夏文明历经千锤百炼而炉火纯青，具有无可匹敌的独立性与稳定性。秦帝国时代创建的统一文明，使中国人在此后两千多年中历经坎坷曲折而没有亡国灭种。

我们可以骄傲地说，在这个地球上，只有中国人创造的原生文明，在自己的国土上绵延不断地生存发展到今天。

这绝不是"地大物博，人口众多"所能解释的。

罗马帝国不大吗？奥斯曼帝国不大吗？拜占庭帝国不大吗？一个一个，灰飞烟灭，俱成过眼烟云。这些帝国所赖以存在的民族群，也都淹没消散到各个人类族群中去了……唯有中国民族所建立的国家，始终是以其原生文明为共同根基的国家。

还得感谢大秦帝国，我们那伟大的统一文明的创造者。

还得感谢这种原生文明所蕴含的奋争精神与生命张力。

这是写作《大秦帝国》中经常涌动的骄傲与激情。

否则，我是无法坚持这么多年的。

五

从文学艺术的角度来说，大秦帝国无疑是一个世界性题材。

这不仅仅在于秦帝国对中国历史的奠基作用，从文学艺术的角度看，更重要的在于这个时代本身的故事性。中国原生文明期的春秋战国时代，是中国人心目中的圣土。政治的、经济的、军事的、科学技术的、文学艺术的、法学的、哲学的、神秘文化的……举凡基本领域，那个时代都创造了我们民族的最高经典，并当之无愧地进入了人类文化的最高殿堂。仅以战争规模论，秦赵长平大战，双方参战兵力总数超过一百万，秦歼灭赵国主力大军五十余万。如此战争规模，即或在当代，也仍然放射着炫目的光彩而难以逾越。而创造这些奇迹的各种风云人物，以及这些事件过程的曲折艰难，都构成了作家无法凭空想象的戏剧性故事。展现这些人物，展现这些故事，展现这些令人感慨唏嘘的历史血肉，是文学艺术的骄傲，是文学艺术的使命。

在元代以前，中国是世界文明的中心，西方世界是当时的"周边文明"。

秦帝国及其之后的一千余年，中国的强盛衰落，曾经总是居于世界的中心潮流，无不对世界其他文明发生着深远的冲击与影响。宋代之后，中国文明迅速趋于僵化衰落，一路跌跌跄跄地走到了晚清末世。从中国历史的大格局看，中国文明所以具有悠长内力的根源，在于秦帝国创建的统一文明，而不是别的任何时代的任何业绩。

从这一点来说，帝国时代创造统一文明的过程及其史诗般的兴亡幻灭，是当今世界具有最大开采价值的文化富矿。文学艺术对这段历史的开发，更具有特殊的意义，特殊的价值。因为，只有文学艺术，才能形象地告诉人们，那是一个什么样的时代，那个时代人的生命状态是何等饱满、何等昂扬、何等自信、何等具有进取精神!

六

遗憾的是，正面表现秦帝国时代的文学艺术作品，始终没有问世。

虽然学力浅薄，笔力不济，我还是勉力上阵了。

时常觉得，不做完这件事情，我的灵魂将永远不得安宁。

1993年冬天，进入案头工作以来，其中的艰难周折无须细说。完成一个大的工程，种种艰难几乎都是必然会发生的，也只有硬着头皮不去理它了。

作为作者，我想告诉读者的一点，仍然是有关作品的一点儿体会。

创作《大秦帝国》，最艰难的是选材，也就是理出一个故事框架来。帝国时代是一个气象万千而又云遮雾障的时代。浩瀚而又芜杂的典籍资料，无数令人不能割舍而又无所适从的故事与结局，常常使人产生遍地珍宝而又无可判断的茫然与眩晕。鲁迅先生曾感慨系之，说三国宜于做小说，春秋战国不宜于做小说。其实质困难，也许正在这里。以秦帝国为主体，以帝国兴亡为主线，以人物命运与事件冲突为经纬，虽然是能想到的一条较好的路子，但依然不能包容伟大帝国时代的全部冲突。甚至，不得不割舍许多重要素材（譬如诸子伟人与各个学派兴亡的许多故事）。

这种遗憾，可能将是永远难以弥补的。

艺术地再现秦帝国时代，是中国社会面临又一次大转型时期所催生的历史课题。

作者力图再现那个最值得中国人骄傲的、充满英雄主义与进取精神的时代。

作者力图再现那波澜壮阔的强势竞争与强势生存的画卷。

作者力图再现帝国先民们在粗粝简朴的生活方式中本色奋发的生命状态。

作者力图再现大秦帝国艰难地走出旧时代阴影，全力开创新文明的沧桑巨变。

作者力图将那个时代的光荣与梦想，呈现给改革时代的中国人。

是否做到了这一点，只有交给读者去评判了。

祭秦论：中国原生文明的永恒光焰 [1]

——秦亡 2215 年祭

序：我们的历史意识误区

公元前 207 年秦亡，至今岁，2215 年矣！

漫漫岁月，沧桑变幻，人类文明在甘苦共尝中拓展伸延，已经由我们在《大秦帝国》中表现的铁器农耕文明，进境为工业文明与科学文明之交汇时代了。然而，文明的进境并没有从根本上改变人性，没有改变人性的基本需求，更没有改变人类面对的种种基本难题。人还是人，人类还是人类，国家还是国家，民族还是民族；贫困与饥饿依然随处可见，战争与冲突依然不断重演；先民曾经反复论争的人性善恶、法治人治、变革守成、贫富差异等基本问题，并没有因为工业与科学的出现而消弭。甚或相反，交通的便捷与信息的密集，使种种冲突更为剧烈，更为残酷，更为多元，更为全面。我们在高端文明时代面对的基本问题，依然是先民在原生文明时代面对的基本问题。

我们的脚步，依然是历史的延续。

---

1 2008 年春写于海南积微坊，2011 年盛夏修订于西北大学秦文明研究院。

回首历史，探究文明生发演变之轨迹，对于我们这个五千年绵延相续而守定故土的族群，有着重新立定精神根基而再造高端文明的深远意涵。对于在各种文明的差异与冲突中不断探索未来之路的整个人类，有着建设性的启迪。深入探究足迹漫长而曲折的中国文明史，其根基点，无疑在于重新开掘中国原生文明的丰厚内涵。

　　深刻认知我们这个民族在文明正源时代的生存方式、生命状态及其无与伦比的创造力，并从高端文明时代应有的历史高度给予正确客观的解析，方能如实甄别我们面临的精神遗产，恰如其分地选择我们的传统文明立足点，避免将古老糟粕当作稀世珍宝的难堪与尴尬。唯其如此，走完大秦帝国的历史之路，再解析帝国灭亡的历史奥秘，清点帝国时代的文明遗产，并回顾我们的历史意识对原生文明时代的认知演变，便成为重新开掘的必要一步。

　　由于种种原因，我们的历史意识已经长久地堕入了一种误区。

　　对繁杂细节的考据，淹没了宏阔的文明视野；对具体事件的记叙，取代了高远的剖析与甄别。年深日久，几乎形成了一种怪圈——桩桩小事说得清，件件大事不明白。就事件的发端、经过、结局等具体要素而言，几乎每一日每一事的脉络都是清楚的，不存在诸多民族常有的那种动辄消失几百年的大段黑洞。然而，对重大事件、重大人物、重大时代、国民精神、生存方式等具有文明坐标意义的历史核心元素的研究评判，却始终不着边际，没有形成一种以国民意识体现出来的普遍认知。至少，在我们已经跨入高端文明的门槛之后，我们的浩瀚典籍中还没有一部立足于文明史高度，对中国传统文明做出整体解析与评判的著作。作为中国原生文明时代的轴心，秦帝国所遭遇的妖魔化口碑，是这种偏狭的历史意识浸渍而成的最大荒诞剧。

　　我们每每惊叹于地下发掘的宏阔奇迹。

　　我们常常麻木于文明开掘的精神再生。

　　追溯秦帝国的历史兴亡脚步，我经常不自觉地陷入一种难以言说的迷茫。埋首检索那些汗牛充栋的典籍史料，我每每惊愕于一个不可思议的现象：对于如此一个只要稍具历史目光与客观头脑，便能评判其不朽文明价值的帝国时代，何以那么多的历史学家、学问家以及种种骚人墨客乃至市井演义，都充满了怨毒的心绪，不惜以种种咒骂横加其身？隋唐之后更是不分析，不论证，不甄别，凡涉春秋战国秦帝国之评判，大体皆统统骂倒。及至当代目下，仍有诸多学人秉承此风，屡屡说得口滑，言辞之轻慢戏侮几近江湖套路，读之既咋舌不已，又颇觉滑稽。

问题究竟出在了什么地方？

何等历史烟雾，使秦文明两千余年不为国人意识所认同？

这既是《大秦帝国》开篇序言提出的基本问题，也是这部作品在最后该当有所回应的基本问题。我力图做到的，是以所能见到的种种史料为依据，解析国民历史意识对秦帝国非议曲解的演变轨迹，并探究秦帝国灭亡的基本原因，发掘中国原生文明的精魂所在，对我所追慕的伟大的原生文明，对我所追慕的伟大的秦帝国，有一个诚实的说法。

是文为祭，以告慰开创华夏统一文明的伟大先贤们。

暴秦说：秦末复辟势力的历史谎言

秦帝国的骤然灭亡，是中国文明史上最大的黑洞。

秦以排山倒海之势一统天下，以变法图强之志大规模重建华夏文明，使当时的中国，既一举跨越了夏商周三代古老松散的邦联文明，又一举整合了春秋战国六百余年剧烈大争所酝酿出的全部文明成果，以最大的规模，以最快的速度，巍巍然创建了人类在铁器时代最为伟大的国家形式，最为进步的社会文明。依照历史的法则，具有伟大创造力的权力主体，其权力生命至少应当延续相当长的一个历史时期。

然而，秦帝国却只有效存在了十二年（其后三年为崩溃期）。随着始皇帝的骤然撒手而去，建成这一伟大文明体系的权力主体，也轰然溃灭了。

这一巨大的命运落差，给攻讦与谎言提供了历史空间。

历史的发展，已经显示出固有的内在逻辑：权力主体的灭亡，并不等同于其所创建的文明体系的灭亡；权力主体在某个阶段的突然沉沦，并不必然植根于其所创造的文明体系。历史的事实是，作为文明建筑师的秦帝国骤然灭亡了，秦帝国所创建的文明体系却为后世继承；秦帝国政权因突发政变而突然崩溃了，其结局也并未改变秦帝国所创造的文明体系的历史本质。

历史的逻辑，已经包含了解析历史真相的路径。

但是，我们对秦帝国灭亡之谜的历史探究，两千余年却一直存在着一个误区：将秦帝国所创建的文明体系与秦帝国权力主体等同而一，论秦亡必以秦政为因，论秦政必以秦亡为果，以秦亡之速推论秦政之恶，以秦政之恶推论秦亡之速，互为因果，越纠缠越乱。由于这个误区的存在，对秦亡原因之探究，长期陷入一种陈陈相因的主流定论：秦政暴虐，暴政亡秦。当然，这个误区只是方法论意义上的误区，是"暴秦说"的学理成因之一。两千余年来我们的史家始终集中于孜孜寻求"暴政"依据，并无数次地重复这则古老的论断，直至当代依然没有发生大的变化，其中自然有着更为深刻的社会历史原因。

"暴秦说"其来有自，我们的梳理得从源头开始。

商鞅变法后，山东六国对秦帝国变法及其崛起有颇多指斥。

对以秦政、秦制为轴心的秦文明评判争议，其实自秦孝公商鞅变法之后的秦国崛起时期便开始了。就总体而言，战国时代对秦文明的评判是两大主流：一则，是从制度的意义上高度肯定秦国变法及其所创造的新型法治文明，并力图效法秦国，由此形成了以赵国、燕国变法为代表的第三波变法浪潮；一则，是从施政的意义上，对秦国法治做出了严厉指控，其代表性言论是"苛法"说与"虎狼"说。

在战国时代，尚未见到明确的"秦暴政"说法。就根基而言，这两种说法的根基点是不同的。"苛法"之说，是具有"王道"价值观的守旧学派的一种政治评判。尽管这一评判具有守旧学派反对一切变法的特质，并不具有认真探究的客观性，但就其基本面而言，尚是一种法治与政论的争鸣，不具有总体否定的意图。"虎狼"之说，则是山东六国基于族群歧视意识，在抗争屡屡失败之后，以仇恨心态发出的政治诅咒，实属攻讦性的非正当评判，自不当作为历史依据。

从基本面说，秦灭六国之前，天下言论对秦政的评判是积极认定的。最基本的依据，有两方面。一方面，战国末期兼具儒法两学，且学术立场素来公正的荀子大师，对秦制、秦政、秦风素有高度评价。在《强国》中，荀子依亲自入秦的所见所闻，对秦风、秦政做出了最高评价："佚而治，约而详，不烦而功，治之至也。秦类之矣！"在《正论》中，荀子则对"治世重刑"的合理性做了充分论证，实际是对"苛政"说的回应。荀子之说，没有任何人提出反驳。另一方面，战国末期"天下向一"的历史趋势日渐形成，"天下一统"的可操作战略也由李斯适时提出。这种人心趋势，意味着天下寄厚望于秦政，寄厚望于秦国"一"天下。

如此两个基本面充分说明：战国之世对秦政的总体评判虽有争议，但天下主流，是肯定秦政、秦制的。当然，这种肯定的后面，有一个最基本的社会价值原则在起作用：战国变法只有秦国最成功，成功本身是"应时而变"的结果，是顺应潮流的结果；在"求变图存"与"大争事功"成为时代精神的大背景下，整个社会对一个获得巨大成功的国家，是没有理由指责的。

秦帝国一统中国后，舆论情形发生了变化。

变化之一，秦帝国统一中国后的前十年，天下人心的主流是高度赞颂秦政、秦治的。当时，天下之民"莫不虚心而仰上"。人们为长期战争的终止，为和平安定的到来，为秦帝国发动的一系列大规模建设工程，为秦帝国盘整民生的一系列惠民政策，为秦帝国进军岭南，为秦帝国大规模反击匈奴肃清外患等，由衷地拥戴，由衷地赞叹。

变化之二，始皇帝后期，爆发了关于恢复诸侯制还是建立郡县制的大争论。

由这一大争论生发开去，牵涉出对夏商周三代文明与秦帝国统一文明的总体对比，以及与之相关的总体评判。但是，这场大争论及其余波，仍然被争论各方自觉限定在战国精神所能容纳的正常争鸣之内——主张封建诸侯的一方，并未涉及对秦政的总体指控；主张郡县制的创新方，也并未以对方对传统诸侯制的赞美而横加指责，更谈不上问罪了。

历史声音的突然变调，开始于"焚书坑儒"案之后。自儒生博士们纷纷从秦帝国庙堂"亡"去（不经正式辞职而私自离职），评判秦文明的言论中便出现了一种此前从未有过的声音：秦政"毁灭典籍，暴虐之道也"。被秦始皇拜为少傅文通君的孔子八世孙孔鲋，以及诸多在秦帝国职任博士的名儒，都在离开中央朝廷后，与藏匿山海的六国贵族们秘密联结起来了。这种以"非秦之政"为共同点的秘密联结，使原本并不具有真实政治根基，而仅仅是庙堂论政一家之言的政治评判，不期然滋生为六国贵族复辟的政治旗帜。

从总体上说，秦帝国统一后的始皇帝时期，社会对秦政的评价还是非常正面的。

可是，秦末之乱中，"暴秦说"却以极大的声势陡然生成。

自陈胜、吴广举事反秦，对秦政、秦治的认知评判，便成为当时反秦势力必须回答的紧迫问题。最先反秦的陈胜、吴广农民集团，最初对秦政并无总体性仇恨。"闾左徭役"们直接仇恨的对象，是秦二世的过度征发，尚不涉及对秦政如何的总体评判。陈胜的"天下苦秦久矣"之叹，所言实际内容，也只是二世即位后的政治行径。基于农民集团的直感特质，陈胜、吴广的发端路径很简单：先以替扶苏、项燕鸣冤为事由，后又以"张楚"（张大楚国）为举事旗号，最终达成以武力抗争谋求最好的社会出路。

演变的转折点，出现于陈胜举事后，谁也预料不到的天下轰然而起的陡然大乱之局。陈胜农民军迅速占据了陈郡，六国贵族与当地豪强纷纷聚来，图谋借用陈胜力量复辟，这才有了最初的"暴秦说"。原发经过是，陈郡"三老"豪强们劝说陈胜称王，并大肆称颂其反秦举事是"伐无道，诛暴秦"的大业。这是贵族阶层第一次对秦帝国总体冠以"暴秦"之名，是中国历史上最早的"暴秦说"。

就其实质而言，这是一个显然的政治权谋。

志在复辟的贵族势力，利用农民集团政治意识的幼稚，以称颂与劝进的方式，将自己的政治目标，巧妙地设定成农民集团的政治目标，从而形成天下共讨"暴秦"的声势。六国旧贵族的实际图谋，则是使农民反秦势力，成为贵族复辟的强大借用力量。其后的历史事实，正是如此演进的。除了刘邦、项燕、黥布、彭越四支反秦势力是借陈胜发端声威而没有直接借用陈胜兵力举事外，其余所有六国贵族都投奔了陈胜、吴广集团，直接以陈胜划拨的军马为根基，以"陈王部将"的名义出兵，而后又迅速背叛陈胜，纷纷复辟了六国旗号与临时政权。陈胜政权的迅速消失，其根本原因，正是被大肆渗透其中的贵族复辟势力，从内部瓦解了。

复辟势力遍地蜂起，对秦政、秦治的总体攻讦遂以最激烈的复仇方式爆发出来。

六国复辟者们纷纷杜撰煽惑说辞，愤愤然将秦政一概骂倒。其间，诸多攻讦在史料中都是零散言辞，只有三则言论最成系统，因而最具代表性。这三则言论，都是由张耳、陈余为轴心的"河北赵燕"集团所生发的，既是当时最具煽惑力的言论，又是被后世"暴秦"论者引用最多的史料。

唯其如此，我们将这三则言论，全文引录如下：

陈中豪杰父老乃说（陈涉称王）……陈涉问此两人（张耳陈余），两人对曰："夫秦为无道，破人国家，灭人社稷，绝人后世，罢百姓之力，尽百姓之财。将军瞋目张胆，出万死不顾一生之计，为天下除残也！今始至陈而王之，示天下私。愿将军毋王，急引兵而西，遣人立六国后，自为树党，为秦益敌也！故多则力分，与众则兵强。如此野无交兵，县无守城，诛暴秦，据咸阳以令诸侯。诸侯亡而得立，以德服之，如此则帝业成矣！今独王陈，恐天下解也。"

武臣等从白马渡河，至诸县，说其豪杰曰："秦为乱政虐刑以残贼天下，数十年矣！北有长城之役，南有五岭之戍，外内骚动，百姓罢敝，头会箕敛，以供军费，财匮力尽，民不聊生。重之以苛法峻刑，使天下父子不相安。陈王奋臂为天下倡始，王楚之地，方二千里。莫不响应，家自为怒，人自为斗，各报其怨而攻其仇，县杀其令丞，郡杀其守尉。今已张大楚，王陈，使吴广、周文将卒百万西击秦。于此时而不成封侯之业者，非人豪也！诸君试相与计之！夫天下同心而苦秦久矣！因天下之力而攻无道之君，报父兄之怨而成割地有土之业，此士之一时也！"

（武信君）引兵东北击范阳。范阳人蒯通说范阳令曰："窃闻公之将死，故吊。虽然，贺公得通而生。"范阳令曰："何以吊之？"对曰："秦法重。足下为范阳令十年矣！杀人之父，孤人之子，断人之足，黥人之首，不可胜数。然而慈父孝子莫敢倳刃公之腹中者，畏秦法耳！今天下大乱，秦法不施，慈父孝子且倳刃公之腹中以成其名。此臣之所以吊公也！今诸侯畔秦矣，武信

　　　　　　　　　　　　　文明新论

君兵且至，而君坚守范阳，少年皆争杀君，下武信君。君急遣臣见武信君，可转祸为福，在今矣！"范阳令乃使蒯通见武信君（又做了范阳令的使者，这里又有了一大篇为范阳令辩护的说辞）……武信君从其计，因使蒯通赐范阳令侯印（注意，又成了武臣的使者）。赵地闻之，不战以城下者三十余城。

这三则以攻讦秦政、秦治为轴心的言论，具有明显的不可信处。

其一，强烈的复仇心态与权谋目标，使其对秦政的攻讦具有明显的谎言性。

简单说，第一则，是张耳、陈余势力利用农民集团在政治上的幼稚，对陈胜设置了巨大政治陷阱：不要急于称王，农民军应当一面全力对秦作战，一面同时扶持六国贵族尽速复辟。这一陷阱的要害，是诱骗农民军抵挡秦军，而六国贵族趁机复辟称王。为了这一目标，张陈两人将"破人国家，灭人社稷，绝人后世"列为"暴秦"之首恶，将复辟六国旧政权作为"为秦树敌"的首要急务。后来的事实是，包括张陈集团在内的六国贵族，一旦借陈胜兵力出动，便立即迅速称王，丝毫不顾忌"示天下私"的嫌疑了。这等基于赤裸裸的复辟权谋需要蓄意生发的"暴秦说"，是典型的攻讦说辞，无法与严肃的评判相提并论。是故，后世说者大多悄悄抛弃了这一说法，不再将"灭人国家"——统一六国，作为秦帝国的罪行对待了。

其二，为达成尽速下城占地的实际利益，嘘声恐吓，肆意夸大。

蒯通说范阳令之辞，是"秦任酷吏"说的代表。其对民众仇恨之夸张，其先前的恐吓与后来的抚慰之间的自相矛盾，都到了令人忍俊不禁的地步。事实显然是，蒯通为使自己成为纵横名士，先恐吓范阳令，再允诺自己所能给范阳令的前途（只要降赵，为复辟势力收复城池，便可"转祸为福"）。而后，蒯通再转身变作范阳令特使，又对武臣大说范阳令的苦衷，使武臣"从其计"。再后，蒯通又摇身变作武臣特使，赏赐范阳令以侯爵印并高车驷马。至此，蒯通个人目标达成，成为名士重臣。范阳令也"转祸为福"，武臣更借此得到三十余城。

此等秦末策士卷入复辟黑潮，其节操已经大失战国策士之水准，变成了真正的摇唇鼓舌，唯以一己之利害为能事的钻营者。即或被涂抹上"贤名"的张耳、陈余，后来也因权力争夺大起龃龉，终究由刎颈之交变成了势不两立。此等实际利益争夺中的嘘声恐吓，多有肆意夸大，不足作为史料凭据。

其三，反秦说辞大而无当，与当时事实有明显的矛盾，诸多纰漏经不起推敲。

譬如，武臣集团的说辞，显然夸大胡诌的，至少有四处：一则，"吴广、周文，将卒百万西击秦"。《史记》只云"数十万"，尚且可疑；百万大军攻秦，全然信口开河。二则，陈涉"王楚之地，方二千里"。其时，陈胜农民军连一个陈郡尚且不能完全控制，何来方二千里土地？三则，"头会箕敛，以供军费"。秦帝国军费来源颇多，说辞却夸张地归结描绘为"家家按人头出钱，官府以簸箕收敛"这一残酷形式。四则，"家自为怒，人自为斗，各报其怨而攻其雠，县杀其令丞，郡杀其守尉"。就实而论，凡举事反秦之地，在初期肯定有仇杀与杀官之事实，如项燕、刘邦举事都是如此。然若天下尽皆这般，何以解释章邯大军出动后，在大半年之内的秋风扫落叶之势？

这里，秦末的复辟势力，具有典型的反文明性与残暴性。而秦末复辟势力表现出的强烈的施暴实践，又最充分反证出其"诛暴"言论的虚伪性。作为秦末复辟势力的轴心，江东项羽集团的大暴行，具有骇人听闻的酷烈性。《史记·项羽本纪》记载了项羽集团对平民与降卒的六次大屠杀，全部都是战胜之后骇人听闻的屠城与杀降。第一次襄城屠城，坑杀全城平民；第二次城阳大屠杀，杀光了此前辅助秦军抵抗的全城平民；第三次新安大屠杀，坑杀秦军降卒二十万；第四次咸阳大屠杀，杀戮关中平民无计，大烧大杀、大劫掠、大掘墓；第五次破齐大屠杀，坑杀田荣降卒数目不详，大劫掠、大烧杀，逼反复辟后的齐国；第六次外黄大屠杀，因一个少年的利害说辞而放弃。

种种大规模暴行之外，项羽又恢复了战国大煮活人的"烹杀"，后来又有杀楚怀王、杀秦王子婴并嬴氏皇族、大掘秦始皇陵等暴行。项羽集团频频大规模施暴，使大屠杀的酷烈恶风，在秦末之乱中骤然暴涨。号为"宽大长者"而相对持重的刘邦集团，也有两次大屠城：一屠颍阳，二屠武关。自觉推行安民方略的刘邦集团尚且如此，其余集团的烧杀劫掠与屠杀，则自可以想见了。

当时，不幸成为"楚怀王"的少年芈心，对项羽的种种恶魔行径始终心有余悸。这个楚怀王对老将们忧心忡忡而又咬牙切齿地说："项羽为人，僄悍猾贼！项羽尝攻襄城，襄城无遗类，皆坑之！诸所过无不残灭！"故此，楚怀王坚执不赞同项羽进兵咸阳，而主张"宽大长者"刘邦进兵咸阳。僄者，抢劫之强盗也。悍者，凶暴蛮横也。猾者，狡诈乱世也。贼者，邪恶残虐也。这四个字，最为简约深刻地勾出了项羽的恶品恶行。因了这番评价，项羽对楚怀王恨之入骨。此后两三年，楚怀王便被项羽以"义帝"名目架空，之后又被毫不留情地杀害了。楚怀王们能如此评判，足见项羽的酷烈大屠杀，已经恶名昭著于天下了。

太史公亦曾在《项羽本纪》后对其凶暴深为震惊，感慨云："羽岂其（舜帝）苗裔邪？何兴之暴也！"《史记》"索隐述赞"最后亦大表惊骇云："嗟彼盖代，卒为凶竖！"——很是嗟叹啊，他这个力能盖世者，竟陡然成了不可思议的凶恶之徒！显然，项羽之凶恶为患，在西汉之世尚有清醒认知。孰料世事无定，如此一个恶欲横流、凶暴骇人的"僄悍猾贼"，晚唐伊始竟有人殷殷崇拜其为英雄，惋惜者有之，赞颂者有之，以致颂扬其"英雄气概"的作品广为流播。

如此荒诞认知，我族良知安在哉，是非安在哉！

整个战国之世兵争连绵，却没有过一次屠城暴行。秦始皇灭六国大战，秦军也没有任何一次屠杀平民的暴行。秦末复辟势力却变成了疯狂恶魔，对整个社会展开了变态的报复，其残暴酷烈，远远超过了他们所指斥的"暴秦"千百倍。此等无与伦比的大破坏、大摧毁暴行，使"楚汉相争"的短短几年，成为中国乃至整个人类历史上绝无仅有的飓风大破坏时期。其直接后果是，繁荣昌盛的帝国文明，在五六年中骤然跌入了"人相食，死者过半"的大萧条大赤贫境地，以致西汉建政五十余年后，仍然陷入严重赤贫而不能恢复。

作为历史谎言的生发期，说者的动机手法，说者的怨毒心绪，已经在上述特征中得到了最充分体现。某种意义上，秦末复辟者的言行，恰如孔子指斥少正卯所描画的："心逆而险，行僻而坚，言伪而辩，记丑而博，顺非而泽。"是故，其攻讦之辞，无处不似是而非，几乎没有一条可以作为评判秦文明的依据。忽视这些基本特征，而将其作为论证"暴秦"的历史依据，意味着我们的历史意识尚不具有高端文明时代应有的分析水准。

历史实践与历史意识的最初分裂

西汉时期，以对秦文明的评判为轴心，历史的实践与意识出现了最初的分裂。

历经为祸剧烈的秦末之乱与楚汉相争，西汉王朝终于再度统一了中国。当此之时，如何面对秦帝国及其母体春秋战国时代，成为西汉建政立国后最为紧迫的实际问题。如何解决这一问题，直接取决于主导阶层的历史意识。所谓历史意识，其轴心是社会主导阶层的文明视野，及其所能代表的广泛的社会利益，而绝非领袖的个人秉性，绝非少数人的权力阴谋所能决定。所谓文明视野，所谓社会利益的广泛度，这里有一个具体的基准：面对秦帝国所开创的统一文明，是全面继承还是另起炉灶？

西汉，是一个极其重要的具有特殊意义的时代。

这一特殊意义在于：西汉处在中国创建统一文明之后的第一个十字路口，最具有发生种种变化的社会潜质，最具有重塑中国文明的种种可能。一言以蔽之，西汉王朝承担着"如何承前，如何启后"的最重大历史课题。正因如此，西汉王朝的历史抉择，就显得特别重要。

西汉的开国主力阶层，基本是由秦末各种社会职业的中下层人士组成的。其中坚力量之中，除了一个韩国贵族张良，刘邦集团的文臣武将大多由吏员、商贩、工匠、小地主、游士、苦役犯六种人构成。刘邦本人，更是典型的秦末小吏（亭长）。虽有职业的不同与社会身份的些许差异，但就总体而言，他们都处于平民阶层的普通浮动空间。

这一广大阶层，是孕育、游离出战国布衣士人的社会土壤。秦末布衣士人群中的佼佼者，几乎无不具有战国布衣之士的进取特质。从社会意识与历史意识的意义上说，当时的士人阶层，是对历史与所处时代有着相对全面、客观、清醒认识的唯一社会阶层。基于这种社会根基，刘邦集团的种种政治作为，一开始便与项羽集团有着较为鲜明的反差。

对待秦文明的基本态势，刘邦集团与项羽集团更有着重大的区别。项羽集团作为既得利益的丧失者，对秦文明恨之入骨，既彻底地有形摧毁，又彻底地精神否定，灭秦之后则完全复辟了诸侯制。刘邦集团虽然反秦，却对帝国功业、帝国统一文明，对秦始皇本人，都始终有着一种实实在在的景仰。为此，对于帝国统一文明的取舍，刘邦集团一开始采取了审慎权衡抉择的做法。

从汉高祖刘邦到汉武帝刘彻，历经百余年，西汉终于完成了这种权衡抉择。

这一过程，并不全部都是难题。对于中央集权、郡县制、统一政令、统一文字、统一度量衡、统一生产交通标准、移风易俗，以及种种社会基本法度，西汉王朝都全部继承了秦文明框架。所谓"汉承秦制"，此之谓也。事实上，重新确立的秦制，也被整个社会迅速地重新接受了。所谓权衡抉择，主要集中于两个基本面：一则，如何对待具有强大传统的诸侯分封制？二则，如何对这种实际继承秦制而道义否定秦制做出合理阐释？具体说，对待分封制的难点是，要不要仿效秦帝国废除实地分封制，实行虚封制？合理阐释继承与否定秦文明矛盾的难点，则是要在反秦的正义性与秦统一文明的历史价值之间，做出恰如其分的评判与说明。

对于分封制难点，西汉王朝做出了有限妥协，至汉武帝时期，基本确立了有限实地分封制。这一基本制度，比秦帝国有所倒退，也给西汉王朝带来了长期的恶果。这是"汉承秦制"历史过程中的另一个基本问题。尽管西汉的妥协是有限的，然由于分封制（即或是有限的实地分封制）带来的社会动荡连绵不断。故此，在西汉之后，这种有限分封制一代比一代淡化，魏晋之后终于演变为完全的虚封制。也就是说，对秦制的实际继承，在西汉之后更趋完整化。这一历史现象说明，历经秦末乱世的复辟劫难，又经过西汉初中期"诸侯王"引发的动荡，历史已经最充分地昭示出一则基本道理：从秦制倒退，是没有出路的，其结局只能导致中国重新陷入分裂动荡。历经春秋战国五百余年激荡而锤炼出的秦制，是适用于社会的，是有益于国家的，是有利于华夏民族长远壮大发展的。

从实际制度的意义上说，秦文明在本质上获得了完全的历史认可。而对秦文明的价值否定，则与对秦文明的实际继承发生了巨大的矛盾。

西汉王朝，是发端于反秦势力的新政权。这一最基本的事实，决定了西汉政权不可能对秦帝国及秦文明在道义上给予认同。否则，西汉政权便失去了国家存在的正义资本。对于历来注重道义原则，强调师出有名的古老传统，这一点非常重要。中国古代社会，其所以将"吊民伐罪"作为最高的用兵境界，其根源正在于注重战争行为的正义资本。若对方不是有罪于天下的暴政，而加之以兵，便是"犯"，而不是"讨"或"伐"。如今，既是天下"讨秦伐秦"，则秦只能是"暴政"无疑。这便是中国古老的政治道义传统所蕴含的政治历史逻辑。

虽然，刘邦集团的社会根基不同，决定了其与六国贵族的复辟反秦具有种种不同。但在指斥秦政并否定秦文明价值，从而使自己获得反秦正义性这一点上，却是共同的。其间区别，只是指斥秦政的程度与方式不同而已。如前所述，六国贵族对秦政、秦文明是仇恨攻讦，是蓄意谎言。刘邦集团的指斥秦政，则仅仅限于泛泛否定。

细察《史记·高祖本纪》，刘邦本人终其一生，对秦政的评判只有两次。

这两次，还都是同一句话。一次，是最初的沛县举事，刘邦在射入城邑的箭书上说了一句："天下苦秦久矣！"另一次，是关中"约法三章"时，又对秦中父老说了一句："父老苦秦苛法久矣！"

另外，还有两件值得注意的事情。一件事，是刘邦在称帝后的第八年，也就是临死之年的冬天，下诏为战国以来六位"皆绝无后"的王者，建立固定的民户守冢制度：陈胜及赵悼襄王等四王，各封十家民户守陵；信陵君封五家；只有对秦始皇，刘邦封了二十家守陵。在其后两千余年的历史上，封民户为秦始皇守陵，刘邦是唯一的一个。与之相对比的是，汉武帝泰山封禅时，儒家大臣们已经可以明确提出秦始皇不能进入封禅之列了，而汉武帝也采纳了。

另一件事，是刘邦在建政第六年，擢升秦帝国的统计官张苍为"计相"，并"令苍以列侯居相府，领主郡国上计者"。实际上，便是以萧何为总政丞相，以张苍为主掌经济的副丞相。以秦帝国经济重臣为自己的经济丞相，刘邦推行秦政的实际意图是很明确的。这位张苍,后来在汉文帝时期一直擢升至丞相,总政十余年。其时,甚至连西汉王朝的历法、国运、音律等,都一律秉承秦文明不动。这种原封不动的实际继承,一直延续到汉武帝。

与刘邦同代的开国重臣,也鲜有系统指斥秦文明的言论。

最典型者,是大谋士张良。张良曾经是韩国末世的"申徒"(民政经济大臣),纯正的六国贵族,且其青年时期始终以谋杀秦始皇与鼓动复辟反秦为使命。但是,在投入刘邦集团后,张良却只以运筹谋划为己任,从来没有涉足实际政务,也从来没有对秦政做出过公然指控。刘邦称帝后,张良便事实上隐退了。身为六国贵族,张良的政治表现,前后有着巨大变化,且最终退隐,颇值得探究。历来史家与民间演义,皆以"淡泊名利,功成身退"说之。实则不然。张良的变化,实际与刘邦集团的政治氛围密切相关。张良既不能使刘邦复辟诸侯制,又不愿追随刘邦实际推崇秦政,只有忍痛抛开历来的政治企图,而走入修身养性的"神仙"道路。这是较为接近历史真相的评判。

刘邦之后的吕后、惠帝、文帝、景帝君臣,情形皆大体相同,都极少涉及评判秦政,但有涉及,也只是淡淡几句宽泛指斥。也就是说,在汉武帝之前,对秦政、秦制的理念否定尚停留在感性阶段——出于必需的反秦正义原则,仅仅对秦文明有原初的必需的感性否定而已。于是,"天下苦秦久矣"便成了笼统的代表性说法。

而对秦文明的感性指斥,在汉武帝时期开始发生变化。

西汉对秦文明的评判,由感性向知性转化,并开始了大规模的理论探究。

这一变化的背景是,西汉政权已经稳定昌盛,并开始着手解决文治武功方面的种种难题。武功方面,是大力连续反击匈奴。文治方面,则以阐释继承与否定秦文明的历史矛盾为基点,确立国家意识形态的主流价值法则。在这一大背景下,文治目标的实现是两个方面的现象：其一，涌现了中国历史上第一部系统梳理华夏足迹的经典史书——《史记》，对秦政、秦制做出了否定评判；其二，涌现了大量审视、批评秦文明的言论与文章。

从总体上说，西汉时期对秦文明的评判，以及对秦亡原因的探究，呈现出相对宽容的态势。所谓相对宽容，是西汉思想界的评判，大体摆脱了秦末复辟势力充满怨毒与仇恨的心绪，开始从论说事实的意义上评判秦文明。一个基本的事实是：西汉学人无论是肯定还是否定秦文明，都极少引用秦末复辟者咒骂秦政的恶毒词句，一般都是在陈述自己认定的事实。尽管其中不乏大而无当的囫囵指责，但就其基本面说，相对平和了许多。

但无论如何宽容平和，西汉对秦文明的理性否定是清楚的。

具体说，为西汉武帝时太史令司马迁所作的《史记》相关篇章中，尚很少对秦文明做出总体指斥。在《货殖列传》《河渠书》《平准书》等综合性叙述篇章中，都是铺叙历代经济功绩与地域风习，基本不涉及对历代文明演进的阶段性总体评判。即或在专门叙述意识形态变化的《礼书》《乐书》《律书》中，也很少正面指斥春秋战国秦帝国时代。在《礼书》中只有一段隐约肯定又隐约指责的说法："周衰，礼废乐坏……至秦有天下，悉内六国礼仪，采择其善，虽不合圣制，其尊君抑臣，朝廷济济，依古以来。至于高祖……大抵皆袭秦故……少所变改。"在《太史公自序》及人物之后的"太史公曰"中，偶有"秦失其道""秦既暴虐"等言辞，但远未达到秦末复辟势力那般的一体咒骂，亦远未达到后世史家那般的总体认定"暴政亡秦"说。

汉武帝本人的态度，也是颇具意味的。

《史记·礼书》有一则基本事实：汉武帝大召儒术之士，欲图重新制定礼仪，有人便主张恢复古代礼制。汉武帝下诏说，"盖受命而王，各有所由兴，殊路而同归，谓因民而作，追俗为制也。议者咸称太古，百姓何望？汉亦一家之事，典法不传，谓子孙何！化隆者闳博,治浅者褊狭,可不勉与!"显然,汉武帝对走向复古是敏感的,也是严厉的,即或仅仅是礼制复古,也依然给予很重的批驳,将话说得分外扎实:汉也是历代之一家而已,没有自己的法度礼仪,何以面对子孙!敏感什么?警觉何在?其实际底线是很清楚的——不能因为否定秦政而走向复古。这次诏书之后,汉武帝没有接受儒术之士的理念,而是大行更新:改历法、易服色、封泰山、定宗庙百官礼仪,完成了既不同于复古又不同于秦制的"汉家礼仪","以为典常,垂之于后"。汉武帝的颇具意味处,在于其始终自觉地把握着一则施政理念:秦政可否定,然既不能因对秦的否定而走向复辟,也不能如同汉高祖那样全盘继承秦制。

如此,对秦文明的否定,既不像汉初那样轻浅,也很难如后世那般极端化。

这一基本事实,透露出一则值得注意的历史信息:即或已经到了汉武帝时期,西汉对秦文明的总体性评判已经明确地持否定态度,然其基本方面依然是谨慎的,依然避免以系统形式做最终的简单否定。《史记》中"非秦"言论的感性闪烁,以及这一时代诸多思想家对秦政秦制的评判,都在否定中包含着肯定,几类汉初的贾谊。凡此等等,足证这一时期对文明演进史探究的相对慎重与相对平和。

西汉对秦文明的总体评判,在汉武帝之后开始了重大变化。

变化的标志,是在官方声音中开始出现总体否定秦文明的说法。

所谓总体否定,是否定中不再包含肯定,而是一概否定。对秦文明的分析态度,也开始消失了。最基本的事实,是汉昭帝时期的盐铁会议大论争。作为会议记录的《盐铁论》,如实记载了"贤良文学"与中央主政大臣桑弘羊的争论。

在《盐铁论》中,集中涉及评判秦文明的篇章,有《诛秦》《周秦》《伐功》《申韩》《备胡》等。贤良文学者,西汉之职业理论家也,儒生之群体也。他们对秦文明的评判,是总体否定、一概否定,而不包含任何肯定的。其典型言论有："商鞅反圣人之道，变乱秦俗，其后，政耗乱而不能治，流失而不可复。""秦任战胜以并天下，小海内而贪胡、越之地。""秦力尽而灭其族，安得朝人也！"等等。连反击匈奴这样的正义之举，也被说成"贪地"，其荒谬可见矣！

中央主政大臣桑弘羊的评判，则截然相反，这里不再列举。

虽然，从形式上说，这种整体指斥秦文明的论说，只是中央会议的一家之言，并不绝对代表中央朝廷的声音。但是，能以全盘否定秦文明的历史价值观为基准，以群体之势向朝廷正在奉行的实际政策发难，其中蕴含的转机是意味深长的。

西汉时代的秦文明评判，还更多地表现在官员学者的个人论著中。

也就是说，在官方探究的同时，西汉时期具有官员身份的学人，对秦政得失与秦亡原因，也开始了大规模探究。这种探究有着一个鲜明的趋势：总体否定秦文明，局部或有肯定；力图从秦文明本身的缺失中，寻觅秦帝国灭亡的原因。就其论说的影响力而言，西汉的不同时期分别有四个代表人物。一个是淮南王刘安学派，一个是贾谊，一个是贾山，一个是董仲舒。

淮南王刘安的学派，凝聚了一部作品，名为《淮南子》，其对秦文明、秦帝国、秦始皇一体指斥，从经济、军事、政治、民生等基本方面全面论说，最终评判属于全盘否定式。《淮南子·氾论》的经济否定论可谓代表，其云："秦之时，高为台榭，大为苑囿，远为驰道，铸金人，发适戍，入刍稿，头会箕赋，输于少府。丁壮丈夫，西至临洮、狄道，东至会稽、浮石，南至豫章、桂林，北至飞狐、阳原，道路死人以沟量！"

贾谊的《过秦论》，是被历代推崇的一篇综合评判性史论。贾谊的基本立场，是否定秦文明的，然也对秦孝公商鞅变法做了高度肯定，对秦始皇的基本功绩也做了相对肯定。贾谊对秦亡原因的总论断是："仁义不施，而攻守之势异也！"贾谊对秦文明的总体论断则为：

"秦王……废王道，立私权，禁文书而酷刑法，先诈力而后仁义，以暴虐为天下始……故秦之盛也，繁法严刑而天下振……秦本末并失，故不长久。"

贾山给汉文帝的上疏，也是明确指控秦政，号为"至言"。其代表性言论是："（秦）赋敛重数，百姓任罢，赭衣半道，群盗满山，使天下人戴目而视，侧耳而听！"其文咒骂秦始皇尤烈，"秦王贪狼暴虐，残贼天下，穷困万民，以适其欲也……秦皇帝身在之时，天下已坏矣，而弗自知也！"因贾山之说大而无当，几近于秦末复辟势力的怨毒咒骂，故其影响力在后世较弱，不如贾谊与其后董仲舒的论说。

董仲舒的秦政指控，属于全盘否定式的代表，其经济指控、法治指控、教化指控，最为后世"暴秦"论者看重。董仲舒一生文章极多，仅上书便有 123 篇。其论秦之说主要两则，一则见于《汉书》本传记载的上书，一则见于《汉书·食货志》转引的"董仲舒说上曰"（上书或问对记载）。两论皆具后世"暴秦说"的典型性，所以成为被后世史家反复引证的史料依据。故此，摘录于下。

《汉书·食货志》转引其经济指控云：

> 古者税民不过什一，其求易共；使民不过三日，其力易足……至秦则不然，用商鞅之法，改帝王之制，除井田，民得卖买，富者田连仟伯，贫者亡立锥之地。又颛川泽之利，管山林之饶，荒淫越制，逾侈以相高；邑有人君之尊，里有公侯之富，小民安得不困？又加月为更卒，已，复为正一岁，屯戍一岁，力役三十倍于古。田租口赋，盐铁之利，二十倍于古。或耕豪民之田，见税什五。故贫民常衣牛马之衣，而食犬彘之食。重以贪暴之吏，刑戮妄加，民愁亡聊，亡逃山林，转为盗贼，赭衣半道，断狱岁以千万数。

《汉书·董仲舒传》载其法治指控云：

> 至秦则不然。师申商之法，行韩非之说，憎帝王之道，以贪狼为俗。非有文德以教训于下也。诛名而不察实，为善者不必免，而犯恶者未必刑也……又好用憯酷之吏，赋敛亡度，竭民财力，百姓散亡，不得从耕织之业，群盗并起。是以刑者甚众，死者相望，而奸不息，俗化使然也。

《汉书·董仲舒传》记载其教化指控云：

> 至周之末世，大为亡道，以失天下。秦继其后，独不能改，又益甚之，重禁文学，不得挟书，弃捐礼谊而恶闻之。其心欲尽灭先王之道，而颛为自恣苟简之治，故立为天子十四岁而国破亡矣！自古以来，未尝有以乱济乱，大败天下之民如秦者也！其遗毒余烈，至今未灭，使习俗薄恶，人民嚚顽，抵冒殊扞，孰烂如此之甚者也！孔子曰："腐朽之木不可雕也，粪土之墙不可圬也。"今汉继秦之后，如朽木、粪墙矣，虽欲善治之，亡可奈何……为政而不行，甚者必变而更化之……故汉得天下以来，常欲善治而至今不可善治者，失之于当更化而不更化也。

董仲舒经济指控与法治指控的经不起推敲，我将在后面一并澄清。

这里需要指出的是，董仲舒在教化指控中，将西汉"习俗恶薄"的原因，不归结为六国贵族集团大复辟带来的社会大破坏，而全数归结为秦政，这显然是历史偏见。这种偏见并非误解，而是蓄意为之。董仲舒的目的很明确：促使汉制"更化"，变为以"三代王制"为本体，由儒家执意识形态之牛耳的实际制度。而如果将世道沦落之根源归结于以复古为基础理念的复辟动乱，则无异于否定了儒家颂扬"王制"的正当性。

所以，董仲舒只能将世风败坏的罪名，整体性地推于秦政了事。此等基于明显的政治意图而全盘否定秦文明的做法，实在不甚高明，也存在着太多的矛盾纰漏。是其并没有从总体上动摇"汉承秦制"的实际国策。

董仲舒生于西汉中期，距秦帝国时代不过百年上下，对复辟势力的暴力毁灭、相互背叛、杀戮劫掠、道德沦落等恶行及其破坏力与后遗症，应该很清楚。对最为残暴的项羽集团的大破坏，董仲舒应该更清楚。然而，董仲舒却将这种破坏整个文明结构、破坏社会伦理的罪责，转嫁于素来注重建设而法度整肃的秦帝国时代，事实上是不客观的，是经不起质疑的。此等理念的背后潜藏着什么样的居心，不值得后人问一句吗？

总体看，西汉之世，秦末复辟势力的历史谎言遭到了一定的遏制。

但是，西汉之世对秦文明的总体评判，也第一次以理论化的否定形式出现了。这种理论化，既表现于相对谨慎的官方探究，更表现于以私学、官学中的种种个人探究为形式特征的普遍"非秦"思潮。正是在诸如贤良文学、淮南王学派，以及贾山、董仲舒等儒家名士部分或全面指控秦文明的思潮中，使秦末复辟势力的历史谎言又有了重新复活的历史机遇，并最终酿成了西汉末期王莽复辟的实际灾难，又最终弥漫为久远的历史烟雾。

从形式上说，西汉时代对华夏文明演进的总结与审视，对秦文明的总结与审视，是中国历史意识的第一次自觉。但是，由于具体的政治原因，由于所处时代文明视野的限制，这次大规模相对自觉的文明史审视，却最终产生了接近于"暴秦说"的否定性结论。

这一结论，导致了不可思议的分裂：实际继承秦文明，理念否定秦文明。

此前的中国，历史的脚步与历史的意识，从来是坦率合一的。一个政治集团认定并推崇某一种文明，必然竭尽全力去追求，去实现，反之则断然抛弃。只有从西汉这个时期开始，中国历史的脚步与中国历史的意识，出现了怪诞的分离。尽管这种分裂是初始的，远非后世那般严重。但是，这一分裂，因东汉的秉承而延续跌宕四百余年之后，却终于积淀为荒诞的历史定式。

作为实际继承秦文明的两汉中央政权，基于种种原因，始终对这种荒诞的分裂保持了默认，保持了实际上的支持。同时，由于"罢黜百家，独尊儒术"文教方略的确立，儒家历史价值观日益占据主流，中国历史意识对秦文明的荒诞分裂——实际建政与价值评判的分裂，随着历史的推移而更趋深重了。

历史烟雾的久远弥散

历史意识中的"非秦"烟雾，终于无可遏制地弥漫开来。

大一统的秦帝国十五年而亡，既无修史遗存，亦无原典史料现世。项羽的屠戮劫掠与焚烧，使大咸阳化作了废墟，集战国之世全部典籍法令与文明书证的丰厚无比的帝国文档库存，悉数付之罪恶火焰。从此，这个伟大的帝国，丧失了为自己辩护的绝大部分书证、物证与人证，沦入了面对种种口诛笔伐而无以澄清的境地。

就实说，后世对秦帝国的评判依据，相对直接的文本资料大体有四种：其一，后来抢救再现的先秦典籍与诸子著作；其二，秦帝国遗留于山川河海的部分竹简、碑文，以及残存物证；其三，司马迁《史记》所记载的经过作者"甄别"的史实；其四，西汉初期帝国遗民的部分亲历言论记录。当然，若天意终有一日可使始皇陵地宫藏品再现于世，我们为这个伟大帝国辩护的直接证据，完全可能发生根本性的改变。

在此之前，我们的澄清依然分外地艰难。

但是，我们的努力不能停止。

历史，正是这样一步一步走过来的。

所谓国家与民族的历史意识，大体是四个层面：其一，历代政权对原生文明的实际继承原则；其二，见诸正史的官方意识对历代文明演进的价值评判；其三，历代史家学者及学派的历史论说；其四，见诸文学艺术与民间传说的普遍认知。

我们历史意识中的"非秦"烟雾，同时体现于这四个方面的种种变形。

自西汉之后，秦帝国及其所创建的统一文明，在理念上被大大扭曲变形，且表现为一个愈演愈烈的历史过程。也就是说，两千余年来，我们对自己统一文明初创时代的总体评判，始终处于一种不可思议的割裂状态。一方面，在建政原则上，对秦帝国统一文明框架原封继承，并全力维护；另一方面，在理念认定上，对秦帝国统一文明与春秋战国的文明功绩又极力否定，极力攻讦。

这是一个奇特而巨大的矛盾。在整个人类文明史上，没有哪个创造了独立文明的民族，在后来的发展中极力贬低本民族原生文明的先例，更没有实际继承而理念否定的荒诞割裂。唯有我们，承受了先人的丰厚遗产，还要骂先人不是东西。此等咄咄怪事，发生于我们这个自认深有感恩传统的古老民族身上，岂非不可思议哉！

一片博大辽阔的文明沃土呈现出来，耕耘者的尸体横陈在田间。后来者毫不迟疑地宣布了沃土继承权，却又困惑于曾经包括自己在内的一群人杀死了耕耘者不好交代。于是，一面谨慎地审视着这片沃土，一面小心地探询着其余人对农夫之死的说法。接着，人们有一搭没一搭地耕耘着，开始探究起来，渐渐争论起来，又渐渐吵成了一团。终于，将耕耘者的死与被开垦的沃土连成了一体，无休止地吵嚷起来。有人说，这片土地邪恶，导致了农夫的突然死亡，与群殴无关；有人说，农夫愚蠢不知歇息，才有突然死亡；有人说，农夫耕耘有误，给这片土地留下了祸根；有人说，农夫根本不该开垦这片土地；有人说，农夫用力太猛，死得活该。

一代代争吵延续下来，人们终于一致认定：这是一个坏农夫，原本该死，不须争论。有浑不知事的孩童突然一问："农夫坏，开出来的土地也坏吗？"人们惊愕良久，又齐声回答："土地是我们的了，自然不坏！"于是人们力乏，从此不屑提起这个死去了的坏农夫。后来索性简化，见了农夫尸体只啐得一口，骂得一声了事。偶有同情者，遥望农夫尸体叹息了一声，立即便会招来众人侧目、千夫所指⋯⋯

一则古老的寓言，一幅历史的写真。

大伪欺史，文明何堪？

西汉末期，基于对秦政的普遍指控，对夏商周三代的"王制"文明一时滋生出一种向往思潮。在这一思潮的弥漫中，一股信奉儒家文明价值观的社会势力崛起了。在追谥孔子为"褒成宣尼公"的同时，这股势力力图复辟周制，再现那个"宪章文武，礼治王化"的远古田园诗时代。这便是号为"新始"的王莽集团，在近二十年的岁月里全面复辟周制的荒诞时期。

历史的演进是残酷的：王莽集团竭尽全力改制复古，非但没有使天下趋于王道昌盛，反倒引发了大饥荒、大混乱、大动荡，华夏大地再次沦入了较秦末大劫难有过之而无不及的社会大倒退。西汉两百余年累积的文明成果，悉数付之东流。绿林赤眉农民军遭遇的大饥饿、大杀戮，其酷烈程度远远过于因不堪徭役而举事的陈胜、吴广农民集团。

历史的教训是冰冷的。随后立定根基的东汉政权，不再做任何复古之梦，很现实地回到了忠实效法西汉秉承秦制的道路上，在实际施政中再度肯定了秦文明的价值，断然摒弃了复古道路。秦末至西汉末的两百多年间，历经项羽、王莽两次大复辟，既带来了毁灭性的灾难，也对整个社会历史意识产生了巨大的震慑。此后的中国历史上，尝试复辟"三代王制"的政治狂人再也没有出现，即或偶有政治幻想症者，也只能自家嘟哝几句而已。这一基本事实足以说明：华夏族群的历史意识已经实实在在地认定了秦文明的真实价值，在实际中永远地奉行不悖了。

历史的荒诞，也正是在这样的时期定型了。

(1) 东汉时期的"非秦"烟雾

东汉王朝在实际奉行秦文明的同时，官方意识却更为明确地指控秦文明，更为高调地颂扬三代王制，从而弥漫出一股浓郁的弦外之音：三代王制本身仍然是值得推崇的，只是王莽的复辟还不够水准而已。这种指控，再次确立了实际建政法则与文明评判价值观的荒诞割裂，是"暴秦说"弥漫为历史烟雾的根基所在。

东汉伊始，"暴秦说"终于成为官方正式立场。

《汉书·食货志》与《汉书·刑法志》，是东汉官方对历代文明框架（体制）的总体看法。在这两篇概括叙述并评判历代体制的文献中，完全可以看出"暴秦说"的新面目。这两篇文献，对华夏文明进程的总体评判是，以井田制为轴心的夏商周三代"王制"文明，是最高的理想社会状态；自春秋、战国至秦帝国，则是最为不堪的沦落时代；西汉之世，始入承平昌盛。基于此等价值标准，这两篇文献的定式是，开首皆以大段篇幅描绘三代"王制"的田园诗画面，紧接着语气一转，便开始严厉指控春秋、战国、秦帝国的种种不堪与暴虐，之后再叙述西汉的承平国策。

唯其具有代表意义，将其对春秋、战国、秦帝国的指控摘引如下。

《汉书·食货志》云：

> 周室既衰，暴君污吏慢其经界，繇役横作，政令不信，上下

相诈，公田不治……《春秋》讥焉！于是上贪民怨，灾害生而祸乱作。陵夷至于战国，贵诈力而贱仁谊，先富有而后礼让……及秦孝公用商君，坏井田，开仟伯，急耕战之赏，虽非古道，犹以务本之故，倾邻国而雄诸侯。然王制遂灭，僭差亡度。庶人之富者累巨万，而贫者食糟糠；有国强者兼州域，而弱者丧社稷。至于始皇，遂并天下，内兴功作，外攘夷狄，收泰半之赋，发闾左之戍。男子力耕不足粮饷，女子纺绩不足衣服。竭天下之资财以奉其政，犹未足以澹其欲也。海内愁怨，遂用溃畔。

《汉书·刑法志》云：

　　春秋之时，王道寖坏，教化不行……陵夷至于战国，韩任申子，秦用商鞅，连相坐之法，造参夷之诛，增加肉刑、大辟，有凿颠、抽胁、镬烹之刑。至于秦始皇，兼吞战国，遂毁先王之法，灭礼谊之官，专任刑罚，躬操文墨，昼断狱，夜理书，自程决事，日县石之一。而奸邪并生，赭衣塞路，囹圄成市，天下愁怨，溃而叛之。

东汉官方认定"暴秦说"之外，学人官员的个人评判，也循此基准多有呈现。但是，这一时代的文明史视野已经大为弱化，官员、学者、个人，即或有局部肯定秦政的论说，也是星星点点不成气候。诸如东汉之桓谭、王充，皆有局部肯定秦政的文章，然已成为极其微弱的声音了。

(2) 三国时期的"非秦"烟雾

东汉之后，华夏再度陷入了分裂割据状态。

三国时代的激烈竞争，颇有小战国气象。基于竞争本身的需要，这一时代对历史的重新认知，有了新的可能。由于《三国志》乃晋人陈寿撰写，且没有总括叙述某领域历史演进的诸"志"专类，是故，无法评判三国时代的官方历史意识。

但是，从这一时期各方实际奉行的政策体制，以及著名君主与政治家的历史评判言论，仍然可见其对秦文明的总体立场。这种评判，较之东汉松动了许多。曹操被《三国志》评曰："太祖运筹演谋，鞭挞宇内，揽申、商之法术，该韩、白之奇策……超世之杰矣！"而曹操对秦皇汉武的肯定也是明确的，其《置屯田令》云："夫定国之术，在于强兵足食。秦人以急农兼天下，孝武以屯田定西域，此先代之良式也！"

在三国大政治家中，唯有诸葛亮的秦政评判，表现出继承东汉的"非秦"老路，实际奉行，理念否定。诸葛亮《答法正书》云："秦以无道，政苛民怨，匹夫大呼，天下土崩。"足见其忠实秉承了东汉的"非秦"意识。

（3）两晋南北朝时期的"非秦"烟雾

步入两晋南北朝时期，华夏大地纷争频仍。又逢北方诸胡族群相继南下，北方政权不断更迭，相互攻伐不断。当此之时，中国关于文明史演进的探讨几乎趋于沉寂，玄妙清谈弥漫一时。无论是官府作为，还是官学私学，对历史文明的总体探讨及其理论总结，都趋于销声匿迹。

这是一个特殊的沉沦时代。两汉时代注重文明演进探讨的历史视野，这时已经变化为注重个人体验的思辨"玄学"。在玄学清谈弥漫之时，偶然也迸发出些许文明史探究的火花。葛洪的《抱朴子·外篇·用刑》，便对秦亡原因做了探讨，认定秦亡并非严刑而亡，秦"其所以亡，岂由严刑？此为秦以严得之，非以严失之也！"其余，如做过廷尉的刘颂、做过"明法掾"（解释法令的官员）的张斐，也都曾经从论说法令演进的意义上，肯定过秦政。

当然，这些声音远非主流，几乎没有实际影响力。

（4）隋唐时期的"非秦"烟雾

进入隋代，对文明演进史的探讨又是一变。

隋虽短促，却是近三百年分裂之后再度统一中国的重要时期，是华夏族群的第五次大一统。从实际制度框架说，隋无疑继承了秦制。但是，由于此时距秦帝国已经千年之遥，且又经过了西晋之后的近三百年分裂战乱，隋对文明演进的审视，遂开始以西晋之后的历史演进为主，对两汉之前的历史已经很少涉及，对秦政得失的探究则更少了。

虽然如此，我们还是可以从基本面上看出隋代对秦文明的模糊肯定。

隋文帝杨坚注重实务，临死之遗诏，开首便是："嗟乎！自昔晋室播迁，天下丧乱，四海不一，以至周齐，战争相寻，年将三百。"遗诏最后云："自古哲王，因人作法，前帝后帝，沿革随时。律令格式，或有不便于事者，宜依前敕修改，务当政要。"显然，隋对秦文明所体现的变法精神尚是肯定的。

唐代情形，又是一变。

唐变之要，是从隋不甚清晰坚实的历史评判中摆脱出来，再度开始大规模总结文明演进史。结局是，唐又重新回到了东汉轨迹。唐人魏徵主修的《隋书》，实则是唐政权的历史目光，而不是隋政权的历史目光。《隋书》的《食货志》《刑法志》《百官志》等综合篇章，在对特定领域的总括性叙述中，均对秦文明做出了复归东汉传统的评判。

《隋书·食货志》云：

秦氏起自西戎，力正天下，驱之以刑罚，弃之以仁恩；以太半之收，长城绝于地脉，以头会之敛，屯戍穷于岭外。

《隋书·刑法志》云：

秦氏僻自西戎，初平区夏，于时投戈弃甲，仰恩祈惠，乃落严霜于政教，挥流电于邦国，弃灰偶语，生憝怨于前，毒网凝科，害肌肤于后。玄钺肆于朝市，赭服飘于路衢，将囷有一剑之哀，茅焦请列星之数。

《隋书·百官志》云：

秦始皇废先王之典，焚百家之言，创立朝仪；事不师古，始罢封侯之制，立郡县之官。太尉主五兵，丞相总百揆，又置御史大夫以贰于相。自余众职，各有司存。汉高祖除暴宁乱，轻刑约法，而职官之制，因于嬴氏。

如果说，《隋书》诸志的总括性叙述，代表了唐政权的官方评判，那么，唐太宗在《贞观政要》中的理念，则是更为直接的建政施政态度。《贞观政要·君臣鉴戒》云："朕闻周秦初得天下，其事不异。然周则唯善是务，积功累德，所以能保八百之基。秦乃恣其奢淫，好行刑罚，不过二世而灭。"其《务农》云："昔秦皇汉武，外则穷极兵戈，内则崇侈宫室，人力既竭，祸难遂兴。彼岂不欲安人乎？失所以安人之道也！"

当然，唐代也有基于现实政治而对秦政、秦法持具体肯定者，但已经远非主流了。同一个魏徵，在答唐太宗对商鞅法治的责难时，论说便是相对肯定的："商鞅、韩非、申不害等，以战国纵横，间谍交

错，祸乱易起，谲诈难防，务深法峻刑以遏其患。所以权救于当时，固非致化之通轨。"（《魏郑公谏录》卷三）

在整个唐代的历史意识中，只有柳宗元对秦文明做出了"政"与"制"的区分，指出了秦帝国"失在于政，不在于制"。其《封建论》云："秦有天下……不数载而天下大坏，其有由矣！亟役万人，暴其威刑，竭其货贿。负锄梃谪戍之徒，圜视而合从，大呼而成群。时则有叛人而无叛吏，人怨于下而吏畏于上，天下相合，杀守劫令而并起。咎在人怨，非郡邑之制失也……酷刑苦役，而万人侧目。失在于政，不在于制。秦事然也！"

将文明体制框架与具体的施政作为区别开来，这是自两汉以来最有见地的文明演进史观念。这一观念，在某种意义上合理解释了对秦文明的实际继承与理念否定这一巨大割裂现象——实际继承对"秦制"，理念否定对"秦政"。虽然，柳宗元的评判，依旧远远不是主流历史意识，虽然，柳宗元的"秦制"几乎只是单纯地指郡县制，而并非包容了秦文明的所有基本方面，但是，就其历史意识的出新而言，依然是不容忽视的。

（5）宋代的"非秦"烟雾

唐之后，华夏又陷入了几近百年的分裂割据。

五代十国是一个历史意识严重萎缩的时期。大器局的文明视野与民族进取精神，从这个时期开始严重衰退了。政变频频交错，政权反复更迭，邦国林立，各求自安。这一时代除了诸多的佛教事件与闪烁的诗词现象，几乎没有文明史意义上的重大事件，对中国文明史的探究自然也难觅踪迹。

宋王朝统一中国之后，立即陷入了连番外患与诸多内忧之中，对既往历史的审视，已经大为乏力了。《宋史》乃元代主修，其概括性的诸"志"综述，已经根本不提秦文明了。当然，我们不能将《宋史》的综合叙述，看作宋代的官方历史意识。宋代的历史意识，我们只有到其学派思潮与主要人物的言论中去寻找。宋代儒学大起，生发出号为"理学"的新潮儒学。理学的历史意识，自然是以儒家的历史价值观为根基的。

从宋代开始，一种新的历史烟雾开始生成。

宋代学人审视历史，必引孔孟言论以为权威。大量的先秦诸子典籍，在这个时期被一体性地漠视了，以致连墨子这样的大家，其论著也湮灭难见，沦入道家典籍中隐身了。直到近代，墨子才被孙诒让、梁启超等人发掘出来，重新获得重视。最为实际的改革家王安石，尚且言必引孔孟为据，对制度沿革的论说，则多以五代十国的兴亡为依据。其余人物之论述，则更可以想见了。

以修《资治通鉴》闻名的司马光，其历史意识更是明确贬斥秦文明。凡见诸《资治通鉴》的"臣光曰"，很少对秦政、秦制做认真的总体性评判，而对秦政、秦制的具体"罪行"指控，则屡见不鲜。二程、朱熹等儒家大师，指控秦文明更是司空见惯了。作为治学，他们对秦政的探究是很认真的。譬如朱熹，对商鞅变法之"废井田，开仟佰（阡陌）"做出了新解："开"非开垦之开，而是开禁之开；开阡陌，便是开土地国有制不准买卖之禁，从此"民得买卖"土地。然而，这种具体的学问功夫，并不意味着文明历史意识的深化与开阔。

总体上说，宋代对秦文明及其母体时代的评判，是遗忘溶于淡漠之中——既很少提及，又一概贬斥。

(6) 元明清三代的"非秦"烟雾

元明清三代，对秦文明的评判，已经板结为冰冷的硬体了。

元人修《宋史》，明人修《元史》，清人修《明史》。

这三史，对包括秦帝国及先秦时代的评判，都呈现为一个定式：先极为概括地简说夏商周三代，而后立即接叙距离自己最近的前朝兴亡；对春秋、战国、秦帝国三大时代，基本略去不提。这种现象，我们可以称之为"遗忘定式"。

但是，遗忘绝不意味着肯定，恰恰是偏见已经板结为坚深谬误的表征。

元明清三代，非但官方历史意识断然以"暴秦"为总括性评价，即或被后世视为进步思想家的学子，也同样断然"非秦"。也就是说，自宋开始的千余年之间，对秦文明的评判已经积淀成一种不需要探究的真理式结论。

耶律楚材有诗论秦："……焚书嫌孔孟，峻法用高斯。政出人思乱，身亡国亦随。阿房修象魏，徐福觅灵芝。偶语真虚禁，长城信谩为。只知秦失鹿，不觉楚亡骓。约法三章日，恩垂四百基……"

海瑞云："欲天下治安，必行井田……尚可存古人遗意。"

丘濬云："秦世惨刻。"

黄宗羲云："秦变封建而为郡县，以郡县得私于我也！"

王夫之云："郡县者，非天子之利也，国祚所以不长也……呜呼！秦以私天下之心而罢侯置守，而天假其私以行大公，存乎神者之不测，有如是夫！……秦之所以获罪于万世者，私己而已矣！"

顾炎武云："秦之亡，不封建亡，封建亦亡……封建之失，其专在下；郡县之失，其专在上……尽四海之内为我郡县，犹不足也！"

凡此等等论说，其中即或有个别特殊者对秦文明做局部肯定，也只是荧荧之光了。加之话本、戏剧等民间艺术形式的渲染弥散，"暴秦论"遂大肆流播。千年流波之下，虽不能说人人信奉，大体也是十之八九论秦，皆斥之以"暴"字了事。

就此，国人的历史意识与文明视野，沦入了最简单化的冻结境地。

（7）近代史以来文明史评判的艰难微光

从 1840 年开始，中国在人类高端文明的入口处，遭遇了巨大的历史冲击。

这一冲击历时百年余。几经亡国灭种的劫难，中国民族的历史意识终于开始了艰难的觉醒。自觉地，不自觉地，华夏族群开始了连绵不断的文明历史反思。民族何以屡弱？国家何以贫穷？老路何以不能再走？新路究竟指向何方？凡此等等关乎民族兴亡的思索，都在"救亡图存"这一严酷背景下蓬蓬勃勃地燃烧起来。

于是，有了戊戌变法对中国现实出路的尝试。

于是，有了辛亥革命对中国现实命运的设计。

于是，有了五四运动对中国传统文明的反思。

于是，有了马克思主义传入中国后新文化运动的文明反思。

当我们这个民族终于自立于世界民族之林的时候，我们又开始了大规模的意识形态重建，开始了借助于高端文明时代的科学思维方式，对我们民族的文明史重新审视的历史过程。从一个民族开拓文明史进程的意义上说，我们这个民族的伟大智慧，并没有被历史的烟尘所窒息。我们坚韧努力的脚步，体现着我们民族再生与复兴的伟大心愿，也体现着我们民族文明历史意识的觉醒。

曙光显现了，坦途似乎就在眼前。

但是，我们陷入了历史烟雾的迷魂阵，走过的弯路太多了。戊戌变法，企图以浅层的君主立宪变革，引领中国走入高端文明时代，我们失败了。辛亥革命，企图以仿效西方革命的"推翻式"为手段，引领中国走入高端文明时代，我们也失败了。五四运动与新文化运动，企图以相对简单的"打倒"方式，清理总结我们的文明史，我们并没有获得预期的成功。

请注意，这纷繁变幻的革命与运动，都伴随着对中国历史传统的评判。

遗憾的是，急迫的救亡图存，都使这种历史烟雾的清理急匆匆地浅尝辄止。

马克思主义传入中国所导致的社会大变革，使我们这个民族实实在在地站了起来。但是，我们的意识形态重建，却因为过于强烈的政治理想，而以不同形式重蹈了五四运动的简单化。最终也被实践证明，我们犯过历史性的错误。

在我们的生存生计成为最迫切问题的历史关头，我们这个民族以最大的智慧，停止了无休止的论争，从纷杂折腾中摆脱出来，全副身心地投入到了民族富强的努力之中。历史证明，我们的伟大智慧挽救了民族，挽救了国家，给我们这个民族在最艰难的历史时刻开启了真正复兴的希望。

但是，被我们搁置的问题，并不因为搁置而消失。

一个民族的文明发展历史，有着必然的逻辑：要在发展中保持悠长的生命力与饱满的生命状态，就必须有坚实的文明根基。这种文明根基的坚实程度，既取决于民族文明的丰厚性，更取决于一个时代基于历史意识而确立的继承原则。我们可以因为最紧迫问题所必需的社会精神集中，而暂时中止大规模的文明文化论争，诚如战国名士鲁仲连所言："白刃交前，不救流矢。"

然而，我们不能忘记，在获得必要的社会条件之后，对文明历史的认真探究，依然是一个民族所必需的文明再生的历史环节。我们所需要避免的，只是不能重蹈将文明审视一定等同于某一实际目标的简单化。也就是说，任何时候，一个民族对自己文明历史的审视，都不应该成为任何实际目标的手段。

这一探究与审视，本身有其伟大的意义：厘清我们的历史传统，寻求我们的精神根基，树立我们的民族精神，并使这些我们文明根基的基本面获得普遍的社会认知，使我们民族的复兴与发展，有着久远的、清晰的、坚定的信念。

这是我们审视中国原生文明的根基所在。

认知中国原生文明的基本理念

对中国历史的审视，聚讼最烈而误解最深者，是对中国原生文明的认知。

任何一个民族，都有自己的原生文明生成期。原生文明，是一个民族的精神根基。一个国家、一个民族，在她由涓涓细流汇成澎湃江河的历史中，必然有一段沉淀、凝聚、升华、成熟的枢纽期。这个时期所形成的文明与传统，如同一个人的生命基因，将永远以各种各样的方式影响或决定一个人的生命轨迹。这种如同生命基因一样的民族传统，便是一个民族的原生文明。各个民族对其原生文明的深刻反思，从来都是各个民族在各个时代发挥创造力的精神资源宝库。

原生文明是民族精神的坚实根基，是高端文明的永恒基因。

中国的原生文明成就期，是春秋、战国、秦帝国三大时代。

春秋生发，战国绽放，秦帝国则以华夏族群五百余年的激荡大争所共同锤炼的文明成果为根基，对这一时代的种种社会文明形式进行了系统的梳理总结，大规模地创建了我们民族适应且领先于铁器时代的新文明形态——中国统一文明。

从此，我们这个十里不同俗、隔山不同音的族群，开始有了统一的文字，有了统一的生产方式，有了种种具有最大共同性的生活方式，有了统一稳定的国家形式。具体文明形式的聚合一统，形成了我们民族的整体生存方式，形成了我们民族的整体文明，形成了我们独有的历史传统。从总体上说，中国的原生文明时代，是我们这个民族文明智慧的大爆炸时代，其时代精神强毅坚刚，其生命状态惕厉奋发，其创造智慧博大深远，其文明业绩震古烁今。唯其如此，原生文明时代是我们民族的文明圣土。我们有最充足的理由，对那个时代保持最高的敬意。

这既是一个伟大民族的文明认知力，也是一个伟大民族的文明良知。

可是，由于种种我们说到或没有说到的历史原因，我们的历史意识对我们的原生文明时代产生了普遍而深重的误解。我们无须怨天尤人，那是对我们这个伟大民族的失望。我们无须以批判清算的简单方式了结历史，那是对我们这个伟大民族历史智慧的亵渎。事已如此，任何固执，任何褊狭，任何自卑，任何狂躁，都无助于我们的文明脚步。我们应当客观，应当冷静，应该耐心，应该细致，应该有胸襟，应该有能力。非如此，不能勘透我们的文明历史，不能找到内核所在。

审视中国原生文明的基本点之一，是对三大时代的总体认知。

从整体上否定一个时代，自然不可能对这个时代的文明创造做出肯定性评价。

两千余年来，对中国原生文明时代的总体评判，一直存在着巨大的争议。渐渐成为主流的历史意识认为，那是一个崇尚谲诈与阴谋的暴力时代，是王化败坏道德沦落的时代，是只有赤裸裸利益争夺，仁义道德荡然无存的时代。唯其如此，那个时代的君王是骄奢淫逸的罪魁祸首，士人是追逐功名利禄而毫无节操之徒，民众则是世风大坏，利欲熏心，争夺不休。人际交往充满着背信弃义，庙堂官场充斥着权谋倾轧，邦国战争弥漫着血腥杀戮。一言以蔽之，那是一个恐怖的时代，一个令人不堪的时代。

翻开史书，此类评判比比皆是，其用语之怨毒，其渲染之浓烈，让人心惊肉跳。

另一种始终不占据主流位置的历史意识，则持相反观念：那是一个"求变图存"的时代，是一个五千年历史中最富"巨变"的时代，是一个朴实高贵的时代，是一个创造新政新制的时代，是一个圣贤选出、原典林立的时代，是一个"士"阶层拥有最独立自由人格的时代。是故，从三国时代开始，便有了极为稀缺的"书不读秦汉以下"

的先秦崇拜说——虽然远非主流，却成为我族一种珍视原生文明的精神根基。

与后人的两种历史评判相对比，身处该三大时代的"时人"，对自己的时代有着特殊清醒的评判。代表着社会普遍心声的《诗经》，对这个时代的描绘，多有这样的句子：高岸为谷，深谷为陵；烨烨震电，不宁不令；百川沸腾，山冢崒崩；等等，不一而足。名士学子的评价，最具代表性的有两则，一则是《晏子春秋》对春秋时期社会精神的描述："凡有血气者，皆有争心。"一则是韩非子对战国风貌的大概括：大争之世，多事之时。在百家争鸣、蓬勃共生的诸子百家中，对自己所处时代持总体否定的评判者，不能说没有，实在是极少。最典型者，大约只能说是孔子及其所创立的儒家，对那时的"礼崩乐坏"持有极其悲观的看法。

总体上说，当时的社会意识对自己的时代，已经有了清醒的认知——这个时代一边是沦落，一边是崛起；有腐朽没落的阴暗，更有进取创新的光明。其主导潮流，无疑是雷电烨烨的大创造精神。

客观地说，任何一个时代，都有足以构成普遍性问题的具体弊端。原生文明时代，也同样有种种社会弊端。有巨大的贫富差别，有深重的社会灾难，有民众的饥饿，有官吏的腐败，有难以计数的阴谋，有连绵不断的战争……举凡社会基本问题，在哪个时代都有。但是，我们不仅应该看到原生文明时代存在的问题与灾难，更应该看到当时社会解决这些危机的正面经验——以深刻的社会变革解决问题，而不是畏惧改革，回避问题，更不是维护既得利益集团。

若仅仅注重具体的阴暗与苦难，从而以此等阴暗否定一个变革创造的时代，应该说，这不是文明历史的评判视野。作为一种文明审视所应具有的历史意识，我们应该看到的基本方面是，这个时代的总体生存方式、总体生命状态及其独有的创造力，这个时代解决种种社会矛盾的基本方式是否具有进步性，其创造的文明成果是否经得起历史的验证，是否足以构成一个民族的精神根基。舍此，孜孜于种种具体阴暗的搜求罗列，我们将完全可能导向历史虚无主义，悲剧性地否定整个人类历史开掘创造的存在意义。无论如何，这是不可取的方向。

审视中国原生文明的基本点之二，是对秦统一文明的认知。

这是当代史学界生发的新问题：秦文明是落后文明，还是先进文明？

这是一个典型的历史价值观问题，也是一个当代历史意识涌现出的新的基本问题。多有史家与学人之论著认为：秦统一中国，是"落后文明征服先进文明"的一个例证。这一认识包含的基本价值观是：秦文明是落后文明，而当时的山东六国是先进文明。

进入 21 世纪后，这种评判仍然出现在历史学界。这个命题的内涵具有诸多混乱，实在是一个堪称"臆断"的评判，因为这一评判牵涉出对原生文明审视的一系列基本事实的认定，故而在事实上成为最基本的问题。

这个问题的实质，是对秦文明历史性质的认定，其牵涉的基本方面有三则：

一则，何谓秦文明？

引起两千余年争论不休的秦文明，究竟是指商鞅变法之前的早秦文明，还是指商鞅变法之后的新秦文明？若指前者，落后无疑。然在事实上，早秦文明绝非后人争论的秦文明，大约也不会是此等理念持有者所谓的秦文明。若指后者，则显然有违历史事实——在历代评判言论中，没有人将新秦文明作为否定对象，而只明确地否定战国秦文明与帝国秦文明。同时，也有违高端文明时代的普遍共识——当代历史认知中的秦文明，没有人理解为早秦文明。

这里的混乱是，说者将商鞅变法之前的秦文明，与商鞅变法之后的秦文明不做区分，囫囵式地以秦人族群发源地为根基，将早秦文明看作战国秦文明与帝国秦文明，并一体认定为落后文明。

我们需要强调的一个基本认知是，凡是涉及秦文明评判的历史论著或民间认定，人们所说的秦文明，一定是变法之后的战国秦文明与一统华夏后的帝国秦文明，而不是早秦文明。若将这两个时期的秦文明都看作"落后文明"，而将这两个时期的山东六国文明看作"先进文明"，那就是明白无误地脱离了高端文明时代的基本历史价值观，就不是这里要澄清的问题了。

二则，秦人族群起源。

这个问题之所以基本，在于它是秦为"落后文明"这一论断的根基。秦人究竟起源于东方华夏，还是本来就是西方戎狄？在当代中国民族史学界有争论，在当代历史学界也有争论。然而，在此前的中国历史上却大不相同：隋唐之前基本无争论，隋唐时期始有"秦人起自西戎"之说出现。从问题本身说，《史记》明确记载了秦人族群的起源与迁徙，明确认定秦人是大禹时代的主要治水部族之一，始祖首领是大业、大费（一说伯益）；商灭夏的鸣条之战，商人与秦人结盟，秦人尚是参战主力之一；殷商中后期，秦部族成为镇守西陲的军旅部族，蜚蠊、恶来是其首领；西周之世，秦人不愿臣服周室，流落西部戎狄区域，后渐渐归附臣服于周；西周末期的镐京之乱，周平王敦请秦人勤王救周，秦始成为东周的开国诸侯。认真分析史料，秦人族群的历史足迹并不混乱，司马迁的记载很清楚，甚或连秦族的分支演变都大体一一列出了。

春秋之世，秦国尚不强大，故以"蛮夷"指斥秦国者不是没有，然实在极少。即或有，也并非起源确指之意，而仅仅表示一种轻蔑。战国之世，秦国在变法之后强大，指斥秦人为"蛮夷"者遂骤然增多。然就其实质论，如同"虎狼说"一样，都是泄愤骂辞，而非认真确指。

在中国历史上，此等基于邦国族群仇恨而生出的相互攻讦现象多多。春秋战国时，中原诸侯则骂楚为"荆蛮"、秦为"戎狄"；其后的南北朝人，又相互骂为"北虏""岛夷"；等等。若以此等言辞作为族群起源之评判依据，孰非偏执哉！

唯其如此，西汉之世为秦立史，秦人的起源与迁徙历史，根本不是疑点。司马迁作史的原则是"信则存信，疑则存疑"。对一个西汉持否定评判的先代族群，若有如此重大的"非我族类"的事实，岂能不如实记载？姑且不说事实，即或是疑点，司马迁也必会如实记载下"人或曰"之类的话语，以期引起人们注意。然而《史记》中却从未见此等迹象。显然，秦人是否中原族群，直至西汉并无大的争论。其后直至隋代，也没有大的争论。

秦人族群被"认定"为西部戎狄，仅仅只是起自唐代。如前所引，《隋书》中方有"秦人起自西戎"之说。分析历史，这显然是唐人的政治需要：以秦族起源类比于起自北周胡族的隋，影射隋之短命如秦而已。此历史恶习也，并无基于事实的公正探究立场，不当为凭。

秦族起源问题之争论，恰恰是在当代滥觞了。历史学家蒙文通于20世纪30年代提出"秦人戎狄"说，并以《秦为戎族考》论证，推定秦族群与骊山戎皆为"犬戎"。之后，随即出现了"秦人东来"说，以卫聚贤的《中国民族的来源》（1937年）、黄文弼的《嬴秦为东方民族考》（1945年）为代表，认定秦人为中原族群。后一论说，自不待言。以蒙氏"秦人戎狄"说而论，实则是依据史书中种种零星言论推演而成。这种推演，曾被近年故去的著名秦史专家马非百先生批评为："蒙氏以此为据，殊属偏执。"

作为学术研究，学人持何观点，原本无可厚非。

我们要说的是，原本不是问题的秦人族群起源，何以突然竟成了问题？仅仅是那些上古史书中星星点点的攻讦言论起作用么？果真如此，《史记》中对楚族也有"荆蛮""南蛮"之说，更有"非我族类，其心必异"的攻讦。如何楚人起源不成其为问题，从来没有引起过大规模的争论？当"落后文明说"与"秦为戎狄说"联结起来的时候，我们历史意识中潜藏的一种既定东西才彰显出来："落后文明说"以"秦为戎狄说"为依据，"秦为戎狄说"则为"落后文明说"寻找族群根基。虽然，"秦为戎狄说"与"落后文明说"都并未成为普遍认知，但多有学者在高端文明时代依然重复并维护一个古老的荒谬定式，足见我们这个民族对文明历史的审视，是多么艰难！

三则，秦部族果真西戎部族，又当如何？

在高端文明时代，将族群起源地看作判定文明先进或落后的根据，未免太过堕入西方史学的旧定式了。西方历史意识曾以罗马征服希腊为例证，生发出一种理念：落后文明征服先进文明，在历史上多有发生。就罗马与希腊而言，当时的罗马族群是落后文明无疑，罗马征服希腊也是纯粹的武力吞并，体现了"落后文明征服先进文明"的典型方式。然而将这一理念延伸为某种定式，认为一个特定族群的早期状态便是其永久的文明定性依据，显然是荒诞的。由此而将秦文明与征服希腊的落后罗马文明等同，同样是荒诞的。

高端文明时代应当具有的历史价值观是，无论秦人是否戎狄，都不能因此而否认秦国在深彻变法之后，在两次文明大创造后形成新文明形态的历史事实。战国秦创造出了战时法治国家的新文明形态，灭六国之后秦更创造出了新的大一统国家的文明形态。这一历史事实说明：就基于文明内涵的历史定性而言，一个民族的文明先进与否，与其族群发源地及早期状态并无必然性关系。在文明史评判的意义上，族群发源地完全可以忽略不计。若认定族群早期落后，其文明便必然永远落后，秦人即或全面变法，移风易俗，自我更新，国家强大，依旧还是落后文明，果真如此，岂非制造出一种荒谬绝伦的"历史血统论"——民族生成永久地决定其文明性质！

诚如此，历史的发展何在，民族的奋进有何价值？

从高端文明时代应当具有的文明视野出发，这一观念已经为诸多先秦史及秦汉史研究家所抛弃了。然而，它依然是一种堂堂见诸多种论著的流行理念。最基本的文明性质判定，本来是高端文明时代审视原生文明时代最应该获得普遍认知的第一问题。实则恰恰不然，我们这个高端文明时代依然存在着"秦为落后文明，山东六国为先进文明"的认定。历史学界尚且如此，遑论民众之普遍认知了。

走出"暴秦说"误区：秦帝国徭役赋税历史解析

认定秦帝国为"暴秦"，基本论据之一是徭役赋税指控。

及至当代，即或是对秦文明功绩整体肯定的史家，对秦政的经济"暴虐"也是明确指斥并多方论证的。历史上几乎所有指控"暴秦"的言论——包括被西汉时期抛弃了的秦末历史谎言——都被当代史学家一一翻了出来，悉数作为指控依据。其中最基础的根基之一，便是对秦帝国以徭役赋税为轴心的经济政策的指控。

赋税徭役之作为问题提出，乃西汉董仲舒发端。在中国历史上，董仲舒第一个以数量表述的方式，认定了秦帝国的赋税率与徭役征发率，遂成为日后所有"暴秦"论者的最重要依据。在我所能见到的无数典籍资料中，都是原文引用董仲舒，而后立即认定"暴秦"，缺乏任何中间分析。也就是说，将董仲舒之说当作真理式史料给予信奉。这种武断方式，几乎成为涉秦论说的一种"八股"，有失高端文明时代应有的史论水准。依据当代经济理念分析董仲舒之说，而后给予评判者，未尝见之也。

董仲舒的数量表述，主要是三组对比数字。第一组，古代为什一税，秦时佣耕豪田为什五税；第二组，秦人口赋与盐铁之利，二十倍于古；第三组，古代徭役一年三日，秦之"力役"则三十倍于古。我们且以当代经济理念结合历史事实分析董仲舒说，而后评判其能否立足。

第一，田税率的历史解析。

什一税，是说田税率为十分之一。

这一税率，是夏商周三代较为普遍的贡赋制背景下对民众的税率。诸侯及附属国对天子的"贡"，不是税，自然也不涉及税率。自春秋时期开始，什一税事实上已经被大大突破了。突破的根本原因，不是普遍的暴政，而是生产力的发展与税源的拓宽，是社会经济大发展的合理结果。及至战国时期，由于铁制农具使用，可耕地大量开垦，农作物产量大幅提高，生产力与整个社会经济水平都有了极大发展。此时，税率的大幅提高已经成为各大战国的普遍事实，绝非秦国一家。

据《中国赋税史》《中国财政史》《中国民政史》等综合研究统计：战国初期之魏国，百亩土地的正常年产量是一百五十石，丰年产量是三百石到六百石；折合亩产，则是每亩产量一石半至六石。《管子》则云："高田十石，间田五石，庸田三石。"《管子》所云，当为春秋时期的齐国。也就是说，当时齐国的最高亩产可以达到每亩十石。以吴承洛先生之《中国度量衡史》，战国之"石"与"斛"接近，大体一百二十斤，每斤约合当代市斤六两到八两之间。依此大体推算，当时的亩产量最高可达当代重量的五六百斤至八九百斤之间！

这一生产力水平，在整个自然经济时代，一直没有实质性突破。同样依据上述三史，秦帝国时期中国垦田大体已达到 827 万顷。由于人口的不确定，我们不能确知当时的人均耕地数字。但是，每人占有耕地至少在数十亩至百亩之间无疑，大大超出今日数量。如此历史条件下，战国与秦帝国时期的经济总量已经远远超过夏商周三代，其税率的提高无疑是必然的。

秦帝国时代的田税率究竟有多高，没有帝国原典史料可查。董仲舒的数字，也没有明确指认自己的史料依据。董列出的田税率是"或耕豪民之田，见税什五"。

依据当代经济理念分析，董仲舒的这个数字不是国家"税率"，而是佣耕户的地租率。其实际所指，是如陈胜那般"耕豪民之田"的佣耕者，向豪民地主交出一半的收成。董仲舒显然不懂经济，将地租率硬说成国家税率，使秦帝国时代的田税率猛然提升到十分之五的大比例。有意还是无意，已经不重要了。重要的是，后世将这一典型外行的指控当成了历史事实，当成了真理性质的史料依据。

就历史事实而论，交租之后的经济逻辑是，国家以地亩数量征收田税，只向地主征收，不针对佣耕者征税。其所以不针对佣耕者，有两个原因：其一，佣耕者耕的是地主的土地，佣耕者不是地主；其二，佣耕者是流动的，若以佣耕者为基数征税，固然可以避免历代都大为头疼的"漏田"现象，然在事实上却极难操作。

所以，佣耕者向地主缴租，国家再从地主之手以登记核定的田数征税，是从战国时代开始，一直延续两千余年的田税法则。唯其如此，此后的经济逻辑很清楚：佣耕者的一半产量中，必然包括了地主应该缴纳的田税；而地主不可能将粮食全部交税，而没有了自家的存储；是故，秦帝国的田税只能比"什五税"低，而不可能高。最大的可能是，国家与地主平分，也征收地主田租的一半为田税。如此，则田税率为十分之二点五。即或再高，充其量也只是十分之三。因为，秦帝国不可能将自己的社会根基阶层搜刮净尽。

第二，人口盐铁税率的历史解析。

人头税乃春秋战国生发，夏商周三代本来就没有。

说它"二十倍于古"，没有任何依据，也没有任何可比意义。人头税之轻重，只能以当时民众的承受程度为评判标准。而史料所记载的人口税指控，除了秦末历史谎言的"头会箕敛"的夸张形容，再无踪迹可循。

所谓盐铁之利，在"九贡、九赋"的夏商周三代也基本没有，至少没有铁。即或有盐利，肯定也极低。因为，三代盐业很不发达，不可能征收重税。故此，说秦时盐铁之利二十倍于古，无论是就实际收入的绝对数量而言，还是就税率而言，都没有任何可比意义。

若董仲舒的"二十倍于古"泛指整个商业税，则更见荒诞。

战国至秦帝国时期的商业大为发达，七大战国皆有商业大都会。齐市临淄、魏市大梁、秦市咸阳、楚市陈城、赵市邯郸、燕市蓟城、韩市新郑。七大都会之外，七国尚各有发达的地域性大商市，如齐东即墨、魏北安邑、楚东南之江东吴越、秦西南之蜀中、赵北之胡市等。其时之市场规模与关市收入，远远超出夏商周三代何止百倍，说商业税"二十倍于古"，只怕还估摸得低了。基本的原因是，夏商周三代的民众自由商事活动规模很小，而国家"官市"又多有限制且规模固定。总体上说，三代商市根本无法与《史记·货殖列传》所记载的战国秦时代的蓬勃商市可比。所以，商业税之比同样没有意义。

第三，徭役征发的历史解析。

以董之说，夏商周三代之"一年三日徭役"为基数，三十倍于古，是九十日。

董仲舒列举了这九十日的大体构成：

其一，"月为更卒"，每年要有一个月给县里做工。

其二，"复为正一岁"，给郡里每年也要做工。按照历代史家的注释，这里的"一岁"不是一次性出工一年，而是一人一生总计服"郡徭役"一年，每年分摊出工。

其三，"屯戍一岁"，每人一生中要给国家一次性地守边一年。

对董仲舒的分项说法，《汉书》注解引颜师古之说，替董仲舒解释云："率计，今人一岁之中，屯戍及力役之事三十倍多于古也！"所谓率计，是大体计算之意。显然，这一归纳没有说明一个男丁一年中究竟有多长时段的徭役，而只依据大体计算而笼统指斥"三十倍多于古也"，有失武断过甚。

以董仲舒之说，一个男丁在一生中究竟要分摊多少徭役？

站在董仲舒立场，可以有四种计算方法：

其一，若以"能劳"为准，将一个男丁的徭役期限假设在二十岁至五十岁之间（二十岁加冠，五十岁称老），其有效劳役的基数时间为三十年；则三项徭役合计总量为五十四个月，具体均摊出工，则《史记》所云之"率计"，只有月余。

其二，若以六十岁一生为基数，则徭役总量为八十四个月，分而摊之，"率计"仍然只有月余。

其三，以六十岁一生为基数，以三十年"能劳"期为有效徭役征发时段，在三十年内服完八十四个月徭役，则"率计"两月余，还是不到三个月，仍然不到"三十倍于古"的九十日。

其四，只有以八十岁一生为基数，徭役总量为一百零四个月，以三十年精壮期服完徭役，其"率计"才可能超过三个月，实现董仲舒"三十倍于古"的宏大设想。一个自然经济时代的政权，设定以男人八十岁寿命而规定徭役，现实吗？可能吗？只怕董仲舒自己都要脸红了。

笼统指斥其"三十倍于古"，既夸大事实，也毫无实际意义。

即或不与董仲舒认真计较，以第三种方法计，在实际中也远非那么不堪重负。国家征发徭役，只要不疯狂到自断生计，大体皆在每年农闲征发，而不可能在农忙时期征发。那个时代的实际农闲时间，每年无论如何都在三个月之上。历史的事实是，每年月余的徭役，在战国时代不足论；即或接近三个月，也不可能达到严重威胁民众生存的地步。

秦帝国是一个大规模建设的时代。

精壮男子每人每年服徭役一月余或两月余，客观地说，远在社会容忍底线之上。以秦帝国刻石所言，民众在秦始皇时期是大为欢悦地迎接太平盛世的。即或我们将刻石文辞缩水理解，至少也是没有反抗心理的。其基本原因，帝国工程的绝大多数都是利国利民的。疏通川防、开拓道路、抵御匈奴、南进闽粤、大兴水利、销毁兵器、迁徙人口填充边地等。除了搬迁重建六国宫殿、修建骊山陵、有未修建嫌疑的阿房宫，秦始皇时期没有其他值得指控的大工程。以战国民众在大争之世所锤炼出的理解力，是会敏锐体察出恶政与善政之区别的。

只是到了秦二世时期，才因骊山陵的大规模建造而偏离社会建设轨迹，使工程徭役具有了奢靡特质。如此大背景下，才有了陈胜、吴广因"失期皆斩"面临生死抉择，而不能容忍，以致举事反秦的社会心理动因。这与秦政的本来面目与总体状况并非一事。以文明历史的评判意识，不当以胡亥赵高的昏聩暴虐，取代整个帝国时期，更不能以此取代整个原生文明时代。

必须申明：举凡历史上的强盛时代或富裕国家，其税率与征发率必然相对高；举凡历史上的不发达时代，或大贫困大萧条时代及贫穷国家，其税率与征发率必然很低或极低。直至当代，依然如此。秦帝国正是前一种时代，前一种国家。

秦帝国的税率与徭役征发"年率"虽相对高，但却是建立在自觉的大力发展生产力基础上的，其性质绝非对贫瘠的掠夺，而是在高度生产力水平上积聚社会财富，为社会进行大规模的基础建设。

其后，秦末大动乱中复辟势力大破坏，将秦帝国无比丰厚的建设成果悉数摧毁。史书云："民失作业，而大饥馑。凡米石五千，人相食，死者过半。高祖乃令民得卖子，就食蜀汉。天下既定，民无盖藏，自天子不能具醇驷，而将相或乘牛车。"在此等经济大萧条、社会大贫困下，西汉即或实行了"什五税一"甚或"三十税一"，达到十五分之一与三十分之一的极低税率，其穷困状况仍然惨不忍睹。汉文帝时期，贾谊的《论积贮疏》犹云："汉之为汉，几四十年矣！公私之积，犹可哀痛。失时不雨，民且狼顾；岁恶不入，请卖爵子。既闻耳矣，安有为天下阽危者若是，而上不惊者！"

这一基本的历史现象，给我们的历史意识提出了一连串的尖锐问题。

大贫困、大萧条时代的低税率、低征发，与大发展、大兴盛时代的高税率、高征发之间，我们究竟应当如何评判？假如要我们选择，我们选择什么？贫困的低税率、低征发，果真是"仁政"吗？富有的高税率、高征发，果然是"暴政"吗？此等对比之法，果真有实质意义吗？果真能说明问题吗？果真值得作为最重要的依据去评判文明史吗？

两千余年来，我们一直在指控强盛的秦帝国时代的高税率与高征发，我们一直在赞颂生产力低下时代与大贫困时代的"轻徭薄赋"，这符合历史演进的本质法则吗？符合社会经济发展的逻辑吗？这种历史意识延伸于当代现实，我们已经面临过无数次尴尬，莫非要依然继续下去吗？

走出"暴秦说"误区：秦帝国法治状况历史解析

秦法酷烈，历来是"暴秦说"的又一基本论据。

这一立论主要有五则论据：其一，秦法繁细，法律条目太多；其二，秦法刑种多，比古代大为增加；其三，秦法刑罚过重，酷刑过多；其四，秦时代罪犯多得惊人；其五，秦法专任酷吏，残苛百姓。举凡历代指控秦法，无论语词如何翻新，论据无出这五种之外。认真分析，这五则论据每则都很难成立，有的则反证了秦法的进步。譬如，将"凡事皆有法式"的体系性立法看作缺陷，主张法律简单化，本身就是"蓬间雀"式的指责。

而这些对帝国法治的指控都有一个先天缺陷。这个先天缺陷是，说者皆无事实指正（引用秦法条文或判例）或基本的数字论证，而只有尽情的大而无当的怨毒咒骂。罗列代表性论证，情形大体是，第一则论据，西汉晁错谓之"法令烦憯"，但并未言明秦法法条究竟几多，亦未言明究竟如何烦乱惨痛，而只是宣泄自己的厌恶心绪。第二、第三则论据，除《汉书·刑法志》稍有列举云"秦用商鞅，连相坐之法，造参夷之诛，增加肉刑、大辟，有凿颠、抽胁、镬烹之刑"外，其余尽是"贪狼为俗""刑罚暴酷，轻绝人命"之类的宣泄式指控。第四则论据更多渲染，"赭衣塞路，囹圄成市""死者相枕席，刑者相望，百姓侧目重足，不寒而栗""断狱岁以千万数""刑者甚众，死者相望"，等等。依据此等夸张描绘，秦时罪犯简直比正常人还要多，可能吗？第五则论据也尽是此等言辞，"狱官主断，生杀自恣"，"杀民多者为忠，厉民悉者为能""贼仁义之士，贵治狱之吏"，等等。

这一先天缺陷，所以成为通病，是中国史学风气使然吗？

当然不是。中国记史之风，并非自古大而无当，不重具体。《史记》已经是能具体者尽量具体了，不具体者则是无法具体，或作者不愿具体也。到了《汉书》，需要具体了，也可以具体了，便对每次作战的伤亡与斩首俘获数字，都记录详尽到了个位数，对制度的记述更为详尽。也就是说，对秦法的笼统指控，不能以"古人用语简约，习惯使然"之类的说辞搪塞。

就事实而论，西汉作为刚刚的过来人，纵然帝国典籍库焚毁，然有萧何第一次进咸阳的典籍搜求，又有帝国统计官张苍为西汉初期丞相，秦法能无一部完整的法典留存吗？更重要的现实是，秦在中央与郡县，均设有职司法典保存与法律答问的"法官"，西汉官府学人岂能对秦法一无所见？秦末战乱能将每个郡县的法律原典都烧毁了吗？只要稍具客观性，开列秦法条文以具体分析论证，对西汉官员学人全然不是难事。其所以不能，其所以只有指斥而没有论证，基于前述之种种历史背景，我们完全有理由认定：这种一味指控秦法的方式，更多的是一种政治需要，而不是客观论证。

唯其如此，这种宣泄式指控不足以作为历史依据。

要廓清秦法之历史真相，我们必须明确几个基本点。

其一，秉持文明史意识，认知秦法的历史进步性质。

秦国及秦帝国时代，是中国五千年历史上唯一一个自觉的法治时代。

帝国法治，在中国文明史上具有无可替代的历史地位。秦之前，中国是礼治时代。秦之后，中国是人治时代。只有商鞅变法到秦始皇统一中国的 160 年上下，中国走进了相对完整的古典法治社会。这是中国民族在原生文明乃至整个古典文明时代最大的骄傲，最大的文明创造。

无论从哪个意义上审视，秦法在自然经济时代都具有历史进步的性质，其总体的文明价值是没有理由否定的。以当代法治之发达，比照帝国法治之缺陷，从而漠视甚或彻底否定帝国法治，这是摒弃历史的相对性而走向极端化的历史虚无。依此等理念，历史上将永远没有进步的东西值得肯定，无论何时，我们的身后都永远是一片荒漠。

基于上述基本的文明史意识，我们对秦法的审视应该整体化，应该历史化，不能效法曾经有过的割裂手法——仅仅以刑法或刑罚去认知论定秦法，而应该将秦法看作一个完整的体系，从其对整个社会生活规范的深度、广度去全面认定。即或对于刑法与刑罚，也当以特定历史条件为前提分析，不能武断地以秦法有多少种酷刑去孤立地评判。若没有整体性的文明历史意识，连同秦法在内的任何历史问题，都不可能获得接近于历史真相的评判。

其二，认知秦法的战时法治特质，以此为分析秦法之根本出发点。

秦法基于战国社会的"求变图存"精神而生，是典型的战时法治，而不是常态法治。此后一百多年，正是战国大争愈演愈烈的战争频仍时代，商鞅变法所确立的法典与法治原则，也一直没有重大变化。也就是说，从秦法确立到秦统一六国，秦法一直以战时法治的状态存在。作为久经锤炼且行之有效的一种战时法治体系，秦法自然不会无缘无故地改弦更张。法贵稳定，这是整个人类法治史的基本经验。一种战时法治能稳定持续百余年之久，这意味着这种战时法治的成熟而有效。帝国建立而秦始皇在位的 12 年，又因为大规模文明建设所需要的社会动员力度，因为镇压复辟所需要的社会震慑力度，也因为尚无充裕的社会安定而进行历史反思的条件，帝国在短促而剧烈的文明整合中，几乎没有机会去修改秦法，使战时法治转化为常态法治。是故，直到秦始皇突然死去，秦法一直处于战时法治状态，一直没有来得及大规模地修订。

从文明史的意义上说，秦帝国没有机会完成由战时法治到常态法治的转化，是整个中国民族在原生文明时代巨大的历史缺憾。而作为高端文明时代应该具有的文明视野，对这一法治时代的审视，则当准确地把握这一历史特质，全面开掘秦法的历史内涵，而不能以当代常态法治的标准去指控古典战时法治的缺憾，从而抹杀其历史进步性。果真如此，我们的文明视野，自将超越两千余年"无条件指控"的坚冰误区。

其三，认知作为战时法治的秦法的基本特征。

战时法治，从古到今都有几个基本特征。

即或到了当今时代，战时法治依然具有如此基本特征。战时法治超越时代的基本特征是五个方面：一则，注重激发社会效能；二则，注重维护社会稳定性；三则，注重社会群体的凝聚力；四则，注重令行禁止的执法力度；五则，注重发掘社会创造的潜力。

就体现战时法治的五大效能而言，帝国法治的创造性无与伦比。

第一效能，秦法创立了"奖励耕战"的激赏军功法，使军功爵位不再仅仅是贵族的特权，而成为人人可以争取的实际社会身份；第二效能，秦法确立了重刑原则，着力加大对犯罪的惩罚，并严厉防止犯罪率上升；第三效能，秦法创立了连坐相保法，着力使整个社会通过家族部族的责任联结，形成一个荣辱与共利害相连的坚实群体；第四效能，秦法确立了司法权威，极力加强执法力度，不使法律流于虚设；第五效能，秦法确立了移风易俗开拓税源的法令体系，使国家的财力、战力在可以不依靠战争掠夺的情况下，不断获得自身增长。

凡此创造，无一不体现出远大的立法预见性与深刻的行法洞察力。

这一整套法律制度，堪称完整的战时法治体系。战时法治体系与常态法治体系的相同处，在于都包括了人类法律所必需的基本内容。其不同处，则在于战时法治更强调秩序效能的迅速实现，更强调对人的积极性的激发。是故，重赏与重罚成为战时法治的永恒特征。秦法如此，后世亦如此，包括当代法治最为发达的国家也如此。从此出发审视秦法，我们对诸如连坐法等最为后世诟病的秦法，自然会有一种历史性的理解。连坐相保法，在中国一直断断续续延伸到近现代才告消失，其间意味何在？何以历代尽皆斥责秦法，而又对秦法最为"残苛"的连坐制度继承不悖，这便是"外王而内法"吗？这种公然以秦法为牺牲而悄悄独享其效能的历史虚伪，值得今天的我们肯定吗？

其四，秦法的社会平衡性，实现了古典时代的公平正义原则。

从总体上说，秦法的五大创造保持了出色的社会平衡。

激赏与重刑平衡，尊严与惩罚平衡，立法深度与司法力度平衡，改进现状与发掘潜力平衡，族群利益与个体责任平衡，国家荣誉与个体奋发平衡。法治平衡的本质，是社会的公平与正义。正因为秦法具有高度的社会平衡性，所以才成为乐于为秦人接受的良性法治，才成为具有高度凝聚力与激发力的法制体系。

在一个犯罪成本极高，而立功效益极大的社会中，人们没有理由因为对犯罪的严厉惩罚而对整个法治不满。否则，无以解释秦国秦人何以能在一百余年中持续奋发并稳定强大的历史事实。

荀子云："（秦）四世有胜，非幸也，数也。"数者何，法治公平正义之力也。

在五千年的中国历史上，甚或在整个人类的文明史上，几曾有过以二十万罪犯成军平乱的历史事实？可是在秦末，却发生了在七十万刑徒中遴选二十万人为基本构成，再加官府奴隶的子弟，从而建成了一支精锐大军的特异事件。后来的事实是，章邯这支二十万规模的刑徒军战力非凡，几乎与秦军主力相差无几。这支犯人大军，被项羽集团视为纯正的秦军，而在投降后残酷坑杀了二十万人。

这一历史事实，说明了一个法治基本现象：只有充分体现公平正义的法律，才能使被惩罚者的对立心态消除；在一个法治公平——立法与司法的均衡公平——的社会里，罪犯并不必然因为自己身受重刑而仇恨法治。只有在这样的法治下，他们才可以在国家危难的时候拿起武器，维护这个重重惩罚了他们的国家。

另一个基本事实是，秦国与秦帝国时代，身受刑罚的罪犯确实相对多，即或将"赭衣塞路，囹圄成市""死者相枕席，刑者相望"这样的描绘缩水理解，罪犯数量肯定也比后世多，占人口比例也比后世大。然而，只要具体分析，就会看出其中蕴含的特异现象。

比如，秦之罪犯虽多，监狱却很少。

帝国大多数罪犯，事实上都在松散的监管状态下从事劳役，否则不能"赭衣塞路"。说监管松散，是因为当时包括关中在内的整个大中原地区并无帝国重兵，不可能以军队监管刑徒，而只能以执法吏卒进行职能性监管，其力度必然减弱。从另一方面说，秦始皇时期敢于全力以赴地屯戍开发边陲，敢于将主力大军悉数驻扎阴山、岭南两大边地，而对整个腹心地域只以正常官署治理，如果法制状况不好，且罪犯威胁极大，如果对法治没有深厚的自信，敢如此吗？直到秦二世初期大作始皇陵，关中依然没有大军。后来新征发的五万"材士"驻屯关中，也没有用于监管罪犯。

凡此等等，意味何在，不值得深思吗？

又比如，秦帝国罪犯极少发生暴动逃亡事件。史料所载，只有秦始皇末期骊山刑徒的一次黥布暴动。

相比于同时代的山东六国与后世任何政权，以及同时代的西方罗马帝国，这种百余年仅仅一例的比率是极低的。这一历史现象说明：秦帝国时代，罪犯并不构成社会的重大威胁力量，甚或不构成潜在的威胁力量，反而成了一支担负巨大工程的特殊劳动力群体，最后甚至成了一支平乱大军。

若是一个法治显失公平的社会，不会如此自信地使用罪犯力量，罪犯群体也不会如此听命于这一政权。当陈胜的"数十万"或"百万"周文大军攻入关中之时，关中已经无兵可用，其时若罪犯暴动，则秦帝国的根基地带立即便会轰然倒塌，陈胜农民军便将直接推翻秦帝国，用不着后来的刘邦、项羽。而当时的事实却恰恰相反，七十余万罪犯非但没有借机逃亡暴动，或投向农民军反秦，反而接受了官府整编，变成了一支至少超过二十万人的平乱大军。一个基本的问题是：假若罪犯不是自愿的，帝国官府敢于将二十万曾经被自己惩治的罪犯武装到牙齿吗？

而如果是自愿的，这一现象意味着什么？

在人类历史上，无论一个时代、一个国家是施行恶法，还是施行良法，都从来没有过敢于或能够将二十万罪犯编成大军，且屡战屡胜的先例。只有秦帝国，尚且是轰然倒塌之际的秦帝国，做到了这一点。就其本质而言，这是法治史上极具探究价值的重大事件。它向法治提出的基本问题是，人民的心灵对法治的企盼究竟何在？社会群体对法治的要求究竟何在？只要法治真正地实现了公平、正义原则，它所获得的社会回报又将如何，它的步伐会有多么坚实，它的凝聚力与社会矛盾化解力会有何等强大？

可惜，这一切都被历史的烟雾湮没了。

法治的良恶本质，不在轻刑重刑，而在是否体现了公平正义原则。

其五，认知作为秦法源头的商鞅法治理念。

由于对帝国法治的整体否定，当代意识对作为帝国法治源头的商鞅变法，也采取了简单化方法，理论给予局部肯定的同时，拒绝发掘其具体的法治遗产。对《商君书》这一最为经典的帝国法治文献，更少给予客观深入的研究。《商君书》蕴藏的极具现实意义的进步法治理念，几乎被当代人完全淡忘，只肆意指控其为"苛法"，很少做出应有的论证。

帝国法治基于社会平衡性而生发的公平正义，我们可以从久已淡漠的商鞅的法治思想中看到明确根基。《商君书》所体现的立法与执法的基本思想，在其变法实践与后来的帝国法治实践中，都得到了鲜明体现。

唯其被执意淡漠，有必要重复申明这些已经被有意遗忘的基本思想。

一则是"法以爱民"的立法思想。

《商君书》开篇为《更法》，申明了一个基本主张："法者，所以爱民也。礼者，所以便事也。是以圣人苟可以强国，不法其故；苟可以利民，不循其礼。"这是论说由立法思想到变法的必要：因为法治的目标在于爱民，礼仪的目标在于方便国事，所以，要使国家强大，就不能沿袭旧法，不能因循旧制，就要变法。

在《定分》中，商鞅又有"法令者，民之命也，为治之本也"之说。凡此，足见商鞅立法思想的人民性，在古代社会是绝无仅有的。在诸多的中国古代立法论说中，商鞅的"法以爱民""法令民之命"的思想，是独一无二的，是明确无误的，但也是最为后世有意忽视的，诚匪夷所思也。商鞅的这一立法思想，决定了秦法功效的本质。秦国变法的第二年，秦人"大悦"。若非能够真实给民众带来好处，何来社会大悦？

二则是"去强弱民"的立法目标。

所谓"强"，指野蛮不法。所谓"弱"，指祛除（弱化）野蛮不法民风。

这一思想的完整真实表意，应该是要祛除快意恩仇、私斗成风的不法性强悍民风，使民成为奉公守法、勇于公战的国民。这里所说的"弱民"，不是使民众由强悍变软弱，而是"弱化"民众野蛮不法方面，使其进境于文明强悍。

就其实质而言，"去强弱民"的思想，是商鞅在一个野蛮落后的国家实现战时法治的必然原则，必然途径；是通过法治手段，引导国民由野蛮进入文明的必然的制度手段。其进步性是毋庸置疑的。

三则是"使法必行"的司法原则。

商鞅有一个很清醒的理念：国家之乱，在于有法不依。

历史的事实一再说明，一个时代、一个国家的法治状况如何，既取决于法律是否完备，更取决于法律是否能够得到真正执行。从某种意义上说，司法状况比立法状况更能决定一个国家的法治命运。

《商君书·画策》云："国之乱也，非其法乱也，非法不用也。国皆有法，而无使法必行之法……法必明，令必行，则已矣！"

请注意，这是一则极为深刻的法哲学理念——国皆有法，而无使法必行之法。

这句话翻译过来，几乎是一种黑格尔式的哲学思辨：任何国家都有法律，但是，任何健全的法律体系中，都不可能建立一种能够保障法律必然自动执行的法律。这一思想的基础逻辑是，社会是由活体的个人构成的，社会不是机器，不会因法制完备而百分之百地自动运转，其行法现实往往是打折扣式的法制运转。

这一思想的延伸结论是，正因为法律不会无折扣地自动运转，所以需要强调执法，甚至需要强调严厉执法。体现于人事，就是要大力任用敢于、善于执法的人才，从而保证法律最大限度地达到立法目标。也正因为如此，秦法对官员"不作为"的惩罚最重，而对执法过程中的过失或罪责，则具体论处。

显然，商鞅将"使法必行"看作法治存在的根基所在。否则，国皆有法而依旧生乱。此后两千余年的中国历史上，包括韩非在内，没有任何一个人将司法的重要性说得如此透彻。理解了这一点，便理解了秦任"行法之士"的历史原因。

四则是反对"滥仁"的司法原则。

商鞅执法，一力反对超越法令的"法外施恩"。

《商君书·赏刑》云："（法定，）圣人不必加，凡主不必废。（依法）杀人不为暴，（违法）赏人不为仁者，国法明也……圣人不宥过，不赦刑，故奸无起。"

法外不施恩的原则，在王道理念依然是历史传统的战国时代，是冷酷而深彻的，也是很难为常人所能理解的。"杀人不为暴，赏人不为仁"的肃杀凛冽，与商鞅的"法以爱民"适成两极平衡。只有将两极联结分析，才是商鞅法治思想的全貌。这一思想蕴藏的根基理念，是法治的公平正义，是对依法作为的根基维护。对如此思想，若非具有深刻领悟能力的政治家，其余人等是本能畏惧的。这一司法原则，其所以在秦国扎下了坚实的根基，最根本原因是它的公平性——对权贵阶层同样的执法原则，同样的执法力度。从这一原则出发，秦法还确立了不许为君王贺寿等制度。

商鞅这一思想产生的历史背景，是王道仁政的"滥仁"传统，在战国之世尚有强大影响力。此前此后的变法所以不彻底，根基原因之一，便是不能破除"国有二法"与种种法外施恩之弊端。顾及这一背景，对商鞅这一思想的价值便会有客观性的认知。

五则是"刑无等级"的公平执法理念。

商鞅确立的执法理念，有两则最重要。

一则，举国一法，法外无刑，此所谓"一刑"原则；再则，执法不依功劳、善举而赦免，此为"明刑"原则。

《赏刑》对这两个原则，有这样的论述："所谓壹刑者，刑无等级，自卿相将军以至大夫庶人……罪死不赦。有功于前，有败于后，不为损刑；有善于前，有过于后，不为亏法；忠臣孝子有过，必以其数断；守法守职之吏，有不行王法者，罪死不赦，刑及三族……故曰：明刑之犹，至于无刑也！"

这就是说，卿相、大夫、忠臣、孝子、行善者、立功者等，统统与民众一体对待，依法论罪，绝不开赦。这一司法原则，相比于"刑不上大夫，礼不下庶人"的旧制传统，庶民孰选，岂不明哉！

六则是"使民明知而用之"的普法思想。

商鞅行法的历史特点之一，是法律公行天下，一力反对法律神秘主义。

为此，商鞅确立了两大原则：其一，法典语言要民众能解，反对晦涩难懂；其二，建立"法官"制度，各级官府设立专门解答法律的"法官"。

对于第一原则，《定分》这样论述："夫微妙意志之言，上知之所难也。……故夫知者而后能知之，不可以为法，民不尽知；贤者而后知之，不可以为法，民不尽贤。故圣人为法，必使之明白易知。名正，愚知遍能知之……行法令，明白易知……以道之知，万民皆知所避就，避祸就福，而皆以自治也！"

这段话若翻译成当代语言，堪称极其精辟的确立法律语言原则的最好教材。

使"法令明白"的目的，在于使民众懂得法律，从而能"避祸就福以自治"。

这一番苦心，不是爱民吗？

对于第二原则，《定分》云："为法令置官吏……以为天下正（法律）……天子置三法官，殿中置一法官，御史置一法官及吏，丞相置一法官……吏民欲知法令者，皆问法官。故天下之吏民无不知法者。"

其中，商鞅还详细论说了法官的工作方式、考核方式。其中对法官不作为，或错解法令的处罚之法，颇具意味：法官不知道或错解哪一条法律，便以这条法律所涉及的刑罚处罚法官。此等严谨细致的行法措施，不包含爱民之心吗？此后两千余年哪个时代做到了如此普法？

走出"暴秦说"误区：帝国专制说历史解析

当代"暴秦说"的一个新论据，是帝国"专制说"。

传统"暴秦说"，其指控主要来自经济与法治两个具体方面。及至近现代乃至当代，中国史识在基本秉承传统指控外，又对秦帝国冠以"专制强权"定性，秦文明及其所处的原生文明时代，遂成一团漆黑，似乎更加万劫不复了。这一指控基本不涉及史料辨析，而是一种总体性的性质认定。因此，我们只做史观性的分析评判。

首先，这一理念的产生，有非常值得深思的四个基本原因。

第一原因，是马克思主义传入中国后，对中国古代社会做出了三阶段划分：原始社会、奴隶社会、封建社会。马克思主义对这三大阶段的政治定性，都是专制主义。故此，作为"封建社会"开端的战国秦帝国，被"合乎逻辑"地冠以"专制"定性。

顺便说及，作为根基概念的"封建社会"是否真正科学，已经引起了史学界的关注与讨论，思想史家冯天瑜等人的文章相对深刻。这一质疑的出现至少说明，完全套用西方概念与理念框定中国古典社会，是值得商榷的。

第二原因，是西方文明史理念的影响。这一理念的基本表述可以概括为：举凡大河流域的文明，皆以治水为基础，生发出东方专制主义的历史传统。这一理念的代表作有两部：英国学者汤因比的《历史研究》，美国学者魏特夫的《东方专制主义》。基于这一理念，作为东方大国的中国古典社会，被一律视为专制时代，秦帝国自然不能幸免。

第三原因，是中国当代西方民主思潮的普及，使许多人对中国古典时代产生了本能排斥，尤其对强盛时代产生了逆反心理。这一思潮表现为两种形式：一则，学人以论著或其他方式，见之于社会的"封建专制说"；二则，社会个体不加任何分析的武断认定。

在《大秦帝国》第一部被改编拍摄为电视剧的过程中，我听到的这种非理性地将秦帝国认定为"专制"的说法，不知几多。在网络上，也有人严厉质疑"专制崇拜何时休"。这些人，对那个时代，对秦帝国，都缺乏基本的了解。然而，正是这种不了解而本能认定的普遍事实，给我们提出了一个很深刻的问题：我们对文明历史的评判，根基究竟应该在哪里？历史主义的评判意识，为什么在我们民族中如此淡薄？这种以"科学民主理念"去断然否定自己民族文明史的现象，为什么在其他国家民族极其罕见，甚或没有，而在我们民族却大肆泛滥？

第四原因，是历史"暴秦论"的沉积物与其余种种学说思潮的错位嫁接。

自两汉之后，因"暴秦说"而沉积成的"非秦"理念代代强化，已经成为某种意义上的公众非理性认知。以此基础，诸多人等对包括西方史观在内的种种"非秦"定性，非但极容易接受，且更愿意以"新理论"来论证旧认知，从而证明被历史铸成的谬误具有真理的性质。诸多历史学家与文化人，论秦几乎形成了一种八股定式：对秦帝国时代不加任何论证，先行冠以"专制"或"落后文明"之定性，而后再展开以旧理念为根基的论述。在曾经的年代，这种定式的典型句式是："马克思说，恩格斯说……由此可以看出……"中间没有任何论证，一个既定真理，陡然黏接另一个延伸结论。其研究精神之沦落，距离儒家朱熹之对秦考据尚且不如，遑论科学？

这里，直接原因，在于这种错位嫁接。

根本原因，却实在是一个涉及诸多方面的复杂问题。

那么，秦帝国时代的文明与政权性质，不是专制吗？

是的，不是专制，而是中央集权制，在当时是一种进步的政治文明。

秦帝国创建中央集权制，是发生在多元分治时代的革命性事变。

战国时代，多元分治已经发展到空前严重的程度。也就是在这样的时刻，历史开始出现了内在转折——华夏世界在兼并融合中发展为七大板块结构，这就是七大战国的裂土分治。这一过程表现出鲜明的历史趋势——强力融合，多极简化，走向统一。所以如此，根本性的原因是，历经五百余年诸侯分治的震荡，多元裂土的种种致命弊端，都已经彻底无遗地充分暴露出来；对多元分治的危害，当时的华夏世界已经有了痛切透彻的感知，有了深刻理性的思考。天下向一，因此而成为历史的大潮。

当此转折，秦帝国实现了历史大潮的指向目标，既统一了中国的疆域，又统一了中国的文明。关于秦帝国的统一，历来的提法只是笼统地说秦统一中国。对秦统一中国文明，则没有自觉的历史定位。我的文明价值理念，将秦的统一归整为两个基本方面：一是秦统一了中国的疆域，二是秦统一了中国文明。疆域统一，是硬件统一，同一时代的罗马帝国也做到了；文明统一，是软件统一，同时代的罗马帝国根本没有意识到。在这两个统一中，秦统一中国文明是根本。

而专制主义理论，是一种舶来理论。既然是依据西方政治学说，我们就先来看看西方人的权威说法。

在《大不列颠百科全书》中，对专制主义的定义是："一种政治理论和实践，指不受限制的中央集权和专制统治，特别是君主政体。这种制度的本质是，统治权不受任何其他机构（无论是司法、立法、宗教、经济或选举机构）的监督或制约……法国的路易十四对专制主义做了最著名的断言，他说'朕即国家'。"之后，是对专制主义在近代欧洲表现形式的分析，通篇没有提到中国。

依据这一定义，一个政权是否属于专制主义，其本质界限，不在于它是君主制还是共和制，也不在于它是中央集权制还是另外形式的专制统治，而在于这个政权是否"不受任何其他机构的监督或制约"。显然，这一定义非常清楚地揭示了专制主义的本质。

根据这一定义，秦帝国的中央集权制，离此似乎还有很大距离。

其一，秦帝国创建的中央集权制，是一个有监督制约的权力体系。

权力监督之一，是秦帝国有"凡事皆有法式"的体系化的秦法，举国上下有尊奉法制的传统，执法之严明历史罕见，始皇帝远远不能随心所欲地决定一切。依据上述定义，这是来自司法、立法两方面的监督。

权力监督之二，是秦帝国中央权力系统中有专门的监察机构——御史大夫府。就地位说，它位列三公，几乎与丞相同爵；就权力说，它享有监督皇室、稽查大臣的实际政务监督权，并非虚设。依据上述定义，这似乎还是列举形式之外的一种国家权力监督。

权力监督之三，是公议制度的监督。秦帝国时代，朝臣公议是一种议事制度。秦史大家马非百先生的《秦始皇帝传》中，专门有"取消议事制度"一节。也就是说，秦帝国创制的前期，若干重大创意的推行，秦始皇都下令群臣公议。创制后期，则因为议论"以古非今"而助长分封制复辟思潮，所以下令取消。以绝对精神的价值标尺说，无论以何种理由取消议事制度，都是专制主义的。但是，依据当时的历史实践，为了维护新的政治文明，取缔"以古非今"的制度根基，不能说没有任何合理性。更不能因为议事制度的取消，就判定中央权力失去了所有的监督。

其二，秦帝国所创建的中央集权制，具有最为深厚的时代根基。

任何制度的创立，其是否具有历史合理性，根基是其在多大程度上吸纳了当时社会的利益需求，在多大程度上体现了特定政治文明的内在需求。从社会利益的需求说，秦之中央集权制，是在五百余年裂土分治的历史背景下创建的。五百余年的历史实践已经充分证明：同一文明根基的华夏世界的裂土分治，只能带来深重的社会灾难；除了分治时代的既得利益集团，广大的社会意识对继续保持分治状态是深恶痛绝的，要求治权统一，是最为主流的社会利益需求。

从政治文明的内在需求说，华夏政治哲学具有深厚的"尚一"理念。

老子的"一生二，二生三，三生万物"，是尚一理念的最经典表述。也就是说，中国族群的社会实践价值观，从来都是崇尚"事权归一"的，民谚谓之"龙多主旱"。由于生存环境的险恶，华夏族群从远古时代起，就有诸多族群结成一体，在统一号令下协力生存的传统。可以说，从黄帝炎帝时代最初创立族群最高联盟政权开始，"尚一"理念就牢牢扎根于我们的文明基因中了。及至春秋战国五百余年分治，中国实际走上了创造新的"尚一"形式的历史道路，也就是说，从联邦诸侯制的旧的松散"尚一"形式，跨越到中央集权制的新的紧密化的"尚一"形式。这当然是政治文明的一次历史性跨越。从根本上说，秦帝国统一中国疆域，创建中央集权制，是完全符合华夏族群政治文明价值观的，并不是凭空飞跃的。

历史的实践已经证明：秦帝国的中央集权制，有效地结束了华夏世界范围内的区域相互封锁，有效地结束了分治时代的连绵战争，使华夏世界获得了统一治权条件下空前广阔的发展空间。这种基于强大历史需求而产生的政体，这种已经被历史实践证明其强大功效与伟大贡献的政权形式，不是简单地将其冠名为专制主义便可以否定其文明史地位的。

秦帝国的中央集权制，与后世的皇权制是两回事。

评判一个特定历史阶段的政治文明，不能以后世的流变为根基，不能囫囵化。秦帝国之后百余年，汉武帝抛弃了华夏世界的多元文化传统，建立了一元特质的意识形态，中央集权制由此埋下了蜕变的种子，渐渐走向了彻底板结。

这个板结过程是，皇权日益覆盖全部中央权力，并渐渐以皇权制取代了秦帝国开创的中央集权制。其具体表现：以丞相府为首的中央政府系统的权力日渐分解，日渐缩小，直至清代，丞相直接沦落为皇帝上书房的"行走"；监察系统与言官系统的权力，也迅速缩小，迅速虚化；皇帝直辖独断的权力，则日渐增大，唐宋之后，皇帝权力已经接近于基本没有限制，是为皇权制。这种不断沉沦的变化，是历史的事实。这里的要害是，皇权制与秦帝国时代的中央集权制不是一回事，不能归结为一体做囫囵化评判。

从总体上说，秦帝国首创的中央集权制，是一种以皇帝为轴心的整个中央权力系统行使最高治权的集权政体。西汉之后渐渐流变成的皇权制，则是皇权系统几乎完全取代中央行政系统的决策权力，走向专制主义的趋势明显化。但是，我们不能因此判定，中央集权制在创造阶段就是专制主义。应当说，在遵奉法治的秦帝国时代，其中央集权制是具有巨大进步意义的政治文明创造。这是历史实践的展现过程，不是任何理论评判所能改变的。

秦帝国的中央集权制，不需要以西方学说定性。

中央集权制本身，就是一个定性秦帝国政权的最适当范畴。

历史的发展已经表明：古今中外的政权形式，不仅仅是专制与民主两种形式，还存在着许多形式的第三形态甚或第四形态的政权。它们既非民主制政权，也非专制主义政权。它们本身就是一种具有独立政治文明形态的政权形式。如果一定要用民主与专制这样的绝对标尺划分纷繁复杂的政治文明实践，我们必然失之于简单化、囫囵化，无助于我们接近历史与现实世界的真实。

真理跨越一步，就是谬误。虽然，中央集权制与君主制，是最可能产生专制主义的两种政权形式，但是，毕竟不能等同。否则，日本国有天皇制，英国有国王制，它们究竟是民主制政权，还是专制主义政权？从本质上说，秦帝国的中央集权制，在当时的历史条件下已经实现了相对的制约平衡，无论从哪个时代的标准说，它与专制主义政权都不是一回事。

相对于既往三千年松散乏力的邦联制，中央集权的治权归一制，无疑具有一举迈入新时代的进步性。历史的实践证明，这种中央集权制问世伊始，便立即展现了无与伦比的强大创造力，整个华夏社会的繁荣富庶远远超过了夏商周三代与春秋战国，在整个人类的古典历史上达到了一个空前绝后的高峰时代。

秦帝国开创的中央集权制，在创造时期具有巨大的进步意义。

我们不能因摒弃专制，而连带否定我们民族整个文明根基中的合理元素。

将集权体制曾经有过的历史进步性一概抹杀，又进而以专制体制替代整个文明形态，以今日之政治抉择取代总体上的文明评判，这既是理论逻辑的混淆，更是历史虚无主义的悲剧。依此等理念，人类历史将永远不会有进步坐标，任何时代的创造，都可能因其必然成为历史而被否定。不要忘记，即或我们自己，我们这个时代，也将被后来者评判。

我们民族要开创未来，要在政治文明上取得突破，必须面对两个基本难题。

第一个难题，解决好"尚一"政治文明的社会根基。

第二个难题，寻求能够兼容"尚一"传统的历史道路。

自远古洪荒，我们的民族便走着一条特立独行的文明之路。

我们的文字，我们的生活方式，我们的政治文明，我们的社会伦理，我们的建筑风格，我们的衣食住行，我们的所有基本方面，都是在没有历史参照系数的大势下独立创造的。我们这个民族最大的不同，在于她是世界上唯一一个不以信仰与独特生活方式为聚合纽带，而以文明内涵、文化方式为聚合纽带的民族。

某种意义上，任何一个群体，只要踏进了华夏文明圈，写中国字，说中国话，奉行中国式的多元生活方式，便会渐渐地成为真正的华夏子民。无论是先秦戎狄，还是帝国诸胡与匈奴，还是五胡乱华，还是宋元明清的周边民族群，乃至世界最难融合的犹太人，都曾经大批量地成为我们民族的群体成员。唯其如此，传统文明对于我们这个民族的意义，远远大于其他任何民族。我们曾经五千年绵延相续的生命历史，证实了我们民族文明的强大生命力与无与伦比的创造力。假若我们忽视乃至淡漠我们民族的文明传统，而要硬生生奉行"拿来主义"，我们必然会走向巨大的不可预测的历史误区。

上述几个方面，是对"非秦"三大理念的历史解析。

我们应当记住，历史与当代的"非秦"三大理念：暴秦论、落后文明论、专制论。

秦帝国骤然灭亡的两个最重大原因

秦帝国突然灭亡的原因，始终是中国历史的一个巨大谜团。

揭示这个谜团，对于全面认知中国原生文明，具有基础性的意义。

任何历史秘密，大体都基于两个原因形成：其一，资料物证的巨大缺失或全部缺失，导致后人无从认知评判。诸多历史古国的消亡谜团，诸多民族断裂的黑洞，都是这样形成的。破解这种历史秘密，起决定性作用的，是史料与证据的发现。其二，人为扭曲真相，历史烟雾长期弥散，而使简单化的谬误结论演变为意识主流，导致后来者文明探究的艰难寻觅。

秦帝国灭亡之所以成为谜团，盖出第二原因也。

破此等历史秘密，起决定作用的，是探究者及其所处时代的认知能力。

两千余年对秦亡原因的探究，一直与对秦政的总体评判紧密联系在一起，与"暴秦说"互为论证，形成了一个已经严重板结的主流定式，其结论极其简单明确：暴政亡秦。但是，大量的历史事实，已经呈现出一个基本结论：秦政是一个伟大的文明体系，秦政并无暴虐特质。以中国历史作纵向对比，从项羽复辟集团毁灭帝国文明的暴政暴行开始，秦之后大暴政导致的大劫难屡屡发生。与其相比，秦政文明水准远远高于其上。这一文明水准，主要指两个基本特征：一则是大规模的文明创新，二则是大规模的建设精神。这两个基本点，其后中国历史上的任何时代，都无可比拟。

是故，秦政绝不是中国历史上的暴政时期。

以人类文明史作横向对比，秦政是同时代人类文明的最高水准。

大体同时代的西方罗马帝国的残酷暴烈，与秦帝国的法治文明根本不可同日而语。举凡人类在自然经济时代的野蛮标志，都是西方罗马帝国及中世纪时代的专属物：斗兽场、奴隶角斗士、初夜权、奴隶买卖制、领主私刑制、贞操带、以掠夺为实质的宗教战争，等等，其触目惊心，其阴暗恐怖，尽出西方落后文明。这是历史的事实，不能因为西方社会今日的相对发达文明，而否定其历史的野蛮性。客观地说，相比于西方罗马帝国，秦帝国的文明水准至少超过其半个时代，或者说高出其半个社会形态。

唯其如此，指控秦帝国"暴政"，并极其武断地以此作为秦亡的基本原因，既缺乏基本的历史事实依据，又与高端文明时代的审视理念显然不合，是有失公正的。就历史观而言，我们不否认秦政与秦亡的内在联系，我们更对基于探究历史经验教训而研究秦亡与秦政之间的因果联系表示由衷的敬意。这里，我们只对缺乏历史依据的"暴政亡秦说"给予必需的否定，并客观公正地论述我们的理念。

要探究秦亡奥秘，首先得明确两则根基。

其一，将作为文明体系的帝国创造物——秦政体系，与作为权力主体的秦帝国，区别开来，建立一种明确的认知：权力主体之与其文明创造物，是两个具有不同运行逻辑的各自独立的主体。两者之间有联系，但并无必然的兴亡因果关系。秦帝国的速亡结局，并不必然证明其文明体系（秦政）的暴虐。秦二世赵高政权的暴虐杀戮，只是帝国权力主体在历史延续中的变形，而不是秦政的必然延伸。

其二，探究秦帝国灭亡奥秘，必须从高端文明时代应当具有的历史高度，透视解析那个特定时代的广阔社会历史联结，寻觅导致其速亡的直接原因，以及更为深广的社会因素。任何简单化的方式，都只能重新陷入历史烟雾之中。

从史料角度说，基本事实是清楚的，秦亡并无秘密可言。

秦亡原因的探究，更多侧重于对既定历史事实以高端文明时代的价值理念给予分析与认定，而不是呈现新的史料证据，提供新的历史事实。这里的前提是，我们这个民族对历史事实的记述是大体完整的，没有重大遗漏。历代"非秦"烟雾的形成，原因不在事实不清，而在是非不明。

综合当代所能见到的全部基本资料我们可以认定，秦帝国的突然灭亡，有两个最为重大的原因：其一，突发政变（灾难）所导致的中央政权突然变形；其二，战国传统所形成的巨大社会惯性，导致整个社会迅速地全面动荡。突发政变是秦亡的直接原因，战国惯性则是秦亡的基础原因。这两个原因所涉及的历史事实，大体都是清楚的。尤其是突发政变，更是人人皆知的历史事实。战国传统所形成的社会惯性，却历来为史家与社会所忽视，然而也是客观存在的历史事实。

是故，我们的重点不在史料，而在认知——高端文明时代的历史透析能力。

（1）突发恶性政变，导致中央政权结构全面内毁

秦帝国在权力交接的转折时期，突然遭遇恶性政变，历史异数也。

异数者，匪夷所思之偶然性与突发性也。对于秦始皇之后的权力交接，历代史家与社会意识都有这样一个基本评判：若由长公子扶苏继位，秦帝国的历史命运必然大不相同。其时，扶苏的品性与才具，已经得到了天下公认。扶苏的"刚毅武勇，信人奋士"，已经具有了很高的社会声望，连底层平民陈胜、吴广等尚且知之，朝廷郡县的大臣吏员更不用说了。当时的始皇帝与天下臣民，事实上已经将扶苏作为储君对待了。尽管在施政宽严尺度上，扶苏的宽政理念，被更看重复辟严重性的始皇帝否定了，但就其实际处置看，扶苏的重要性丝毫没有减弱。当此之时，历史却突兀地呈现出一幅最荒诞的画面：始皇帝突然死于大巡狩途中，最不成器的少皇子胡亥，突兀地成了秦帝国的二世皇帝！

这一突兀变化的成因，及其演进环节所包含的具体因素，始终无法以常理推断。其中任何一个环节，都是突发的；任何一个因素，都是突然变形的；任何一个事件，都不具有可以预料的逻辑性。

透析这场政变对秦帝国直接全面的内毁，认识其突发性与偶然性这一特质，是极其重要的。唯其突发，唯其偶然，唯其不可思议，才有了秦帝国中央政权的坚实结构迅速瓦解崩溃，才有了帝国臣民依然本着奉公守法的传统精神，在连番惊愕中不自觉地接受了权力轴心极其荒诞的恶性作为。恶性政变突发，农民暴动又突发，秦帝国所有足以纠正中央恶变的政治力量，都因为没有起码的酝酿时间，而最终一一宣告失败。

从根本上说，政变的突发性与农民举事的突发性聚合，决定了帝国命运的残酷性。

这场突发政变所汇聚的历史偶然性因素，大体有如下方面。

始皇帝年近五十而不明白确立扶苏为太子，偶然性一也。

始皇帝明知身患疾病而坚持进行最后一次大巡狩，偶然性二也。

始皇帝大巡狩之前怒遣扶苏北上九原监军，偶然性三也。

始皇帝最后一次大巡狩，于诸皇子中独带胡亥，偶然性四也。

始皇帝中途患病而遣蒙毅回咸阳，偶然性五也。

始皇帝在蒙毅离开后以赵高兼领符玺令，偶然性六也。

始皇帝于沙丘行营病情突然加重，偶然性七也。

突发病情致始皇帝未能在死前写完遗诏，偶然性八也。

突发病情未能使始皇帝召见李斯会商善后，偶然性九也。

长期忠诚无二的赵高突发人性变形之恶欲，偶然性十也。

栋梁重臣李斯之突变，最为不可思议，偶然性十一也。

扶苏对假遗诏缺乏辨识或不愿辨识，选择自杀，偶然性十二也。

蒙恬、蒙毅相继入狱，被逼迫接受自杀，偶然性十三也。

王翦、王贲父子于始皇帝生前病逝，偶然性十四也。

李斯一错再错，大失前半生节操才具，终致惨死，偶然性十五也。

胡亥素质过低而近于白痴，偶然性十六也。

秦帝国功臣阶层因李斯突变而分化不能凝聚，偶然性十七也。

赵高之恶欲野心膨胀变形，大出常理，偶然性十八也。

陈胜、吴广之“闾左徭役”突发暴动，偶然性十九也。

关中老秦人人口锐减，对恶性政变失去强大威慑力，偶然性二十也。

……

必须申明的是，上述偶然性，并非指这些事件或因素是无原因爆发，而是指恰恰在这一时刻爆发的突然性。譬如，最为关键的两个人物——赵高与李斯的突变，可谓这种偶然性的典型。以赵高前期的表现与功绩，始皇帝对其委以重任，且信任有加，是完全正常的。唯其如此，赵高的人性之恶变突然发作，并无必然性，确实是一种人性突变的偶然性。若说赵高从少年时代起，便是一直潜藏在始皇帝身边的奸佞或野心家，是十分滑稽的。

李斯更是如此，以其前期的巨大功绩与杰出才具，及其自觉的法家理念，以及在几次重大关头表现出的坚定政治抉择，实在不可能在其与蒙恬的地位高低上计较。然而，李斯恰恰接受了赵高说辞，恰恰计较了，这是必然性吗？仅仅以李斯青年时期的"厕鼠官仓鼠"之说，便认定李斯从来是一个私欲小人，同样是滑稽的。

李斯与赵高，都是英雄与魔鬼无过渡对接的异常人物。其突然变异，无疑隐藏着人性潜质的巨大秘密。但是，从社会原则与政治原则出发，任何时代的人事任用，都只能遵循实践法则，以人物的既往历史去判定，而不可能以极少数的突然变例去判定。从本质上说，赵高与李斯的政治地位，是其努力奋争的结果，是历史的必然。从人事任用权力说，始皇帝重用赵高、李斯，是合乎逻辑的，同样是必然的。唯其如此，赵高、李斯突然的巨大变异，实在是一种不可预知的偶然性。

种种偶然性导致的这场政变，是历史上摧毁力最强的恶性政变。

作为一种权力更迭的非常态方式，政变存在于从古至今的政治生活之中。就其结局与对历史的影响而言，政变有三种：一种是相对正义方发动的良性政变，譬如后世最著名的李世民玄武门之变；一种是仅仅着力于夺权而不涉及国策，无可无不可的中性政变，譬如赵武灵王末期的政变，以及后世的明成祖朱棣政变；第三种，便是破坏力最强的恶性政变，其典型便是始皇帝身后的赵高、李斯政变。

这场政变之所以成为恶性政变，之所以成为突发的巨大政治灾难，是由其主要发动者的特质决定的。这一政变的轴心人物是赵高、胡亥、李斯三人。三人的具体谋求目标不同，但目标的根基点相同：都是为了谋求最大的个人利益，或为私欲所诱惑。其最为关键的李斯与赵高，都是帝国的赫赫功臣，赵高掌内廷大权，李斯掌国政大权，既有足够大的权力影响，又有足够大的社会声望，同时更有改变始皇帝既定意志的权力手段。

政变之所以成为恶性政变，并不在于政变开始与过程中的权谋与恶欲，而在于政变成功之后的再度恶变。若胡亥即位后，赵高与李斯同心为政，妥善推行李斯已经在始皇帝在世时开始了的适度宽政，减少徭役征发，避免农民的突发暴动，这场政变完全可能成为无可无不可的中性政变。

然而，事情还是没有按照正常的逻辑发展，而是再度恶变，大大偏离了李斯卷入政变的初始预期。这里，决定性的诱发因素又变成了胡亥。胡亥即位后，低能愚顽的享乐意识大发作，进一步诱发了赵高全面操纵国政的野心，并最终导致了赵高再次发动政变，杀了胡亥。在这再度恶变的过程中，李斯几欲挣扎，几欲将国政扳回常态。但是，由于已经与帝国权力的根基力量疏远，李斯的努力显得苍白无力，终于陷入了赵高的阴谋，以致最终惨死。

因再度恶变，这一政变终于走上了恶性糜烂的道路。

恶果之一，秦帝国坚实的权力结构迅速崩溃。在赵高"诛大臣而远骨肉"的残酷方略下，嬴氏皇族被大肆杀戮，帝国功臣被一一剔除，中央政权发生了急剧的恶变。

恶果之二，反其道而行之的种种社会恶政——大工程不收反上，大征发不减反增，赋税征收不轻反重，迅速激发了激烈的民众反抗，由此诱发复辟势力全面复活，使社会动荡空前激烈，矛盾交织难解，大灾难终于突然来临了。

恶果之三，秦帝国群策群力的施政决策方式荡然无存，骤然转变为胡亥、赵高的荒唐臆断。中央决策机构全面瘫痪，以致胡亥对农民暴动的社会大动乱程度的荒唐认定，根本无法得到应有的纠正。在始皇帝时期，这都是无法想象的。

恶果之四，中央政令的荒谬，与社会治情严重脱节，致使郡县官吏无所适从，纷纷生出疏离之心。天下政务几近瘫痪，军力财力无法凝聚，无力应对愈演愈烈的社会动乱。

恶果之五，恶政导致秦帝国边地主力大军人心浮动，战心丧失，战力大减。

九原主力军固然粮草不济，岭南主力军固然山高水远，然若不是恶政猖獗，以秦军之顽韧苦战传统，必全力以赴挽救国难。以章邯之二十万刑徒军，尚能在平乱初期连战大捷，若秦军主力全面出动，稳定大局当不是难事。事实却不然，除了王离一部，两大秦军主力皆未大举出动。其根本原因，正在于政治的恶变，从根基上毁灭了秦军将士的归属感。

败政恶政无精兵，这是千古不变的道理。

从政治决定军事的意义上说，秦军声威骤然消失，并非不可思议的秘密。

综上所述，秦帝国灭亡的直接原因是显而易见的。

(2) 战国大争传统形成的巨大惯性，导致空前剧烈的全面动荡

秦末动乱之快速剧烈，在整个人类历史上独一无二。

仅仅一年，天下大势面目全非。自古所谓天下大势，通指三个基本面：一曰朝局，二曰民治，三曰边情。朝局者，政情轴心也。民治者，人心根基也。边情者，存亡之首也。对此三个基本面的总体状况，古人一言以蔽之，统归于"治乱"两字。天下稳定康宁，谓之治；天下动荡纷扰，谓之乱。是故，治乱之情，天下大势之集中表征也。

从始皇帝病死沙丘的公元前210年七月，至公元前209年七月大乱之时，堪堪一年。天下由盛大治世，陡然化作剧烈乱世。转折之快，如飓风过岗万木随向。这实在是中国历史上绝无仅有的一次大象飞转。及至大泽乡九百徭役揭竿而起，竟能达到"旬日之间，天下响应"的激速爆发之势，为后世任何大动荡所望尘莫及。

在社会节奏缓慢的自然经济时代，煌煌强势急转直下，实在是不可思议。

　　　　　　　　　　　　　　　　　　　　文明新论

在中国乃至整个人类历史上，事实上也只有这一次。

历代史家解释这一现象，无不归结为秦"暴政"蓄积已久，其发必速。所谓"天下苦秦久矣"，正是此等评判之依据。实则不然，这种轰然爆发而立即弥漫为整个社会大动乱的现象，固然与秦二世恶政有直接关联，也与始皇帝时期的帝国施政有关联，但不是必然性关联，尤其不是长期"暴政"激发一朝大乱的必然性因果关联。基本的原因是，秦帝国并非暴政，更不是长期暴政。秦末大动乱，其所以骤然爆发且立即全面化，其所以成为人类历史之唯一，根本的原因，取决于那个时代独有的特质。

不理解或有意忽视这一特质，无法深刻解析这一历史现象。

秦末社会的独有特质，在于战国大争传统依然是主导性的时代精神。这种精神，决定着时人对种种事件的认知标准，也决定着随之而来的反应方式与激烈程度。为此，要深彻体察两千余年之前的那场剧烈大爆发，首先得理解那个时代的价值理念，理解那个时代的行为方式。否则，不足以解释其普遍而剧烈的反应，不足以解释其大规模的酷烈演进。作为解析历史奥秘的探索者，最不能忽视的，便是发掘那个时代已经被史书风干了的鲜活要素。否则，曲解是必然的。

秦帝国恶性政变发生之时，一统天下尚只有短短的十二年。

无论以哪个时代的变化标尺衡量，十二年，都是个太短太短的时段。其时，七大战国生死拼杀的那一代人，全部正在盛年之期；新生一代，尚处于上一代人的风信标之下；家国兴亡所导致的巨大社会精神鸿沟，尚深深植根于种种社会群体之间，尚有很远的距离才可能弥合。

就权力层面说，战胜者成了一统天下的君王与功臣，战败者则成了失国失地的遗民或罪犯。此间鸿沟，既不可能没有，也不可能不深。就民众层面来说，战胜国臣民的主宰感、荣誉感与尊严感，以及分配巨大战胜利益的愉悦感，都倍加强烈。灭亡国家的民众浓烈的沦丧感、失落感与自卑感，以及在社会利益分割中的不公平感，都被鲜明地放大了。此间鸿沟，既不可能没有，也不可能不深。

就关注焦点而言，作为战胜者的帝国政权与本体臣民，立即将全部心力投入到了大规模的文明创制之中，力图以宏大的建设功业聚化人心，从而达到真正的天下大治。作为战败亡国的山东六国臣民，需求则要复杂得多。民众孜孜以求的是，力图从统一新政中获得实际利益的弥补，获得精神沦丧的填充。六国贵族则殷殷渴求于复辟，殷殷渴求夺回已经失去的权力、土地与人民。此间鸿沟，不可能没有，更不可能不深。

凡此种种鸿沟，意味着这时的社会心理尚处于巨大的分裂状态。

帝国政权的统一，距离人心的真正聚合，尚有很大的距离。

虽然，从总体上说，天下民众确定无疑地欢迎统一，并欣然接受了统一。始皇帝大巡狩刻石中的"皇帝并一海内，天下和平"，并非虚妄之辞。然而，历史与社会的复杂性便在这里：对于一个魄力宏大且又洞彻天下的政权而言，上述种种社会鸿沟，都可能在妥善的化解中渐渐趋于平复；而对于一个不知深浅的恶变政权，则上述种种社会鸿沟，则可能立即从潜藏状态骤然转化为公开状态，精神鸿沟骤然转化为实际颠覆。

就其实质而言，秦帝国统一初期，整个社会心理仍旧处于一种不定型的可变状态。天下对秦帝国一统政权，尚未形成稳定的最终认可。渴望重新回到战国大争时代的精神需求，仍然是一股普遍而强劲的社会思潮。无论是帝国中央在确立郡县制中爆发的"诸侯封建"大论争，还是六国贵族在当时的复辟言论与暗杀行动，以及山东民众与当年封主的种种联结，甚或对贵族暗杀行动的实际掩护、民间流言、反秦石刻生发不息等，都证明了这种可变性的强烈存在。

唯其如此，在后世看来相对寻常的种种事变，在这个时期都具有数倍、数十倍放大的强烈反应后果。从社会动乱的历史发展节奏看，如秦二世胡亥这般低能昏聩的君主，前世有之，后世更有之。然而，后世社会反应的迟钝缓慢，远远无法与秦末时期的激烈快速相比。自西汉末期的绿林、赤眉农民军暴动起，任何时代的农民起义，都是反复酝酿多年方能发动，发动后又长期转战，很难得到全社会的有效支持。至于普遍而迅速地响应，更是极其罕见。

此种现象，愈到中国后期愈明显。宋王朝享乐庸主多多，且内忧外患频仍，农民反抗经久不断，却数十年不见天下轰然而起。明代昏君辈出，首代杀尽功臣，此后外患政变迭出，后更有"家家皆净"之号的盘剥皇帝嘉靖。而明代酿成农民大起义，却竟然是在二百余年之后。纵观中国历史，其对昏暴君主的反应差别之大，呈现出迅速的历史递减。

此间根本，既有文明衰落与族群生命状态衰减的原因，更有时代精神的巨大差别。

再者，秦帝国时代依然弥漫的战国精神，就是天下问政的历史风尚。

春秋战国时代乃"多事之时，大争之世"。其时，普遍的生命状态是"凡有血气，皆有争心"。

当此之时，世风刚健质朴，不尚空谈，求真务实，对国家大政的评判既直截了当，又坦荡非常。春秋战国时代的普遍现象是，国有昏君暴政，则人才立即出走，民众立即反抗，或纷纷逃亡。这种刚健坦荡的精神，既包括了对昏聩政治的毫不容让，也包括了对不同政见者的广阔包容，因之酿成了中国历史上的一系列政治奇观。

在中国历史上，只有春秋战国时代的贵族，可以因政见不同而流亡，并能在流亡中寻觅时机再度夺取政权；只有这一时代的政治失败者，能在被贬黜流放中再度崛起，重新返回权力场；只有在这一时代，士人阶层能以政见理念为标准，选择效力的国家，能"合则留，不合则去"，特立独行，千古罕见；只有这一时代的民众，可以自由迁徙，"危邦不居"，可以对自己不能容忍的暴政一挥手便走，否则便聚而抗争；只有这一时代的民众，真正地千刀万剐过昏暴的君主……凡此等等奇观，皆赖于这一时代的根基精神，皆为这一时代的社会土壤所开出的绝无仅有的奇葩。

这一时代现象，便是"天下问政"的历史风尚。

这一风尚的实际内涵，是对失败者的宽容，对在位者的苛刻。

在秦统一中国之后的十余年里，这种春秋战国遗风仍然以浓烈的历史传统，存在于现实社会。整个社会对已经灭亡的六国，并没有因为向往和平与统一而从精神上彻底抛弃。对具体到个人的六国贵族的复仇，更没有因为尊奉秦法而一概冷落。至于对复辟旧制带来的恶果，则因为没有复辟大毁灭的历史先例，其时尚无法深切体察。

其时，天下民心对帝国大政的基本态势，仍然是春秋战国的价值法则：你果真高明，我便服你；你果真低能，我便弃你。始皇帝雄风烈烈，大刀阔斧，开天辟地，大谋天下生计，谁都会看在眼里。帝国施政纵有小错，民也容忍了。秦二世低能昏聩，杀戮害贤，享乐与聚敛并发，大谬也，是可忍孰不可忍！在那个时代，没有漫长的忍耐与等待，没有基于种种未来与现实利益而生发的反复权衡，没有"臣罪当诛兮，天子圣明"的愚忠世风，没有"窃以为如何如何"的萎缩表达方式。人同此心，心同此理，一切都是简单明了的。

轰然之间，社会直感立可爆发为巨大的社会风暴。

这便是社会土壤，这便是时代精神。

就历史事实说，始皇帝以战止战而一统天下，民众无疑是真诚地欢迎，真心地景仰。一个新政权堪堪立定，便致力于破解人身依附、取缔封地旧制、决通川防、修筑道路、消除边患、建立郡县、统一文字、统一交通、统一田畴等天下生计作为，再加上帝国君臣上下同心，政风清廉，尊奉法度等后世罕见的清明政风，历经春秋战国数百年锤炼的天下臣民，不可能没有分辨力，不可能不真诚地景仰这个巍巍然崛起的新帝国。

唯其如此，天下臣民容忍了相对繁重的工程徭役，也容忍了种种庞大工程夹杂的与民生无关的奢华工程，如拆毁六国都城而在咸阳北阪写放重建等。甚或，更容忍了勤政奋发的始皇帝，任用方士求仙采药而求长生不老的个人奢靡与盛大铺陈。

归根结底，人民是博大、明智而通达的。事实上，人民在期待着始皇帝政权的自我校正。毕竟，面对始皇帝这样一个不世出的伟大君主，人民宁可相信他是愿意宽政待民，且能够自我校正的。这种天下心态，虽非春秋战国时代的主流精神，然却也是基本的复杂人性的活化事实，既是正常的，也是前世后世屡见不鲜的。

在人类历史上，伟大的君主不惜以累积民怨为代价而追求宏大功业，是极为常见的。这种君主，其归宿大体不外三途：其一，暮年自我校正，且能清醒善后，战国如秦昭王，后世如唐太宗；其二，有所悔悟而来不及自我校正，然却在生前能清醒善后，择贤君而立，故其弊端被后世继承者校正，后世汉武帝为此典型；其三，既来不及自我校正，又来不及清醒善后，骤然撒手而去，留下巨大的权力真空，导致巨大的颠覆性恶变。无疑，始皇帝属于第三种情形。

始皇帝身后的恶性政变，既滑出了始皇帝的政治个性逻辑，又滑出了帝国法治的常态稳定性逻辑，本身便是一个历史罕见的偶然性。且做一条历史的延长线：若没有陈胜、吴广的农民暴动及其引发的复辟恶潮，渡过胡亥、赵高的恶政之后，子婴继位秦三世，帝国政治能否恢复平稳状态？应当说，答案是肯定的。

果然如此，后世对秦政秦文明的评价又当如何？

这一假设的意义，在于展现历史的逻辑，在于清楚认识秦帝国灭亡并非因秦政而发，并不具有必然性。当然，秦帝国的法治并非高端文明时代的法治，其自身逻辑的历史展现力是相对脆弱的，其法治原点的高度集权性，具有足以破坏其稳定传承性的力量。法家学说之慎到派，其所致力推重的"势"，就是这种实际凌驾于法治之上的君主力量。

于是，历史的逻辑在这里突然断裂了。

偶然的恶性政变，遭遇了深厚的历史传统。

强大的惯性力量，绞杀了本质上具有可变性的历史逻辑。

这便是秦帝国突然灭亡的历史本质。

……

伟大的秦帝国骤然消逝于历史的天宇，是中国文明史的一个巨大变数。

伟大的原生文明淡出高端文明视野，是中国文明史的一幕深刻悲剧。

沧海桑田，白云苍狗。我们民族的历史脚步，在艰难泥泞中并未停歇。虽然，我们对那个伟大的帝国及那个伟大的时代有着太多太深的误解，但是，我们毕竟在那个时代的光焰所照耀的旅程上走了过来。时空渐渐深邃，光焰渐渐暗淡。是历史的烟尘淤塞了遥远的文明之光，还是现实的纷扰遮蔽了我们的视野，抑或，我们已经飞入了历史的太空，再也不需要民族传统的根基？

蓦然回首，遥望帝国，一掬感动的热泪盈眶而出。

有哪一个时代，承受了无尽的指控，却依然坚实地支撑着她的后世子孙们？

中华民族必须拥有强大的文明话语权 [1]

——答新华社《瞭望》新闻周刊记者问

我们的人文领域太需要传教士精神了

记者：您何时开始对秦的历史感兴趣？这种兴趣缘何而来？是从对法律史的研究追寻到最早期的法治观念吗？

孙皓晖：对历史的兴趣，大约每个中国人都有。这与他所学的专业、所从事的职业，甚至和他有没有文化，都没有多少关系。我们这个民族群，是一个具有深厚历史文化传统的族群。从遥远的时代开始，我们就有了整理自己文明历史的传统，也有了民间说史的传统。中国人的哲学感，更多来自灵魂深处的历史感。所谓谈古论今，所谓登临凭吊，所谓览古知今，所谓"古今多少事，都付笑谈中"，都是这种历史文化传统普遍、深刻而生动的写照。这种不同层面的历史意识，植根于风尘乡野，弥漫于都会庙堂，奔流在每个人的血液中，是我们这个民族群独有的性格风貌。世界其他民族喜欢不喜欢历史？也喜欢。但是，绝对没有中国人这种普遍深刻的历史情结。为什么？原

1　2009 年 2 月 28 日写于海南积微坊，2011 年夏修订于西北大学秦文明研究院。

因之一就是中国的历史长久而系统，复杂而多变，经得起也值得反复发掘与咀嚼。其他民族的历史，则未必如此。

我对秦感兴趣，要更早一些。生于秦地，染于秦风，当然一定会自觉不自觉地多知道一些古秦人的故事。我的家乡，就在古老的郑国渠畔。那时每逢灌溉，生产队就会派出有经验的老人带一群少年巡渠入山。沿途常常露宿，带头的老者一定会说起许多与秦汉有关的传说故事。毗邻家乡数十里之地，便是秦代大将王翦的美原故乡。去那里拉煤、走亲戚，都会听到许许多多的老秦故事。老内史（咸阳）、老频阳（富平）、老下邽（渭南）、老栎阳（临潼）、老郿县（眉县）、老雍城（凤翔）等，都在关中秦风的传说海洋里荡漾。老人们的胡子里真是长满了故事，对每个少年都会形成巨大的魅力。

后来长大了，才隐隐约约地知道了这个地方、这些故事的根基很深，想弄明白太吃力。更往前走，求学，工作，磨炼得多了，走进了法学领域，对社会、对历史有了一定清醒的认识，才自觉不自觉地开始以专业的理论思维，反刍少年的精神积累。可以说，如果没有进入法学领域，我对秦的认识肯定不会完成第一个理性评判——秦是中国五千年文明历史上唯一的一段古典法治社会。

记者：您创作《大秦帝国》的契机是什么？

孙皓晖：20 世纪 80 年代末 90 年代初，中国社会有一个急迫思索的时期。那时，对中国文明的评判流行两种理念：一种是黄色文明落后论，一种是中国文化酱缸论。基于对中国文明史的基本了解，我反对这两种理论。唯一一个以本原形态延续了五千余年的文明，如何就能没有自己独特的优势，如何就已经不能作为我们继续前进的根基了？这是很荒唐的一种理念。但是，要普及一种自己认为正确的理念，绝不是逢人慷慨激昂一番便能完成的。

1992 年，我在北京有一段文化活动，发现工商学界许多知名人士依然大多是这种理念，以致我常常有一种困惑郁闷。就是在那时候，我不期然产生了制造"深水炸弹"的想法，觉得要算总账、算老账，一事一论，管中窥豹，说不清。第二年春天回到西安后，我整理了自己此前的写作与工作，便开始着手筹备帝国写作了。此前，我曾经写过一本书，《金色的农业帝国——中国古代经济法制史》。虽然，因为种种原因，这本书没有正式出版，但是，它对于我相对系统地认识中国历史，认识秦帝国历史，起到了奠基性的作用。没有那样一次八十余万字的学术梳理，我肯定不会满怀信心地走进另外一个领域，以另外一种方式去展现这段历史风云。

记者： 为什么选择采取剧本、历史小说的形式，而不是学术论著？您期望以小说的形式达到什么样的传播效果？

孙皓晖： 我要先说一句，《大秦帝国》的写作，是一种基于信念的自觉写作，包括形式选择，都是自觉的。这很不时尚，有主题先行之嫌，但是是事实。选择文学艺术形式，是基于两个评判：一是深感正统史学论著的形式太过枯涩，影响力苍白；二是中国民众历史意识的形成，多受高质量文学艺术作品影响，我对这一状况深有感触。基于这两点，我认为，文学艺术对社会普遍观念乃至民族精神的影响，大于理论说明。好的文学作品，能够引起社会的普遍思索，这是她最大的优势。只有普遍思索某一问题的社会土壤形成了，人们才乐于接受更为深入的讨论。我宁可先做土壤工夫，而不想在贫瘠的土壤强行播种。

最先的写作形式，是136集的电视剧文学剧本。因为，当时认为电视剧是最容易为大众接受的形式。剧本于1997年完成，获得了影视界知情者的高度评价。但是，由于电视剧本身所要求的通俗形式，许多意蕴深厚的东西是无法表现的。这是我无法接受的痛苦事实。恰好，此前河南文艺出版社一直关注此事，寻觅到我，建议将《大秦帝国》写成长篇历史小说，于是我们不谋而合，有了后来的写作。

记者： 创作十六年，准备三十年，这是您预期到的时间长度吗？

这期间您的创作状态是怎样的？需要做哪些方面的准备？

孙皓晖：用这么长时间，没有料到。坦率地说，五六年的时间，是我最初的设想。因为，当时给自己规划的后续任务很多。可是，越写越深，越觉得这件事已经远远超过了开始阶段所想的那种耗时。当然，也越来越深切地体察了这件事的意义。这么说吧，我之所以能坚持做完这件事，是因为我清楚地知道它的品格所在。我对自己发现问题、研究问题、解决问题的能力一直很自信，对自己的文学表现力也是自信的，至少认为是过关的。所以，我有一个坚定的想法，只要我坚持做这件事，就一定能做完，能做好。

这样，就跋涉过来了。

写作的十六年中，我基本上是小作坊蜗居的生涯。后来，我和夫人从西安到海南，也是为了这个小作坊蜗居没有干扰。当年为什么到海南？很多人经常问起。我的回答只有一句话，海南没有人理我（笑）。西安的文化圈子太大，汪洋恣肆，波澜涌动，你即或不主动卷入，也有时时被卷走的可能。如此大而艰难的一个工程，如果没有长期沉浸出的安静肃穆的一个写作场，很难使精气神始终贯通，你将被无数零碎的必然应对，分割得有心无力。在这一点上，海南要相对好许多。只要你没有写作之外的企图心，不主动伸展欲望，自己安于囚居状态，就没有人来干扰你，就没有一种力量能将你卷走。所谓孤独，所谓寂寞，对于我们这个小作坊，都是不存在的。因为我们每天都在安静地忙活，生活的必需环节和工作的必须进展，完全融合在一起。对于我，书海、人物、事件，日夜不休地纷至沓来，常常觉得脑子还是不够用，没有时间去孤独，去寂寞。

对于长时间的研究与写作，任何技术性的准备都是次要的。或者说，无论多么细致的准备，永远都会显得临阵不足。书到用时方恨少，我是体会得太深了。最重要的，还是精神准备。就是说，你是否真正进入了长期鏖战的精神状态，准备好了为一件有意义的文化工程

文明新论

耗去一生最丰茂的时段，甚或，直到生命的终结？只要精神准备足够雄厚，任何准备不足都是可以弥补的。这，才是真正最重要的，起决定作用的。

记者：为什么宁愿舍弃大学的研究工作去做这件事？

孙皓晖：理论研究曾经是我长期的职业，也是我曾经的兴趣所在。

我曾经在两所大学工作，西北政法大学、西北大学。这两所大学都很好，对我都很有意义。后来所在的西北大学，是一所历史很长的综合大学，文科传统非常丰厚，学术气氛也很活跃。我所在的法学院，虽然是后来恢复的，但也是朝气蓬勃的。凡此等等人文风气，都对我大有裨益。这样一所大学，校方对学者们研究领域的变更，包容襟怀是博大的。写作《大秦帝国》之初，学校非常支持我。当时的校领导主动报请省上批准，给了我两年的创作假专事写作。后来离开学校的原因，是因为假期满后还没有完成作品，历史小说还没有开始。即或以我从不懈怠的工作速度与效率，当时也无法估计还要多少时间。基于我当时已经无法任课，无法承担专业研究，留在学校会有诸多不便，于是就离开了学校。

我对西北大学，有的只是感谢。毕竟，那里是我曾经的根基。

记者：这部书的真实历史与虚构部分各自占多少比例？在您的自我评价中，对于这部书最满意的地方在哪里？感到最不足的又是什么？

孙皓晖：可以这样说，基本面是真实的，次要面是虚构的；框架是真实的，部分细节是虚构的。如果要说比例，大约七八成是真实的，两三成是虚构的。《大秦帝国》中的虚构与调整，主要是人物的年龄，个别事件的时序，不存在没有本源的虚构。适当的虚构与调整，是文学艺术的权利，否则不足以集中表现历史精神，不足以塑造典型人物，不足以在典型环境中展现人物命运与国家命运。但是，从基本面说,《大秦帝国》是最接近历史真实的作品。无论是电视剧还是历史小说,都一样,既是艺术形式的故事,也是基本真实的历史。一些局部事实与细节的错位,或对人物与事件的某些虚构与调整,不能否定这部作品的基本历史真实。有人要求严格地与历史细节全部符合,那是天方夜谭,只能扼杀真实的历史精神。

如果要自我评判,我觉得《大秦帝国》好的地方是对历史精神的开掘,是对统一文明正源的展现。从艺术角度说,最成功之处,是成功地解决了最困难的结构问题。我理解,长篇历史小说的结构,就是叙事的框架。这一框架,必须是历史的进展逻辑,又必须是小说文本的结构逻辑。对于《大秦帝国》这种以国家命运为轴心的历史小说,结构具有决定性的意义。可以说,结构的确立,是《大秦帝国》成败的关键。

但是,无论我自己如何评判,都不能代替读者群的检验。一部作品一旦完成,她便是独立于作者之外的客体。尽管我有自己的创作动机与思想,但都不能,也无法容纳社会解读能力的万分之一。我愿意深化自己,愿意解读社会,不会有不能承受之重。

记者: 有记者评价您"不管从哪个角度提问,都像传教士一样,很执着地叙说自己的理念"。您认同这个传教士的形象吗?您期望传达的"教义"是什么?

孙皓晖: 虽然我不是教徒,但是我欣赏传教士。传教士是什么?就是一群坚忍不拔的信仰传播者。社会需要信仰,社会需要传教士。人类群体的信仰不同,各自传播的教义也不同。但是,人类传教士的精神是相同的。这种精神,就是对信仰的坚定执着,对信念的至死不渝。用这种精神衡量,我还差得很远。

我们这个社会,极其类似于春秋时代,万物共酿,六合激荡,天下多元,主流不振,一片礼崩乐坏之象,信念危机处处皆是。当下的人文阶层,当下的主流社会,已经普遍丧失了精神力度。当下人文学

文明新论

者与文学艺术家们的所谓风骨，所谓节操，充其量表现为某种洁身自好、独善其身的狭小壁垒。真正的以大争精神、原创精神进入治学领域的名士风骨，已经成为很难寻觅的人格化石了。我们在消解崇高，我们在玩弄废墟，我们在欣赏溃疡，我们在漂离美感。我们风华了，我们也沉沦了。

但是，我们不失望，我们充满了希望。为什么？因为，这正是大创造时代的前夜，是我们民族文明历史上第二次脱胎换骨真正的时代。第一次脱胎换骨，是我们向铁器时代迈进；这一次脱胎换骨，是我们向工业与科学时代迈进。我们无用的赘肉正在烂掉，我们悠久的脓疮正在破裂，我们新生的肉芽正在顶出。激烈的世界竞争，雄厚的内在成长，正在全方位地挤压着我们。角角落落里各种各样的瓦釜，正在风华沉沦的外衣下，酝酿着自己的雷鸣。我们的战国时代，就要来临了。

正因为如此，我们的人文学界，我们的文学艺术界，需要一种传教士精神，需要一批敢于突破传统，并敢于面对真实的风骨名士，去驱散历史的迷雾，去还原我们的精神，去构筑前进的根基。文学评论家谢有顺先生说，现在的文学缺乏一种有世界观的写作。我非常赞同这一评判。我理解，这种"世界观"的实质，就是一种人生的真精神，它既表现为怎么写，也表现为写什么，更表现为以什么样的精神状态写。治学也一样，是仍然囚禁在明清以来的考据主义的传统中，仅仅以整理编辑国故文献为大师之功，还是重在思想发现，重在原创精神，同样有一个治学品格与治学精神问题。也就是说，我们对文明历史传统的审视，本应该早早进入思想整理阶段，可是，我们却仍然停留在具体研究阶段。

在这个意义上，我希望做个传教士，去传播我们的文明发现。

我们的文明传统必须从根基上清理

记者: 您从何时有了大秦帝国是文明正源的理念? 这种理念是从何而得出的?

孙皓晖: 从我写完那部经济法治史,这种理念就确立了。论时间,应该在20世纪80年代末期,1990年前后。我写《大秦帝国》,最先写的是总体阐述,也就是后来的历史小说的序言。那里的第一句话就是,大秦帝国是中国文明的正源。世界各民族的文明,都有自己的正源,都有文明锻铸成型的那一个历史时代。但是,只有中国文明的源头是极其特殊的。这一特殊之处,在于中国文明不是一次锻铸成型的,而是历经六大时代(夏、商、周、春秋、战国、秦)的六次历史跨越,才在秦帝国时代锻铸成型为一种凝聚力最强的统一文明体系。

比较而言,世界所有的古典文明,都是在一个历史时期成型的。至少,绝对没有六次成型的超大文明体系。

具体说,中国的远古三代(夏商周)文明,都是当时不同的特大族群创造的文明。她们有相同的根基,但更有不同的特质。在历史的兴亡更替中,这三种不同特质的文明,都曾经校正了前代文明的弊端,而创造了包含前代优秀基因的独有文明。所以,夏商周三代文明,在本质上是一种扬弃式的历史跨越,既有根基的继承,又有形态的发展。直到春秋时代,中华文明的所有历史基因,才在蓬勃激荡中开始了大碰撞大融合。战国二百余年,又在这种大融合的基础上,形成了各自寻求最佳文明形态的大竞争道路。最终天下向一,在秦帝国时代完成了最伟大的文明创造——建立了以统一政权为轴心的统一文明体系。

此后,中国古典文明最终成型,历经两千余年没有变化。

很清楚,秦帝国时代,只有秦帝国时代,才是中国统一文明的正源。

记者：从您法律学者和历史学者的角度来看，商鞅变法到底对后世具有怎样的意义？

孙皓晖：你这"到底"两个字，用得颇具意味，说明包括你在内的许多人，对商鞅变法的历史意义始终是不清楚的，怀疑的。在今天，这不奇怪。

商鞅变法，是战国时代最为深彻、全面的社会文明大变革。这次变革的深刻性，在于它正确地解决了当时社会大转型时期的一系列基本问题：第一个是土地关系问题，第二个是阶级关系问题，第三个是国家奖励机制问题，第四个是如何激发生产力问题，第五个是人口、就业与社会习俗问题，第六个是军队建设问题，第七个是国家体制问题，第八个是法治人治的关系问题，第九个是意识形态问题，第十个是政府信誉问题。凡是这些基本问题，当时的各国变法都在寻求解决道路。但是，只有商鞅变法，抓住了社会基本矛盾，并找到了最为合理的解决路径，庖丁解牛式地完成了一场非暴力的社会文明大变革，使秦国一举完成了历史性的文明跨越。

对于后世，商鞅变法具有恒久的实际意义与借鉴意义。

实际意义，是说商鞅变法奠定了秦文明的根基与框架。郡县制、中央集权制、社会法治及一系列经济民生文化制度，都是商鞅变法确立的。秦帝国统一中国文明，实际上就是以商鞅变法后的秦文明为根基的大规模文明创造。中国统一文明的正源，实际上就是以商鞅与秦始皇这两大支柱为根基的。商鞅变法对中国统一文明，具有母体的意义。

从历史借鉴的意义说，商鞅变法有两点永恒的价值。

一则，是以非暴力的变法，完成了革命性的文明跨越，付出的社会代价最小，取得的历史进步最大。其间变法战略、变法策略的提出与运用，给后世留下了极为丰厚的社会变革经验。二则，是恒定的法治精神，强大的政府信誉，最大限度地凝聚激发了社会创造力。如果我们认真细致又全面地研究了商鞅变法，我们就会发现，后世古典中国的所有变法与社会变革，都没有达到商鞅变法所具有的认识水准及无与伦比的社会运作能力。所以，商鞅变法对中国社会的文明变革，具有永恒的借鉴价值。

记者：在当时的环境下，为什么可以如此清晰地认识到法治的重要性？

孙皓晖：当代的我们，往往有一个深刻的误解，以为中国古典法治是从商鞅变法开始的。其实，中国远古文明的发展是非常均衡的，法治、礼治、人治、德治、无为而治等治国理念，都曾经有丰厚的历史传统。从法治上来说，五帝时期就有了"象刑"，大体类似现代法学理论认定的早期习惯法；夏有禹刑，商有汤刑，周有吕刑。其中，夏商两代的法治程度比较高，周代的法制（不是法治）已经沦为礼治的附庸了。

就是说，在春秋战国之前，中国的法治虽然没有成为主流政治文明，但是作为社会强制性规范，始终保持着相对成熟的形态。譬如，商鞅变法时的法条"弃灰于道者刑"，被后世屡屡指斥为苛法暴政之一。其实，这是商代开国之王成汤时的"汤刑"法条，不是商鞅的首创。就是说，商鞅变法时期成熟的法治理念，首先有它的历史根基，有它的继承性，不是凭空生发的。假如没有既往的历史经验，战国法家不可能一夜之间达到如此之高的理论水准。

最重要的是，春秋时代的社会激荡，催生了社会要求变革法制的强烈需求。

首先的浪头，就是要求公开法律。所谓作竹刑、铸刑鼎等，都是法律走向公开的开始。其次，就是要求旧法改变为适应社会变化的新法。实现这两个基本点，就是变法思潮。春秋末期，社会新阶层推动的大大小小的变法，已经风靡了社会。迄至商鞅变法，已经是战国第一波变法浪潮之后，法治理念已经具有了走向成熟的社会土壤。商鞅总结了此前时期的变法实践与理论，创造了极其清醒自觉的战时法治理论体系，是很自然的，水到渠成的，并不具有丝毫的突兀。之所以我们有突兀感，觉得那时怎么能有如此清晰的法治理念，是因为人为的历史烟尘遮蔽我们太久，我们对自己的文明根基已经非常生疏了。

记者： 为什么在一个激情迸发的时代，这种重大的变革没有导致疯狂性甚至破坏性？

孙皓晖： 这个，问得好！从历史实际看，有两个原因。

一是社会土壤，也就是人民素质。"人民"这个词汇，是那个时代的原创。历经四百余年的思想激荡，战国时代的人民，已经具有很高的文明理性与社会理解力，人口素质极高，灵魂朴实而高贵。一个最基本的现象是，春秋中期到战国末期，五百年左右，中国大地在社会大激荡中，没有发生过一次大规模的民变暴动与起义事件，这实在是人类文明史的奇迹！也就是说，社会是通过变法来获得进步更好，还是通过"汤武革命"的方式来获得进步更好，人民在整体上是清醒的。思想的自由，百家争鸣的论战，思想家的清醒，大量高质量的原创理论，都给人民提供了认识能力与理解能力。

我们可以想想，后世美国的宪法创立时期，人民为什么是平静的？就是因为国家给整个社会提供了大论战的平台，人民愿意平静地倾听，并接受他们的代表人物做出的理性选择。由此，联邦党人的制宪思想，才能最终得以确立。我们的战国时代，正是如此。

第二个原因，就是国家政治经验的成熟，运作方式的得当。战国时代，七大战国都曾经先后有过变法，没有一个国家因为变法激起过疯狂性，或破坏性动荡。其直接原因，就是变法主持者都是当时的大政治家，都有非常出色的规避风险的政治操作能力，能够合理引导社会的宣泄力量找到妥善的出口。就说商鞅变法，在战争连绵的战国时代，秦国竟然能腾挪出二十余年的无战时期来全力变法，这是实实在在的奇迹！假如没有秦孝公这样的天才政治领袖，没有商鞅这样伟大的政治家，并且两人鼎力合作，这样的奇迹根本不可能出现。

记者：您如何评价法家思想在秦帝国的地位？法家的法治和如今提倡的法治有什么样的区别？

孙皓晖：法家思想在秦帝国，无疑是占据主导地位的。

就治国理念而言，法治也是秦帝国的唯一治国理念。后世的我们，往往忘记了最为重要的一个历史事实：秦帝国以法家为治国唯一理念，与敬重百家是并存的。我们的误区，一是将"百家"仅仅看作法、墨、兵、道、儒等几个政治理论学派，忽视了整个社会文化流派的丰富性，将秦帝国在治国理念上的选择，看成了在全部文化政策上的选择；二是将秦帝国尊奉法家，看成了汉武帝式的翻版——罢黜百家，独尊法家。

历史的真相，恰恰相反。就政策实践说，秦帝国既尊奉法家，也倚重兵家，更敬重墨家（秦为后期墨家的学问基地），同样敬重道家（老子入秦得尊奉，而有《道德经》传世）。这都是明明白白的历史，却总是被人遗忘。秦帝国尊奉法家，仅仅限于治国理念，是统治方式的选择，而不是普遍的社会文化政策，更不是用法家替代百家。古今中外的国家，谁见过一个国家有两种统治方式？没有。治国方式，只能是一种。在秦帝国，就是法家法治。这不是文化政策。文化政策，秦帝国是继续多元的。

秦帝国创立统一文明后，秦始皇帝曾经拜儒家第八代传人孔鲋为文通君，第一品级的爵位，执掌天下学术事务。这件事，后来的儒家从来不提，很有意思。政治上的治国理念，在任何时代、任何国家都是一元的，不允许混乱的。秦帝国尊奉法家为治国理念，同时敬重百家，尤其是激励水、工、医、农等实用学派大发展，不对吗？不好吗？

古典法家的法治，与当代法治当然不同。法家的法治是古典法治，是君权制时代的法治，政治文明的根基首先不能与今天相比。其次，战国法家的法治，是战时法治，带有战时管辖的性质，其重刑主义的特点很鲜明，与后世的常态法治不能相比。但是，这些都是历史的相对性所决定的，不能因此而抹杀其当时的历史进步性。

在对待古典法家的态度上，历史虚无主义是最大的误区了。我们的法学教育，虽然也有中国法制史、中国法律思想史这两门课程，但作用微乎其微。中国法律界的实际思想，绝对的主流认识是，中国古代没有法治，中国古代法治就不是法治。这种理念，实际上将法治看作西方政治文明在中国的移植，距离历史的真实与中国文明的传统，距离很大。见诸法治实践，后患也很大。

记者：后来的罢黜百家、独尊儒术，在您看来产生的最大影响是什么？

孙皓晖：汉武帝在意识形态领域的"罢黜独尊"政策，是中国文明史上最大的悲剧，最大的荒唐。这一政策对后世的最大影响，就是遮绝了中国文明原生态的健康发展之路，走向了单一动力的自我枯竭，阉割了中国文明的蓬勃生发，只留下了保守之道。

坦率地说，汉武帝对战国与秦帝国时代人民精神的强大与成熟，是深怀忌惮的；深感要使这样的人民驯服，必须采用长期的阴柔教化。《汉书·董仲舒传》记载了汉武帝对贤良文学们的第一次诏书，也记载了对董仲舒的几次诏书，都鲜明地表述了这种忧虑。于是，自告奋勇来教化人民的儒家，与汉武帝的选择一拍即合，才有了漫长而遥遥无期的文明衰变之路。就这个话题，我写过一篇较长的文章《文化霸权与文明衰落》，可以参考。

记者：您曾说过："我不赞成儒家的政治立场与政治哲学，恰恰在这一点上，儒家对后世误导最深。"能否请您详细谈谈，您不赞成的政治立场与政治哲学是什么？对后世产生什么样的误导？

孙皓晖：儒家的政治立场，是复古倒退。儒家的政治哲学，是极端保守主义。

所谓政治立场的倒退性，是指儒家站在古老文明的立场，看春秋战国的变革潮流，坚决主张社会应该回归周文明，回归井田制时代。从孔子到孟子，儒家历经近十代之久，无论在理论上还是在实践上，儒家都一反当时激荡沸腾的变革思潮，鲜明地倡导自己的复古主张。这种复古倒退，于国于民皆有大害。所以，无论儒家学派对入仕执政多么孜孜以求，当时都没有一个国家敢于接纳，敢于重用其领政。

所谓极端保守主义，是说儒家思想体系中那种游离出复古立场，扩展提出的政治理想、社会价值理念及人伦哲学等思想体系，其本质是保守的。譬如大同思想，譬如仁政理念，譬如学而优则仕的价值观，譬如中庸理念，譬如和为贵理念，譬如君君臣臣父父子子的人伦哲学，譬如血统亲友相互庇护的理念等。具体分析，其中都有某些相对的合理性。但是，从本质上说，儒家思想体系的基本面，是以牺牲社会创造精神、牺牲社会正义原则为代价的。从总体上说，儒家的哲学形态，是崇尚静态守恒的，是不主张社会变革的，是极端保守主义的。

在一种健康全面的、多元均衡的文明生态中，保守主义，甚或极端保守主义，都是有其历史价值的。历史上的保守主义政治家，也曾经不乏深刻思想，包括孔子、孟子等儒家大师，都有过深刻的哲学思想。但是，局部的深刻思想，并不一定等同于实际的进步政策。保守主义的历史价值，不是推动社会发展，而是做社会发展的制动器，踩刹车，防止社会向极端方向冒险沦入深渊。但是，若是在一种畸形的以保守主义为单一主宰的文明生态中，则保守主义一定是腐朽的、落后的。一列大型国家列车，发动机越多元越强大，制动器的作用才越显重要。要是将发动机罢黜了，将制动器独尊了，那么，即或这个制动器是神仙变的，是金子做的，也铁定如粪土一般。

这，就是文明生态的相互依存与均衡发展。

西汉中期，儒家被独尊之后，学术面貌开始悄悄发生了变化。儒家与一脉相通的统治者们达成了最大的默契——日渐淡化儒家在原生时代的倒退立场，淡化复辟主张，日渐强化儒家在社会伦理方面的学理性，充分担负起对人民保守主义的教化功能。久谎成真，以至于今天的我们，已经很少有人注意到儒家腐朽的政治根基，更很少注意到儒家被春秋、战国两大时代抛弃的真相了。虽然，儒家刻意地改变自己，已达两千余年之久，历经宋明理学之后，儒家更几乎成为纯正的社会伦理学派。但是，儒家以极端保守主义为本质的思想体系，已经普遍地弥漫开来，渗透了中国社会的各个角落，给后世造成了极其深刻的精神误导。

最重要的误导是，儒家保守主义的教化，丝丝缕缕地消减着中华民族的文明创造力与社会变革精神。求变图存，勇于变革，本来是中国原生文明的丰厚传统。可是自儒家独尊，中国社会两千余年中的变法运动，几乎没有一次真正地完成过，更不说深彻全面的成功了；而且，越到后来，变法的频率越低，成效越微弱。即或是纯粹的局部财政改革，也是举步维艰，兔头蛇尾，细弱得令人脸红。后世的复辟寡头，几乎都是大儒。后世变法的反对派领袖，也几乎都是大儒。前者如王莽，后者如司马光。

有一种说法，指我反儒。我不愿意戴这顶帽子，因为不合适。我对儒家的总体态度，只反对独尊。应该从文明原生态意义上，恢复儒家的保守主义思想地位，剥除其虚假的神圣光环，以使其能够学会像一个正常学派那样生存。该干什么就干什么，踩好刹车已经非常了不起了。制动器做不了发动机，自己没力气脸憋得通红，还误了大家的行程，是很蹩脚的。

记者：您"相对细致地整理了两千余年历史上所有的批秦言论"，那么您认为这些批判性的言论中最重要的是什么？秦帝国的历史缺陷主要表现在什么方面？您对这方面的理解是什么？

孙皓晖： 是的。为清楚了解历史上的非秦烟雾，我翻遍了二十五史，做出了相对细致的整理与摘录。因为，我想真正搞明白，历朝历代对秦的仇视究竟有多少理由，究竟有多少证据？结果，非秦言论的水准很令我失望。说到底，他们提出的总概念只有一个——暴秦。其余十之八九，都是论断性地分类指斥秦如何暴政。

其中，最重要的原发性理论，是秦末六国贵族的反秦言论，是西汉董仲舒的批秦理论。前者的中心是讨伐性的攻讦，云山雾罩，大而无当，谎话连篇，完全经不起分析。后者的中心，则是指斥秦帝国的经济盘剥／刑法暴虐。我在《大秦帝国》最后的《祭秦论》中，已经详尽地考据和分析了"非秦"理论的虚假性，这里不重复了。西汉之后的个人非秦言论，官方的非秦评价，几乎都是以前两者为直接资料，不分析不举证，只一味地咒骂鞭挞，没有任何创造性，没有任何史料价值。值得深思的是，我们当代历史学家的许多文章中，仍然孜孜不倦地引证着秦末反秦言论与董仲舒理论，作为秦暴政的依据。

就我所见，很少有学者做认真的考证分析，更很少有人指出这些论断的虚假性。

终于，我认定了一个历史事实：两千余年的中国学界对秦的评判，基本丧失了客观性，已经不愿意将秦帝国当作一个严肃的历史问题来进行认真讨论了。所以，他们的言论是经不起认真审视的。这一历史迷雾，即或不在今天澄清，也将在未来澄清。一种背离历史事实的谎言，不管有多少人拥戴，终归不会永恒。

秦帝国当然有其历史缺陷。这个问题是两方面的：一则是立足于当时现实的缺陷，一则是文明史意义上的缺陷。就前者说，秦帝国的缺陷主要有三方面：其一，秦始皇帝后期的"势治"超过了法治，严密完整的帝国法治出现了失衡与断层，权力枢纽区出现了人治的空间；其二，秦帝国没有充分的修法准备，没有及时从战时法治的重刑主义扭转过来，没有适时发展为常态法治体系；其三，秦帝国冒进过甚，基本建设规模过大、人口迁移的频率与规模过高过大、国防工程速度太高、意识形态求治太急、老秦族群消耗过甚。用今天的话说，秦帝国在始皇帝后期，犯了严重的"左倾"错误。

若从文明史的立场评判，秦帝国没有什么重大缺陷，只有小缺陷。首先，秦帝国推行的政策符合历史潮流；其次，秦帝国的文明统一事业奠定了中国统一文明的根基；第三，秦帝国的法治是中国五千年历史上唯一完整时段的法治社会；第四，秦帝国的政策失之于急，但并未失之于暴，秦帝国的政策远比后世屡屡出现的暴政时代，要清明平和得多。当然，要从社会性质上评判，秦帝国作为古典社会，相比较于当代文明，肯定是落后一个时代的。但是，这能算作历史缺陷吗？

记者：秦的精神在后来朝代更多得到了传承还是篡改？大致经历了怎样的演变？

孙皓晖：应该这样说，秦的实际制度基本上被代代传承，秦的社会精神与文明创造力，则基本被丢弃。汉武帝之前，汉承秦制基本是全载性的，包括继承秦的意识形态政策。汉武帝之后，作为社会制度的秦制已经定型，但作为意识形态的秦文明价值观体系，却开始被自觉地剔出。西汉末期王莽大复辟，带来了沉重的社会灾难，进而惨遭失败之后，企图以复古取代秦制的政治倒退，再也没有出现，实际秦制开始了恒定地传承。但是，也正是在实际秦制得到历史认可的大势下，精神的秦文明却被彻底地抛弃了。

很不可理解，很荒诞，但却是事实。

记者：您是否认为，在当今社会可能更需要秦帝国时期的精神？比如哪些方面？为什么有这种需要？

孙皓晖：当然是这样。太多了。帝国时代的社会精神是什么？是强势生存，是大争大进，是变革创造，是刚健质朴，是求真求实；人的生命状态极其饱满，知识阶层的尊严感与使命感极强；国家政治清廉奋发，官员不作为是最大的罪行。凡此等等，都是我们今天所缺失的。当代的我们，被儒家的极端保守主义体系教化了两千多年，雄性的进取神经已经麻痹了，人的生命状态已经萎缩了，对什么都无所谓了，对于那个遥远的大阳时代，也几乎已经忘记了。我们需要一种强大的精神复兴，来做民族与国家复兴的先导。

记者：有评论认为您在对大秦帝国的追溯和描述里，蕴藏着对现实社会的不满和期待。是这样吗？您在呼唤什么精神？

孙皓晖：要说不满，有。我们对重建中华文明心中无底，对恢复继承中华民族的优秀历史传统莫衷一是，在世界文明论坛上缺乏起码的文明话语权。对这种状态，我是不满的。要说期待，也是这一点。

我们的文明传统，应该彻底地清理了。这种清理，不是仍然因居于老旧的考据传统之中，去漫无边际地整理国故，去一钉一铆地考据细节，去花大力气考订一些断代、纪年之类。虽然，这些都是需要的。但是，这不是我们所需要的清理文明传统的核心使命，更不是唯一的真学问。清理文明传统的核心之点，是对我们文明历史大规模有深度地研究评判，厘清我们文明发展的源流演变，寻求那些我们应该继承弘扬的历史精神，抛弃那些迂腐的说教体系，给国人一个能够真正体现民族精神的文明内核。

什么叫扬弃？就是创造性地继承。

什么叫"任何历史都是当代人的历史"？就是历史研究必然具有的主体性与时代意识。我们这个时代需要什么，我们自己先应该清楚。在当代，我们首先需要的是强大的思想力量对文明历史的重新发现，而不是纤毫毕现的细节考证。请注意，这不是要任意玩弄历史，而是以高端文明时代的认识水准，给我们的历史重新定位。没有这种定位性质的思想发现，就无法荡涤儒家史观的历史沙尘暴。

中华民族必须拥有强大的文明话语权

记者:《大秦帝国》长篇小说与电视剧的反响是否出乎您的意料? 这种反响,说明它反映了当代人的哪种心理需求? 比如对大国崛起时期的向往,对国家生命力以及整个社会创造精神与进取精神的呼唤?

孙皓晖: 确实,反响之普遍,出乎我的意料。

但是,反响之根基,我是心中有数的。在我们国家走向真正复兴的历史道路上,当代人心理需求的基本点,就是对民族文明与民族精神真谛的渴求。尤其是 80 后、90 后的年轻一代,这种心理需求更强烈。他们没有经历过那个物质匮乏、简朴落后而又亢奋无比的动荡年代,一出生就是花花绿绿的商品经济世界,深感西方文明的普遍浸染扭曲了中国社会,强烈要求恢复民族文明的真精神。于是,有人将他们叫作"愤青"。其实,他们才是中国复兴的真正希望! 他们受儒家文化的浸染最少(至少不成系统),他们渴望恢复民族真精神的欲望最强烈,他们的视野空前广阔,他们的精神空前独立,他们的创造企图心空前浓烈。从基本面说,他们大体具备了大国公民的雄强心态与文明追求,比我们这一代在整体精神上至少高出了一个层面。

正是年轻一代人,对《大秦帝国》有着最为普遍而热烈的共鸣。

这一点,我深感欣慰。

记者: 您说过"我们这个时代所面临的基本社会问题,与那个曾经的伟大时代有惊人的相似之处"。请详细谈谈这些相似之处表现在什么方面。

孙皓晖: 的确是这样。春秋战国两大时代的基本社会课题,与我们这个时代面临的基本课题,有着惊人的相似之处。这些基本相同的社会课题主要点是,如何打破旧的生产方式而建立新的生产方式? 如何走出人治礼治传统而走向法治文明? 如何变革落后贫困的旧的生活方式,而建立一种新的生活方式? 如何在信仰崩溃的社会风气沦落中，建立一种强大而深厚的族群精神？如何摆脱落后挨打、列强歧视的局面，使国家强大崛起？如何在纷繁复杂的列强大争中，寻求到最为高明的外交战略？从总体上说，就是如何从旧的文明形态实现历史性跨越，迈进到新的更高的文明形态。

就基本社会问题的具体内涵而言，当然不一样。

一个时代有一个时代需要解决的具体问题，但这些问题的历史性质，往往会出现惊人的相似。那个时代是要从青铜文明走向铁器文明，是生产方式的大变革，是生存方式的大变革。我们，则是要从农耕文明走向科学与工业文明，同样是生产方式的大变革，同样是生存方式的大变革。就是说，我们的时代与那个时代一样，都是社会大转型时期。

人类社会的恒定方面，决定了不同时代解决相同性质的社会难题，必然有着相同的基本经验与法则。一个民族的先祖，有没有这一类的经验与法则，对于一个民族文明的后续发展，有着极其重要的意义。我们这个民族，有过极其丰厚的变革与创造的历史阅历，只要我们发现并继承了这种历史阅历所包含的深刻经验，我们的复兴一定是震撼世界的。

记者： 您个人对电视剧的评价如何？是否忠实地反映了原著的精神？

孙皓晖： 就《大秦帝国》第一部电视剧说，是我自己编剧的，剧本无疑是原著精神的再现。就拍成的作品说，基本面也是忠于原著精神的。尤其是变法戏，是很成功的。

记者： 听说电视剧在台湾地区反响很好，不知在美国和韩国如何？为什么会有这样的反响？

孙皓晖： 是这样的。据台湾一个编剧在我的博客留言，说台湾影视圈都在议论《大秦帝国》，觉得大陆能拍出这样震撼人的作品，实在应该多交流多学习。这位先生还说，有机会一定邀请我去台湾交流。我当然乐于接受。对于一部展现统一文明的作品，台湾同胞能有如此共鸣，我是深感欣慰的。美国华人世界反响很强烈，有几个留学生给我发邮件、写文章，谈观后感受，都很感奋。英语世界反响如何，现在还没有直接反馈。韩国正在播放，日本也即将播放（本书出版时，日本已经放映过三轮了——作者注）。据说，都有一定的社会期望值。

记者：您曾坦诚"《大秦帝国》的价值目标，就是要为国家和民族寻找文明话语权"。放在世界范围内，这句话该如何理解？是否可能通过这部作品而实现我们的文明话语权？

孙皓晖：国家的文明话语权，就是一个国家的主流学界，一个国家政权，能够对世界清楚地说出自己国家文明的基本方面，源流演变、发展阶段、时代定位、民族生存经验等。这种基本方面，不是以往我们依据西方理念所确定的奴隶社会、封建社会、资本主义社会等，而是我们文明的源头性质、核心价值观、民族精神、政治文明传统等最底色的东西。

譬如，中国政治文明的深远传统，就是"尚一"。中国人历来认为，多头政治必然导致混乱，龙多了主旱，认为治权分散导致国家孱弱。在疆域辽阔族群众多的中国历史上，藩镇割据历来是统一文明的最大威胁。为此，"尚一"是中国政治文明的根基价值观。在这种久远的传统之下，照搬西方民主制肯定翻船。而政治不走向民主，也肯定不符合文明发展趋势。所以，我们必须探寻建立不同于西方民主制的独特的新时代的政治文明。完成政治文明的变革，是中国文明再度实现历史性跨越的核心。它需要种种历史条件的成熟，尤其是国民素质的普遍大提升。任何形式的急于求成，都是有害的。

世界每个国家，尤其是创造了成熟文明体系的大国，都对自己的文明史及重要历史人物有相对清楚的研究定位。自己的文明是什么，为什么，都有普遍为社会所接受的文明史研究的经典论著。这就是文明话语权。

只有我们的历史研究，只沉溺在传统的考据中，深度的文明研究极其缺乏，对文明史与重要历史人物的定位定性，更是混乱不堪。这不是主张一律化，而是在最基本问题上的价值观。譬如，粮食问题很重要，我们可以有一万种说法吗？如果有人硬要说它不重要或未必重要，这不是百家争鸣，而是我们的智商有问题。

《大秦帝国》的基本价值，是对中国统一文明正源的生成做出了历史展现；对中国文明史最为重要而又最被扭曲的一个时代，恢复了历史的真相。虽然她不是理论研究的成果，但她却提出了文明史上的基本问题，并给出了自己的答案。应该说，对于国家文明话语权，《大秦帝国》是有帮助的。

说得太多了，叫停吧。

历史主义是厘清中国文明史的根基 [1]

我的《大秦帝国》问世以来，褒扬与批评俱在。

自 2001 年《大秦帝国》第一部问世，其间 2008 年 4 月全套 11 卷出齐，至今已经十年。十年来，包括网络批评在内，许多媒体都曾经发表过批评文章，包括近来集中出现的一些激情批评文章。所有这些批评意见，都表明了一种趋势：当下社会对中国文明史基本问题的关注与审视，正在继续深化，这实在是一件好事。这种深化的可能性之一，是走向理性的思考与评判，并由此渐渐建立我们这个民族接近于真理性的文明价值评判体系。

对于这样一种趋势，我深感欣慰。

从基本面说，十年来的批评意见，集中于对作品历史观与作者创作理念的批评。这些批评意见，主要集中于五个方面：

其一，作者的历史观问题，核心是文明价值评判的尺度问题。

其二，《大秦帝国》颂扬专制主义，颂扬暴政。

---

1 这是 2011 年写的一篇文章，所使用的"历史主义"这个概念失之于宽泛，很难体现实际所指。后来，我直接用"历史实践法则"这一提法，能较好体现我的研究理念。为了保留历史的发展性，本次修订保留了文章的原貌。

其三,《大秦帝国》无限拔高秦始皇形象,歌颂暴君。

其四,《大秦帝国》反儒,贬儒,不尊圣贤。

其五,《大秦帝国》抬高商鞅变法的历史地位,无限拔高商鞅形象。

这些,都是创作理念问题,也都是中国文明史的基本问题。我曾经在多次的答记者问中,不同程度地做了回答。虽然基本观点都说到了,但却不是系统性的。这里,我愿意做一次相对系统的梳理,做一次完整的基础性回答。

厘清中国文明史的根基在哪里

我的创作理念与批评群之间的岔道,是文明价值标尺的不同。

自 1840 年以来,厘清中国文明史的艰苦努力已经历经了一百七十余年。可是,立足高端文明视野的我们,依然对中国文明史的根基所在莫衷一是。中国统一文明的正源在哪里,中国文明流变的关键转折在哪里,中国文明的基本优势在哪里,中国文明的内在缺失在哪里,凡此等等基本问题,我们面对世界民族之林,都呈现出文明话语权的缺失。之所以如此,根本点就是我们没有社会共识性的文明价值评判标尺。我们对几乎每一个历史事件与历史人物,都有着种种截然不同的历史评价。我们没有共同认可的文明发展的历史坐标,我们没有共同认可的统一文明奠基时代,我们没有共同认可的文明发展历史阶段。我们只有无穷无尽的问题人物,我们只有无穷无尽的问题事件。在全世界创造了各自文明形态的所有民族中,只有我们这个东方族群,对自己的文明根基保持着如此混乱的争执状态。这种状态,不是健康的多元争鸣,而是文明价值观在基本方面的分裂失衡。

没有共同认可的文明价值标尺,任何民族都无法厘清自己的文明历史。

　　　　　　　　　　　　　　　　　　　　　　　文明新论

厘清中国文明史的根基所在，就是确立共同的文明价值评判体系。

我在创作中所坚持的，是历史主义的文明价值标尺。

什么是历史主义？就是以历史发展的阶段性为根基，以历史发展的实践性为尺度，去审视中国文明历史的遗产，去分辨其中的良莠，去确立值得当代的我们继承发扬的东西。这一文明价值评判体系，其具体的展开方式是，依据特定时代的主流性社会需求，依据当时的社会实践结果，依据历史元素在后续发展中所呈现的文明辐射力，去综合衡量该时代所有构成元素（事件、人物、思想等）的文明价值，并确立它们的历史地位。

据此，一宗历史事件，一个历史人物，一种历史思想，融入了当时的社会潮流，推动了当时的社会发展，给当时的国家与人民带来了利益，且在后世具有持续激发民族生命状态的历史辐射力，这样的历史元素，就具有正面的文明价值，就具有重大的历史意义。其融入当时社会的程度愈深，对当时社会的推动作用愈大，其历史辐射力愈强，其文明史的地位就愈高。

反之，一宗历史事件，一个历史人物，一种历史思想，隔膜或脱离于当时的社会潮流，没有推动当时社会的发展，甚或直接、间接地带来了社会破坏，带来了历史倒退，给当时的国家与人民带来了程度不同的利益流失，这样的历史元素，就不具有正面的文明价值，不具有正面的历史意义。它们所留下的，是我们称之为历史教训的那种东西。

这一文明价值评判体系，是基于历史实践原则而确立的。

什么是历史实践原则？就是依据已经被历史发展证明了的社会实践结果，去检验任何一个历史事件与历史人物，去评判他们的文明价值，去确立他们的历史地位。这里，某种史书的既定评判，某种泛化古今的绝对道德理念，某种舶来的绝对目标理念，都不足以成为我们的文明价值标尺。对历史事件、历史人物、历史思想做出价值评判，我们的标尺只有一个——历史实践的检验结果。任何一个当代人，只要他对历史元素进行价值评判，无论他引用了多少名家的结论，都不足以抹去历史实践的检验结果。

实践是检验真理的唯一标准。关于这一命题，当代中国曾经进行过一场最为广泛的大讨论。这一讨论，曾经帮助我们廓清了许多莫名烟雾，帮助我们中止了许多无端争论，使我们能够心无旁骛地投身到变革与建设的新洪流中去。应当说，实践是检验真理的唯一标准，不独是适用于当下社会的价值标尺，同样也是适用于历史评判的文明价值标尺。以历史实践原则为根基，形成我们民族的文明价值评判体系，是妥当而坚实的。如果脱离了历史实践，或者忽视了历史实践，对历史元素的文明价值评判，必然陷进空泛的概念化的泥沼。

历史主义的价值评判体系，有它的认识论根基。

这一认识论是，承认人类文明的生命根基是社会实践；承认人类精神活动所产生的思想成果，并不具有绝对真理的意义；承认人类文明历史的发展是阶段性的，而不是囫囵化的，不存在具有永恒意义的文明价值标尺；承认国家活动的正义选择，在每个时代都是相对性的，不存在永远具有正义性的绝对价值标准。其中，最为关键的是两个支柱：承认文明发展的阶段性，承认历史发展的实践性。承认文明发展的阶段性，我们才能接近历史的真实，才能发掘民族文明在不同时期的合理内涵，历史活动的创造性才会展现出复杂宏阔的总体前进性；承认历史发展的实践性，我们才能超越个体意识的评判，最大限度地接近特定历史活动的普遍本质，从最为广阔的视角去审视文明历史遗产的真实价值。

文明价值评判，是历史研究在历史哲学意义上的终端体现。这种研究与评判，如果不承认文明发展的阶段性，不承认历史发展的实践性，其研究成果，其评判结论，则必将对现实社会失去任何启迪意义，只能堕入一种空泛的绝对化的学术呓语。因为，面对绝对学术化的绝对精神标尺，任何时代的任何人群，包括我们自己，都将无所适从，都将无法选择自己的行动方式。

以绝对精神为标尺，历史发展将陷入不可知困境

历史主义标尺的对立面，是绝对精神的价值标尺。

这种绝对精神的价值标尺，就当下社会而论，通常的形式是两种：一种是绝对人道理念，一种是绝对目标理念。前者，主要表现为以人道主义为永恒不变的绝对标准，去评判历史人物与历史事件。后者，主要表现为以民主制度为永恒至上的绝对目标，去评判中国历史上的政治文明。他们好像上帝的代言人，总是教导我们用超越历史阶段的天国标尺去评判历史，去对待当下。

历史上，曾经涌现过许多自以为永恒的绝对精神标尺。

譬如王道理念，譬如道德理念，譬如仁政理念，譬如人道主义，譬如人权主义，譬如民主至上等。就这些理念产生的根源而言，就这些理念的合理内涵而言，它们本身都具有相对的真理性，这是无疑的。如果将这些理念作为一种高远的目标，从而使人类在历史活动中能够自觉关照自己的缺失，这当然是有意义的。但是，当这些理念被绝对化，被当作超越时空的绝对精神，被当作超越历史阶段并脱离历史实践的绝对价值观念，并以其作为实际标准，作为唯一尺度，去衡量具有无比丰富性的人类社会实践的发展时，它们本身就显得非常苍白了。从本质上说，这是将某种绝对精神作为唯一标准，去检验历史的真理，去评判社会的实践。其结果，必然使社会发展的阶段性，使人类历史的实践性，使文明价值的相对性，使真理的相对性，皆荡然无存。

绝对精神的泡沫在恣意飞扬，泡沫下面却是一片废墟。

譬如，历史上的基本现象之一：某个时代某个国家的政府，为了

抗击外敌侵略，领导人民奋起反击，民族为之付出了巨大的牺牲；一个国家要发展国防，要修建大型国防工程，国家耗费了很大的财力，工程也死伤了很多民众……对于此类基本的历史元素，作为对其文明价值的评判，绝对人道理念者们会做出严厉指斥：这是不人道的，是人民的累累白骨成就了元首与将军的勋章，是无数的生命牺牲撑起了这些宏大工程。这样的元首是残暴的，这样的统帅是屠杀者！如果这样的元首或统帅恰恰死于非常之祸，则绝对人道理念者一定会写下激情宣判：他们该死，他们的死没有价值！在如此指斥之下，绝对人道者们甚至会为历史凭空添彩——编一个故事，让一个服徭役丈夫的女人哭倒长城，以显示绝对人道者的指斥是有根据的。故事流传久了，似乎就变成了真正的历史。

可是，要放弃抵抗呢，要放弃战备呢，要灭亡了国家呢，要灭亡了民族呢？果真如此，这些绝对人道者们会有更加强力的说辞，去斥责那些元首与统帅，去斥责当时的政府，去彰显自己的正义。至于人类在国家时代选择行动方式的价值评估的相对性，至于国家正义的阶段性，绝对人道者们是从来不予考虑的。填充他们头脑的，只有他们的绝对精神。为了证明这种绝对标尺的正确性，他们大可以施展春秋笔法删削史书，小可以玩弄几个民间故事作为培养基因，使这些故事成长为历史。至少，春秋、战国、秦帝国以来的近三千年，这种颇见滑稽的手法太多了。孟子为了证明"以至仁伐至不仁"的轻松性，为了掩盖历史革命的残酷性，大胆地怀疑武王伐纣中的"血流漂杵"的记载，昂昂然宣布："以至仁伐至不仁，而何其血之流杵也！"

这就是他们的大脑，只有鞋子的标尺，从来没有长在自己身上的脚。

曾经有一个时期，我们民族历史上许许多多的爱国主义者，许许多多的抗御外侮的英雄，都被这种空泛的绝对理念否定了。历史上的爱国主义者是褊狭的，历史上的反侵略战争是没有意义的。屈原不再是爱国主义者了，岳飞也不再是民族英雄了。凡此等等，皆见空泛理念的泡沫灾难。以如此绝对精神为标尺，当今国家的变革图强，会在转瞬之间变得毫无意义。包括我们这一代人在内的任何一代人的发奋努力，也都会在转瞬之间变得毫无意义。

这，不是一种灰色的、幻灭的价值标尺吗？

但是，它却以高扬的泡沫，肆意吹散度量着我们伟大的文明史。

在这种虚幻的泡沫价值观下，除了泡沫吹散者们所尊奉的绝对精神，除了历史上的泡沫吹散者同人，所有的人类文明成果，所有的人类历史实践，都是没有价值的。历史实践算什么，只要某一时代死过许多人，流过许多血，你这个时代就没有价值。泡沫吹散者们的绝对精神逻辑，实际上就是这样的。客观地说，没有任何人赞成无端流血，赞成无端牺牲。我们要强调的是，当民族存亡、国家危难之际，或社会发展的急难时刻，需要一个族群付出一定牺牲时，这种牺牲就是壮烈而有价值的，就是有延续文明生存的巨大历史意义的。无论是作为组织者的领袖，还是在战场上与工程中牺牲的人民，都是有价值的，有历史地位的。以同情人民牺牲为绝对标尺，指斥当时的领袖与当时的英雄，这是一种很荒诞的绝对精神标尺，也是一种玷污当时人民选择正义性的不正当评价。其对人民的同情，最终也只能陷于空泛的自我道德表白。

假如，美国社会因为人民流血而否定了独立战争，否定了华盛顿，那一定是一桩非常滑稽的世界文明丑闻。可是，此类现象发生在我们这个民族身上，我们竟丝毫不觉其丑。何谓"入鲍鱼之肆，久而不闻其臭"？宁非如此哉！

任何文明，都是历史在阶段发展中积累起来的文明。没有永恒的绝对价值，没有永恒的历史标尺。对于我们的文明历史遗产，要做出具有相对真理性的评判，就要以历史主义为坚实根基，以文明发展的阶段性为相对标尺，以历史实践的相对真理性为依据，去评判历史元素的历史价值。只有这样，我们这个民族的文明价值评判体系，才能在深重漫长的历史烟雾中真正地建立起来。也只有这样，我们对自己的文明历史，才能真正说得清楚。

一个国家，一个民族，长期淹没于某种绝对精神的烟雾里不能自拔，那是一种魔障，那是一种梦魇。这种绝对精神，为我们树立起了绝对价值的标尺，然后以消解历史实践真理性的方式，消解我们的实践探索勇气；以否定最伟大文明遗产的方式，否定任何时代的创造力；以漠视丰功伟绩而崇尚一切生命的方式，弱化我们民族为正义生存而敢于付出牺牲的强势生存精神。凡此等等弥漫开来，以至年深月久，最终，我们将在绝对精神的漫天泡沫中，浸渍出彬彬有礼而华彩四溢的软骨症。面对世界竞争，我们只有团团作揖了。

在这样的意义上，我反对文明价值评判中的绝对精神。

我们民族的实践精神犹存，我们必将破除这一梦魇魔障。

秦帝国的中央集权制是专制主义吗？

秦帝国创建中央集权制，是发生在多元分治时代的革命性事变。

战国时代，多元分治已经发展到空前严重的程度。也就是在这样的时刻，历史开始出现了内在的转折——华夏世界在兼并融合中发展为七大板块结构，这就是七大战国的裂土分治。这一过程表现出鲜明的历史趋势——强力融合，多极简化，走向统一。之所以如此，根本性的原因是，历经五百余年诸侯分治的震荡，多元裂土的种种致命弊端，都已经彻底无遗地暴露出来。对多元分治的危害，当时的华夏世界已经有了痛切透彻的感知，有了深刻理性的思考。

天下向一，因此而成为历史的大潮。

当此转折，秦帝国实现了历史大潮的指向目标，既统一了中国的疆域，又统一了中国的文明。关于秦帝国的统一，历来的提法只是笼统地说秦统一中国，对秦统一中国文明，则没有自觉的历史定位。我的文明价值理念，将秦的统一归整为两个基本方面：一是秦统一了中国的疆域，二是秦统一了中国文明。疆域统一，是硬件统一，同一时代的罗马帝国也做到了；文明统一，是软件统一，同时代的罗马帝国根本没有意识到。在这两个统一中，秦统一中国文明是根本。

关于秦统一中国文明的价值判断，轴心所在是秦帝国政权的性质。

某些批评者们认为：秦帝国政权是专制主义，是没有文明价值的，是必须否定的。《大秦帝国》非但肯定秦帝国的专制主义政权，且过度抬高，这是对专制主义的颂扬。网络批评的极端语言：《大秦帝国》为法西斯主义唱赞歌。

明确地说，这种激情批评，我不能认同。

专制主义理论，是一种舶来理论。以此解释并评判中国的古典政治文明史，导致了中国文明价值评判的极大混乱。客观地说，自从西方政治理论体系传入中国，并构成中国近现代人文理论体系的基础框架之后，西方政治学说与中国历史现实之间，就一直存在着内在错位的巨大缺失。所谓内在错位，其实际表现是这样一种现象：运用西方理论解释中国的历史发展，或分析中国的社会现实，总是很难接近真相，更谈不上揭示实质。无论是西方理论家，还是中国的西方理念信奉者，他们对中国历史的评判，对中国现实的预测，基本上都是脱离实际的，都是不得要领的。西方人对中国问题的"测不准"现象，自近代以来，已经越来越成为普遍事实。其直接原因，就是这种内在的错位缺失。

这里的根本原因，则是更为深刻的文明整体评判的错位。

什么是文明整体评判的错位？就是西方学说对中国文明的整体评判，是西方文明本位，而仅仅将中国文明看作一种具有局部特殊性的文明现象。这就是最大的错位。因为，中国文明是一种独立的文明形态，其民族生存方式，其社会生活方式，其价值观念体系，其以文字为核心的所有文化呈现形式，等等基本方面，都与西方文明有着另一元的整体特质。中国文明，绝不是基本面同一于西方文明而只具有局部特殊性的东方文明。全面而客观的文明评判立场，应该是多元本位，将中国文明看作整体上的一种独立文明形态，以中国文明价值观分析中国，而不是以西方文明价值观分析中国，才能真实地理解中国。果真如此，诸多四不像式的研究结论，至少可以大大减少。

由于这种文明评判的整体错位，西方人针对中国历史做出的分析与评判，基本上牛头不对马嘴。西方政治学说被中国人硬生生搬来作为研究理念，则其成果绝大多数都远离真相，都似是而非。关于前者的典型例子是，对于中国古典社会的政权性质，西方理论家将大禹治水后开始的国家政权，一直到明清时代的国家政权，都一律笼统地定性为"东方专制主义"。如此囫囵化、简单化的论断，居然是西方理论家的东方学名著。关于后者的典型例子是，以"封建社会"这个翻译出来的范畴，去定性秦帝国之后的整个中国古典社会，其与历史真实的距离之大，令人哭笑莫名。

以西方文明为本位的偏执批评者们，将秦帝国创建的中央集权制定性为专制主义，也是上述囫囵评判的例证之一。他们所依据的西方政治学说的简单逻辑是，民主制之外的一切政权形式，都是专制主义；中国自大禹治水建立夏政权，一直到明清政权，都是专制主义；秦帝国的中央集权制，自然是铁定的专制主义。

果真如此，人类国家时代的政治文明的发展，也太脸谱化了。

既然是依据西方政治学说，我们就先来看看西方人的权威说法。在《大不列颠百科全书》中，对专制主义的定义是："一种政治理论和实践，指不受限制的中央集权和专制统治，特别是君主政体。这种制度的本质是，统治权不受任何其他机构（无论是司法、立法、宗教、经济或选举机构）的监督或制约……法国的路易十四对专制主义做了最著名的断言，他说'朕即国家'。"之后，是对专制主义在近代欧洲表现形式的分析，通篇没有提到中国。依据这一定义，一个政权是否专制主义，其本质界限，不在于它是君主制还是共和制，也不在于它是中央集权制还是另外形式的统治，而在于这个政权是否"不受任何其他机构的监督或制约"。显然，这一定义非常清楚地揭示了专制主义的本质。

根据这一定义，秦帝国的中央集权制，距专制主义似乎还有很大距离。

其一，秦帝国创建的中央集权制，是一个有监督制约的权力体系。

权力监督之一，秦帝国有"凡事皆有法式"的体系化的秦法，举国上下有尊奉法制的传统，执法之严明历史罕见，始皇帝远远不能随心所欲地决定一切。依据上述定义，这是来自司法、立法两方面的监督。

权力监督之二，秦帝国中央权力系统中有专门的监察机构——御史大夫府。就地位说，它位列三公，几乎与丞相同爵；就权力说，它享有监督皇室、稽查大臣的实际政务监督权，并非虚设。依据上述定义，这似乎还是列举形式之外的一种国家权力监督。

权力监督之三，公议制度的监督。秦帝国时代，朝臣公议是一种议事制度。秦史大家马非百先生的《秦始皇帝传》中，专门有"取消议事制度"一节。也就是说，秦帝国创制的前期，若干重大创意的推行，秦始皇都下令群臣公议。创制后期，则因为议论"以古非今"而助长分封制复辟思潮，所以下令取消。以绝对精神的价值标尺说，无论以何种理由取消议事制度，都是专制主义的。但是，依据当时的历史实践，为了维护新的政治文明，取缔"以古非今"的制度根基，不能说没有任何合理性。更不能因为议事制度的取消，就判定中央权力失去了所有的监督。

其二，秦帝国所创建的中央集权制，具有最为深厚的时代根基。

任何制度的创立，其是否具有历史合理性，根基是其在多大程度上吸纳了当时社会的利益需求，在多大程度上体现了特定政治文明的内在需求。从社会利益的需求说，秦之中央集权制，是在五百余年裂土分治的历史背景下创建的。五百余年的历史实践已经充分证明：同一文明根基的华夏世界的裂土分治，只能带来深重的社会灾难。除了分治时代的既得利益集团，广大的社会意识对继续保持分治状态是深恶痛绝的，要求治权统一，是最为主流的社会利益需求。

从政治文明的内在需求说，华夏政治哲学具有深厚的"尚一"理念。"一生二，二生三，三生万物"，是尚一理念在哲学上的最经典表述。也就是说，中国族群的社会实践价值观，从来都是崇尚"事权归一"的。民谚谓之"龙多主旱"。由于生存环境的险恶，华夏族群从远古时代起，就有诸多族群结成一体，在统一号令下协力生存的传统。可以说，从黄帝炎帝时代最初创立族群最高联盟政权开始，"尚一"理念就牢牢扎根于我们的文明基因了。及至春秋战国五百余年分治，中国实际上进入了创造新的"尚一"形式的历史道路。也就是说，从联邦诸侯制的旧的松散"尚一"形式，跨越到中央集权制的新的紧密化的"尚一"形式。这当然是政治文明的一次历史性跨越。从根本上说，秦帝国统一中国疆域，创建中央集权制，是完全符合华夏族群的政治文明价值观的，并不是凭空飞跃的。

历史的实践已经证明：秦帝国的中央集权制，有效地结束了华夏世界范围内的区域相互封锁，有效地结束了分治时代的连绵战争，使华夏世界获得了统一治权条件下的空前广阔的发展空间。这种基于强大历史需求而产生的政体，这种已经被历史实践证明其强大功效与伟大贡献的政权形式，不是简单地将其冠名为专制主义，便可以否定其文明史地位的。

其三，秦帝国的中央集权制，与后世的皇权制是两回事。

评判一个特定历史阶段的政治文明，不能以后世的流变为根基，不能圈囿化。秦帝国之后百余年，汉武帝抛弃了华夏世界的多元文化传统，建立了一元特质的保守意识形态，中央集权制由此埋下了蜕变的种子，渐渐走向了彻底板结。

这个板结过程是，皇权日益覆盖全部中央权力，并渐渐以皇权制取代了秦帝国开创的中央集权制。其具体表现是，以丞相府为首的中央政府系统的权力，日渐分解，日渐缩小，直至清代，丞相直接沦落为皇帝上书房的"行走"；监察系统与言官系统的权力，也迅速缩小，迅速虚化；皇帝直辖独断的权力，则日渐增大，唐宋之后，皇帝权力已经接近于基本没有限制，是为皇权制。这种不断沉沦的变化，是历史的事实。这里的要害是，皇权制与秦帝国时代的中央集权制，不是一回事，不能归结为一体做囫囵化评判。

从总体上说，秦帝国首创的中央集权制，是一种以皇帝为轴心的整个中央权力系统行使最高治权的集权政体。西汉之后渐渐流变成的皇权制，则是皇权系统几乎完全取代中央行政系统的决策权力，走向专制主义的趋势明显化。但是，我们不能因此判定，中央集权制在创造阶段就是专制主义。应当说，在遵奉法治的秦帝国时代，其中央集权制是具有巨大进步意义的政治文明创造。这是历史实践的展现过程，不是任何理论评判所能改变的。

秦帝国的中央集权制，不需要以西方学说定性。

中央集权制本身，就是一个定性秦帝国政权的最适当范畴。

历史的发展已经表明：古今中外的政权形式，不仅仅是专制与民主两种形式，还存在着许多形式的第三形态甚或第四形态的政权，它们既非民主政权，也非专制主义政权，它们本身就是一种具有独立政治文明形态的政权形式。如果一定要用民主与专制这样的绝对标尺划分纷繁复杂的政治文明实践，我们必然失之于简单化、囫囵化，无助于我们接近历史与现实世界的真实性。

真理跨越一步，就是谬误。虽然，中央集权制与君主制，是最可能产生专制主义的两种政权形式。但是，毕竟不能等同。否则，日本国有天皇制，英国有国王制，它们究竟是民主制政权，还是专制主义政权？从本质上说，秦帝国的中央集权制，在当时的历史条件下已经实现了相对的制约平衡，无论从哪个时代的标准说来，它与专制主义政权都不是一回事。

对秦政、秦皇的咒语已被历史实践破解

秦帝国暴政，秦始皇暴君，这两句政治咒语，早已经失灵了。

失灵的根本原因，是历史实践的真相已经不断被发掘出来。

秦帝国之后，秦政、秦皇备受攻讦两千余年。其中，也包括了对秦政奠基者商鞅与商鞅变法的攻讦。秦始皇是暴君，秦帝国是暴政，年深月久，终成咒语。鸟瞰两千余年对秦政、秦皇的攻讦史，其基本状况是，攻讦言辞猛烈，事实举证薄弱。唐代之后，沦入基本不举证而只管念叨咒语的模式，咒语初步炼成；宋明清时代，秦皇与暴君等同，秦政与暴政等同，升级为可以无条件引用的历史定式，咒语终于大成。其间，偶有肯定秦皇、秦政之异声，会立即被咒语浪潮窒息淹没。近代史以来救亡图存，风雷激荡，正面肯定秦政、秦皇者不断发声，不断突破，咒语开始失灵，暴政、暴君的定式开始流产。

及至当下，社会精神日趋多元，不再盲目追随知识分子阶层起舞。社会历史意识对秦政、秦皇的评价，日渐趋于静默，开始进入了真正的思索状态。与此同时，对中国文明史已经开始了相对深入观察的世界目光，也在越来越多的各种形式的作品中，将秦始皇作为中国古典文明的真实核心了。那种仅仅以儒家为坐标评判中国文明史的外国人，已经越来越少了。虽然，古老的政治咒语还远远没有在中国遁迹。但是，咒语信奉者们的用语已经日渐枯竭，理论已经日见苍白，其攻讦水准已经远远落后于古代了。

两千多年来，对秦政、秦皇的攻讦，以西汉时期为最高水准。

虽然西汉学者们列举的基本事实，大都经不起历史实践的证明，

但是，他们毕竟还自觉注意到了批评者的举证责任。其后各个时期的攻讦，则因为不承担举证责任，不得不沦入咒语境地。颇有意思的是，两千余年来，除了秦末六国贵族的政治谎言，除了董仲舒等人臆断式的批秦之论，除了焚书坑儒等几则两千余年不断翻炒的案例，对秦政、秦皇的攻讦，竟然一直未能出现系统展示历史事实的真正有力的论证篇章。客观地说，两千余年的批秦作文，绝大部分论断都是缺乏事实支持的。在他们的文章与言论中，既没有田野发掘重大事实的支持，也没有史书明载的基本事实的系统举证。

对于这个古老的问题，我愿提供一个论证方向，以资批评者考虑。

什么是暴政？当时的政治家们很清楚。商鞅的著名论断是，杀人不为暴，赏人不为仁者，国法明也。这就是说，依法处决罪犯，不是暴政；无视法律，滥杀无辜臣民，才是暴政。法律之外滥行赏赐，不是仁政；依法赏赐，才是仁政。这一论断，无论从历史实践看，还是从当代文明理念看，都是成立的，都是难以推翻的。但是，以某种当代法学理念，这一论断潜藏着一个隐隐的缝隙——法有恶法、良法之分。所谓恶法，就是将国家统治方式推向罪恶行为的法律，譬如希特勒的种族歧视法，导致了整个国家机器的种族灭绝罪行，就是恶法。如此理念之下，若能系统研究秦法，大量举证秦法的恶法律条，从基本方面证明秦法是恶法，将秦帝国的统治方式与秦始皇本人的政治行为推向了罪恶实践，出现了若干数量的大屠杀，导致了社会大倒退。倘能如此，无疑是暴政成立的最根本证据了。在此条件下，再去搜寻秦始皇的暴行，也许会容易一些。

至少，这是治学的正当路径，其力量远远大于概念化批评。

没有绝对的神圣，儒家的历史缺陷是可以呈现的

儒家问题，是一个同样古老的问题。

涉及春秋、战国、秦帝国的任何形式的作品，都不能绕开儒家。在这个问题上，我的态度是严肃的、慎重的。除了《大秦帝国》中的形象叙述，我写过《遭遇儒家》《文化霸权和文明衰落》两篇专门谈儒家的文章，还在答媒体采访中多次谈及儒家问题。

我的基本理念是，儒家是先秦诸子百家中的一家，属于保守主义的学说体系。在春秋战国崇尚思想多元化的健康文明环境下，儒家在整个文明形态的制约平衡发展中，有过客观的历史作用。但是，儒家的最大缺陷，是反对变革与创造，主张中庸之道，所以它只能是中国古典思想的一个特定侧面，远非主流，更不是代表。因此，抛弃多元思想体系而独尊儒家，是中国文明的悲剧；从当代文明跨越的历史需求看，应该厘清并重建先秦时代的多元思想体系，分析研究各家的优势与缺陷，将所有的优势思想综合起来，作为中国古典文明的优秀传统。其中的儒家，只是中国古典思想的构成部分之一。若将儒家作为中国古典思想体系的唯一代表，覆盖具有创造性的其他思想体系，甚或仍然主张独尊儒家，我们这个民族将再度陷入文明发展的悲剧。

在儒家问题上，我所以遭到诸多偏执批评，在于中国当代仍然存在这样一个虽然已经日渐稀薄的文化气场：儒家等于中国传统文明，儒家圣贤是完人，不能表现他们在生身时代的尴尬，更不能展现他们落后于时代的一面。否则，就是丑化儒家，就是反儒贬儒。

不知道从什么时候开始，儒家忽然重新变得不能触摸了。

我们应该深刻思考一个基本问题：自西方列强的炮舰政策轰开中国大门，中国文明陷入生灭存亡的巨大劫难开始，中国社会强烈地激荡起反思中国文明的思潮——是什么原因使我们这个民族停滞不前，日渐沦落为穷弱之邦？在那个曾经的痛苦反思时代，我们民族最强烈的检讨，第一个目标答案就是打倒孔家店。无论这一答案如何失之于激烈偏狭，它毕竟是我们民族第一次基于理论直觉的自诉。当时，所有的进步思想家几乎都是批儒批孔的。鲁迅的《狂人日记》对封建礼教的形象批判，更是曾经长期成为我们的思想经典。

这样一种失之偏狭的反思成果，一直延续了百余年，一直延续到"文化大革命"，始终都以某种形式的真理形态为社会主流所公认。可是，从改革开放的新时代开始，这一真理性的关于中国文明史最基本问题的主流评判，倏忽之间便失足坠入了万丈深渊。主宰中国两千余年的儒家理念，忽然之间又变身成为中国文明的代表，愈演愈烈，以至于孔子像已经站到天安门广场的边缘了，对外宣传中国文明的文化机构也叫作孔子学院了……

为什么会发生如此巨大的历史反复？

自"五四"以来关于中国文明史的基本评判，即或有其偏激的一面，难道全部都变成谬误了吗？客观地说，"文革"时期简单化、政治化的历史评判确实是不可取的。但是，自"五四"以来绝大部分进步的思想家、历史家、学问家，他们曾经否定儒家的思想，也都是完全错误的吗？

对于这一切，我们都保持着严重的失语状态。

我们捡拾起了曾经被当作"三座大山"之一的两千年旧说。我们抛弃了曾经以真理形态存在的"五四"新说。但是，我们却没有任何解释。面对自己的文明史，我们混乱，我们失语，我们装聋作哑。我们这个民族，何以沦落到如此状态？我们究竟怎么了？往前走，我们究竟要做什么？

历史的逻辑是，不对历史负责者，历史也不会对他负责。

……

战国儒家的代表人物，是孟子大师。这位夫子很雄辩，但论战作风却很差。他以很刻毒的语言，几乎骂遍了当时的主要学派。在春秋战国各个学派的所有大师中，没有一人如此失态。动辄诛心，攻人而不对事，也是儒家曾经的重大缺陷之一。孔子诛杀少正卯的判词，首句就是"心逆而险"，根本没有事实举证。论战之道，当时的"稷下之风"是优良传统。所谓百家争鸣，正是稷下学宫的历史盛况。

这些，都是历史的事实。《大秦帝国》展现了这一类场景，也让张仪"反骂"了孟子一场。但是，张仪驳斥孟子的言论中，没有一句类似于孟子骂纵横家那样的狠毒粗口。于是，《大秦帝国》就被戴上了丑化孟子、贬低儒家、反儒等帽子。偏执批评者们的基本理由是，孟子有浩然之气，如此一个大师，绝不会那样表现。没有一个批评者提到，孟子爱骂人是实，儒家要好好反思，认真改改这一风气。

历史地看，思想独尊，从来都是宗教世界才有的法则，其实质就是思想专制。一个国家，一个民族，奉行宗教式的思想独尊，无异于全面扼杀这个民族精神活动的创造力。反思这种作为历史遗产的思想独尊的危害，对于我们这个民族，具有深远的历史意义。更重要的是，我们指出儒家的历史缺陷，不是刻意贬低儒家，更不是主张从华夏古典思想体系中剔除儒家，而是要恢复儒家思想的保守主义本质，将它从绝对神圣、不能评点的高台上请下来，与所有健康的、积极的、光明的、向上的思想体系组合起来，共同构成我们民族的良性文明遗产。

我相信，儒家绝对神圣的时代，已经永远地过去了。

《大秦帝国》，是一部精神本位的作品。

对《大秦帝国》的创作理念，无论是褒扬，还是批评，其本身都必然会直接地深入到中国文明史的价值评判讨论之中。思想总是在相互碰撞中一步步接近真理性的。自 1840 年以来，对中国古典文明的新价值评判思潮，已经以种种形式弥漫了一百七十余年。这风雷激荡的一百七十余年，我们不知打破了多少藩篱，却仍然没有获得普遍性的文明价值共识。但是，只要我们努力，只要我们认真，我们必然会继续接近真理的境界。

历史的烟雾，不会永远地遮蔽一个智慧勇敢的民族。

文明开掘:《大秦帝国》的精神本位

《大秦帝国》是精神本位

关于《大秦帝国》的具体创作历程,我历来不愿说得太细。

一切的艰难曲折,都是个人的自觉选择,反复地咀嚼这些东西,我没有多大兴趣。《中国图书商报》总编欧红女士对我的特点有一个概括。那年,她写过一篇报道,中间有一句话:不管记者从哪个角度问孙皓晖问题,他都像传教士一样,很执着地叙说他的理念。我觉得,这个说法很好。包括《海南日报》曾给我画了一个漫画,大体也是一种顽固意向,也很好。从这个意义上说,他们抓得很准。因为,不管媒体怎么希望我像《百家讲坛》那样从一个通俗的故事开始讲起,从一个情节开始讲起,讲自己写作中的具体难点,讲得引人入胜,我还是对这些一点兴趣也没有。不管他们如何问,我都是两三句话之后就回到精神理念上去了,就回到文明根基上去了。所以,他们觉得我像一个布道者,像一个传教士,很顽固。

为什么会这样?因为我始终觉得,《大秦帝国》的写作,本身就是靠精神品格立起来的。我认为,说"主题先行"有点太简单。我愿意把《大秦帝国》说成这样一个东西，它是精神本位！就是说，《大秦帝国》这个作品，是一个精神本位的作品。就《大秦帝国》的可读性而言，故事的丰富性而言，我自己有非常强烈的自信。所以，我既不愿意把已经达成的东西，反复地当作评书一样在现场给大家讲一通故事，也不愿意叙说那些具体的艰难曲折，包括写作中的乐趣。有些东西永远地属于个人精神，说出来反倒苍白了。我愿意说的，是作品体现的精神理念。这种理念，是作品的根基，很少有人能够理解。而作为创作精神与作品力图传播的内涵，我们恰恰又需要这些东西被社会理解。所以，经常地，我就会很顽固地重复这些东西。即或别人听来有些抽象甚或简单化，我仍然觉得，这是《大秦帝国》的核心根基。

《大秦帝国》的三重境界

对于《大秦帝国》的理解，我想它有三重境界。

第一重境界，是历史风云的境界，也就是历史故事的境界。从通常的读者眼光去看，《大秦帝国》肯定首先是历史故事。从历史风云变幻、历史矛盾冲突这个意义上去看《大秦帝国》，这是第一重境界。

第二重境界，从古典文明法治的意义上去看《大秦帝国》。《大秦帝国》从商鞅变法开始写起，直写到秦始皇统一大变法，这个古典国家在几代的历史上一直坚持法治，一直到最后统一中国法治。应该说，这是中国古典时代最为伟大而持久的变法运动。如果能从变革法治的意义上，领略了、看透了这个根基，对《大秦帝国》的理解就会大为深化。我觉得，这是第二重境界。

第三重境界，也是最高境界，就是从文明史的意义上看《大秦帝国》。不管从作品本身来说，还是从创作理念来说，《大秦帝国》最着力的、最上心的，就是厘清我们的文明根基，再现我们的文明正源，再现我们的原生文明时代。所以,《大秦帝国》的最高境界,就是文明史的境界。从文明史的意义上看《大秦帝国》,这部作品的精神品格就算真正地被人理解了。

关于《大秦帝国》的精神品格,我在开始创作文学剧本的时候,就是很清楚的。否则,我不会舍弃理论研究去做如此一件马拉松式的文学项目。也就是说,如果我不能判定这件事的文明价值,我就不会舍弃大学的法学研究工作。《大秦帝国》落笔之初,我最先写的是序言。我认为,如果没有清楚明确的思想根基,厘不清自己的想法,这个作品便不能成功。这个序言,最早只写了两千多字,后来在历史小说出版的时候,我又把之后的一些思索补了进去,但基本思想始终如初。序言的第一句话,从一开始到现在都没动过。这就是,大秦帝国是中国文明的正源。这是全部创作思想的一个基点,也是《大秦帝国》一开始便确定的精神品格。正是如此一个精神品格,激励我舍弃了诸多现实利益,义无反顾地走向了自由职业道路。假如没有如此的一个精神根基,我肯定会早早放弃这一长途跋涉。

创作技巧与作品的精神品格

《大秦帝国》的成功——如果说它成功的话——我觉得至少说明了一个强烈的现象:社会精神需求对文学艺术的呼唤,基本面不是在呼唤它技巧的革新,而是在呼唤文学艺术真正的精神力量。

当然,文学艺术的革命,形式上的变化革新,也是非常需要的。但是,就社会实践来讲,就这几十年的文学历史来讲,或者就当下的社会观念来讲,整个民众、整个读者、整个社会对文学艺术的期待与呼唤,其基本点不是对创作方式的更新需求,而是社会对文学艺术的精神需求。也就是说,我们这个社会的痛切感受,是文学精神力量的贫瘠。我们的民众和社会迫切期待的,是文学艺术的精神、文学艺术的良心。许多作家对此深有误解，不惜变换种种花样去满足所谓市场，其结果，反倒使文学品格大大降低，还没有得到相应的社会认可。我想，对于任何从事过文学艺术创作的人来说，应该都明白一个基本的道理：对于任何一个重大作品，起决定作用的，往往不是方法上怎么写，而是精神上写什么。也就是说，不是作者的技巧选择起决定作用，而是作者立定的精神品格起决定作用。

对如此一个精神理念极其鲜明的作品，经过多年来的社会选择，基本立定了根基。这足以引起我们诸多的反思。就读者群的反映而言，有批评的，甚至有嘲讽咒骂的。但是，就主流的评价和激起的反响说——因为任何一部作品，无论如何争论纷纭，它总是有主流的和基本的声音——读者群对《大秦帝国》最重要的认同，恰恰是她的精神品格之强大！这是很鲜明的。

至少，就我的观察，在中国的历史小说中，没有任何一部历史小说有如此多的网评出现，有如此多的网友愿意花费大力气去评点、去翻新。我自己也因为浏览网络，由一个不熟悉网络的人，成为一个相对熟悉网络的人。当然，我不是发烧友，技术也不熟练。但为此，我愿意到网上经常遛一遛。网友们发表的评论，往往很真切，他们或者在自己的博客上，或者到哪一个网站上去说几句，这种零零碎碎的点评极多。在搜狗搜索"大秦帝国"字样，呈现条目大体是 250 万条，其中大体有五分之四是关于历史小说《大秦帝国》的信息；在百度搜索"读大秦帝国"字样，呈现条目是 58 万多条。有一种网友，真下功夫，写东西又没有任何报酬，但是一写就是几万字、几十万字，不乏连篇累牍的大作。这样的现象，唯独在《大秦帝国》的评论中出现了。因为，我有时也看其他历史小说的评论，我以往也是历史小说的爱好者。就网评信息的数字来说，《大秦帝国》只是最多之一。但就网民大型评论与翻新形式说，无疑是最多的。

第三部出来以后，有一个网友，后来得知此人叫黄光锐，他在

"世界地理网"上发表了长篇文章，正题是"以博弈论的观念看长平大战"，副题是"读《大秦帝国之金戈铁马》有感"，分析《大秦帝国》的长平大战给我们提供的历史经验教训是什么。后来得知，此人写了很多国际军事评论，属于专业军事发烧友，是网络军事评论员。

还有一个大型作品，是《大秦帝国江湖版》。我认为他不是恶搞，我认为这种形式也很好。他完全用社会熟悉的江湖套路语言，来改编历史小说《大秦帝国》的情景和故事。第一章是天下大势，说天下分为老魏家、老楚家、老秦家等七个大团伙，每一个大团伙都在为争场子而不断地大争不休，老秦家苦哈哈被老魏家摁着暴打了五十多次。就这种语言，连写了三十多章，字数有二十多万，在"春秋社区"、在很多军事社区里面都有连载，搜寻起来很容易。他的笔名，大概叫"马甲的马甲"。

后来，《大秦帝国》专门网站建立，又涌现出了很多大型的、长篇的评论。一个是《谷子日记》，是一个网友写的《读〈大秦帝国〉的日记》，写了三四十篇。一个是《大秦帝国管理学的解读》，也是二三十篇。一个是《一剑霜寒四十州——大秦帝国之武打解析》，显然是一个学过武术的网友写的。今年以来，一个叫"阳明弟子"的网友，写了"在丧失信仰的门口重读《大秦帝国》"的系列文章。他一开始的序言就说：为了纪念《大秦帝国》第六部的最终完成，今天起我认真开始写我读《大秦帝国》的感受。现在，他已经写了六十多篇了，每篇至少有三千字，每天发一帖。还有一个是《塔罗牌中的大秦群星——大秦帝国人物分析》，连同预告的《塔罗副牌中的大秦群星》，最后也得五六十篇，目前还在连发。

这些肯定都是年轻网友。这些年轻人，天天努力写，天天发一帖，还要上班、还要工作。所以我觉得，他们是真正地喜欢这个时代，真正地喜欢《大秦帝国》的精神品格。这是《大秦帝国》的真实吸引力所在。这些都充分说明，文学艺术的根基是作品传达的精神力量，而不是其他任何东西。

纠错：读者群对《大秦帝国》的独特关注

作为大型历史小说，《大秦帝国》中难免有诸多具体错误。读者群对此书的强烈关注，其表现之一就是认真纠错。这种纠错，根本点是读者们对我们民族文明圣地的景仰与热爱，他们容不得写这个时代的作品有知识错讹。说到底，这是真诚地、善意地给你指出错误。这个方面，读者中的网友们表现得尤其令我感动。三年前，自从有纠错出现，我在网站上便开辟了《砖头集散地——大秦帝国纠错专栏》，专门供网友读者提出错误之处。

这个现象，我很有感触。我也知道，在文学作品中，尤其是在历史小说中，出现这样的具体知识之类的错误者，绝对不是我一个。但是，读者们认真揪住不放的，大体只有我一个。在网上大规模地揪住不放的，尤其少，至少我没有见到。这足以说明，读者们喜欢这个时代，中国文明的正源对读者有感召力，所以对《大秦帝国》出现这样的瑕疵，他们就感觉非常不舒服，就觉得《大秦帝国》应该是没有瑕疵的。我和网友们说，出版社的国家职业标准是允许万分之一的差错率的，《大秦帝国》五百多万字，至少允许出五百个差错，欢迎大家找差错。历经三年多，大家找找找，找了不到一百个。后来经过网友们组织的评委会认真公开地评议，否定了一批，真实有效的纠错，总共不到四十个。

对这种批评与纠错，我没有理由以任何形式去回绝，去抗拒。当然，我也不能违背艺术创作规律，这个我在网上也曾经做过一些说明，有一些东西是文学创作的一种权力，你不能让它任何细节都不许虚构，对任何事件人物都不许调整，那是不可能的。所以，我和大家讲，《大秦帝国》就主干而言，就基本事件而言，就所有的历史基本元素而言，它是真实的历史。已经过世的大历史学家史念海这样评价过：在他读到的历史文学作品里面（他当时读到的还是文学剧本），《大秦帝国》是最接近历史真实的。

春秋、战国、秦帝国这三个大时代联系得这么紧密，社会矛盾冲突这么剧烈连绵，根本不需要你去虚构重大事件，唯一需要的虚构，就是增强它的血肉性，让它丰满起来。再就是体现历史逻辑的连接点，推演断点的内在逻辑，体现历史精神所必要的艺术结构调整，以及分析、考据一些东西。除了这些以外，基本的历史元素，譬如人物结局、重大事件等，这些都是真实的。在这一点上，我认为《大秦帝国》是对得起读者和社会的。

我曾声明，要给有效纠错的网友每人赠送一套全本《大秦帝国》。这，已经兑现。

《大秦帝国》的精神价值目标

有朋友私下经常问，《大秦帝国》究竟想干什么？许多网友也经常发问，《大秦帝国》一定是有价值目标的，究竟是什么？

今天大家都是同人，我可以坦率地说：《大秦帝国》的价值目标，就是要为国家和民族寻找文明话语权。

我们的文明，具有最悠久、最辉煌的传统。可是，我们在世界上没有文明话语权。也就是说，我们对自己的文明不清楚。中国既往有关文明的问题，都让外国人说了。汤因比《历史研究》的地理环境决定论，魏特夫的《东方专制主义》提出的大河治水成就了中国文明的发端，英国《剑桥中国史》的文明史编纂理念，以及一些海外华人在远端回过头来看中国，所写出的具有文明考察视野的著作，譬如黄仁宇的《万历十五年》等，还有当代学者亨廷顿的《文明冲突与世界秩序的重建》等，都是关于文明历史的审视。在文学方面，法国的

《九三年》，美国的《飘》，哥伦比亚的《百年孤独》，意大利的《斯巴达克思》，俄罗斯的《战争与和平》，日本的《德川家康》等，都是以文学的形式发掘展现文明史的作品。

而在我们的历史学界，在我们的文学艺术界，却没有这样的作品，至少没有相应的大型作品。我们的历史小说少吗？确实不少，甚至很可能是世界最多。但是，我们的文明历史究竟是如何发展的，如何变形的？我们的历史理论与历史文学，都不去涉及这样的问题。当然，严格意义上说，这是历史学界首先应该回答的问题。可是，我们的历史学界没有做好这件事。我在大学历史系的朋友很多，而且大家也都明白，中国历史学界的学科划分，大体都是断代史的划分。先秦史、秦汉史、隋唐史、魏晋南北朝史、宋元明清史等，以这些断代研究取代了、淹没了整体文明史的研究。本来，我们中国人文有一个最优秀的历史传统，就是大学科综合性。我们听说过古典学问家、历史家谁是搞断代研究的吗？这种人文合一的传统本来是很优秀的，可是我们没有保留。我们在 20 世纪 50 年代重建自然科学与社会科学体系的时候，向苏联学了这种"专业学科"体制。基于当时的条件，学了也就学了，我们无由指责。但是直到现在，我们的历史学界、人文界仍然停留在这种框框下对待中国的历史研究，这怎么能把中国历史当作一个整体文明形态去研究呢？所以，我们中国的历史研究成果中，没有关于文明研究的专门理论，也没有关于文明研究的重大理论成果。

与此同时，在中国民众的历史情结下，在国人对历史演义的特殊爱好下，中国的历史小说对民众所能起到的影响作用，某种程度上确实大于历史理论。关羽成为武圣人，有哪个历史学家赞成了？可是，他就成了。根源何在？一大半在《三国演义》。所以，在中国要传播文明历史理念，文学艺术大有用武之地。甚至，比历史理论与任何理论的作用都要大。

所以说，只要我们有清醒的文明理念，无论是历史研究成果，还是文学艺术作品，都会对中国社会起到积极健康的作用。从民族文明发展的意义上说，中国当代的历史使命，就是要重建工业科学时代与商品经济时代新的民族文明。果真如此，我们对我们的文明历史如何扬弃，继承什么，否定什么，都应该有相对清醒的评判。如果没有自觉审视文明历史的意识，我们就不可能达成合理的继承与发展。但是，我们现在整个社会的意识，都在有意无意地回避这个东西。我们已经做到的，只是从具象的文化意义上研究民族传统。譬如作家冯骥才等大力从事的民族文化遗产抢救，意义确实很大。但是，它无法取代，也无法满足我们对文明史的研究需要。也就是说，用文化去说文明，是远远不够的。文化是具体表现形式，而文明则是整个社会形态的综合表现。在我们中国的文化界、理论界，没有文明发展史这个意识。

　　所以，《大秦帝国》就是为了给国家、给民族寻找文明话语权！我们就是要对我们的文明历史，有一个基本的、清醒的解析！就是要通过文学艺术的方式让人们知道，那个时代的先祖族群是在这样一种社会文明形态下生活的。他们的生命状态是那么的朝气蓬勃，他们的竞争状态是那么的昂扬奋发，他们的功业意识是那么的强烈进取，他们做事方式是那么的坦荡磊落，他们是阳谋的，不是阴谋的。后世笼罩社会的扭曲我们精神的那些陈腐的、衰颓的东西，在那个时代不是说绝对没有，但绝对不是主流。那个时代的主流精神，是阳刚的、健康的、光明的、向上的。当我们通过艺术的方式，告诉读者这样一个时代的时候，不能说所有人都读得懂，或者说不是所有人都愿意懂。但是，我坚信，绝大多数读者会有一种领悟，会认识到：我们中国的文明根基中原来有如此一种更有强势底蕴的传统精神，而绝不仅仅是落后于西方文明的腐朽与衰颓，绝不仅仅是儒家一家的风貌。

　　具体而言，《大秦帝国》给国家、民族寻找文明话语权的实际意义是什么？至少有两点：第一个，在民间理念上，超越并肃清《河殇》的影响。我们都知道，从政策意义上和政治意义上，《河殇》后来被禁了。但是在民间理念的意义上，它的影响仍然非常大，这就是"黄色文明落后论""中国封建王朝超稳定论"等。这种理论，事实上都没有抓住中国文明的根基。《大秦帝国》厘清了我们的文明根基以后，至少在文明理念上可以告诉我们的民众，或者展现给我们民众一幅远古的历史图画：我们的文明根基是这样的，绝不是那样的。这个"这样"，就是强势生存，就是变革图强。

第二个实际标志，就是取代台湾柏杨先生的"酱缸论"。严格意义上说，"酱缸论"不是一种文明理论，而是一种很形象的、很概括的、已经形成既定影响的说法。但是在当代中国人的理念里面，已经形成了强大的冲击。至少，现在一般的社会意识，是认为这个东西说的是对的。很多人到海外以后，甚至我们的很多华人科学家，都是非常肯定柏杨的"酱缸论"的。

总体上说，无论是"酱缸论"也好，无论是"黄色文明落后论"也好，都有一个共同的不太合乎实际的根基：都把中国文明的主流精神和文明历史说成是混乱不堪的，说成是软弱的、苍白的、单调的，甚至是神秘的、丑陋的，等等。但从这种根基去评判中国文明，却不能回答一个最基本的问题：世界上出现了那么多的文明形态，为什么唯独中国这个文明形态、这个庞大的族群，能在五千多年来在自己的土地上完完整整地延续下来？当然，客观地说，我们的文明在汉以后有了很多变性、扭曲、污染，这都是事实。但是，《河殇》和《丑陋的中国人》，其所以站不住脚的原因，就在于没有文明历史发展的观念。也就是说，他们没有认真审视文明根基时代与其后演变之间的区别，仅仅将其后的"流"当作了"源"，甚至将最末端的腐朽文化当作了中国文明的根基，而后大加挞伐。

任何一部涉及中国文明的著作也罢、理论体系也罢、学问流派也罢，只要不接触中国的春秋、战国、秦帝国文明，不接触中国文明的正源，而要企图说清中国文明问题，或者企图给中国文明下一个综合定义，肯定完全不是那么回事！谁不说清春秋、战国、秦帝国，而企图说清中国传统文明，那根本是不可能的！现在许多人经常强调国学，中国的国学到底是什么？要在中国强大深厚的原生文明中去发掘。无论是孔子的儒家，还是那个时代诸子百家所形成的整个健康的文明生态，总之，都得到我们民族的文明圣地去发掘。所以，我们任何历史著作与文学著作、政论专题节目等，如果不从春秋、战国、秦帝国这个原生文明时代去说中国文明的话，肯定会走向偏路。

《大秦帝国》在这个方面，应该说意识很自觉。我们这种文学艺术形式给读者展现出来的，正好就是那个时代原生的、本色的东西。所以，这部书在社会上的流行，读者对它的认可，本身也说明了一种现象：读者认可我们的文明理念。只要《大秦帝国》像现在我们能看到的这种形式流传下去，我相信，关于中国基本文明的这些理念，就会以各种各样很感性的、形象的形式在中国社会各阶层的历史意识中呈现出来。《大秦帝国》的这个精神本位，就体现在这儿。读者读完《大秦帝国》，所记住的绝不仅仅是故事。这是无数读者的反馈一再证明了的。

只要这种文明根基理念在社会普遍传播开来、矗立起来，我们的社会文明理念就与我们民族的文明历史真实地吻合了，我们的文明话语权也就站住根基了。对这一点，我毫不怀疑。

关于最后两部的创作方法革新

虽然，《大秦帝国》的创作是一种精神本位的创作。但是，我没有忽视在创作方法上寻求突破。当然，在实际创作中，这种寻求突破毋宁说是寻找一种更能体现历史神韵的方式。就基本点而言，在《大秦帝国》的写作中，我从来没有刻意寻求过创作方式的革新，从来没有过"贾岛式"的方法推敲之苦。

我的基本原则是，这个事件怎么叙述顺当，怎么叙述更能给人印象深刻，更能揭示出历史的本质，就怎么结构、怎么叙述，从不刻意追求打破常规。《大秦帝国》前四部的故事叙述方式，基本是一致的，而第五、六部，则出现了比较大的不同。有网友说："第五、六两部，表现出作者控制欲的增强。"但他也同时认为，这种"控制欲增强"的部分，恰恰是全书最精华的部分。实际来说，最大的革新，就是在秦始皇每统一一国，我都在后面有一篇类似于读史札记那样的东西，探讨该国灭亡的原因，系统回顾这个国家从建立诸侯开始的国家性格、政治传统、族群精神，以及民风民俗所蕴含的社会根基等，系统揭示它为什么衰落，为什么最终灭亡了。为什么这样？因为，中国历史上对六国灭亡有过太多的言论，且大多都是文化名人写的，大家相对熟悉。像苏东坡父子三人，都写过《六国论》。

到帝国最后灭亡的第六部最后，我仍然有一个将近六万字的大回顾文章，叫《祭秦论：中国原生文明的永恒光焰》。这个东西写什么？就是系统地澄清历史上的"暴秦论"。我从战国当时的社会舆论对秦的评价开始，系统梳理二十五史中对秦的种种评判，归纳性地给予澄清批驳，尤其是对历史上主要攻讦秦帝国的三大基本说法：暴政论、专制论、落后文明论，做了具体的分析澄清。某种意义上，带有一些考据色彩。

为什么这样？不是简单地为了寻求方法革新，而是为了更好地实现作品的精神价值目标。如果我始终隐藏在背后，就会违背《大秦帝国》要澄清历史迷雾的根本宗旨。因为，这是一个极为特殊的历史时期，是一个被历史烟雾大大扭曲了的时期。如果在历史的烟雾中不能矗立起一座灯塔，我觉得有负于那个时代，有负于我们的文明良心。

凡是这些形式革新，都不是事先想好的要怎么样怎么样，而是当笔下的历史河流汹涌到此时，自觉不得不如此做，不得不如此写，觉得只有这样才能把帝国文明说清。现在，书已经出完了。这种形式，如果被实践证明效果良好，那么就是说，读者对这样的方式已经很好地接受了。如果这样，它也许更能说明一种深刻的创作上的规律：社会和读者呼唤的和需要的，不是一种单纯的脱离内容的技巧，而首先是作品的内容与精神。如果在读者需要的内容中出现了读者眼中所不熟悉的创作方式，他们宁可欣然接受。而脱离内容与精神的那种纯粹的形式革新，则很可能被读者迅速地遗忘。

文明视野：历史文学创作的深化

历史文学创作的真正困难

相比较立足现实生活的当代文学，历史文学的创作有着特殊的难度。这种特殊难度，从人所共知的基础说，是知识的积累，是研究的水准，是超越时空的想象力，是基本的古典文化素养，是起码的文字语言感觉等。唯其如此，真正进入严肃的历史文学创作的，大多是有一定学养根基的人。但是，一旦进入，只要这个创作者保持着一定的自我认识水准，就会立即觉察到：历史文学的创作要达到一定的高度与深度，真正的困难并不是那些基本的素质要求，而是那些有待超越的精神关塞。

这种精神关塞，一重是古典传统的禁锢，一重是当代乱流的漩涡。

关于历史的写作，一直是中国古典文学的主流。自司马迁的《史记》开始，中国古典社会的二十四史，就一直具有浓淡不同的纪实文学色彩。对重大事件的叙述方式，对重要言论的整理修饰，对历史人物的性格描述等，无不具有文学方式的特质。宋代开始，社会的历史意识趋于市井化，衍生出了大量关于历史的口头话本。明清两代，正式的文字写作的历史文学著作接踵出现了,《三国演义》是这种古典历史文学的旗帜。此后,明清两代五百余年间,学人们以各种演义文本,几乎写完了中国所有的历史事件。这些历史演义,与历代官方的史书典籍相呼应,弥漫成了中国人关于自身历史的社会意识。反过来,这种社会历史意识又成为历史演义写作的理念根基。

两相交融,旧历史文学的创作形成了最主要的三个传统。

其一,以官方意识形态、官方政治需求为写作立场。

其二,以儒家理念为"文学修史"价值观,对历史进行改造式的演绎。

其三,以具有浓厚戏剧化的写作手法,适应流俗,以达到教化民众的社会需求。

这就是演义写作,"铺陈义理而引申",演绎出官方意识与儒家理念的真理性。

这种旧传统,一直是当代历史文学发展的无形禁锢力量。

所谓禁锢,在作家身上的体现,就是在旧传统侵蚀下衍生出的各种变形的创作心态,以及最终显现在作品中的旧根基。任何一个作家,只要他试图创作出真正严肃的历史文学作品,面临的最深刻困难,一定是如何突破那些已经深深沉淀在自己意识中的传统准则。依循这些旧传统,作品必然陷入陈腐老套,必然背离当代高端文明理念。超越这些旧传统,则一定面临着种种复杂而实际的考虑与困难,绝非易事。

何谓精神关塞,正在此间也。

新时期的历史文学,陷入了深刻的乱流漩涡。

所谓乱流,是在商品经济大潮与旧传统禁锢的两方夹击下,历史文学创作出现的种种堕落与失态。这种种堕落与失态,在创作上主要表现为一种丧失理性的大混乱:一是价值观混乱,二是创作观卑俗，三是陈腐旧史观弥漫。价值观混乱，导致历史写作对古典政治生活阴谋化，对古典社会生活简单化，导致历史虚无主义的所谓无立场写作。创作观卑俗，则导致种种不堪的戏说盛行，尤其以电影、电视剧为最甚。陈腐史观弥漫，导致陈腐史观借助历史文学的方式大肆弥漫，使当代历史文学沦为旧史观的低劣服务器。

由于出版、制作两方面的市场化运作方式日渐普及，这种乱流在实际利益的裹挟下，更具张力与魅力，构成了对当下历史文学创作的深刻纷扰。每一个走进历史写作的人，都面临着扑面而来的直接压力——如何面对出版商与制片商的市场意志，敢不敢拒绝那些低劣的戏说要求，能不能做一个具有独立创作意志的严肃作家。拒绝市场要求，实际利益必然受损；坚持独立创作，又未必一定成功。两相矛盾之下，种种畸形历史作品光怪陆离地呈现出来，使当下的历史文学大多沦为可悲的历史哈哈镜。

我相信，每一个曾经进入或试图进入历史写作的人，都对这来自新旧两方面的巨大纷扰有着自己特殊的体会。旧传统，是我们身后荒草丛生的高山；新乱流，是我们面前泛着无边泡沫的沼泽。怎么做，才能使我们的目光越过那荒凉的高山，洞察古典社会真辉煌的一面？怎么做，才能使我们的脚步迈过那无边泡沫的沼泽，踩在坚实的文明根基之上？

这，是当代历史文学创作真正的困难，真正的精神险阻。

最重要的创新不是写作方式，而是创作理念

历史文学必须创新，不创新没有出路。

对于中国这样一个旧历史意识极其浓烈的国民社会，尤其如此。假若不是这样，我们的历史文学，就会沦为旧传统的奴隶，就会堕入新乱流的泥沼。我们力图唤醒并培植国民新文明意识的努力，就会化

为泡影。

什么是历史文学的真正创新？

我的真实体会是，历史文学最重要的创新，永远不在写作方式，而在创作理念。

不是说，写作方式的创新不重要。而是说，在历史文学这个特殊的写作领域，创作理念的决定作用，远远大于写作方式。什么是文学创作的理念，相信所有有过文学经历的朋友，都有着自己的真实体验。当你所描述的世界，已经是一种遥远的被称为"历史"的社会生活时，你一定面对着与描述现实生活所不同的种种难题，一定会有着种种特殊的心理体验与精神反馈。这种特殊的精神体验，既是创作者对社会阅读基准的精神反馈，也是创作者对"历史"的自我精神反馈。

从社会阅读方面来说，人们对业已消逝很久的"历史"的评判，与对当下现实生活的评判所需要的条件，所能达到的准确性，是不一样的。对于现实生活，当下的人们基本上可以理解作者客观叙述背后的立场，基本可以体会到这种客观叙述所能伸展的扩大意义。因为，人们熟悉、理解当下的现实生活，其深刻程度甚至超过了作者的体验。所以，客观叙述的写作方式，在现实主义文学中成了主流。

可是，对于被称之为"历史"的生活，尤其是久远的"历史"生活，人们却是普遍陌生的，至少是缺乏感知的。当下的人们对作者所叙述的"历史"生活的评判，很大程度上依赖于作者在叙述中所包含的评价标准。所以，历史文学的文本叙述，即或在形式上，也无法做到客观叙述，更无法做到完全没有评判的地步。所差别者，浓淡强弱而已。

从创作者自身来说，进入那种只能依靠阅读积累与研究分析来体验的遥远"历史"，几乎每一则资料，都会在自己既定的价值判断体系中发生某种精神反馈。这种精神反馈，最终必然形成关于创作材料的决定：如何评价这则资料的真伪？如何确定这则资料的用途？用还是不用？如何用？等等。这里第一个最急迫的问题，就是如何评判你的作品所描述的这种历史生活、这个历史事件、这群历史人物？用"纯粹客观叙述"的所谓理论，既骗不了别人，更骗不了自己。因为，即或是最有可能接近客观叙述的职业史学家，也离不开叙述者本人的精神立场在叙述中所起到的作用。

"历史是被叙述出来的"，是什么意思？

孔子作《春秋》而乱臣贼子惧，是什么意思？

不都是笔者精神世界的价值判断法则在起作用吗？

假如说，《大秦帝国》在历史文学创作上有一定的突破，那么最大的突破，或者说最重要的创新，不在创作方式的技巧方面，而在新的创作理念。要说明的是，我绝没有轻慢过写作方式的创新，更没有忽视过自己的文学训练。一部文学大作品能否成功，第一要求便是文学表现力。我对古典语言风格的锤炼，我对叙事结构的研究，我对价值理念与笔端叙述的融合，我对增加大篇幅历史评说的可能性等，都曾经花费了无法言说的心血。可是，所有这些，仍然无法取代最根本的精神挑战——

你将以什么样的创作理念，来锻铸这部作品？

再现一个已经久远消逝在人们视野里的伟大时代，仅仅凭创作灵感、天赋才华、艺术手段、语言风格等方面的闪光，只能是胶柱鼓瑟。没有对那个时代的真切认识，没有对种种历史烟雾的甄别，没有对历史事件与历史人物的高端文明评判尺度，没有这些理念所激发的历史想象力，任何技巧都是无能为力的。

创作理念的突破，主要是两方面。

首先，在广博研究的基础上，我突破了中国人文学界在历史研究方面长期固守于事件陈述、编年考据等技术层面的低层次研究状态，确立了"历史发展的本质是文明形态的演进"的历史哲学意识，同时确立了在此基础上的创作理念——历史文学的最大使命，就是形象地呈现民族文明形态演进的脚步。没有这种文明发展史的意识，没有确立民族文明发展坐标的理念，我所叙述的那个时代，在我的笔下完全可能仍然是传统演义家笔下的事件堆积，或者是当代泡沫乱流炮制的一团丑陋糨糊。

其次，我突破了自司马迁《史记》以来陈腐的史学定式。

司马迁的定式是什么？就是贬斥志在国家的功业英雄，褒扬私欲至上的逃避之士。

在《史记》中，写了秦之前（包括秦人物在内）的《列传》28篇，涉及人物数百。举凡对志在国家、勇于任事而付出牺牲的文明功臣，《史记》都是冷漠的，贬斥的。譬如对吴起、商鞅、苏秦、张仪、白起、王翦、蒙恬、秦始皇等，都是。对私欲至上、明哲保身而不敢为国家负责、不敢为职守负责的逃避者，《史记》都是褒扬的，赞赏的。譬如对范蠡、蔡泽、赵良、张良等，都是。这种陈腐的史观，将我们的文明史完全引入了价值理念体系上的虚无主义境地——功业英雄都是利欲熏心的，刻薄的，都是缺乏人性的，总归是没有一个好人的。如果照此去写，中国五千年文明史，完全是阴风凄惨，恶欲横行，哪里寻得见一丝光明？商鞅就应该是一个"天资刻薄"的酷吏，而不是一座伟大的文明史坐标。始皇帝就应该是一个暴君，而不是统一文明的伟大缔造者。

太史公的伟大，在于第一个系统记述了中国前三千年的历史脚步，为我们民族保留了弥足珍贵的文明史材料。但是，司马迁没有以文明史价值尺度称量历史人物的高端文明理念，而只有儒家"春秋笔法"的修史意识。

我们不能跨越，或不敢跨越《史记》这座传统的史学高山，我们文明圣地的历史真相，就会永远被扭曲在历史的烟雾之中，我们也就无法形象真实地再现我们的文明奋争史。如果，我们的文明还要不断发展，如果，我们的国家与民族还要前进；那么，我们就必须在《史记》这座大山面前站立起来，超越《史记》的陈腐历史观，突破这种沉积在我们意识深处的禁锢。

迷雾终归是迷雾，不管它飘荡了几千年、几百年。

文学的真正魅力是其中蕴含的精神力量

中国人喜欢谈古论今，无论为诗、为文、为议论，都渗透着萧疏悲凉心绪。

这样的例子，在咏史诗文中太多太多了，举不胜举。甚至，检出自己身边任何一个朋友熟人的诗文，只要涉及历史，几乎没有不作悲情吟的。这种意识的形成是复杂的，既有汉以后道家理念的影响，也有儒家贬斥"争心"的理念影响，更有后世佛家"四大皆空"理念的影响。这种无形而深远的悲观主义心绪，不是真正的悲剧精神，不是在美好事物的毁灭中寻求历史启迪的真理襟怀，而是一种中国人独有的历史意识——虚无主义的灰色审美观。

对于当代历史文学的创作，这是又一片需要超越的精神荒原。

对于叙述春秋、战国、秦帝国题材的作品，这种灰色审美尤其南辕北辙。

因为，那个时代是我们民族的文明圣地。那个时代的主流精神，那个时代人的生命状态，都是我们古典文明史的最高峰。若是以灰色悲凉的"悲悯情怀"的笔法去写，一定是对那个伟大时代的玷污，是一种"蓬间雀"式的病态呻吟。

《大秦帝国》所叙述的，是中国文明巨变时代最强烈的变革精神，是我们民族曾经有过的最为饱满的生命状态。那个时代，华夏族群正以大分治的状态进行着剧烈的大争，各个国家都在求变，都在图强，都在寻求华夏文明的整合之路。谁能建立最先进的社会文明，谁就将承担起整合华夏的历史重任。

这就是那个时代的变法大潮。

在这样的历史大潮中，秦人族群应时大出，成为那个时代冲锋陷阵的主力。

为什么？根本点在于这个族群的求变之心、奋争之志、开放襟怀，都是当时天下所有诸侯国中最强烈、最具进取性的。所以，秦人族群的奋争史，是全部《大秦帝国》的精神核心，也是照亮读者心扉的最强烈光芒。这种被长期掩埋在历史烟尘中的真精神，一旦真实地呈现在我们面前，她所具有的无与伦比的历史美感，对我们是一种文明的洗礼。

没有一种饱满的精神力量灌入创作，就没有这部作品的灵魂。

没有一种壮阔的历史审美意识，就没有《大秦帝国》内在的魅力。

新时期以来，写先秦题材的历史作品与影视剧多多，可是从精神的阳光性上看，从历史美感看，几乎都是灰色的、丑陋的，即或偶然有星星亮点，也被普遍的灰暗丑陋所吞没。这种冷漠而又杂乱的灰色意识，不但表现为人物与故事的叙述笔调，更表现为作者的主体评价，尤其表现为影视剧主题曲的萧瑟悲凉。

在世界文明史上，只有我们民族的社会历史意识，具有如此灰暗的悲凉心绪，具有如此猥琐的历史审美尺度。在历史也同样悠久的其他国家，历史人物与历史事件的雕塑油画随处可见，历史文学作品更是多不胜数。可是，我们所能体察到的，只有那个民族对远去历史的快乐怀念，对历史英雄的真诚歆慕，很少寻觅到"荒冢一堆草没了""可怜生前身后名"等莫名其妙而又大煞风景的哀叹。

在夏、商、西周、春秋、战国、秦这六大时代，我们的先祖是鼓荡着英雄大风的伟大族群。

那时候，我们的历史脚步是大踏步前进的。那个时代的主流声音中，没有伤感哀叹，没有顾影自怜。后世以生命为至高，可是庄子却吟诵着"达生",为妻子的死去鼓盆而歌。后世以明哲保身为高明，战国之世却弥漫着慷慨赴死之风。面对一个雄风烈烈的时代，我们却在哀叹这些英雄"空余荒冢对黄昏"，且丝毫不觉自己的滑稽，实在是令人脸红。

自汉开始，我们的文明光焰与族群雄风，日渐衰减。咏史伤怀，顾影自怜，成为难改的积习。曾经有过的大阳时代，总要被我们唏嘘着，感慨着，涂抹上一片片暗云，将伟大的文明创造时期当作"乱世"凭吊一番，方才抹着眼泪叹着气，觉得心头稍微舒服了一些。

毛病——大约只有这句市井语言，才能表明那些伟大灵魂对我们的蔑视。

历史的残简，只有依靠思想的力量才能重新燃烧起来。

历史文学，只有走出灰色的历史审美，我们才能燃烧起照亮历史的火炬。

散记

他们没有被巨大的政治灾难摧垮，没有被西部戎狄海洋吞没，没有被长期颠沛流离的苦难泯灭，没有被列强卑秦与众多围攻肢解，没有被一己族群的生存恩仇遮蔽视野，终于以强势开放的襟怀为根基，在变法浪潮中杀出了一条血路，一举强势崛起，再度挺进百余年，终于统一了中国文明。

太行巍巍话长平

亲自去看看长平大战的遗址，曾经是一个长长的梦。

虽然，2004 年我已经写完了第三部《金戈铁马》，长平大战已经在《大秦帝国》中得到了完整的正面展现。可是，直到那时，我还是没有去过这方令我神往的土地。写作之中对古长平的地理地貌，是依据《水经注》等诸多古典文献，也参照当代历史学家的实际踏勘资料叙述的。现实的古长平，对我依然是个熟悉而陌生的地方。

诸事巧合。2007 年 2 月，我收到了山西高平一家煤业旅游公司的追踪信息。这家公司的老总在我的新浪博客上留言，说读《大秦帝国》感触很深，邀请我去实际看看长平大战遗址。三个月后，《大秦帝国》第五部写完，因为诸多实际事务，我去了北京，又去了郑州。与出版社朋友谈及高平之事，王幅明社长与责任编辑许华伟都很高兴，认为山西是河南近邻，开车去很方便，是该去考察一番。于是，我当即给山西高平那个留言的李总打电话联系。李总很是豪爽，立即约定了时日并上路方法、接应地点等一串事项。

我没有想到的是，在王社长的周严安排下，这趟高平之行后来变成了历经高平——邯郸——安阳三地的战国之旅，令我这个旅游踏勘极少的"书房人"一时感慨多多。

险关陉口见沧桑

五月初的天气已经开始见热。

我们上午从郑州出发,在路况极好的河南高速公路网奔驰了两个多小时,便进入了太行山入口。按照古代地理,我们已经越过了地貌已经无法辨认的古野王——今日繁华锦绣的沁阳平川地带。这里,曾经是长平大战时秦军的总后援基地,也就是王陵秦军为保障后援而先期驻守的防地。大战开始后,精锐的王陵军北进参战,野王(沁阳)交秦军骑兵集团驻防。后来秦昭襄王进入河内,激赏民众后援,也是以野王为根基的。今日,这里的历史烙印悉数被当代繁华湮没,触目可及处,平野苍苍,路网交织,杆塔连天,梯田层叠,已经没有任何踪迹可循了。

过了野王,我们进入了"太行八陉"的南数第二个入口——太行陉。

这道陉口,是丹水出太行山的谷口。

战国之世,这个入口有一道太行关,与最南边的轵关陉遥遥呼应,曾先后是魏、韩、赵三国的门户地带,也是三国反复争夺的拉锯地带。这道太行陉,东南面是古山阳关(今焦作),曾经是蒙骜秦军封锁太行山南端的壁垒伸展之地;西北面是古少水,曾经是王龁秦军先期封锁上党西端的壁垒伸展之地。而今,这道险要的陉口,虽然已经是面目全非,却也是唯一能使人隐隐感受到古代地貌雄奇险峻的所在。

平坦宽阔而又整洁的高速公路,从河南进入山西,骤然两山如壁,青苍苍峡谷高耸,清幽幽小河流淌,凉爽之气扑面而来。依稀间,尚可想象战国时代丛林荒莽的地貌,丹水激流的滚滚滔滔。若非这道长长的峡谷，任谁也想不到这里曾经是雄踞一个时代抗击千军万马的险关要塞。峡谷入口处，山西设立了一道路政检查站。

我俯瞰着峡谷，眼见谷底一道细流淙淙南去，不禁很有些怅然。

那道梦中的丹水，果真如此纤细，何能使秦赵大军过百万的战士与战马充足汲水，何能构成两军各自作战必须虑及的重大地理因素？显然，这道大水在沧桑变幻的两千多年间已经被滤干了。自古太行不乏水。然今日之太行山区，却已经沦入水贵如油的干涸境地了。那道太行山南麓的林县红旗渠，已经成为以生命争水的时代象征。遥想战国高山大水之雄峻奇绝，实在是两千余年的依稀大梦。在战国时代，整个北方的生存环境，远远优厚于江南岭南。可是，在历史的动荡中，北方的生存环境，却屡屡遭受大规模的人为破坏，种种暴乱与入侵的大烧杀、大劫掠、大采伐、大毁灭难以计数。其中，尤以魏晋南北朝时期北方胡人大规模入侵（五胡乱华）的破坏最为严重。整个河西高原（今陕北黄土高原）的苍茫丛林，在赫连勃勃的"统万"木城建造中，遭受了史无前例的毁灭性采伐焚烧，自此年复一年地无休止恶化，终致成为今日举目荒凉的贫瘠地带。惭愧的是，作为后人的我们，并没有大彻大悟，对环境的劫掠与破坏依旧，如斯恶行尚不知伊于胡底，实在是令人莫名困惑。

"这条小河，叫什么名字？"我想听到那个令人神往的称号。

"不知道。"一个当地人木然地回答。

从他略显忐忑的表情中，我相信，他是真的不知道。

为什么？想来想去，我终于明白，这条"山溪"太小，而且小得年月已经很长很长了，至少，已经超过了祖辈传说所能记忆的时光。虽然，我为"丹水"那个令人神往的名号心跳，但是我仍然没有话说。当历史已经从民间记忆中消失，而仅仅存在于那些发黄的残简纸片中时，大约任何感慨都只能是沉默了。尽管如此，我还是没有想到，次日见到的长平古城（今日高平市）颇具盛名的民间考古学者，竟然也不知道这道流经长平谷地的小小水流就是战国时代的太行山大河——丹水!

这条小河已经改了名字,尽管我努力记忆这个新名字,可还是没有记住。

民间记忆已经被无数次冲刷,人们已经忘记了"丹水"这个名字。

沧桑如斯,夫复何言?

霏霏细雨中的长平古城

下午,在高速公路出口,如约会合了等候我们的旅游公司副总李建平先生。

从高速公路进入高平谷口,遥遥可见四面青山隐隐,环抱一片开阔的盆地,一座整齐干净且建筑多为白色的小城坐落在盆地中央,凉爽如秋,全无太行山外的蒸腾夏热。以战国地理说,这座高平县城(已经改名高平市,县级市),就是长平关遗址所在地。显然,在嵯峨纵深的上党高地,这片盆地是唯一能够纵横大军的战场,而长平关则恰恰是卡在这片盆地中央的一座险关要塞。县城面对的外围第一层山地,今名叫作丹朱岭(古地名未考)。县城之后(西北两面)的第二层山岭,遥遥可见,空间距离一定在数十里之间。

显然,这片盆地就是当年长平大战的主战场,也就是赵括大军向秦军发动第一次猛烈进攻后不得不驻扎下来的赵军主力营地所在地。长平大战的所有主要遗迹,都在这片谷地周围的重重山谷之间。只有这片广阔的谷地与四周的连绵山岭,有足够的纵深,能够容纳赵括的五十余万大军驻扎筑营,也能容纳白起的五十余万大军依据群山为战。

依据地理地貌,白起派遣王陵率五千轻兵北上,切断赵军主力营地与其后的石长城后援基地之间的联系,一举"遮绝"赵军粮道,应该是越过第一层山岭（丹朱岭），而在第二层山地设置壁垒。若设置在县城西北面的第一道丹朱岭，显然是没有纵深的。大军决战，没有纵深战场的阻断行动，大体是没有可能的。白起是天才统帅，更不可能在赵括大军的强大辐射范围覆盖的咫尺之地设置阻断。果真如此设置，赵括大军一旦冲击，秦军连驰骋救援的纵深也没有了。故此，作为赵军后援基地的石长城，一定还在第二层山岭之后的更西北面。

纵然以今日已经不甚荒莽的地理条件看，尽管白起一直向王陵壁垒增兵至五万，此举之险难大胆，依然令人心惊。如此关山重叠，要在强大赵军势力范围内的山地中寻找到一条缝隙之地插进去，而且要落地生根绝不许赵军突破，该需要何等的精细，何等的胆魄！老实说，此战若非白起统帅，换作同时代或其后时代任何一个名将，都不可能做到。

车行入城，一路看来，这座县级市的小城很是幽静平和。恰巧刚刚下过雨，白云游走的碧蓝天空下，青山如黛，路面整洁宽阔，道边绿树成荫，建筑疏密有度，且大多是白色或乳白色，颇有如梦如幻的意境。同行的李主任说，因为不到下班时间，路上行人稀少。

李主任先将我们领进一家外观颇平常的旅馆，说，这是高平市最好的宾馆了。进去一看，虽然光线略显幽暗，大厅、走廊、房间都不大，但整洁实用确实一流。尤其是晚上在这里聚餐之后，更觉这"最好"两字名不虚传。入住房间后，李主任说，我们可先休息两个小时，李总正在约请高平一个专门考据长平大战遗址的老学者父子，傍晚会一起给我们接风。

同行的王社长是个"淘书迷"，走到哪里都要上街淘书。一听还有时间，王社长立即呼吁到高平县城逛逛，看看书店。于是，我们四人没有休息，兴致勃勃地进城了。说是进城，其实也就是宾馆出来走两三百米，拐个弯就到了主要街道。莫看这座小城，书店业倒是很发达，非但有国营大书店，还有读者可以寄卖多余书籍的私家书店。王社长大有斩获，非但在那家令人啧啧称奇的私家书店淘到了几本民国时代的散文诗资料，还在另一家新华书店发现了他们自己出版社的好几种书，遂兴致勃勃地向书店工作人员调研起销售情况。王幅明兄是散文诗大家，中国散文诗学会会长，正在筹备编选《中国散文诗九十年》，其心志之高涨，实在令人敬佩。将近六点，王社长还要去最大的新华书店看看。虑及东道主之约，我们遂两路行动：我与许华伟回宾馆等候，王社长与张师傅继续淘书之旅。

天将傍晚时分，下起了霏霏细雨。

小小古城经过了下班时刻的短暂喧闹，又变得幽静平和如初。

赵文化的久远情结——"吃白起"

刚刚回到房间，旅游公司的李随旺总经理与李建平副总就来了。

同来的，还有一个白发老先生，一个气象蓬勃时尚的年轻人。李总介绍老人说，这是李老先生，七十多岁了，自费考古长平大战遗址十余年，有很多新发现。年轻人叫李俊杰，是老人的儿子，后起的上党文化研究者与摄影家，社会职业是山西晋城交通稽查科科长。个个相见，遂一起到了这家宾馆很是舒适别致的小餐厅。温文豪爽的李总说，这里的上党风味很地道，也就不另找地方了。菜是高平菜，就看喝什么酒。我说，山西还喝什么酒，汾酒嘛。李总说，好，一体老山西！我们与李老先生父子一齐大笑，都说好好好，就这样了。

片刻之后，王社长与张师傅赶回，小宴随即开始。

两位老总一一介绍了各道上菜。其中最具盛名的，是由民间小吃登上大雅之堂的高平菜——"吃白起"，也叫"白起豆腐"。其形制为软豆腐，略近四川的豆花与陕西的豆腐脑形象，不如其白，色泽与传统的豆腐渣颇为相似。一小碗盛来，旁附一小碗滴了香油的醋蒜汁，用汤勺舀起（筷子功好者也可以夹）蘸着吃。据说，这"吃白起"原本是高平民间的夜色挑担小吃——每临夜色，小吃匠挑着担子挂着灯笼，在小街昏黄的灯光下默默经营，说这色豆腐是白起的脑髓。不知何年何月，这色小吃就叫了"白起豆腐"，或"吃白起"。

顾名思义，这自然是赵文化诅咒白起的遗存——吃白起的脑髓。

细想，这道小吃大约最迟应该公行于唐代，只能更早，不会更晚。因为唐皇室的李氏部族以山西为根基之地。唐玄宗李隆基居潞州时，曾亲临上党，为被白起杀降的赵军将士平冤，将"杀谷"改名为"省冤谷"。以历史的坐标推理，至少在唐代之后，上党赵人后裔必然开始具有了自觉伸展的"省冤"意识，各种形式诅咒老敌人的物事，便有了产生的土壤。当然，更早之前产生，也是极有可能的，不定就是西汉时期的小吃了。

我对这道菜久闻其名，只是没见过。颇感困惑的是，如此方便且不失为美味的一色食品，为何在外地的山西菜馆看不到？对山西饭食，我相对熟悉，海口的山西老面馆与山西饭店，我都是老客。北京、西安的山西菜馆，也算熟悉。可是，却都没见过有这道"吃白起"，不知何故。推想起来，大约是这道菜地方历史性太强，中国土地辽阔，各地皆有自己的地方史意识，推到外地平添争议，又不好改名，于是只有在本地自我消费了。

当时乍见这道菜，心中颇不是味道，浅尝辄止，终是没有继续。

那一刻，我暗暗给自己的理由是，白起杀降有罪，吃两口以示谴责，不可再吃。

当然，这一切都借着酒意谈笑，自然淡然地过去了，谁也没有说起这道菜的本意。

"吃白起"依旧只如那盏小街市的幽幽灯火，依旧只闪烁在这片古老的群山。

民间考古奇人——李老先生父子

席间说得最多的，是李老先生父子的考古经历与种种发现。

李老先生，可以说是个奇人。老兽医，老革命，尚未退休便开始关注长平大战的种种遗迹，退休后更是以此为业，孜孜不倦地跑遍了高平山乡，多方搜集发掘种种遗物。而今，李老先生已经成为四乡民众但有发现便来告知的民间考古名人。在老先生的影响之下，少子李俊杰也因最早的辅助，变成了民间的"上党文化研究会"专家。父子俩的发现多多，专门出了一大本装帧精美的自制影集。

当场一一介绍影集所列藏品，众人无不感叹非常。

李老先生的最大发现有两桩：其一，十余年前于一片山麓下，发现一具古老干尸，其胸前有中箭痕迹。李老先生说，他怀疑这有可能是赵王（赵括）尸体，只是无法证实。我问，为何不上报，请考古专家鉴定？李老先生低声说了句什么，我没听懂。上党高平话多念去声，即或低声说话，也显得急促激烈，囫囵漏过几个字几句话，对于我这个语言能力笨拙者是很平常的。我怕老先生有难言之隐，没有再问。其二，老先生曾在民间搜购得一口出土长剑，直而长三尺有余，形制凛凛，只是没有剑格刻字等确认痕迹。李老先生说，这是赵军剑。我倒以为，这口剑很可能是秦军步卒的常剑。老父亲的藏品照片，都是李俊杰的作品。年轻人在种种介绍之后说，上党文化的研究已经很有影响，正在筹备一些大型活动。

显然，这个中国最大古战场的考古开发，还处在初级阶段。

后来，都说到长平大战遗址的开发不够。我说，我倒是有一个大规模开发长平大战遗址的策划构想，来前写了个基本框架，李总可以参考看看。李总很是高兴，说到了他们的情况。他们这个旅游公司，是晋城煤矿集团下的一个国营子公司，原本是搞工业旅游的，就是将废弃闲置的历代老矿井，以及当代已达开掘极限的矿井，重新收拾，供游人下井游览。后来觉得，仅仅这样游客太少，遂有意参与地方古迹旅游业的开发。身在高平，自然想到了开发长平大战遗址，可是因为种种原因，他们目前还没有这个项目开发权，目下只是关注，真要做，还得等待时日。大家一番感叹，无不期望长平大战遗址得到相应程度的大开发。

时近深夜，上党小宴告结束。

李总约定：次日由他与李老先生陪同我们踏勘重要遗址。

杀谷的困惑

次日清晨，天色有些阴沉。

精神矍铄的李老先生，在李建平副总陪同下如约前来。年轻朋友李俊杰因为上班，没能前来。于是，我们两辆车准时出发，向最具大名的"杀谷"开去。高平县城很小，也没有高楼大厦，没几分钟我们便出了城区，西行进入了草木荒莽的城郊。

青苍苍的山岭越来越清晰。大体是不到三五里地的样子，我们进入了一片外观无甚奇特、山岭也并不险峻的谷地。谷地入口处，是一个很大的依山展开成半圆形的盆地。盆地里，有一个小村落，鲜见村人身影，一片山静。停车在一片空地后，李老先生指点说，这里叫作"谷口"，是今日村庄的名字。出"谷口"，走上了一条乡间土公路式的坡道。登上坡顶，便是这片谷地的最高端。举目所及，除了一座我们即将说到的小庙，再没有建筑与民居。站在庙前坡顶，四面望去，三面青山环绕，一面向丹水谷地敞开。盆地小村落与高坡的后面，都是林木茂密的重叠山谷，显然还有更大的纵深。遥望之间，李老先生与李副总说，许多考古学者都认定，这里不会是白起杀降之地，因为这道山谷太狭小。说这里是白起杀降地，很可能只是传说。

当地人怎么看，你们呢？我问。

李老先生笑了笑，没说话。

李副总说，他们也觉得不可能在这里坑杀四十万降卒，这片山谷太小。

大家所说的山谷，仅仅是坡下这片谷地吗？我问。

李老先生与李副总都只笑了笑，似乎不太明了。

细想之下，也难怪"民意"如此认定。我读过山西省古代地理研究家靳生禾、谢鸿喜两先生实际踏勘考据的著作《长平之战》。他们认为："省冤谷……其实，系历代集中掩埋各处暴露之长平之战遗骸处。"专家如此认定，自然使民间游移不定。

就实说，这片被唐玄宗定为"省冤谷"的谷地，应该就是白起下令秦军坑杀赵军降卒之所在。以眼前地貌，这片谷地确实很小，大约密麻麻站满人，也不过是三两万人容身之地。可是，若将后面的山谷纵深包括进来，再褪去两千余年的地貌变化因素，尤其是当代交通（山村公路）的开发与人口激增对环境的破坏力，还原这片重叠山谷的历史原貌，一定要比眼前的浅小情境更具广袤与纵深。至少在唐代，这里一定还是荒莽重叠的险山峡谷。否则，学问颇深的唐玄宗，不可能凭空认定这里就是杀谷。另外一个因素是，赵括大军历经四十余日饥饿，几次惨烈的突围战，不可能没有重大伤亡，降卒四十万显然有所夸大；若合理推定为二十万降卒，则这片地貌足以完成秦军杀降。同时，历代文献（譬如《太平寰宇记》等）大都认定这里是杀谷（杀降之谷）。

要推翻这个定论，只怕很难。

据柏杨先生的《白话版资治通鉴》之考据评述云：直到民国时期，这道山谷内外与丹水旷野，还常常能在暮色中听到奇特的隐隐如天际雷声的战马嘶鸣与喊杀声，村民动辄便能挖到白骨骷髅。客观地说，后战地现象不是发掘文物之依据，不能纯粹以目下实物（地貌）、社会观察现象判定是否，而当以诸多因素合理推断研究。

高平市有一个政府经营的旅游公司。目下，长平大战的遗址开发权与旅游经营权，都是政府的。这家公司在已经认定的重要遗址都立有标记，也建了一处长平大战纪念塔。可是，在这片谷地外面，却没有标志。显然，是没有被相关专家部门认定的结果。也就是说，这片"杀谷"，尚未被正式确认为白起杀降之地。

造成如此的现实是，长平大战最为历史所攻讦、最为当代人所关注的一处遗址，至今尚在不明朗之中；而怀疑古典文献之认定，又没有足够的理由。

这种困惑，本该早日打破。

骷髅庙与白骨坑的尴尬

杀谷坡顶，有一座小庙，叫作骷髅庙。

这座庙很小，大体比旧时北方常见的土地庙略大，建在一座本身便叫作骷髅山的小丘上。据实际踏勘，这座小丘高约二十米，周围三百米左右。从外观看，小庙主体大体是三四开间的一座大屋，现今四面没有围墙。登阶进门入内，主神堂是"骷髅王赵括"的神位与塑像。殿前立有明代万历三十七年的一座《重修骷髅庙记》石碑，碑文最后说，骷髅王就是赵括，名号是从唐玄宗"省冤"时期开始的。第二进是一座小院，三面厢房，各有些许遗物留存，也有部分古人凭吊诗词的复制件。

诗词中比较具有代表性的，是明代人于达真（身份不清）的《骷髅王庙》：

> 此地由来是战场，平沙漠漠野苍苍。
> 恒多风雨游魂泣，如在英灵古庙荒。

赵将空遗千载恨，秦兵何意再传亡。

居然祠宇劳瞻拜，不信骷髅亦有王。

目下，骷髅庙是高平市文物保护遗址之一，有一个显然不专业的老人常驻看管。

寻常时日，这座庙未必开门。我们去时，是旅游公司事前联系的。饶是如此，也是在我们到达后大约顿饭时光，老人才来开门。老人没有一句话，只拿着钥匙开了庙门，便自顾进自家的小房间去了。看庙门开了，恰好赶到的两拨游人，也高兴地顺便看了。就实说，这座庙不是长平大战遗址，而是后人的奇特凭吊所衍生的奇特怀古方式的留存。

从某种意义上说，它的存在似乎与"吃白起"的烧豆腐有些类似，都是一种凄惨迷蒙的悼念情怀所催生。同样因为太另类，所以始终无法成为富有文明历史内涵的历史遗存。大规模修缮吧，赖以立足的历史内涵不足；放任不管吧，它又实实在在是一座历史遗存。所以，在至今仍然没有院墙的情况下，它只被略加修缮，孤零零地矗立在不甚高的小山坡上。明代人精于建筑，譬如西安城墙、南京城墙、八达岭砖石长城等，都是至今保存完好的砖石城堡遗址，明人重修骷髅庙，不可能没有起码的外墙。

大约十点之后，我们到了名声相对较大的开发遗址——白骨坑。

这座开发遗址，也是寻常不开门。李总在我们之前赶到，已经约好了工作人员前来"营业"。我们到达时，远远便望见一座缩小许多的兵马俑式的白色保护棚，显然是相对正规的一处开发遗址。棚外，是一片空阔的水泥场院，有一座小小的白房子。此时工作人员刚到，开了外面的小房子，让我们进去买票。房间不大，里面很零乱，完全是一个单身汉住所的模样。一张票好像是十块钱（记不清了），看来也是"不景气"。

打开遗址保护棚大门进去，里面颇见高大宽敞，只是光线幽暗。全部遗址是一片约两三百平方米的白骨坑。据说明文字，这里原本是农民不经意发掘出的一片尸骨遗存，裸露在外的大约只有十几具。据专家考证，这是长平赵军的一处尸骨坑，周边还有大量尸骨没有发掘，正在动议第二期开掘。因之，这里被命名为一号坑。引起我们注意的是，这片尸骨遗址馆，是日本人捐助开掘并建造的。据说，当年开掘时，找不到相应支持资金，一个多年关注长平大战遗址的日本人得知消息，立即表示愿意捐助开掘。

日本人为什么关注，为什么愿意捐助开掘？

工作人员木讷地说，不知道。

李总们也都说，不清楚。

据说，日本人还力争要继续捐助开掘，中国方面似乎没钱，也没态度。

一切，似乎都透露着一种无法言说的东西，都透露着一种不同于任何历史遗存地的那种阳光明亮面貌的另类气息。这里，没有因古文明遗存所激发的骄傲感，也没有旅游地居民的热情与好客。一切都很淡漠，一切都很无所谓。后来，我们走进了一所小学校所在的村庄，与校门口的村人说得一阵，情形有些不同。

但总体来说，还远远不是旅游区民众的正常状态。

让文明阳光照亮幽暗的心结

民众的另类心态，来源于"非秦"历史烟尘的污染。

自唐代之后，对秦帝国的原罪式定性，几乎已经成为铁案。一切与秦国秦帝国相关的战争或经济政治作为，都被打上了"暴政"印记。关于长平大战的研究，更是如此。两千多年来，所有诗词史论与官方言语，都将长平大战当成了一场罪恶的战争，而其轴心，自然是白起杀降。司马光、王守仁等宋元明清大家，无不单纯以绝对的"善恶"理念论长平大战，对秦军一味视为暴虐，对赵军则一味呼冤，以长平杀降代替了长平大战的全部。民众受此浸染，遂生出久久不能化解的幽暗习俗与心态。直至当代，这种心态依然没有大的改观，实在是影响开发长平大战历史遗址价值的最大障碍。

这一障碍的现实表现是，国家尚未认识到大规模开发长平大战遗址的巨大意义，而由当地政府主持的开发，则多受民俗或自身观念的影响，不能客观全面地评价长平大战，因而也就无法全面展现大战的壮阔全貌，无法深刻发掘战国战争文明所达到的最高峰水准。其着力点，只在彰显杀降蒙冤的凄惨一面，以及民俗与历史遗存的另类一面。如此，则使这种开发与旅游，带有显然的褊狭色彩，整个社会似乎又难以接受，既影响、遏制了客源，又给大规模开发带来微妙的障碍。

这种状况，山西的研究家们早早已经注意到了，靳生禾与谢鸿喜先生的《长平之战》中有一节"晚近研究长平之战的概述"，转引《山西师范学院学报》1959 年张颔先生文章云：

> 研究长平之战，不应像旧史家那样，只单纯地从秦坑赵俘考虑善恶得失。其实，这不过只宜作为处理俘虏的一种方法看待，惨则惨矣，亦自有其客观因素。重要的在于，着眼秦国赢得这次战役的整个因素，即秦国当时已经成为一个朝气蓬勃、先进富强的国家，无论经济上、社会制度上、军事上，以及作风上，都有它取得战争胜利终于统一六国的内在因素。

这种理念，无疑是文明史的广阔视野。

可是，悠悠半个世纪，现状依然不容乐观。

幽暗的历史心结，需要文明发展的阳光来照亮。

清除历史谬误的烟尘，还需要我们付出艰苦的努力。

长平大战是兵法的最高典型，期盼这一历史遗址早日得到大规模开发。

追梦大秦：溯洄游之　道阻且长

　　岁末寒冬，应邀参加了陕西电视台《开坛》栏目"追梦大秦"的专题节目。

　　一个主题连续七期，如此策划气魄，是陕西电视台从未有过的大手笔。从得到讨论通知的第一天起，我就很认同这个策划思想。接到《开坛》制片人白玉奇先生与主编薛博文的邀请后，我欣然参加了第一次策划评议会。那日，车到电视台门前，遭遇森严戒备而不能入。年轻文秀的薛博文来接，才知道因曾有公安部挂名的恐怖分子确实混入过电视台大院，故有如此这般。中国在风雨中艰难前行，表面繁华锦绣之下，也隐藏着数不清的艰难险阻。这一丝冷雨，是一面使人清醒的镜子。

　　除了年届五十生机勃发的白玉奇，《开坛》栏目几乎是清一色的年轻人。气氛之真诚热烈，恍如大学校园。后来的旅途中，我从很有文化忧思又很有理事之能的白玉奇口中知道，中国电视界的谈话栏目，能够保留下来的已经是寥寥无几了。陕西卫视的《开坛》，几经曲折，但一直撑持了下来，在北京、上海等大都市颇具影响。这个栏目要打开新局面，就要敢在议题上创新。

278

我很赞同白玉奇的思索，将其概括为《商君书》的总体意思——变则兴。

初次评议，我坦率地针对初步策划提出了几方面的意见。周天游先生（前陕西历史博物馆馆长）、焦南峰先生（考古研究院院长）也谈了诸多意见。我们的意见，获得了栏目组广泛的共鸣。应该说，这是一次成功的研讨。会后两日，我接到白玉奇与薛博文的电话，说电视台决定"追梦大秦"正式上马，邀请我来做固定主嘉宾，每期参与，并与栏目摄制组一起出外景"走读大秦"。我当即欣然应邀。

后来，由于筹备方面的具体原因，通知说走读外景的时日延缓了。时已一场初冬大雪之后，我便踏上了返回海南的旅程。老朋友贾晓良驾车，我们一路从容南下。经过郑州地区，参拜了吕不韦墓地；南下驻马店，参拜了正在修缮的李斯墓地遗址；过武汉，过长沙，岳麓山与接应的朋友李迪聚会两日；之后南下广西桂林，瞻仰了灵渠遗址，徜徉于已经枯水的石坝，感慨莫名。广西兴安的秦文明习俗浓烈，县政府广场矗立着巨大的始皇帝雕像，米粉馆老板娘对客人热情地诉说着秦军修灵渠又创制米粉的故事。老板娘颇见骄傲地说，兴安是米粉正宗发源地，只有兴安有米粉饺子。

正在兴安游览灵渠，电视台电话到了，说三日后立即出发外景，敦请我回来。于是，虽然身体不复当年，我们还是立即南下，于当晚乘船过海，在海口歇息一夜，次日下午又飞回了西安。

次日，先参加了咸阳市的秦文明开发战略研讨会。大咸阳市筹划在一片二十平方公里的新区开发秦文明项目，正在就具体的思路与实际项目征询意见，决心之大，前所未有。我在会议上坦率发表了相对详细的意见，得到了包括张锦秋先生在内的专家们与与会政府要员的普遍共鸣。我也觉得做了一件应该做的事。我的家乡三原县隶属咸阳市，咸阳自然也是我的家乡。与桑梓之地做文化产业宏图谋划，是责无旁贷的。

会议开完的当夜，电视台接我回到了西安。

次日晚，陕西文化集团总裁王勇先生与电视台总编室贾主任，为外景摄制组饯行。一番热烈议论，两位文化大亨见识不凡，我受教良多。次日清晨，似阴似雾，寒凉倍增。摄制组连我十一人，按原计划出发了。此行由制片人白玉奇亲自领队，两台摄像机，两辆喷有"追梦大秦"画面字样的车（一大型越野车，一商务车）。隐隐雨雾之中，车组驶过汹涌绵长的车流，越过西安咸阳，一直西奔陈仓了。

追梦之旅，一直进行了十二天，行程三千余公里。

依顺序，西去路线的停留节点是陈仓关——牧马滩、燕子关——天水市秦腔社——礼县城、西汉水河谷、大堡子山老秦族墓葬——回程。

折返顺序是古大散关——凤翔县秦公大墓、秦雍城遗址——眉县白起故里碑、白氏祠堂——富平县王翦、王贲墓——韩城魏长城遗址、太史公祠——合阳县黄河古道——河南灵宝古函谷关——商洛市商君广场、商山四皓（秦博士）陵园——丹凤县商君封邑遗址——西安秦二世陵园——临潼古栎阳城遗址、秦始皇陵——泾阳县仲山郑国渠渠首遗址——咸阳市统一广场——古咸阳城遗址——返回西安。

一路多遇雨雪阴霾，少见晴日。只有三次例外：在礼县拜祭老秦族墓葬时，少见的大放阳光；合阳县黄河古道，稍见晴日；咸阳统一广场与古咸阳遗址，也是大晴天。这三次之外，都是非雨即雪即阴霾，加上冬日寒风黄尘，山川蒙蒙烟雨，无由轻松。

最艰难的是两次，老秦人牧马滩和商君广场及商君封邑遗址。

牧马滩在高速公路隧道旁的一道峡谷里，绕行很远才能进入。到达山口，雪花飘落，一片沉沉暮色，几近夜光。道路泥泞，深坑起伏，只有越野车能泛舟波浪一般小心行进，那辆商务车只好停在峡谷之外。白玉奇带着年轻人踏着泥泞走了进去，赶到峡谷中的目的地，我们已经现场工作结束了。这片峡谷小盆地，秦人立国之前的牧马基地之一，谷口很窄小平常，谷内腹地却很是宽阔，颇像一个大肚葫芦，隐秘性一定很合居于戎狄海洋的警惕的老秦人的心思。牧马滩所以成为早秦遗址，是发现了秦军的牧马营地，发现了一幅春秋时期的羊皮地图。遗址保护虽然很简单，但是峡谷的地形地貌却没有被破坏。虽是飞雪冬天，干枯的草木与绿色的松树依然茂密，可见当年之林木丛莽。

商君广场与封邑，则是一片雨夹雪。尤其是封邑遗址，已经变成了起伏无状的麦田，背后一条铁路轰隆作响。我们踩着没脚的黄泥走上去时，鞋子都糊满了泥团，脚步沉重异常。按照我们的心愿，是该拜祭商君的。因为，此前我们已经正式洒酒祭拜了礼县老秦人墓葬，洒酒祭拜了太史公。对于商君，更该如此。可是，由于雨雪泥泞，无处设酒，有些人还上不去，终未成祭。那一天，对着遥远的山野，脚踩在深泥里，我在那片绿油油的黄泥麦田里大喊了几句："商君——我来了——你能听见吗——"

虽是热泪盈眶欲出，我还是对年轻的朋友们踏实地笑了。

我们不能再有那种论史必忧伤的虚空情结了，那是秦帝国之后士大夫阶层精神下滑所长期积累的虚无主义情怀。所谓"是非成败转头空"，所谓"白茫茫大地真干净"等论史见事时的忧伤虚无思绪，都是知识阶层脆弱心理的沿袭。在历史流逝面前，我们的精神必须正常化，必须坚实，必须摆脱无端的哀叹。我们的统一文明长河，流淌过了两千多年，这条滚滚滔滔的大河里，有商君永远无法水溶的一团最鲜艳的血。商君，为了疏导这条华夏文明大河，与孝公一起率领古老的秦人族群，开掘了第一段宏大坚实的河道。从此，百川归海，统一文明浩浩不息。不管历史的迷雾如何深重，这条文明长河都会劈开万重阻碍，永远向前。不废江河万古流，不管有人如何非议诅咒，没有人能够泯灭这个伟大的名号。历史将以久远的时间证明，被钉在文明耻辱柱上的不是别人，只能是那些文明的蛀虫们。

心祭商君，绵绵无绝……

这次，除了老秦人在夏商两代更为久远的足迹无法寻觅外，我们走遍了自秦人流入西部再回归中原，直至统一中国的主要文明坐标地。至为遗憾的是，因为时间关系，我们无法北上阴山草原寻觅九原大营，无法跋涉岭南瞻仰灵渠与番禺城遗址。秦人强势北击匈奴，平定外患，南下五岭，开凿灵渠，修筑杨越新道，真正将广袤岭南融入华夏文明的不世传奇，都是亘古不朽的功业。对于秦统一文明的足迹而言，我们缺失了许多块遗址走读，只有寻根秦人了。

古秦人，是中国古典文明史的轴心。循着秦人的生存发展线索，我们可以将中国原生文明将近三千年的历史梳厘清楚。平心而论，古秦人真是一个伟大的族群。他们与华夏文明共沉浮，在漫长的岁月里，多经沉沦劫难而屡败屡起，终成古典文明之巅峰。他们没有被巨大的政治灾难摧垮，没有被西部戎狄海洋吞没，没有被长期颠沛流离的苦难泯灭，没有被列强卑秦与众多围攻肢解，没有被一己族群的生存恩仇遮蔽视野，终于以强势开放的襟怀为根基，在变法浪潮中杀出了一条血路，一举强势崛起，再度挺进百余年，终于统一了中国文明。

所以如此，在于老秦人族群四大精神根基最强烈：一是奋争之心，二是求变图存，三是开放襟怀，四是建设精神。有此种种，山河可以在他们手里变成万古赫赫的天险要塞，潮流事变可以在他们手里变成巨大的历史机遇，好勇私斗的族群能被他们翻新成勇于公战、壮怀激烈的豪迈团体……天不能死，地不能埋，三千年沉浮的历史，不是这样吗？

舍此精神根基，安有老秦人之伟业哉！

返回西安的次日，立即开始了紧张的录制。

文明新论

除去我没有参加的第 1 集（谈电视剧，我在南下途中），共录六集，四天完成，有一天是连录三集。每集谈话一个半小时，剪成四十五分钟。白玉奇说，《开坛》栏目的宗旨是两条：一是直奔形而上，不重具体枝节；二是鼓励论战，不怕吵起来。由于时间不够充裕，他们的策划资料来不及仔细与被邀请的专家沟通，也来不及了解每个专家的学术立场与看法，只能邀请以往比较熟悉的专家。譬如，原先邀请的专家中有萧云儒先生。因为邀请太晚，难以充分准备，萧先生在录制之时大清早提前赶到现场，专程歉意辞谢。我与萧兄是老友了，这是一件很遗憾的事。所以，这次的专家们事前没有任何"碰头"，说的都是自己的原本想法，实打实的本色，因而也有了一些真实的思想冲突。

密集地完成了录制，感慨良多。

我也是人文理论领域的学者，曾经与学界有着广泛的交往与交流。深入史海后，很多年没有与学者们做这种直接面对面的交流了。这次特殊的对话，使我有了一种难以言说的况味。从中体会到的一些东西，在当代人文学界具有普遍性。所以，我愿意说在这里，与朋友们一起斟酌。

其一，对"文革"劫难的厌恶，深刻扭曲了中国学界的客观公正精神。

从文明意义上说，"文革"是我们这一代的噩梦。尽管"文革"有着社会恶性破坏所能带来的深刻反思的历史意义，但是从正面评判，它确实是一次文明大灾难。尤其是"文革"基于最简单的政治原因，对中国文明历史所做出的阶级斗争式的总评判，给今日的我们客观公正地评价中国文明史，埋下了深远的祸根。这个祸根，不是那时的观点本身，而是极恶的运动方式带来的深远的精神影响。当我们真正获得了相对宽松的研究环境时，许许多多的知识分子基于对"文革"的反感，而对举凡文革"肯定"过的东西，几乎一律不假思索地厌恶之、斥责之。对春秋战国法家与儒家的态度，可谓典型。

甚或，有一个老学者愤愤然地说，很反对评价历史人物时使用"进步"这个概念，历史无所谓进步与落后，历史就是历史！曾经有许许多多的中外大思想家对"历史"有过种种说法，可是，"历史就是历史"，还真是第一次听说。假如果真如此，整个人类就应该放弃用语言表示认识的权利，放弃一切思想解析的权利——一切就是一切，要你说什么？

很少有人想过，"文革"最大的文明破坏是什么？

对于文明史研究，"文革"是一个悖论：一方面，以疯狂人治的运动方式，无法无天的大混乱，实际上几乎完全毁灭了中国文明体系中本来就越来越淡薄的法治传统；另一方面，又以极端化的偏狭理论，从服务政治需要出发，以"阶级斗争"理念肯定了战国时代的法家，又极端化地批判、打倒了儒家。其历史后果，既是对中国古典法家的最大伤害，也是对中国文明根基的最大动摇，而不是对法家精神的真正肯定。

若干年后的今天，当我们试图真正地正本清源，为我们的文明寻求话语权时，我们蓦然发现，首先是许许多多的人文学者莫名其妙地既不研究，也不论证，却又愤愤然立即反对对法家的历史主义肯定。他们既脆弱，又顽固，几乎是任何论争法则与基本的思维训练要求都可以不管不顾。这种深刻的精神原因，潜藏在许多学者的心底，却又都绝口不提，而只以自己的"治学根基"昂昂然宣布历史就是历史。

这就是我们作为知识分子的文明良知吗？

我们都曾经受过那场社会文明劫难的伤害。可是，我们所以是人文学者，所以是社会思索精神的代表阶层，理应摆脱个人境遇的阴影，以文明境界引领社会的思索。两千多年前的儒家学者太史公，在《报任少卿书》中，愤愤然以早已经陈腐的"王道德治论"为自己泄愤，说远古圣王时"刑不上大夫，礼不下庶人"，像我这样的人，在那时是不会受刑罚惩处的，可在当今，我却受到了如此刑罚！显然，司马迁没有法治理念，而只有贵族人治理念。

陷在自身精神阴影里不能自拔，从而对曾经伤害过自己的历史时期积怨积愤，完全不能相对客观地评判历史，这不是人文思想家的格调。司马迁的精神世界，不是我们的榜样。拒绝历史分析的武断宣布，也不是应有的思想多元化的方向。

其二，思维训练所达到的水准太低，导致思想发现力的极度疲软。

既有学人桂冠，理应有一定的思维水准。也就是说，我们的论证与评判，应该具有基本的逻辑一贯性。可是，事实不是这样。为了贬低法家学说的政治洞察力，学人们可以端出马基雅维利的《君王论》，说法家并没有什么了不起；可同样为了指斥"秦暴政"，他们又会将法家与马氏纠缠在一起，囫囵指斥，说这都是"暴政理论"。

他们对法家大肆贬低，可是在反驳别人的"法家在当时是进步的"说法时，又说历史研究不应该有落后与进步的评判，而只能说历史事实；他们说法家愚民，挖空了人民脑袋，却完全无视法家一系列开启民智的论说；他们标榜客观讲述历史，可是自己却陷入了极端化的宣布式，完全忘记了他们知识视野中的一个基本事实——任何写历史的人，从孔子的"春秋笔法"开始，永远不可能有百分之百的纯净客观，所谓只说事实而不加评判，只是一种虚妄的幻想与自我蒙骗。

2008 年的《新华文摘》有一篇复旦大学某学者的文章，题目大意是"秦统一中国是落后文明征服先进文明"。这次开坛，也有人提出了这样的观点。我刚开始反驳，就被主持人岔开了。稍有思维训练，就知道这是一个十足的伪命题。因为，以商鞅变法为界，秦国史分为两大段，之前是与中原同步的文明状态，此后是当时最为发达的战时法治文明。如果这个命题指春秋秦，显然文不对题，因为秦人并没有以春秋落后文明统一中国；如果这个命题指战国秦，更是错误，因为秦孝公、商鞅之后的秦文明绝不是落后文明。最后，这个命题只有堕入臭名昭著的类似于"种族歧视论"的泥坑，变为直指秦人族群本身——不管你变不变，你都是落后的，因为你出身西部！

如此混乱逻辑，在战国论战中，是会被视为白痴命题的。

可是，它竟然出自当今的诸多"名门"学者或门徒。

……

为什么会如此？

是什么原因，使我们名学者的思维水准如此低下？

举凡理论家、思想家，基本的思维训练是必须的。许多人会背诵黑格尔的几个命题，却无法学到那种高度严密的照顾整体严密性的思维方式。许多人熟读马克思的《资本论》，可是却无法具有那种烛照社会角落的逻辑力量。在我们的文明宝库中，庄子超越时空的想象力，老子的历史哲学思维，荀子、墨子的论证严密，把握整体的逻辑性论述特点，商鞅穿越世情迷雾深刻的社会洞察力，名家借"名实"之分在逻辑上生发的奇异突破，苏秦、张仪、鲁仲连等的辩说法则与急智艺术等，无不具有一种严密的思维力量，无不蕴含了锻铸我们思维的利器，无不是我们民族的思维宝藏……凡此等等，作为具体知识，许多学者似乎并不陌生，甚或是他们吃饭的专业。可是，见诸实践，又都完全没有这些古典思想家们的基本素养。

现场话语的非逻辑性宣布，使人最是无处着力。

因为，需要澄清的东西太多，而任何一个环节，都可能歧路亡羊。

我们尊重每个人的话语权利，可是，我们无法尊重这种思维水准。

我们的人文历史研究，鸦片战争后百余年，除了"五四"时期的初步政治思索，整个人文学界，始终停留在技术层面的具体研究上。我们没有起码的文明史理念，没有整体思索问题的理念，没有历史哲学式的思维方法。根本原因之一，就是我们的学界长期因循于种种绝对理念，已经丧失了思维训练，已经丧失了整体思索问题的水准与能力。

当然，导致的结果，就是思想发现力的极度疲软。

回顾人类文明史。日本明治维新时期，产生过福泽谕吉的《文明论概略》；欧洲文艺复兴与启蒙运动时期，产生过《论法的精神》等一大批文明史与历史哲学著作；"二战"之后，美国人潜心研究德意志民族与日本民族的文明特质，产生了《第三帝国的兴亡》与《日本帝国的兴亡》《菊与刀》等民族文明研究著作；1949年后，美国国务院在举国争论"谁丢失了中国"中开始检讨，发表的超长篇对华关系白皮书，也是文明差异论的基本立场；当代以来，人类文明面临新的转折，又有了汤因比的《历史研究》、魏特夫的《东方专制主义》、亨廷顿的《文明的冲突与世界秩序的重建》……

唯有我们，非但没有文明研究，没有文明理念，反倒以"讲历史不应该有评判"而沾沾自喜。我们连"千秋功罪任评说"这样的传统也没有了。我们的人文学界究竟怎么了？失聪？又失明？也许，比思维训练缺乏更深刻的原因是不少，但是，作为一个法则标准，中国知识分子的第一步，就是使自己的思维水准提高，充分照顾到所论及问题的整体性。没有这一点，我们无法继续深刻，我们无法增强思想发现力。

历史的残简，要靠思想发现的火炬重新燃烧，照亮我们脚下的路。

溯洄游之，道阻且长。

文明理念的普遍化很艰难，深刻化更艰难，锻铸出一大批真正的思想家而出现历史突破，尤其艰难。但是，我们不气馁，不沮丧。我们的风尘市井山野乡村，隐藏着无数不知名的英杰之士。只要社会向前，这些力量迟早会各自燃烧起来，众多的思想火炬会熊熊燃烧连成一片。一大批有思想的英杰，正隐藏在各种各样的非人文领域，而不是所谓学者中间，不是所谓学堂校园。

我们的民族是智慧的，我们是有希望的。

雪意把酒话秦风

冬日论酒，暖心快意，很具幸福指数，实在不忍相拒。

在人类所发明的饮食大系之中，没有一宗入口物事，能够与酒比肩。酒之功效，不在果腹充饥，而在化人心境，快人之意，去人之伪，发人精神。依古人说法，此乃信人奋士之灵异也。远古物资匮乏，先祖独能孜孜造酒不懈；东西文明大有差异，自古酒风弥漫却如出一辙。此中秘密，俱在酒之精神激发功效也。世间饮食万千种类，独有酒事一家独大，在漫漫岁月中积成了多姿多彩的地域酒风，以至于成为地域民风的基本构成之一。人言民俗，必涉酒风。如此根基，如此神韵，任何饮食品类皆无法望其项背。

自古以来，饮酒之风决于酒之烈度。

中国古典酒类发展，宋代为一大分野。宋代之前四千年，中国酒无分种类，俱为自然酿造，无须勾兑，天成妙品。《齐民要术》所载之美酒酿成，开瓮可饮，皆此自然天成之物也。酒精度很低，可痛饮，可解渴。长鲸饮川，巨觥挥洒，琼浆玉液之美感，皆从此中生发也。宋代伊始，蒸馏技术出现，酒之烈度不断提高，真正痛饮渐成难能之事。于是，饮酒器具不断变小，由碗及杯，由杯及盅，巨觥之饮不复见矣！明清之后，饮酒之风习法度，更是日渐趋于精致化。唐代之前三千余年的诗酒精神，雄放之风，终于渐行渐远，变成了我们梦中遥远天宇的一片绚烂。

虽然如此，我们的酒风中依然丝丝飘荡着祖先的神韵。

古来酒风，浓烈莫如战国。战国酒风，雄放莫如秦人。

秦人族群，原为远古华夏洪水时代的五大基本族群之一。尧舜之时，秦人族群职司驯兽化畜，为远古社会生存之最险难领域。洪水时代，秦人族群又与大禹之夏族、殷契之商族、后稷之周族共同治水，居功甚伟。秦人领袖伯益，以功业声望，经舜帝举荐，被公议确定为大禹之后的华夏盟主继承人。此后，大禹病逝，夏启突发政变，兵杀伯益，驱逐秦族。秦人族群第一次陷入流亡境地，在东部山海间第一次长期隐匿。四百余年后，商汤发动灭夏，秦人率先响应，于鸣条之战建立大功，成为殷商时代之功勋族群，镇守西陲（西部陕原地带），成为朝歌之屏障。六百余年后，周武灭商，秦人族群不愿臣服周室，所属七十余族三分流亡：一支北进，后成赵人祖先；一支西进，在戎狄海洋拓荒生存；余部星散于东方。后世崛起立国之老秦人，便是那支西部拓荒奋战的秦人嬴氏骨干族群。二百七十余年后，西周发生镐京事变，周人陷于存亡边缘。当此之时，秦人族群应周室之请，举族东进，浴血奋战，大胜戎狄，并护送周平王政权东迁洛阳。以此救国之功，周平王封秦人为诸侯国，许其夺回关中之地为国土。此后，秦人族群历经三代血战，终于将入侵戎狄尽数驱赶出河西高原并关中之地，成为春秋时代的强势诸侯国之一。

两千余年屡经劫难沉浮，秦地民风，成为战国时代的一道独特风景。

战国大思想家荀子，曾经进入秦国查勘。他对当时的秦国丞相范雎，谈起了对商鞅变法近百年之后秦国风貌的印象。"入境，观其风俗，其百姓朴，其声乐不流污，其服不挑，甚畏有司而顺，古之民也。及都邑官府，其百吏肃然，莫不恭俭敦敬，忠信而不楛，古之吏也。入其国，观其士大夫，出于其门，入于公门，出于公门，归于其家，无有私事也。不比周，不朋党，偶然莫不明通而公也，古之士大夫也。观其朝廷，其闲听决，百事不留，恬然如无治者，古之朝也……不烦而功，治之至也！"

在荀子眼中，这是一片充满理想秩序感，又少了儒家教化与些许风华激情的土地。但是，事实却并非如此。在这片灼热土地上生活的老秦人，其质朴高贵厚重沉静的风貌之外，更鼓荡着豪迈雄放的诗酒之风。荀子之后的李斯，在著名的《谏逐客书》中，对被荀子赞为"不流污"的战国秦人的歌风，做了这样具体的形式描述："击瓮叩缶，弹筝搏髀，而歌呼呜呜快耳者，真秦之声也！"这段简约的文字，呈现了这样一幅图画：秦人相聚放歌，有人击打着陶瓮，有人叩击着瓦缶，有人弹奏着秦筝，其余人则一边狠劲拍打着大腿，一边嘶声吼唱着歌子，尽情宣泄，快人耳目。

这幅秦人放歌图里，隐藏了迄今为止秦风的几乎所有基本元素。秦人的代表乐器——秦筝；秦人的击打乐器——陶瓮瓦缶；秦人响遏行云的高亢嗓音，秦人激越的歌风，秦人悲烈的情怀。尤其是秦筝，与山东六国的琴相对应，是秦人独有的强劲音乐的历史符号。秦筝之所以成为秦人独有的乐器，以其宏大深沉的覆盖性声域，以其轰鸣迫人的音响气势，与当时山东六国的古琴形成迥然不同的风格。其灵魂之根基，无疑埋藏在这个久经坎坷磨难的马背族群的奋争历史之中。

若非如此，后世秦腔之激越悲怆，岂非无根之木，无源之水？若非如此，何能有秦风化石一般的华阴老腔——那群人用砖头砸着板凳，用大棰敲着铜锣，用力拉着简朴的丝弦，昂昂然齐声吼唱，词句难懂，却气势迫人。此等峥嵘裂肺，若非秦风底蕴，万难有其他根基也。

每读这幅图画，我都觉得李斯漏掉了一个最重要的标志物——酒。

春秋多风华诗性，战国多雄放烈士。无论在哪个时代，秦人的诗风酒风，都浓墨重彩地泼洒在历史的长卷上。一部《诗经》，收"秦风"十首，便有三首成为华夏古典诗歌之最，堪称千古绝唱。这三首，一曰最美丽的情歌——蒹葭苍苍；一曰最沉雄的战歌——岂曰无衣；一曰最悲怆的悼亡歌曲——交交黄鸟。这个来自东方又辗转西方，再重新回归东方华夏世界的族群，用最为高亢激越的秦人声腔，歌唱着爱情，歌唱着流血，歌唱着死亡，寻求着生命的归宿。这样的族群，酒是他们生命的扩张，灵魂的激荡。聚歌必得痛饮，方能狠劲地拍着大腿，面红耳赤地破天长吼，恩怨情仇，必得喷涌而后快。

非如此，宁非老秦人哉！

秦人从西部东进立国之时，华夏世界的酿酒业，已经达到了一个新阶段。由于商旅普及，各大诸侯国的酒坊酒肆如雨后春笋般蓬勃生长。楚酒、赵酒、鲁酒、魏酒、齐酒、吴酒、越酒、胡酒，等等，缤纷争胜于天下。其时也，单单为酒而起的战争，就有两次——楚赵酒战，楚鲁酒战。

当时的秦国，前有周酒之根基，后有自身之努力，遂有了独具特质的秦酒。其时之秦酒，以五谷白酒著称，朴实无华，不透曲香，唯有酒醇。战国之世，随着秦国的强大，秦酒也成为天下名酒了。这种秦酒，在西汉时期被称为"白薄"。以当代酒文化说法，此乃清香型白酒之鼻祖也。经后世两千余年演变，秦酒之后裔太白酒、西凤酒，赵酒之后裔汾酒，燕酒之后裔老白干酒一起，终成清香型白酒之三大代表也。时至当下，不想竟有蛇足策划，将清香秦酒之代表品牌，生生冠以"某香"之名，实在令人苦笑莫名。

中国史书重政事，轻民生，民风民俗纵有记载，亦是流云之末。

是故，远古酒业酒风，如同一切民生大计一样，要我们从星散的残简中去感知，去拼接，去体察。纵然如此，我们依然可以透过青幽幽的残简，嗅到那个风雷激荡的遥远时代渗透过来的浓浓酒意。踏青之饮，聚歌之饮，宾朋之饮，斡旋之饮，商旅之饮，村社之饮，战胜之饮，丧葬之饮，婚典之饮，冠礼之饮，等等，难以尽述。那个时代，酒是宴会的旗帜，酒是宴会的灵魂。聚而无酒，不成礼仪。其时，辄逢意外，也必痛饮。《秦始皇本纪》载：秦王嬴政即位第八年，黄河鱼群逆流大上渭水。秦人闻讯，纷纷轻车重马，赶赴关中东部的渭水两岸，大咥鲜鱼。轻车重马者，空车而用几匹马拉也。何以如此？为的是野炊咥鱼之后，回程还要拉一车，与亲友分而咥了。这则记载，也没有酒。然就实而论，河滩草地，野炊煎烹大河之鲜，果然无酒，雄放豪迈的老秦人岂能忍受——淡出鸟来，何堪食也！

那时候的酒，都从历史的缝隙中漏掉了。

今夏，与咸阳市文物局两局长聚酒，欣闻奇异一桩：咸阳地面开掘了一座战国秦墓葬，发现了一只铜质蒜头壶，内存大约半壶古酒，色白（西汉墓发掘的酒液呈现绿色），无异味刺激。此酒已经妥善封存，只待选择时机鉴定并公开了。

果然有两千余年前之秦酒出土，何其幸哉！

两千多年前，我们脚下这片灼热的土地上，生活着多么质朴高贵、雄放豪迈的先祖人群啊！身为子孙后裔，我们的生命中流淌着他们的热血，我们的生活中飘荡着他们的身影，我们的酒桌上渗透着他们的遗风。他们，是我们生命的基因，灵魂的根基。

何谓秦风？永不沉沦之顽韧精神也。

风华精美的都市生活，正在淹没着我们的灵魂。那弥漫流淌在一座座古老城堡与一片片山原村舍的雄放之风，已经离我们远去了。可是，我们真的能忘记他们吗？当我们咬咥着厚厚的锅盔，当我们吸溜着宽如裤袋的捞面，当我们举起纯正的清香型秦酒，当我们吼着挣破头皮的秦腔，一声声喊着咥，一声声吼着干的时候，他们，那些遥远的已经消逝在历史烟雾中的祖先们，正在笑眯眯地看着我们呢。

冬天的雪，在我们眼前悄悄地飘进了历史。

举起我们已经很小很小的酒杯，敬一敬我们的祖先吧。

万古秦风：关于秦人的时间简史

帝国秦人远去，迄今 2230 年矣！

秦之绝世伟业，不在春秋争霸，不在战国称雄，而在统一中国，统一中国文明。故，秦为中国统一文明之正源。秦以中国历史最短之统一政权，独能万古不朽，其光焰永恒照耀华夏族群，其因盖出于此也。

秦人多劫难，其强势奋争历史，堪称人类古典文明之奇迹。

远古之世，秦人渔猎耕牧于东方山海之间。洪水时代，古秦族群曾与大禹族群、殷商族群、周人族群同建治水大业。因之，舜帝赐姓嬴氏，并预言，嬴族后将大出天下。未几，秦人首领伯益，被公推为受禅大禹最高权力之唯一人选。其后，大禹东巡死于会稽，禹子启突发政变，袭击嬴族，杀嬴族首领伯益，始创我族第一个国家政权。

自此，嬴氏族群实力大损，被迫退出权力中心，流落东部山海匿居。

四百余年后，商汤联络天下大族，共襄讨伐夏桀暴政之大业。秦人族群奋然参盟，首领费昌担任商汤的王车御者。鸣条之战，秦人浴血奋战，建立大功，遂成殷商王国重要诸侯，长期镇守西陲之地。

六百余年后，周人灭商。嬴氏族群忠于殷商故国，拒不臣服周室，遂开始分散寻求立足之地。由此，嬴氏七十余支的庞大族群，三分求生：一支进入北方山地，是为后来之赵人；一支进入西部草原，是为后来之秦人；余皆流散东部山海。

西周中期，进入北方的秦人族群，凭借畜牧驯马之优势，渐为周室所重。其首领造父为周穆王驯马驾车，有功，始受封于赵地，后成晋国赵人之祖。故曰，秦赵同源。此其时也，进入西部草原之秦人嬴族，半农半牧，举族为兵，已在戎狄海洋血战奋争二百余年，立足陇西之西汉水上游河谷地带。周孝王时，西部嬴族受命为周室养马，大成，首领非子始受封地于西部秦邑，成为周室附庸。

自此，始有秦人之说矣。

周幽王末期，骤发镐京之乱。中原晋、齐、鲁、燕等大诸侯，畏惧戎狄，不敢勤王。危难之时，太子宜臼（周平王）密请秦人救周。秦族首领秦襄，大举起兵，杀入关中，血战以退戎狄，挽周室于危亡绝境。其后，秦人又全力护送周平王政权东迁洛阳。

周王室感念秦人，遂将仍被戎狄占领的周人根基之地，全数封于秦人，国号秦，令秦人自己夺取关中等地，以为国土。秦人不辞虚名，以马背诸侯之身，历经两代血战，终将戎狄族群全数驱赶出关中平原，河西高原，拥有了广阔土地，终成名副其实的东周大邦诸侯。

强悍秦风至此一转，秦人全力向周室礼治文明回归。秦穆公之世，秦国一时成为天下霸主。穆公之后，秦国衰落，传承不稳，政变迭生，私斗成风，实力大缩。迄至战国初期，献公发动收复失地之战，都城东迁栎阳，举国民众投入战争。虽有两次大胜，国力却已不济，陷入穷国死战之境。秦献公本人，亦在第二次少梁之战中负伤致死。

至此，秦孝公嬴渠梁即位，秦国开始了巨大的历史转折。

孝公痛感国耻，奋然发求贤令于普天之下。法家名士卫鞅入秦，与孝公君臣同心，发动两次深彻变法。历经二十余年，秦国创建了根基深厚的战时法治社会，一举成为最强大战国。此后，秦惠文王一代以连横破合纵，突破六国封锁，成功实现大国崛起。秦昭襄王一代，以远交近攻战略东出天下，于长平之战摧毁强大赵国之实力，成功实现了秦国之一强独大格局。其后，孝文王、庄襄王两代平庸君主，使秦国进入低谷。其间，赖大政治家吕不韦之力，秦国度过了三次权力传承危机，走向平稳发展。不意，太后赵姬与嫪毐集团乱政，欲杀秦王嬴政而代之以嫪毐私生子，取代秦国王权。

当此艰危之际，秦王嬴政登上历史舞台，联合国中正面力量，一举平定了嫪毐叛乱势力，加冠亲政。之后，秦王嬴政以十年时间富国强兵，又以十年时间排山倒海横扫六合统一中国，再以十年时间盘整天下，创建了新的中国统一文明体系。

公元前210年夏，秦始皇帝病逝沙丘宫。

公元前207年，秦帝国在政变内乱与农民暴动中灭亡。

察古今中外之文明变迁，一族于三千年间多经劫难，屡败屡起，终成不朽大功者，唯秦人也。秦统一文明之万古不灭，秦统一文明之强势精神，冠绝古今哉！故曰，秦文明乃中国古典文明之绝版，秦文明乃世界古典文明之绝版！

万古秦风，浩浩不灭。

下

篇

第三编

战国之兴亡反思：
新六国论

好战者必亡，忘战者必危；国家生存之道，
寓于对战争的常备不懈之中。纵观中国历史，
举凡耽于幻想的偏安忘战政权，无一不因此
迅速灭亡。

亡韩论：忠直术治而亡，天下异数哉

——新六国论之一

韩国灭亡，是最为典型的战国悖论之一。

从公元前 403 年周威烈王"命"（正式承认）韩、魏、赵为诸侯，至公元前 230 年韩亡，历时 173 年。韩国先后 13 位君主，其中后五任称王，王国历时 104 年。史载，韩氏部族乃周武王后裔，迁入晋国后被封于韩原，遂以封地为姓，始有韩氏[1]。由韩氏部族而诸侯，而战国，漫长几近千年的韩人部族历史，有两个枢纽期最值得关注。

这两个枢纽期，既奠定了韩国传统，又隐藏了韩国兴亡奥秘，不可不察。

第一个枢纽期：春秋晋景公之世，韩氏部族奠定根基

其时，韩氏族群的领袖，是韩厥。

当时的韩厥，尚只是晋国一个稍有实权，封地不多，爵位也不

---

1 《史记·韩世家》"正义"引《括地志》云："韩原在同州韩城县西南八里。又韩城在县南十八里，故古韩国也。《古今地名》云韩武子食采于韩原故城也。"在今日陕西韩城地带。

高的中位大臣。与当时握晋国兵权的赵氏（赵盾、赵朔）、重臣魏氏（魏悼子、魏绛）之权势封地，尚不可同日而语。但是"韩厥公直，明大义"，在朝在野，声望甚佳。

其时，晋国发生了权臣司寇屠岸贾借晋灵公遇害而嫁祸赵盾，进而剪灭赵氏的重大事变。在这一重大事变中，韩厥主持公道，先力主赵盾无罪，后又保护了赵氏仅存的后裔，再后又力保赵氏后裔重新得封，成为天下闻名的忠义之臣。这便是流传千古的"赵氏孤儿"的故事。后来，赵氏复出，屠岸氏灭亡，韩厥擢升晋国六卿之一，并与赵氏结成了坚实的政治同盟。

韩氏地位一举奠定，遂成晋国六大部族之一。

韩厥此举的意义，司马迁做了最充分的评价："韩厥……此天下之阴德也！韩氏之功，于晋未睹其大者也（在晋国还没有看到比韩氏更大的功劳）！然（后）与赵魏终为诸侯十余世，宜乎哉！"

太史公将韩氏之崛起，归功于阴德所致，时论也，姑且不计。然而，太史公认定韩氏功勋是晋国诸族中最大的，却不能不说有一定的道理。韩厥所为的久远影响，其后日渐清晰。韩氏部族从此成为"战国三晋"（韩、赵、魏）之盟的发端者，而后三家结盟，诛灭异己，渐渐把持了晋国，又终于瓜分了晋国。

春秋之世，晋国为诸侯最大，大权臣至少六家。及至春秋末期，韩、赵、魏三家势成之时，晋国势力最大的还是智氏部族。韩赵魏三族之所以能同心诛灭智氏，其功盖起于韩氏凝聚三家也。而韩氏能凝聚三家结盟，其源皆在先祖的道义声望，此所谓"德昭天下之功"。此后，韩氏节烈劲直，遂成为部族传统，忠义行为朝野推崇，以存赵之恩，以聚盟之功，对魏、赵两大国始终保持着源远流长的道义优势。这也是春秋末期乃至战国初期，"三晋"相对和谐，并多能一致对外的根基所在，也是天下立起"三晋一家"口碑的由来。

这个枢纽期的长期意义在于，它奠定了韩氏族群与韩国朝野的风习秉性，也赋予了韩国在战国初期以强劲的扩张活力。在《史记·货殖列传》中，记载了韩国重地颍川、南阳之民众风习云："颍川、南阳，夏人之居也。夏人政尚忠朴，犹有先王之遗风。颍川敦愿……（南阳）任侠，交通颍川，故至今谓之'夏人'。"太史公将韩国民风之源，归于夏人遗风，应该说有失偏颇。战国大争之世，一国主体族群之风习，对国人风习有着决定性的影响。若无韩氏族群之传统及其所信奉的行为准则，作为韩国腹地的南阳、颍川两郡不会有如此强悍忠直的民风。

第二个枢纽期：韩昭侯申不害变法时期

韩氏立国之后多有征战，最大的战绩，是吞灭了春秋小霸之一的郑国。

此后，韩国迁都郑城，定名为新郑。魏国也在李悝变法之后迅速强大，成为战国初期的天下霸主。魏惠王时期，魏国多攻赵、韩两国，三晋冲突骤然加剧。当此之时，韩国已经穷弱；在位的韩昭侯便起用"京人"[1] 申不害发动了变法。

申不害是法家术派名士，是"术治派"的开创者。术治而能归于法家，原因便在申不害的术治以承认"行法"为前提，以力行变法为己任。在韩非将"术治"正式归并为法家三治（势治、法治、术治）之前，术治派只是被天下士人囫囵看作法家而已。究其实，术治派与当时真正的法家法治派商鞅，还是有尖锐冲突与重大分歧的。分歧之根本在于，法治派主张唯法是从，术治派主张以术治方式为变法路径与变法成功后的治国方式。

这种分歧，在秦韩两国的变法实践中鲜明地体现了出来。

1　京，战国地名，故郑国之地，今荥阳东南地带。

《申子》云："申不害教昭侯以驭臣下之术。"

《史记·韩世家》载："申不害相韩，修术行道，国内以治，诸侯不来侵伐。"

术治者何？督察臣下之法也。究其实，是整肃吏治并保持吏治清明的方法手段。所以名之以"术"，一则，在于它是掌握于君主之手的一套秘而不宣的查核方法；二则，在于熟练有效地运用权术，需要很高的技巧，需要传授修习。就其本源而言，术治的理念根基发自吏治的腐败与难以查究，且认定吏治清明是国家富强、民众安定的根本。如此理念，并无不当。此间要害是术治派见诸变法实践之后的扭曲变形。

所谓扭曲，是秘而不宣的种种权术，一旦当作治理国家的主要手段普遍实施，必然扭曲既定法度，使国家法制名存实亡。所谓变形，是权术一旦普遍化，国家权力的运行法则，规定社会生活的种种法律，便会完全淹没在秘密权术之中。整个国家的治理，都因权术的风靡而在事实上变形为一种权谋操控。

申不害的悲剧在此，术治悲剧在此，韩国之悲剧亦在此。

申不害主政近二十年，术治大大膨胀。依靠种种秘密手段查核官吏的权术，迅速扩张为弥漫朝野的恶风。由是日久，君臣尔虞我诈，官场钩心斗角，上下互相窥视，所有各方都在黑暗中摸索，人人自危，个个不宁，岂能有心务实正干？权术被奉为圭臬，谋人被奉为才具，阴谋被奉为智慧，自保被奉为明智。所有有利于凝聚人心、激励士气、奋发有为的可贵品格，都在权术之风中恶化为老实无能而终遭唾弃；所有卑鄙龌龊的手段技巧，都被权术之风推崇为精明能事；所有大义节操、赴险救难的大智大勇，都被权术之风矮化为迂阔迂腐。一言以蔽之，权术之风弥漫的结果，使从政者只将"全身自保"视为最高目标，将一己结局视为最高利益，以国家兴亡为己任而敢于牺牲的高贵品格，荡然无存了。

文明新论

术治派给韩国带来了深远的后患。

这个枢纽期，在韩国历史上具有两个极端的意义。

其一，它使韩国吏治整肃，一时强盛而获"劲韩"之名，一改屈辱之局。

其二，它全面摧毁了韩氏族群赖以立国的道德基础，打开了人性丑恶的闸门。一个以忠直品性著称于天下的族群，堕入了最为黑暗的内耗深渊，由庙堂而官场而民间，节烈劲直之风不复见矣！

两大枢纽期，呈现出的历史足迹是，韩国由忠直信义之邦，演变为权术算计之邦，邦国赖以凝聚臣民的道德防线荡然无存。但是，好像一个老实人学坏却仍然带有老实人的痕迹一样，韩国由忠直信义之邦变为权术算计之邦，也同样带有族群旧有秉性的底色。这种不能尽脱旧有底色的现实表现是，信奉权术很虔诚，实施权术却又很笨拙。

信奉权术之虔诚，连权术赖以存身的强势根基，也不再追求。由此，权术弥漫于内政邦交之道，便尽显笨拙软弱之特质。由此，这种不谋自身强大而笃信权谋存身的立国之道，屡屡遭遇滑稽破产，成为战国时代独有的政治笑柄。韩国的权谋历史反复证明：无论多么高明的权术，只要脱离实力，只能是风中飘舞的雕虫小技。一只鸡蛋，无论以多么炫目的花式碰向石头，结果都只能是鸡蛋的破碎。

韩国的兴亡，犹如一则古老的政治寓言，其指向之深邃值得永远深思。

韩昭侯申不害的短暂强盛之后，韩国急速衰落。其最直接的原因，是韩国再也没有了铮铮阳谋的变法强国精神。战国中后期，韩国沦落为最为滑稽荒诞的术治之邦。韩国庙堂君臣的全副身心，始终都在避祸谋人的算计之中。在此目标之下，韩国接踵推出了一个又一个令人啼笑皆非的奇谋：主动出让上党、派遣水工疲秦、增兵肥周退秦、韩非兵家疲秦，等等。其风炽烈，连韩非这样的大师也迫不得已而卷入，诚匪夷所思也！

韩国一次又一次地搬起石头砸自己脚，直到将自己狠狠砸倒。

其荒诞，其可笑，千古之下无可置评也。

忠直立国而术治亡国，韩国不亦悲哉！

韩国的权术恶风，也给历史留下了两个奇特的印痕：一个是韩非，将"术治"堂而皇之地归入法家体系，被后人称为"法家之集大成者"；一个是张良，历经几代乱世，而终以权谋之道，实现了全身自保的术道最高目标。对此两人，原本无可厚非，然若将这两个人物与其生根的土壤联系起来，我们便会立即嗅到一种特异的气息。

天地大阳而煌煌光明的战国潮流，在韩国生成了第一个黑洞。

韩国之亡，亡于术治。

法家三治，势治、术治皆毒瘤也。依赖势治，必然导致绝对君权专制，实同人治也。依赖术治，必然导致阴谋丛生，实同内耗也。唯正宗法治行于秦国而大成，法治之为治国正道可见也。此千古兴亡之鉴戒，不可不察。秦韩同时变法，韩亡而秦兴，法治、术治之不可同日而语，得以明证也！

亡赵论：烈乱族性亡强国，不亦悲乎

——新六国论之二

赵国的灭亡，是战国末期最为重大的历史事件。

赵国的历史寿命有三说：其一，战国开端说，视赵襄子元年（公元前475年）为赵氏部族立国，到秦破邯郸赵王迁被虏（公元前228年），历经十二代十二任国君，历时二百四十七年；其二，开端同上，以赵公子嘉之代国灭亡为赵国最后灭亡，历时二百五十三年；其三，三家分晋说，以周王室正式承认魏、赵、韩三家诸侯为赵国开端（公元前403年），则其历时或一百七十五年，或一百八十一年。

从历史的实际影响力着眼，第一说当为切实之论。

邯郸陷落赵王被俘，强大的赵国事实上已经灭亡。

赵国灭亡，真正改变了战国末期的天下格局。

从赵武灵王胡服骑射开始，到赵国灭亡的近百年间，赵国始终都是山东六国的巍巍屏障。在与秦国对抗的历史中，赵国独对秦军作长期奋争。纵然在长平大战一举葬送精锐五十余万后，赵国依旧从汪洋血泊中再度艰难站起并渐渐恢复元气。此后形势大变，山东五国慑于秦军威势，再也不敢以赵国为轴心发动具有真正实力攻击性的合纵抗秦，反倒渐渐疏远了赵国。赵国为了联结抗秦阵线，多次以割地为条件与五国结盟，却都是形聚而神散，终致几次小合纵都是不堪秦军一击。当此之时，赵国依旧坚韧顽强地独抗秦军，即或是孝成王之后的赵悼襄王初期，李牧依然能两次大胜秦军。应该说，赵国的器局眼光远超山东五国，是山东战国中唯一与秦国一样具有天下之心的超强大国。假若孝成王之后的两代国君依旧如惠文王、孝成王时期的清明政局，而能使廉颇归赵，李牧、庞煖不死，司马尚不走，秦赵对抗结局如何，亦未可知也。

然而，历史不可假设，赵国毕竟去了。

巍巍强赵呼啦啦崩塌，其间隐藏的种种奥秘令后人嗟叹不已。

六国之亡，是中国历史上最为重大的时代分水岭。

其间原因，历代多有探讨。西汉贾谊的《过秦论》，将六国灭亡及秦帝国灭亡之因，归结为"攻守之势异也"。唐人杜牧的《阿房宫赋》则云："亡六国者，六国也，非秦也。族秦者，秦也，非天下也。"北宋苏洵的《六国论》又是另一说法："六国破灭，非兵不利，战不善，弊在赂秦。赂秦而力亏，破灭之道也！"苏洵儿子苏辙的《六国论》，则将六国之亡归于战略失误，认为六国为争小利互相残杀，致使秦国夺取韩魏占据中原腹心，使六国没有抗秦根基而灭亡。清人李桢的《六国论》，又将六国之亡归结为不坚持苏秦开创的合纵抗秦之道。更有诸多史家学者，专论秦帝国灭亡之原因，连带论及六国灭亡，大体皆是此类表层原因。

凡此等等，其中最为烁目者，莫过于诗人杜牧首先提出的将六国灭亡根由归结为六国自身、将秦帝国灭亡归结为秦帝国自身的这种历史方法论。这是内因论。内因是根本。尽管循着如此方法，历代史论家依然没有发掘到根基，然毕竟不失为精辟论断之种种。攻守之势也好，贿赂秦国也好，战略失误也好，不执合纵也好，毕竟都是实实在在的具体原因。

然而，内在原因之根基究竟何在？

三晋赵、魏、韩之亡，是华美壮盛的中原文明，以崩溃形式弥散华夏的开始。

历史地看，这种崩溃具有使整个华夏文明融合于统一国度而再造再生的意义，具有壮烈的历史美感。从国家兴亡的角度看去，三晋之亡，显然暴露出其政治根基的脆弱。也就是说，三晋政治文明所赖以存在的框架，是有极大缺陷的。这种缺陷，其表象是一致的：变法不彻底，国家形式不具有激励社会的强大力量。为什么是这样？为什么三晋乃至山东六国，都不能发生如秦国一般的彻底变法，都有着秦国所没有的政治文明的重大缺陷？

隐藏在这里的答案，才是六国灭亡的真正奥秘所在。

赵国的国家性格解析

任何族群所建立的国家，其文明框架的构成，其国家行为的特质，都取决于久远的族性传统，以及这种传统所决定的认识能力。族性传统之形成，则取决于更为久远的生存环境，及其在这种独特环境中所经历的具有转折意义的重大事件。这种经由生存环境与重大事件锤炼的传统，一旦形成，便如人之生命基因代代遗传，使其生命形式将永远沿着某种颇似神秘的轴心延续，纵是兴亡沉浮，也不会脱离这一内在的神秘轨迹。

唯其如此，族性传统决定着其所建立的国家秉性。

赵人之族性传统，是"勇而气躁，烈而尚乱"。

赵人族性根基与秦人同，历史结局却不同。这是又一个历史奥秘。

秦赵族性之要害，是"尚乱"二字。何谓乱？《史记·赵世家》所记载的韩厥说屠岸贾之言，做了最明确界定。韩厥云："妄诛，谓之乱。"在古典政治中，这是对"乱"之于政治的最精辟解释。也就是说，妄杀便是乱。何谓妄杀？其一，不报国君而擅自杀戮政敌；其二，不依法度而以私刑复仇。

妄杀之风滥觞，在国家庙堂，便是无可阻挡的兵变政变之风，动辄以密谋举事杀戮政敌的方式，以求解脱政治困境，或为实现某种政治主张清除阻力。在庶民行为，则是私斗成风，不经律法而快意恩仇的社会风习。此等部族构成的国家，往往是刚烈武勇而乱政丛生，呈现出极不稳定的社会格局，戏剧性变化频繁迭出，落差之大令人感喟。

依其族源，秦赵同根，族性同一。在春秋之世至战国前期，也恰恰是这两个邦国，有着惊人的相似：庙堂多乱政杀戮，庶民则私斗成风。然而，在历史的发展中，秦部族却因经历了亘古未有的一次重大事变而革除了部族痼疾，再生出一种新的国风，从而在很长时期内成功避免了与赵国如出一辙的乱政危局。

这个重大事变，便是商鞅变法。历史地看，商鞅变法对于秦国具有真正的再造意义：没有商鞅这种铁腕政治家的战时法治，以及推行法治的坚定果敢，便不能强力扭转秦部族的烈乱秉性。事实上，秦国在秦献公之前，其政变、兵变之频繁丝毫不亚于赵国，其庶民私斗擅杀风习之浓烈，更是远超赵国而成天下之最。唯横空出世的商鞅变法，使秦部族在重刑威慑与激赏奖励之下洗心革面，最终凝聚成使天下瞠目结舌的可怕力量。始皇帝之后，秦部族又突兀陷入乱政滥杀，最后一次暴露出秦部族的烈乱痼疾。

赵国没有经历如此深彻的强力变法。

赵氏部族的烈乱秉性没有经由严酷洗礼而发生质变。

赵人族群的乱政风习，始终伴随着赵国，以致最终直接导致其灭亡。

赵人族群的乱政历史——赵国灭亡的内因

远古之世，秦人部族与大禹部族，是华夏东方最大的两个部族。

秦人族群能记住名字的最远祖先，是大业。这个大业，是后来被视为决狱之圣的皋陶[1]。第二代族领，是大费，也就是伯益。在皋陶、伯益时代，秦人部族与大禹部族、周人部族、商人部族一起，结成了天下治水的主力群体，完成了远古治水的伟大事业。治水之后，大禹部族与秦人部族结成了互援轴心同盟。

可是，大禹病逝之后，大局骤然发生了变化：启代伯益继承最高权力，建立了夏王国。已经明确为大禹继任者的伯益，被大禹的儿子启发动政变攻杀。由此，秦人部族与夏部族有了不可化解的仇恨。终夏之世，秦人部族脱离文明腹地，游离于夏王国主流社会之外而独立耕耘渔猎。夏末之世，商部族联络各部族灭夏，秦人部族立即呼应，加入反夏大军并在鸣条之战中与商部族联合灭夏。其后，秦人部族成为商王国镇守西部的方国诸侯。

商王国末期，秦人族群的主力分为两支力量：一支以飞廉、恶来父子为先后首领，拱卫都城朝歌区域；一支居于"西陲"，成为商王国镇守边地的方国。随着周武"革命"灭商，赵秦部族的两支力量均不愿臣服周室，各自分开开辟新的生存空间了。镇守西陲的一支，远避于戎狄聚居的陇西地带，在西汉水上游河谷山地独立耕牧生存，这便是后来的秦人族群。拱卫朝歌的一支，因飞廉、恶来"助纣为虐"的恶名，远走北方了，这就是后来的赵人族群。秦人原本七十余族，其余族群就此星散于东方山海之间了。

周穆王时期，远走北方的秦人，其首领造父有驯马驾车之异能，被周穆王发现而成为王车驭手[2]。很快，造父因驾车辅助周穆王平乱有功，被封于赵城。这支秦人以封地为姓，就成了赵人。

从此，历史正式有了赵人族群。

1　大业即皋陶，见沈长云等《赵国史》之考证。
2　据史家考证，王车驭手地位很高，等同于大臣，并非寻常匠技庶人。

以上之赵氏历史，可称为先赵时期。

春秋（东周）中期，赵人族群在晋国渐渐发展起来。及至赵衰、赵盾两世，由于辅佐晋文公霸业极为得力，赵氏崛起为晋国的掌军部族。从赵盾时期开始，赵氏成为晋国的权臣大部族之一，无可避免地卷入了晋国的权力主流竞争。从此，赵氏族群开始了外争内乱俱频繁的血雨腥风部族史。

从赵盾到赵襄子立国，可称为早赵时期。这一时期，赵氏内乱妄杀频仍，大起大落，是早赵部族最显著的特点。早赵时期历经赵盾、赵朔、赵武、赵成（景叔）、赵鞅（简子）、赵毋恤（襄子）六代，大体一百余年。这六代之中，发生的内乱妄杀事件主要有四次：

其一，赵盾时期部族内争，导致赵氏部族分裂，几被政敌灭绝。[1]

其二，赵简子废嫡（太子伯鲁），改立狄女所生庶子赵毋恤（襄子）为继承人。这是赵氏部族第一次废嫡立庶之举，为以后的废嫡立庶之风开了先河。

其三，赵简子妄杀邯郸大夫午，导致自己孤立逃亡，开政治妄杀先例。

其四，赵襄子诱骗其姊夫（代地部族首领）饮宴，密令宰人（膳食官）以铜枓（斟水器具）击杀之。"其姊闻之，泣而呼天，摩笄（发簪）自杀。"[2]这是典型的内乱妄杀。

显然，早赵部族在处置部族内政方面没有稳定法则，缺乏常态，妄杀事件迭起，导致其部族命运剧烈震荡，大起大落。赵氏立国之后，这种内乱之风非但没有有效遏制，反倒代有发生，十二代中竟有十一次之多。

其一，公元前425年，赵襄子方死，其子赵浣（献侯）立。赵襄

1　赵盾之世的内乱起因于让嫡，终致被屠岸贾势力大肆杀戮，故事纷繁，有兴趣者可阅读史料。

2　见《史记·赵世家》。

　　　　　　　　　　　　　　　　　　　　　文明新论

子之弟赵桓子密谋兵变，驱逐赵浣，自立为赵主。

其二，公元前424年，赵桓子死，赵部族将军大臣再度兵变，乱兵杀死赵桓子儿子，复立赵浣，是为赵献侯。

其三，公元前387年，赵烈侯死，其弟武公立。武公十三年死，赵部族将军举事政变，废黜武公子，而改立烈侯子赵章，是为赵敬侯。

其四，公元前386年，赵武公之子赵朝发动兵变，被攻破，逃亡魏国。

其五，公元前374年，赵成侯元年，公子赵胜兵变争位，被攻破。

其六，公元前350年，赵成侯死，公子赵緤发动兵变与太子赵语（赵肃侯）争位；赵緤失败，逃亡韩国。

其七，公元前299年，赵武灵王传位王子赵何（此前废黜原长子太子赵章，改立赵何为太子），退王位自称主父。后不忍赵章废黜，复封赵章为安阳君。其后赵章发动兵变，与赵何争位。权臣大将赵成支持赵何，击杀赵章。

其八，赵成再度政变，包围沙丘行宫三月余，活活饿死赵武灵王。

其九，公元前245年，赵国发生罕见的将帅互相攻杀事件：赵悼襄王命乐乘代廉颇为将攻燕，廉颇不服生怒，率军攻击乐乘，乐乘败走，廉颇无以立足而逃亡魏国。这是战国时代极其罕见的大将公然抗命事件，而赵国朝野却视为寻常。几年后赵国复召廉颇，即是明证。

其十，赵悼襄王晚期，废黜原太子赵嘉，改立新后（倡女）之子赵迁为太子，种下最后大乱的根基。

其十一，赵迁即位，内乱迭起，郭开当道，诛杀李牧。

为国十二代而有十一次兵变、政变内乱，战国绝无仅有。

赵人族群之生存环境解析

战国大争，每个国家都曾有过内争事件，然而如赵国这般连绵不断，且每每发生在强盛之期而致突然跌入低谷者，实在没有第二家。历史呈现的清晰脉络是，赵国之乱政风习代有发作，始终不能抑制，且愈到后期愈加酷烈化、密谋化，终于导致赵国轰然崩塌。赵国乱政痼疾是赵国灭亡的直接内因，其更为深层的内因则在于部族秉性。

如前所述，部族秉性生成于生存环境与其所经历的重大事件。所谓生存环境，一则是自然地理环境，二则是社会人文环境。地理环境决定其与自然抗争的生存方式，社会环境则决定其人际族群的相处竞争方式。对赵国两大根基环境做一大要分析，可以使我们更深地透视这个强大国家的根基。

古人很重视对地域族群性格的概括。《史记·货殖列传》《汉书·地理志》都对战国时代的地域性格做了丰富的记载和精当的概括，这便是将地理环境与民风民俗直接联系起来的种种分析。赵国之地，大体分为邯郸地带、中山地带、太原地带、上党地带、代郡地带、云中胡地等六大区域，其各地理民风的大体记载是：

邯郸地带："邯郸北通燕、涿，南有郑、卫，漳河之间一都会也。其土广俗杂，大率精急，高气势、轻为奸。"

中山地带："地薄人众……民俗懁急，仰机利而食；丈夫相聚游戏，悲歌忼慨，起则相随椎剽（白日以木椎杀人剽掠），休则掘冢作巧奸冶（夜来则盗墓为奸巧生计）；女子则鼓鸣瑟（弹着乐器），跕屣（拖着木屐），游媚富贵，入后宫，遍诸侯。"

太原—上党地带："多晋公族子孙，以诈力相倾，矜夸功名，报仇过直，嫁娶送死奢靡。"

代郡地带："地边胡（与胡地相邻），数被寇（多被胡人劫掠）。人民矜懻忮（强直狠毒），好气，任侠为奸，不事农商。"其民如羊羊，劲悍而不均。自晋时中原已患其剽悍，而赵武灵王激励之，其俗有赵风。

云中胡地："本戎狄地，颇有赵齐卫楚之徙，其民鄙朴，少礼文，好射猎。"

综合言之，赵国基本地域山原交错，除了汾水谷地与邯郸北部小平原，大多被纵横山地分割成小块区域，可耕之地少而多旱（薄），农耕业难以居主导地位。更兼北为胡地，狩猎畜牧，遂成与农耕相杂甚或超过农耕的谋生主流。相比于赵国，其他六国均有大片富庶农耕之地：秦有关中蜀中两大天府之国，魏韩有大河平原，齐有滨海半岛平原，楚有江汉平原与吴越平原，燕有大河入海口平原与辽东部分平原。当时天下，只有赵国没有如此大面积的农耕基地。如此地理环境的民众，在农耕时代自然难以像中原列国那样以耕耘为主流生计。

为此，赵国形成的社会人文环境（民风民俗）便有两大特征：

其一，仰机利而食。农耕无利而不愿从事农耕，崇尚智巧与其他生存之道。男子"好射猎，多任侠，轻为奸，常劫掠"等；女子"设形容，奔富贵，入后宫，遍及诸侯"等。也就是说，在赵国这样一个没有大片富庶土地的国家，人民的生存方式是不确定的，是动荡的。贫瘠多动荡，这是人类发展的普遍现象，即或在两千多年后的今日，我们依然能在贫瘠国度与地区看到此种现象的重演。

其二，豪侠尚乱，慷慨悲歌。唯其生计多动荡，则生存竞争必激烈，唯其竞争激烈，豪杰任侠必多出，竞争手段必空前残酷。所谓人民"懁忮"（强直狠毒），所谓"高气势重义气"，所谓"报仇过直"，皆此意也。在一切都处于自然节奏的战国社会，若无坚韧彻底的法治精神，则法治实现难度极大。其时，社会正义的实现与维持，必然需要以豪杰任侠之士的私行来补充。唯有如此社会需要，赵国才会出现民多豪侠的普遍风气，其豪侠之士远远多于其他国度。豪侠多生，既抑制了法治难以尽行于山野所可能带来的社会动荡，又激发了整个社会的"尚乱"之风。尚乱者，崇尚私刑杀人也。对于政治而言，私刑杀人就是妄诛妄杀，就是连绵不断的兵变政变。

《吕氏春秋·介立》有一则评判云："韩、荆（楚）、赵，此三国者之将帅贵人皆多骄矣，其士卒众庶皆多壮矣！因相暴，以相杀。脆弱者拜请以避死，其卒递而相食，不辨其义，冀幸以得活……今此相为谋，岂不远哉！（要如此人等同心谋事，显然是太远了啊！）"吕不韦曾久居赵国，如此评判赵国将帅贵人与士卒众庶，当是很接近事实的论断。

唯有如此社会土壤，才有如此政治土壤。

唯有如此政治土壤，才有如此乱政频仍。

赵国两大思想家的两则惊人论断

中国古典思想史上的两大惊人论断，都是赵国思想家创立的。

慎到，首创了忠臣害国论。

荀况，首创了人性本恶论。

这是发人深思的历史现象。

慎到者，赵国邯郸人也。其主要活动虽在齐国稷下学宫，及楚国、鲁国，然其思想的形成发展，不可能脱离赵国土壤。慎到是法家中的"势治派"姑且不说，其反对忠臣的理论在中国古典思想史上堪称空前绝后。

慎到之《知忠》云："乱世之中，亡国之臣，非独无忠臣也！治国之中，显君之臣，非独能尽忠也！治国之人，忠不偏于其君。乱世之人，道不偏于其臣。然而治乱之世，同世有忠道之人，臣之欲忠者不绝世。……无遇比干子胥之忠，而毁瘁主君于阍墨之中，遂染溺灭名而死。由是观之，忠未足以救乱世，而适足以重非……桀有忠臣而过盈天下……忠不得过职，而职不得过官。……将治乱，在乎贤使任职，而不在于忠也。故智盈天下，泽及其君；忠盈天下，害及其国！"

以当代观念意译慎到之《知忠》，是说：乱世亡国之臣中，不是没有忠臣。而治国能臣，更不都是尽忠之臣。治国之能才，应当忠于职守，而不是忠于君主。乱世之庸人，忠于君主而不忠于职守。人世治乱，想做忠臣者不绝于世。譬如比干、伍子胥那样的赫赫忠臣，最终却只能使君主毁灭于庙堂，自己也衰竭而死。所以，忠臣未必能救乱世，却能使谬误成风。官员当忠于职守，而职守不能越过自己的职位。忠臣自以为忠于君主，到处插手，反而将朝政搞乱。所以，夏桀不是没有忠臣，其罪恶却弥漫天下。治国在于贤能，而不在于忠。所以，能才彰显天下，国家受益；忠臣彰显天下，国家受害！

慎到的反对忠臣之论，其论断之深刻精辟自不待言。我们要说的是，这一理论独生于豪侠尚乱的赵国而成天下唯一，深刻反映了赵人不崇尚忠君的部族秉性。唯其如此，赵国政变迭生，废立君主如家常便饭，当可得到更为深刻的说明。

荀况也是赵人。其《性恶》云："人之性恶。其善者，伪也。今人之性，生而好利焉，顺是，故争夺生而辞让亡焉！生而有疾恶焉，顺是，故残贼生而忠信亡焉！生而有耳目之欲，有好声色焉，顺是，故淫乱生而礼义文理亡焉！然则，从人之性，顺人之情，必出于争夺，合于犯分乱理，而归于暴。"

荀子性恶论的提出，是为了论证法治产生的必然性，其伟大自不待言。中国只有在战国之世，才能产生如此深刻冷静的学说，我们要说的仍然是，此论独生于赵国思想家，生于豪侠尚乱的社会土壤所诞生的思想家，在某种意义上，它深刻反映了赵人之地域性格中不尚善而尚恶的一面。就是说，赵人是敢于承认人性恶的，而不是推崇人性恶。唯其有"尚恶"之风，故赵国之乱政丛生，有了又一注脚。

强大的赵国已经轰然崩塌于历史潮流的激荡之中。

但是，这个英雄辈出的国家曾经爆发的灿烂光焰，将永久地照耀着我们。

亡燕论：迂阔固守王道的悲剧

——新六国论之三

燕国的故事，很有些黑色幽默。

一支天子血统的老贵族，矜持尊严秉承着遥远的传统，不懈追求着祖先的仁德。一路走去，纵然一次又一次跌倒在地，纵然一次又一次成为天下笑柄，爬起来依然故我。直至灭顶之灾来临，依然没有丝毫的愧色。

在整个战国之世，燕国是一个极为特殊的个例。

特殊之一，燕国最古老，存在历史最长。从西周初期立诸侯国到战国末期灭亡，燕国传承四十余代君主，历时"八九百岁"（由于西周初期年代无定论，燕国具体年代历史无考，八九百岁说乃太史公论断）。若仅计战国之世，从公元前403年的韩、赵、魏三家立为诸侯算起，截至燕王喜被俘获的公元前222年，则燕国历经十一代君主，一百八十一年。与秦国相比较，燕国多了整整一个西周时代。

特殊之二，燕国是周武王分封的姬氏王族诸侯国。春秋之世，老牌诸侯国的君权纷纷被新士族取代，已经成为历史潮流。田氏代齐，韩、赵、魏三家分晋，中原四大战国已经都是新氏族政权了。当此之时，唯有秦、楚、燕三个处于边陲之地的大国没有发生君权革命，君主传承的血统没有中断。三国之中，燕国是唯一的周天子血统的老牌王族大国。燕国没有"失国"而进入战国之世，且成为七大战国之一，这在早期分封的周姬氏王族的五十多个诸侯中绝无仅有。

特殊之三，燕国的历史记载最模糊，最简单。除了立国受封，西周时期的燕国史，几乎只有类似于神话一般的模糊传说，连国君传承也有大段空白。《史记》中，除召公始封有简单记载，接着便是一句"自召公以下九世至惠侯"，便了结了周厉王之前的燕国史。九代空白，大诸侯国绝无仅有。春秋之世与战国初期的燕国史，则简单得仅仅只有传承代次。可以说，燕昭王之前的燕国历史，线条极为粗糙，足迹极为模糊。中华书局横排简体字本《史记·燕召公世家》的篇幅，仅仅只有十一页，几与只有百余年历史的韩国相同；与楚国的三十二页、赵国的三十七页、魏国的二十二页、田齐国的十八页相比，无疑是七大战国中篇幅最小的分国史。这至少说明，到百余年后的西汉太史公时期，燕国的历史典籍已经严重缺失，无法恢复清晰的全貌了。

所以如此，至少可以得知：燕国是一个传统稳定，冲突变化很少的邦国，没有多少事件进入当时的天下口碑，也没有多少事迹可供当时的士人记载，后世史家几乎无可觅踪。

虽然如此，燕国的足迹终究显示出某种历史逻辑。

燕国历史逻辑的生发点，隐藏在特殊的政治传统之中

战国时代，是一个多元化的时代。

在那个时代，整个华夏族群以邦国为主体形式，在不同地域进行着各种各样的创造与探索。无论是七大战国，还是被挤在夹缝里的中小诸侯国，每一个国家都在探索着自己的生存竞争方式，构建着自己的国家体制，锤炼着自己的文明形态。此所谓"求变图存"之潮流也。正因为如此，各个地域（国家）的社会体制与文明形态，都呈现

出各种各样的巨大差别。"文字异形，言语异声，律令异法，衣冠异制，田畴异亩，商市异钱，度量异国"的区域分治状态，是那个时代独具特色的历史风貌。

所有这些"异"，可以归结为一点，就是文明形态的差别。文明形态，无疑是以国家体制与社会基本制度为核心的。因为，只有这些制度的变革与创造，直接决定着国家竞争力的强弱，也直接决定着一个国家的基本行为特点。而作为文明形态的制度创新，则取决于一个国家的统治层如何对待既定的政治传统。或恪守传统，或推翻传统，抑或变革旧传统而形成新传统，结果是大不相同的。

一个国家的历史命运，其奥秘往往隐藏在不为人注意的软地带。

要说清楚燕国的悲剧根源，必须回到燕国的历史传统中去。

如此一个时代已经远去，我们对那个时代国家传统差异的认识，已经是非常模糊，非常吃力了。其最大难点，是我们很难摆脱后世以至今日的一个既定认识：华夏文明是一体化发展的，其地域特征是达不到文明差异地步的。我们很容易忘记这个既定认识的历史前提：这是秦帝国统一中国之后的历史现实。客观地说，要剖析原生文明时代的兴亡教训，我们就必须意识到，那是一个具有原创品格的多元化时代，只有认真对待每个国家的独有传统与独有文明，才能厘清它的根基。

所以，我们还是要走进去。

因为，那里有我们今天已经无法再现的原生文明的演变轨迹。

立国历史的独特性，决定了燕国后来的政治传统

据《荀子·儒效》，周武王灭商后，陆续分封了七十一个诸侯国，其中姬姓王族子弟占了五十三个。后来，周室又陆续分封了许多诸侯，以至西周末期与东周（春秋）早期，达到了一千八百多个诸侯

国。在周初分封的姬姓王族中，有两个人受封的诸侯国最重要，也最特殊：一个是周公旦，一个是召公奭。周公受封鲁国，召公受封燕国。

所谓重要，是因为周公、召公都是姬姓王族子弟中的重量级人物。

周公是周武王胞弟，乃姬氏嫡系，史有明载。召公身份，却有三说。一则，太史公《史记》云：召公与周同姓，姬氏；一则，《史记》集解引谯周云：召公乃周之支族（非嫡系）；一则，东汉王充《论衡》云：召公为周公之兄。

三说皆有很大的弹性，都无法据以确定到具体的血统坐标。对三种说法综合分析，这样的可能性最大：召公为姬姓王族近支，本人比周公年长，为周公之族兄。所谓特殊，是这两位人物都是位居三公的辅政重臣——召公居太保，周公居太师。在灭商之后的周初时期，周公召公几乎是事实上代周武王推行政事的最重要的两位大臣。周武王死后，两人地位更显重要，几乎是共同摄政领国。

唯其两公如此重要，燕国、鲁国的始封制产生了特殊的规则。

周初分封制的普遍规则是，受封者本人携带其部族就国，受封者本人是该诸侯国第一代君主，其后代世袭传承。受封诸侯之首任君主，不再在中央王室担任实际职务。譬如第一个受封于齐国的姜尚，原本是统率周师灭商的统帅，受封后便亲自赶赴齐国，做了第一代君主，而且再没有在中央王室担任实际官职。

鲁国、燕国的特殊规则是，以元子（长子）代替父亲赴国就封，担任实际上的第一代君主；周公、召公则留在中央王室，担任了太师、太保两大官职，虚领其封国。这一特殊性说明，周公、召公两人，在周初具有极为重要的政治地位与巨大的社会影响力，是安定周初大局的柱石人物，周中央王室不能离开这两个重臣。周武王死后的事实，也证实了这两个人物的重要性。周召协同，最大功绩有三：其一，平定了对周室具有极大威胁的管蔡之乱；其二，周公制定周礼，召公建造东都洛邑（洛阳）；其三，分治周王室直接统辖的王畿土地，

"自陕以西，召公主之；自陕以东，周公主之"。

单说召公，此人有周公尚不具备的三大长处。

其一，极为长寿，近乎神异。东汉王充的《论衡·气寿》记载了姬氏王族一组惊人的长寿数字：周文王九十七岁死，周武王九十三岁死，周公九十九岁死，召公一百八十岁或一百九十岁死。召公寿数，几乎赶上了传说中的二百岁的老子。以致古人将召公作为长寿的典型，"夭若颜渊，寿若召公"，此之谓也。史料也显示，召公历经文、武、成、康四世，是周初最长寿的绝无仅有的权臣。这里，我们不分析这种说法的可信程度。因为，能够形成某种特定的传说，必然有其根源以及可能的影响。这种根源与影响，才是我们所要关注的焦点。

其二，召公另有一宗巨大功绩。周成王死时，召公领衔，与毕公一起受命为顾命大臣，安定了周成王之后的局势，成功辅佐了周康王执政。这一功绩，对周初之世有巨大的影响。在周人心目中，召公此举没有导致"国疑"流言，比周公辅佐成王还要完美。这是召公神话中独立的辉煌一笔。

其三，召公推行王道治民，其仁爱之名誉满天下。《史记·燕召公世家》云："召公之治西方，甚得兆民和。召公巡行乡邑，有棠树，决狱政事其下，自侯伯至庶人各得其所，无失职者。召公卒，而民人思召公之政，怀棠树不敢伐，歌咏之，作《甘棠》之诗。"这段史料呈现的事实是，召公巡视管辖地，处置大小民事政事都不进官府，而在村头田边的棠树下。其公平处置，得到了上至诸侯下至庶民的一致拥戴，从来没有失职过。所以，召公死后，民众才保留了召公经常理政的棠树，并作《甘棠》歌谣传唱。这首《甘棠》歌谣，收在《诗·召南》中，歌云：

蔽芾甘棠，勿翦勿伐，召伯所茇。

蔽芾甘棠，勿翦勿败，召伯所憩。

蔽芾甘棠，勿翦勿拜，召伯所说。

需要注意的是，召公推行王道的巡视之地，不是自己的燕国，而是周王室的"陕西"王畿之地——陕原之西。唯其如此，召公之政的影响力远远超越了燕国，垂范天下。可以说，周公是周室王道礼治的制定者，召公则是周室王道礼治的实际推行者。从天下口碑看去，召公的实际影响力在当时无疑是大于周公的。

我们的问题是，召公的王道礼治精神，对燕国构成了什么样的影响？

一个可以确定的事实是，无论是鲁国还是燕国，其在初期阶段的治国精神，无疑都忠实而自觉地遵奉着周公、召公这两位巨擘人物的导向。两位巨擘人物在世时，鲁国、燕国的治道必然随时禀报两公，待其具体指令而执行。

两公皆以垂范天下自命，自然会经常地发出遵循王道的政令，不排除也曾经以严厉手段惩罚过不推行王道德政的国君。作为秉承其父爵位的长子，始任国君忠诚于乃父，更是毋庸置疑的。燕国的特殊性更在于，召公活了将近两百岁，召公在世之时，周室已经历经四代，燕国也完全可能已经到了第四、第五甚或第六代。在召公在世的这几代之中，不可能有任何一代敢于或者愿意背离召公这个强势人物的王道礼治法则。即或，召公在世只陪过了燕国四代国君，也是惊人的长了，长到足以奠定稳定而不容变更的政治传统了。

这里，恰恰有一个极为重要的史料现象：燕国自召公直至第九代国君，都没有明确的传承记载，为什么？唐代司马贞在《史记索隐》中解释，说这是"并国史先失也"。意思是说，国史失载，造成了如此缺环。可是，燕国史为什么失载？鲁国史为什么就没有失载？客观分析，最大的原因可能有两方面：

其一，燕国在召公在世的几代之中，都忠实地遵奉了召公王道，国无大事，风平浪静，以至于没有什么大事作为史迹流传。于是，其国史史料，不能吸引士子学人在"大争之世"去抢救发掘了。这一点，燕国不同于鲁国。鲁国多事，就有了孔子等平民学者的关注。燕国无事，自然会被历史遗忘。

其二，史料缺失本身，带有周、召二公的风格特征。周公显然具有比较强的档案意识，譬如，曾经将自己为周武王祈祷祛病的誓言秘封收藏，以为某种证据，后来果然起到了为自己澄清流言的作用。召公却更注重处置实际政务，不那么重视言论行为的记载保留。至少，召公在民间长期转悠的口碑，就比周公响亮得多。如此这般，两国的史官传统，很可能也会有着重大差异。相沿成习，终于在岁月流逝中体现出史料留存的巨大差别。

立国君主的精神风貌，往往决定着这个国家的政治传统。

历史逻辑在这里的结论是，燕国的政治传统，被异常长寿的召公凝滞了。

燕国的政治传统，就是王道礼治，以及与其相配套的行为法则。

何谓王道？何谓礼治？

王道，是与霸道相对的一种治国理念。古人相信，王道是黄帝开始倡导的圣王治国之道。王道的基本精神是仁义治天下，以德服人，亦称为德政。在西周之前，王道的实行手段是现代法治理论称之为习惯法的既定的社会传统习俗。西周王天下，周公制定了系统的礼（法）制度，将夏商两代的社会规则系统归纳，又加以适应当时需要的若干创造，形成了当时最具系统性的行为法度——周礼。周礼的治国理念依据，便是王道精神。周礼的展开，便是王道理念的全面实施。所以，西周开始的王道，便是以礼治为实际法则而展开的治国之道。王道与周礼，一源一流，其后又互相生发，在周代达到了无与伦比的精细程度。直到春秋时期（东周），王道治国理念依然有着巨大的影响力。

王道礼治，在治国实践中有三方面的基本特征：

其一，治民奉行德治仁政，原则上反对实施强迫压服的国家行为。

其二，邦交之道奉行"宾服礼让"，原则上反对相互用兵征伐。

其三，国君传承上，既实行世袭制，又推崇禅让制。

上述基本特征，都是相对而言，不可绝对化。

在人类活动节奏极为缓慢的时代，牧歌式的城邑田园社会是一种必然的存在，任何人都不可能逾越。统治者与被统治者的依附关系，因为空间距离的稀疏而变得松弛；社会阶层剧烈的利害争夺，因人口的稀缺与自然资源的相对丰厚而变得缓和；太多太多的人欲，都因为山高水远而变得淡漠；太多太多的矛盾冲突，都因为鞭长莫及，而只能寄希望于德政感召。所以，"邻国相望，鸡犬之声相闻，民至老死不相往来"的图画，在那个时代是一种现实，并非老子描绘的虚幻景象。同样，明君贤臣安步当车以巡视民间，树下听讼以安定人心，也都是可能的现实。

如此背景之下，产生出这种以德服人的治国理念，意图达到民众的自觉服从，实在是统治层一种高明的选择。高明之处，在于它的现实性，在于它能有效克服统治者力所不能及的尴尬。当然，那个时代也不止一次地出现过破坏这种治国理念的暴君。但是，暴君没有形成任何治国理念。王道德政，是中国远古社会自觉产生的政治传统。这一点，至少在春秋之前，没有任何人企图改变。

可是，时代已经发生了剧烈的变迁，昔日潮流已经成为过去。

所有的诸侯国，都面临着如何面对自己的政治传统的紧迫而又尖锐的问题。

燕国在春秋战国之世的基本作为

春秋时期，燕国见诸史籍的大事，大体有四件。

其一，吞灭蓟国（年代无考），以蓟城做了燕国都城，此后一直未变。

其二，燕庄公二十七年，燕国遭遇北方山戎攻击，齐桓公率兵救援。解除燕国危机后，齐桓公提出要燕国共同尊王朝贡，并敦促燕国"复修召公之法"。由此可以推断：当时燕国与周王室有所疏离，对召公德政传统也有所偏离，是可能变化之迹象。但是，这一变化，却被霸主齐桓公遏制了。

其三，燕惠公因多养宠姬而起内乱，逃奔齐国，失政四年。后来齐国伐燕，护送惠公回燕，刚刚回国，燕惠公即死了。

其四，燕釐公三十年，齐国政权已经由姜氏变为田氏的新齐国。燕国进攻齐国，占据了齐国的林营之地。

战国之世，燕国的大事主要有：

其一，燕文公时期任用苏秦，首倡六国合纵，为纵约长国。之后，秦国连横，秦惠王以女嫁燕太子，秦燕结盟，燕国自此反复进出于合纵。

其二，燕易王时期，齐宣王攻燕，占据燕国十城，后得苏秦斡旋，十城复归。

其三，燕王哙禅让子之，致燕长期内乱，燕国大衰。

其四，燕将秦开平定辽东，年代不可考。

其五，燕昭王任用乐毅变法，大举攻齐，下七十余城，历时六年，几灭齐国。

其六，燕惠王废黜乐毅，齐国大举反攻复国，燕国衰弱。

其七，燕武成王七年，遭齐国田单攻燕，燕失中阳之地。

其八，燕王喜之时，屡次对赵发动战事均遭大败，失地失军不可计数。

其九，燕秦结盟，太子丹在秦为人质。

其十，太子丹主谋，发动荆轲刺秦。

其十一，秦军攻燕，燕代联军抗秦大败，燕王喜逃亡辽东。

其十二，燕王喜杀太子丹献于秦国。

其十三，燕王喜三十三年，秦攻辽东，俘获燕王喜，燕国灭亡。

从历史大足迹可以看出，整个西周时代，燕国平定散淡，没有大作为。

春秋之世，则曾经有过两次方向不同的变化迹象。第一次，燕庄公时期偏离召公德政，被奉行"尊王攘夷"的齐桓公遏制。应该说，这次变化是趋于进取的，是力图靠拢潮流的；第二次，燕釐公进攻新生的齐国。这是燕国面对新生地主族群取代老贵族诸侯的潮流内心所产生的不满与躁动，是逆潮流的一次异动。

战国之世，兴亡选择骤然尖锐化，燕国面对古老的政治传统，与"不变则亡"的尖锐现实夹击，表现出一种极其独特的国家秉性。其总体状态是摇摆不定的：一方面，在政治权力的矛盾冲突中，在邦交之道的国家较量中，依然奉行着古老的王道传统，企图以王道大德来平息激烈的利害冲突。处置重大的社会矛盾时，暴露出显然的迂腐，形成了一种浓烈的迂政之风；另一方面，在变革内部体制，增强国家实力的现实需求面前，迫不得已地实行有限变法，稍见功效，便浅尝辄止。这种摇摆不定的状态，造成了极为混乱的自相摧残。王道迂政，带来严重的兵变内乱，变法所积累的国家实力，轻而易举地被冲击得荡然无存。变法势力因不能与迂政传统融合，随即纷纷离开燕国，短暂的变法迅速地消于无形，一切又都回到了老路上去。于是，国家屡屡陷入震颤瘫痪，国家灾难接踵而来。司马迁的说法是："燕外迫蛮貉，内措齐晋，崎岖强国之间最为弱小，几灭者数矣！"

战国时期，最能表现燕国王道迂政的，有四大基本事件。

文明新论

其一，反复无常的邦交之道。

其二，搅乱天下的禅让事件。

其三，强兵复仇而一朝瓦解的破齐事件。

其四，长期挑衅强邻的对赵消耗战。

先说邦交之迁。

秦国变法后，骤然崛起为最强大国家，使战国格局发生了重大变化。当此之时，山东名士苏秦倡导"六国合纵抗秦"的邦交战略。从历史主义的高度看，这是整个人类文明史上第一次由精英之士推动实现的外交大战略。苏秦推行合纵，首先瞄准的最佳发动国，是中原三晋中的赵国。原因只有一个，秦国东出，三晋首当其冲，而赵国在三晋之中最硬朗。但是，种种原因，赵国却拒绝了苏秦。

需要关注的是，苏秦在首说赵国失败之后，选择了燕国。为什么？苏秦为何放弃了继续以直接与秦国对抗的魏国、韩国为说服对象，而选择了距离秦国最远的燕国做突破口？从《战国策》所记载的苏秦说燕王的篇章中，我们可以看出最根本的原因。这个原因就是，在秦国成为超强大国而对山东构成巨大威胁的大形势下，燕国在山东六国中具有最明显的邦交战略失误，这个失误，恰恰是对秦国威胁的完全不自觉。

苏秦点出的事实，具有浓烈的嘲讽意味："……安乐无事，不见覆军杀将之忧，无过燕矣！大王知其所以然乎？夫燕之所以不犯寇被兵者，以赵之为蔽于南也！……秦赵相弊，而王以全燕制其后，此燕之所以不犯难也……秦之攻燕也，战于千里之外；赵之攻燕也，战于百里之内。夫不忧百里之患，而重千里之外，（失）计无过于此者。"

苏秦所讽刺的这种"不忧百里之患，而重千里之外"的邦交政策，正是典型的燕国式的政治迂阔症。这种迂政邦交，最大的症状，是没有清醒的利益判断，时时事事被一种大而无当的王道理念所左右，邦交经常摇摆不定。历史的事实是，虽然燕文侯这次被点醒，但其后不久，燕国立即退出了合纵，而与秦国连横，重新回到"不忧百里之患，而重千里之外"的迂阔老路上去了。

再后来的燕国邦交，更是以反复无常而为天下公认，获得了"燕虽弱小，而善附大国"的口碑。也就是说，燕国邦交的常态，是选择依附大国而不断摇摆。春秋时期，这种摇摆主要表现在"附齐"还是"附晋"上。战国时期，燕国的摇摆，则主要表现于对遥远的大国（楚国、秦国）时敌时友，而对两个历史渊源深厚的大邻国（齐国、赵国）则刻意为敌。

乍看之下，这种邦交貌似后来秦国奉行的极其有效的"远交近攻"战略，似乎是英明的强国邦交战略。但是，可惜燕国不是强国，更不是要自觉统一天下的强国。燕国的远模糊而近为敌，更实际的原因在于迂阔的王道精神，在于老牌王族诸侯的贵胄情结——齐国、赵国是新地主国家，与我姬姓天子后裔不能同日而语！这种对实际利害缺乏权衡，而对强大邻国的"身世"念兹在兹的国家嫉妒心理，导致了燕国邦交的长期迂腐，也导致了几次行将灭亡的灾难。

再说禅让之迂。

燕国任用苏秦首倡合纵之后，地位一度得到较大提高。

可是，正在这个时候，燕国发生了一次令人不可思议的政治事件，从而导致了一次最严重的亡国危机。这个事件，便是燕王哙的"禅让"事件。燕易王之后，继位者是燕王哙。在中国历史上，大凡没有谥号而直呼其名的国君，不是亡国之君，便是丧乱之君，已经丧失了追谥的宗庙条件。

这个姬哙，与后来亡燕的姬喜，是燕国历史上两个没有谥号的君王。姬哙之所以历史有名，便是因为在位期间做了这一件令天下瞠目结舌的大事——仿效圣王古制，"禅让"国君之位。这件事发生在公元前316年，其造成的严重内乱持续了五年之久，是燕国"几亡者数矣"中最具荒诞性的一次亡国危机。事件的经过，都在《大秦帝国》

第二部《国命纵横》中详细叙述了。我们这里所要关注的，是燕王哙的迁阔，与整个荒诞事件是如何生成的。

《史记》《战国策》与《韩非子》都记载了这次事件的四个关键人物的关键言论，很能说明一些问题。

第一个关键人物，当然是姬哙。从他与其他臣子的应对中完全可以看出，姬哙最关注的是两件事，一是如何使自己成为圣王，二是如何使燕国像齐国一样"王天下"。应该说，姬哙的动机无可厚非。但是，在变法强国成为潮流的时代，姬哙没有想如何搜求人才，如何变法强国，却一味在圣王之道上打圈子，不能不说，这是燕国的迂政传统起了决定性作用。

第二个关键人物是子之。《韩非子·内储说上》记载了子之的一次权术行为："子之相燕，坐而佯言曰：'走出门者何，白马也？'左右皆言不见。有一人走，追之（门外），报曰：'有。'子之以此知左右不诚信。"后来的赵高，指鹿为马以测试同党，完全仿效了子之的权术。这件事可以看出，子之并非商鞅、乐毅那般具有治国信念的坦荡变法人士，而是具有政治野心的权术人物。后来，子之当政，国家大乱，也证明了这一点。

第三个关键人物是苏代。苏代是苏秦的弟弟，入燕后与子之结盟，成为促成子之当政的关键人物之一。苏代促成姬哙决策重用子之的言论，《史记》的记载是，苏代出使齐国归来，姬哙问齐王其人如何，苏代回答说："必不霸。"姬哙问为什么，苏代回答说："（齐王）不信其臣。"苏代的目的很明显，"欲以激燕王以尊子之也。于是燕王大信子之。子之因遗苏代百金，而听其所使"。

显然，这是一笔很不干净的政治交易，苏代骗术昭然。《韩非子·外储说右下》记载相对详细，苏代骗说中，着意以齐桓公放权管仲治国而成就霸业为例，诱姬哙尊崇子之；姬哙果然大为感慨："今吾任子之，天下未之闻也！"于是，"明日张朝而听子之"。可见，苏代促成姬哙当权的方式，具有极大的行骗性。说苏代在这件事上做了一回政治骗子，也不为过。姬哙的对应，则完全是一个政治冤大头在听任一场政治骗术的摆弄，其老迈迂阔，令人忍俊不禁。

第四个关键人物是鹿毛寿。此人是推动姬哙最终禅让的最主要谋士，其忽悠术迂阔辽远，绕得姬哙不知东南西北。鹿毛寿对姬哙的两次大忽悠，《战国策》与《史记》记载大体相同。第一次提起禅让，鹿毛寿的忽悠之法，可谓对症下药。鹿毛寿先说了一个生动的故事：尧让许由，许由不受；于是，"尧有让天下之名，而实不失天下"，尧名实双收，既保住了权力，又得到了大名。无疑，这对追慕圣王的姬哙，是极大的诱惑。之后，鹿毛寿再摆出了一个诱人的现实谋划："今王以国让相子之，子之必不敢受；是，王与尧同行也！"姬哙素有圣王之梦，又能名实双收，立即认同，将举国政务悉数交给了子之。

显然，这次交权还不是子之为王。于是，过了几多时日，鹿毛寿又对姬哙开始第二次大忽悠。鹿毛寿说，当初大禹禅让于伯益，却仍然让太子启做了大臣。名义禅让，实际上是让太子启自己夺位。今燕王口头说将燕国交给了子之，而官吏却都是太子的人，实际是名让子之，而太子实际用事（掌权）。显然，这次是鹿毛寿奉子之之命，向姬哙摊牌了，忽悠的嘴脸有些狰狞。大约姬哙已经有了圣王癖，或者已经无可奈何，于是立即作为，将三百石俸禄以上的官印（任免权）全数交给了子之。

之后，姬哙正式禅让，"子之南面行王事，而哙老不听政，顾（反）为臣"。

在治国理念与种种政治理论都已经达到辉煌高峰的战国之世，一个大国竟然出现了如此荒诞的复古禅让事件，其"理论"竟然是如此的迂阔浅薄，实在令人难以理解。这一幕颇具黑色幽默的"禅让"活剧，之所以发生在燕国，而没有发生在别的任何国家，其重要的根源，便是燕国王道传统之下形成的迂政之风。燕国君臣从上到下，每每不切实际，对扎扎实实的实力较量感到恐惧，总是幻想以某种貌似庄严肃穆的圣王德行，来平息严酷的利益冲突，而对真正的变法却退避三舍，敬而远之。这种虚幻混乱的迁政环境，必然是野心家与政治骗子大行其道的最佳国度。

再说燕国破齐之迁。

燕国最辉煌的功业，是乐毅变法之后的破齐大战。

对于燕昭王与乐毅在燕国推行的变法，史无详载。从历史的实际进展看，这次变法与秦国的商鞅变法远远不能相提并论，其主要方面只是休养生息、整顿吏治、训练新军几项。因为，这次变法并没有触及燕国的王道传统，更不能说根除。变法二十八年之后，燕国发动了对齐国的大战。乐毅世称名将，终生只有这一次大战，即六年破齐之战。燕国八百余年，也只有破齐之战大显威风，几乎将整个齐国几百年积累的财富全部掠夺一空。否则，燕国后期的对赵之战便没有了财力根基。

但是，破齐之战留下了一个巨大的谜团：为什么强大的燕军能秋风扫落叶一般攻下七十余城，却在五年时间里攻不下最后的两座小城而功败垂成？世间果然有天意吗？

历史展现的实际是，在最初的两次大会战击溃齐军主力后，乐毅便遣散了五国联军，由燕军独立攻占齐国；一年之内，燕军下齐七十余城，齐湣王被齐国难民杀死，齐国只留下了东海之滨的即墨，东南地带的莒城两座小城池。这两座城池，乐毅大军五年没有攻克，最终导致第六年大逆转。我们的问题是，五年之中，燕军分明能拿下两城，乐毅为什么要以围困之法等待齐国的最后堡垒自行瓦解？后世史家的研究答案是，乐毅为了在齐国推行"王道德政"，有意缓和了对齐国的最后攻击。

《史记·乐毅列传》集解，有三国学者夏侯玄的一段评判云：

乐生之志，千载一遇……夫兼并者，非乐生之所屑，强燕而废道，又非乐生之所求……夫讨齐以明燕王之义，此兵不兴于为利矣！围城而害不加于百姓，此仁心著于遐迩矣！举国不谋其功，除暴不以威力，此至德全于天下矣！……乐生方恢大纲，以纵二城；收民明信，以待其獎（毙）……开弥广之路，以待田单之徒；长容善之风，以申齐士之志。使夫忠者遂节，勇者义著……邻国倾慕，四海延颈，思戴燕主，仰望风声，二城必从，则王业隆矣！……败于垂成，时运固然。若乃逼之以威，劫之以兵……虽二城几于可拔，霸王之事逝其远矣！……乐生岂不知拔二城之速了哉，顾城拔而业乖也！……乐生之不屠二城，未可量也！

我们得说，夏侯玄的分析完全切中了乐毅的精神。

但是，夏侯玄的评论，却比燕昭王与乐毅更为迂阔。夏侯玄之迂阔，在于将燕国攻齐说成一开始就是很明确地彰显王道的义兵，且将其抬高到不是以利害为目标的道义战争而大加颂扬："举国不谋其功，除暴不以威力，此至德全于天下矣！"甚至，夏侯玄将围城不攻，也说成是为了"申齐士之志"的善容之德。

历史的事实是，燕昭王奋发图强的长期动机，一直是为了复仇。乐毅后来对燕惠王的书简已经明说了："先王命之曰，'我有积怨深怒于齐，不量轻弱，而欲以齐为事！'"后来的燕惠王也说："将军为燕破齐，报先王之仇，天下莫不振动。"丝毫没有一句说，破齐是为了推行先王之义。唯其如此，乐毅破齐初期，并没有推行不切实际的王道德政，而是毫不留情地大破齐军数十万，攻下齐国大部城池，抢掠了齐国全部府库的全部物资财富。

应该说，这是强力战争所遵循的必然规律，无可厚非。可是，在战争顺利进展的情势下，燕军的对齐方略忽然发生了重大变化。这个

　　　　　　　　　　　　　　　　　文明新论

变化，就是以即墨、莒城两座城池的死命抵抗为契机，燕军忽然在齐国采取了与开始大相径庭的王道德政。这种王道德政，能在齐国推行五年之久而没有变化，与其说是乐毅的自觉主张，毋宁说是燕国王族的王道理念旧病复发，燕昭王又有了要做天下圣王的大梦所致。

因为，没有燕昭王的支持甚至决策，作为一个战国时代著名的统帅，很难设想乐毅会自觉自愿地推行一种与实际情势极为遥远的迂腐德政。乐毅在对燕惠王回书中回顾了攻齐之战，说得最多的是攻伐过程与如何在齐国获得了大量财富，并如何运回了燕国。对于五年王道化齐，却几乎没有说一句话。假若推行王道是乐毅力主的，乐毅能置可否吗？

同样一个令人深刻怀疑的事实是，在燕惠王罕见致歉的情况下，乐毅为什么坚决不回燕国？合理的答案只能是，乐毅对燕国迂政传统的危害认识至为清醒，明知无力改变而不愿意做无谓的牺牲。

不以战争规则解决战争问题，而以迂阔辽远的王道解决残酷的战场争端，不但加倍显示出自己前期杀人攻城劫掠财富的残酷，而且加倍显示出此时推行王道的虚伪不可信。这既是齐国人必然不可能接受的原因，也是燕国迂政用兵必然失败的原因。相比于秦国鲜明自觉的兵争战略，这种迂政之兵，显得荒诞不经。

再说燕国的对赵之迂。

整个战国时代，燕国邦交的焦点大多是对赵事端。

除了燕昭王对齐国复仇时期，燕国的邦交轴心，始终是对赵之战。燕国纠缠挑衅赵国之危害，几乎当时所有在燕国的有识之士，都剖析过、反对过。但是，燕国的对赵挑衅纠缠，却始终没有改变。这实在也是燕国历史的最大谜团之一。邦交大师苏秦，最先提出了燕国对赵之错误；其后，苏代也以"鹬蚌相争，渔人得利"的寓言故事，再度强调燕国对赵之错误。应该说，苏氏兄弟时期，燕国君主还是有所克制的，几次燕赵之战，都因听从劝谏而避免，燕国地位也因此而改善。

可是，燕惠王之后，燕国的对赵方略又回到了老路。没有任何理论理念支撑，就是死死咬住赵国不放。整个燕王喜时期，燕国的全部核心，就是挑衅赵国。昌国君乐闲反对过，为此被迫逃离燕国；大夫将渠反对过，被燕王一脚踢翻。燕国只有一个名臣支持了燕国攻赵，这就是晚年的剧辛。结果是，剧辛率军攻赵，在战场被赵军杀死。若非赵国晚期是昏君赵迁在位，只怕名将李牧早灭了燕国。

历史形成的基本谜团，其根源往往在于我们已经无法理解当事者的思维方式。

分明是害大于利，燕国还是要对赵国长期作战，为什么？

具体原因固然复杂多样，譬如秦国"间离"燕赵，暗中支持燕国与赵国为敌，从而达到削弱强大赵国的目的，就是一个重要原因。可是，历史逻辑展现出的根源却只有一条：燕国以天子号老贵族自居，对这个后来崛起的强大邻国抱有强烈的嫉妒与蔑视，必欲使其陷于困境而后快。只能说，这是王道迂政之风在最后的变形而已。

秦燕变法，对待王道传统的不同政策

王道政治传统，曾经在秦国也有深厚的根基，但结果却截然不同。

秦穆公之世，任用百里奚治国，秦国成为春秋霸主之一。由此，王道治国在秦国也曾成为不能违背的传统。直到秦孝公的"求贤令"，依然尊奉秦穆公，明确表示要"修穆公之政令"。《商君书·更法》记载，秦国关于变法决策的论战，当时的执政大臣甘龙、杜挚反对的立足点很明确，就是维护秦国传统，"圣人不易民而教，知者不变法而治。因民而教者，不劳而功成；据法而治者，吏习而民安。今若变法，不循秦国之故，更礼以教民，臣恐天下之议君！"另一反对派大臣杜挚则云："利不百，不变法。功不十，不易器。臣闻法古无过，循礼无邪。君其图之！"两派激烈争论，都没有涉及变法之具体内容，而都紧紧扣着一个中心：如何对待本国的政治传统？成法该不该变？

商鞅的两次反驳很犀利，很深刻。商鞅反驳甘龙云："子之所言，世俗之言也！夫常人安于故习，学者溺于所闻。此两者所以居官而守法，非所与论于法之外也。三代不同礼而王，五霸不同法而霸。故知者作法，而愚者制焉。贤者更礼，而不肖者拘焉！拘礼之人，不足与言事。制法之人，不足与论变。君无疑矣！"

商鞅反驳杜挚云："前世不同教，何古之法！帝王不相复，何礼之循！伏羲神农教而不诛，黄帝尧舜诛而不怒，及至文武，各当时而立法，因事而制礼。礼法以时而定，制令各顺其宜，兵甲器备各便其用。臣故曰：治世不一道，便国不必法古！汤武之王也，不修古而兴；殷夏之灭也，不易礼而亡。然则反古者未必可非，循礼者未足多是也。君无疑矣！"

商鞅的求变图存理论，是战国时期变法理论的代表。

从某种意义上说，一个国家的变法派能否成功，不取决于其变法内容是否全面深刻，而取决于对该国政治传统背叛的深刻程度。唯商鞅自觉清醒，而能说服秦孝公决然地抛弃旧的政治传统，在秦国实行全面深刻的变法。由此，秦国强大，确立起了新的政治理念，从此持续六世之强而统一华夏。

燕国则不同，乐毅与燕昭王的变法，没有任何理论准备，没有对燕国的政治传统进行任何清理，只是就事论事地进行整顿吏治、休养生息、训练新军等事务新政。显然，这种不涉及传统或者保留了旧传统的表面变革，不可能全面深刻，也不可能稳定持续地强大。一旦风浪涌起，旧根基、旧理念便会死灰复燃。

燕国的悲剧，就在这种迂政传统的反复发作之中上演。

无论是处置实际政务，还是处置君臣关系，燕国君王的言论中都充满了大而无当的王道大言，于实际政见冲突却不置一词。"王顾左右而言他"，诚所谓也！燕惠王尤其典型，对乐毅离燕的"德义"谴责，根本不涉及罢黜乐毅的冤案与对齐国战略失误的责任承担。后来对乐闲离燕的"德义"谴责，如出一辙，既不涉及对赵方略之反思，又不涉及乐闲离赵的是非评判，只是大发一通迂阔之论，绕着"谁对不起谁"做文章。两千余年后读来，犹觉其絮叨可笑，况于当时大争之世焉！

司马迁在《燕召公世家》之后感慨云："召公奭可谓仁矣！甘棠且思之，况其人乎！燕外迫蛮貉，内措齐晋，崎岖强国之间最为弱小，几灭者数矣！然社稷血食者八九百岁，于姬姓独后亡，岂非召公之烈邪！"司马迁将燕国长存之原因，一如既往地归结于"天下阴德"说，对燕国灭亡之真实原因，却没有涉及。

这，正是我们关注的根本所在。

亡魏论：缓贤忘士，天亡之国也
——新六国论之四

对魏国"失贤"的种种历史评价

魏国的灭亡很没有波澜，算是山东六国寿终正寝的典型。

一个国家的末期历史如此死一般寂静，以至于在所有史料中除了国王魏假，竟然找不到一个文臣武将的影子，在轰轰然的战国之世堪称异数。作为国别史，《史记·魏世家》对魏国最后三年的记载只有寥寥三句话："景缗王卒，子王假立。王假元年，燕太子丹使荆轲刺秦王，秦王觉之。三年，秦灌大梁，虏王假，遂灭魏以为郡县。"三句话之中，最长的一句话说的还是国际形势。魏王假在位三年，实际只发生了三件大事：秦灌大梁，虏王假，灭魏以为郡县。

每读至此，尝有太史公检索历史废墟而无可奈何之感叹。

其所以如此，是因为魏国实在没有值得一提的人物。

在山东六国之中，魏国灭亡的原因最没有秘密性，最没有偶然性，最没有戏剧性。也就是说，魏国灭亡的原因最清楚，最简单，最为人所共识。后世史家对魏国灭亡的评论揣测很少，原因也在于魏国灭亡的必然性最确定，只有教训可以借鉴，没有秘密可资研究。《史记·魏世家》之后有四种评论，大约足可说明这种简单明了。

其一，魏国民众的记忆感喟。

百余年之后，太史公在文后必有的"太史公曰"中记载：他到大梁遗迹踏勘搜求资料，在已经变成废墟的大梁遇见了前来凭吊的魏国遗民（墟中人）。遗民感伤地回顾了当年秦军水攻大梁的故事，"说者皆曰，魏以不用信陵君故，国削弱，至于亡"。也就是说，民众认定魏国衰弱灭亡的原因，是没有用信陵君。

其二，太史公自家的评价。

太史公先表示了对大梁民众的评价不赞同，后面的话却是反着说。其全话是："（对墟中人之说）余以为不然。天方令秦平海内，其业未成，魏虽得阿衡之佐，曷益乎？"直译，太史公是说：我不能苟同墟中人评判，天命秦统一天下，在其大业未成之时，魏国便是得到伊尹（其名阿衡）那样的大贤辅佐，又能有什么益处呢？然果真将这几句话看作为魏国辩护，那也未免小瞧太史公了。究其实，太史公显然是在说反话。如同面对一个长期患有不治之症的病人，有人说这种病便是服了仙药也没用，你能说这个人不承认那个人有病吗？太史公实际是有前提的，魏国失才之病由来已久，此时已经无力回天了。

其三，东汉三国人评价。

《史记·魏世家》索隐引三国学人谯周对魏国灭亡之评说云："以予所闻，所谓天之亡者，有贤而不用也，如用之，何有亡哉！使纣用三仁，周不能王，况秦虎狼乎！"谯周评说，是历史主流的评判，阐明了这样一个简单实在的道理：有贤不用，便是史谚所谓的"天亡之国"；若殷纣王用三个大贤（微子、箕子、比干，孔子称为"三仁"），纵然是明修王道的周室也不能取代殷商而王天下。何况秦国虎狼之邦，如何能灭亡果真用贤的魏国？应当说，谯周之论是对天命国运观的另一种诠释，因其立足于人为（天亡即人亡），因而更为接近战国时代雄强无伦的国运大争观，与战国时论对魏国灭亡的评说几无二致，应该是更为本质的一种诠释。

其四，后世另一种评价。

《史记索隐·魏世家》述赞云："毕公之苗……大名始赏，盈数自正。胤裔繁昌，系载忠正……王假削弱，虏于秦政。"述赞评价的实际意思是，自立国开始，魏国便是个很正道的邦国，只是魏假时期削弱了，灭亡了。这是史论第一次正面肯定魏国。两千余年后，这种罕见的正面肯定在儒家史观浸润下弥漫为正统思潮。

清朝乾隆时代产生的系统展示春秋战国兴亡史的《东周列国志》叙述到魏国灭亡时，引用并修改了这段述赞，云："史臣赞云：毕公之苗，因国为姓。胤裔繁昌，世戴忠正。文始建侯，武益强盛。惠王好战，大梁不竞。信陵养士，神气稍振。景湣式微，再传而陨。"此书以"志"为名刊行天下，并非以"演义"为名，显然被官方当作几类正史的史书。这说明，这种观念在清代已经成为长期被官方认可的正统评价。这种评价的核心是，忽视或有意抹杀魏国的最根本缺陷，而以空洞的正面肯定贬损"暴秦"，与三国之前客观平实的历史评判有着很大的距离。但是，它毕竟是一种观念，而且是清代居于正统地位的评判，我们没有理由忽视它。

一个"繁昌忠正"的国家能削弱而灭亡，这本身就是一个历史悖论。

历史评判的冲突背后，必然隐藏着某种被刻意抹杀的事实。

这个事实最简单、最实在：长期的缓贤忘士，最终导致亡国。

魏氏集团的兴衰史

魏氏部族是周室王族后裔，其历史可谓诡秘多难。

西周灭商之初，三个王族大臣最为栋梁：周公（旦）、召公（奭）、毕公（高）。其中的毕公姬高，便是魏氏部族的最早记名祖先。

西周初期分封，毕公封于周人本土的毕地，史称毕原。《史记》集解引晋代杜预注云："毕在长安县西北。"据此，毕原大体在当时镐京的东部，可算是拱卫京师的要害诸侯了。

之后，不清楚发生了何等事变，总之是"其后绝封，为庶人，或在中国，或成夷狄"。检索西周初年的诸多事件，其最大的可能是，毕公高或深或浅地卷入了殷商遗族与周室王族大臣合谋的"管蔡之乱"，否则，毕公部族不可能以赫赫王族诸侯之身陡然沦为庶人，其余部也不可能逃奔夷狄。

其后，历经西周、春秋数百年的无史黑洞，毕公高的中原后裔终于在晋国的献公时期出现了。这时毕氏族群领袖，名为毕万，只是一个极为寻常的晋国将军而已。

晋献公十六年（公元前 661 年），晋国攻伐霍、耿、魏三个小诸侯国。毕万被任命为右军主将。此战大胜，晋献公将耿地封给了主将赵凤，将魏地封给了右将军毕万。从这次受封开始，毕万才步入晋国庙堂的大夫阶层。

也许是部族坎坷，命运艰险，这个毕万很是笃信天命。凡遇大事，皆要占卜以求吉凶。当年，毕万漂泊无定，欲入晋国寻求根基，便请一个叫作辛廖的巫师占卜。辛廖占卜，得屯卦，解卦云："吉（卦）。屯固比入，吉孰大焉！其必蕃昌。"因为屯卦是阐释天地草创万物萌芽的蓬勃之象，对于寻求生路者而言，确实是一个大大的吉卦。后来的足迹，果然证明了这个屯卦的预兆。这次，毕万也依照惯例，请行占卜，意图在于确定诸般封地事项。晋国的占卜官郭偃主持了这次占卜，解卦象云："毕万之后必大矣！万，满数也；魏，大名也。以是始赏，天开之矣！天子曰兆民，诸侯曰万民。今命之大，以从满数，其必有众。"

于是，毕万正式决断：从"大名"，部族以封地"魏"为姓氏。

从"满数"，毕万开始全力经营这方有"万民诸侯"预兆的封地。

至此，晋国士族势力中正式有了魏氏一族，魏国根基遂告确立。

其后，晋国出现了晋献公末期的储君内争之乱。此时，毕万已死，其子魏武子选准了公子重耳为拥戴对象，追随这位公子在外流亡十九年。重耳成为晋国国君（文公）后，下令由魏武子正式承袭魏氏爵位封地，位列晋国主政大夫之一。

由此，魏国开始了稳定蓬勃的壮大。历经魏悼子、魏绛（谥号魏昭子）、魏嬴、魏献子四代，魏氏已经成为晋国六大新兴士族（六卿）之一。这六大部族，结成了最大的利益共同体，不断吞灭、瓜分、蚕食着中小部族的土地人口，古老的晋国事实上支离破碎了。又经过魏简子、魏侈两代，六大部族的两个（范氏、中行氏）被瓜分，晋国只有四大部族了。经过魏桓子一代，魏氏部族与韩、赵两部族结成秘密同盟，共同攻灭瓜分了最大的知氏部族。

至此，魏、赵、韩三大部族主宰了晋国。

承袭魏桓子族领地位的，是其孙子魏斯。魏斯经过二十一年扩张，终于在第二十二年（公元前403年）与赵、韩两族一起，被周王室正式承认为诸侯国。魏斯为侯爵，史称魏文侯。从这一年开始，魏氏正式踏上了邦国之路，成为开端战国的新兴诸侯国。

也就是从这个时候开始，魏国的政治事件成为我们必须关注的对象。

自魏文侯立国至魏假灭亡，魏国历经八代君主，一百七十八年。在春秋战国历史上，近二百年的大国只经历了八代君主，算是权力传承之稳定性最强的国家了。这种稳定性，当时只有秦国、齐国可以与之相比，但国君代次显然还要稍多。魏国君主平均在位时间是二十二年有余，若除去末期魏假的三年，则七任君主平均在位时间是二十五年有余。

应该说，在战国剧烈竞争的时代，能有如此稳定的传承，是极其罕见的。之所以要将代次传承作为政治稳定的基本标志，原因在于世袭制下传承频繁的国家，大都是变乱多发所致。是故，君位传承频繁，其实质原因必定是政治动荡剧烈。君主传承正常，其实质原因也在于这个国家的政治稳定性强。当然，也不能绝对化地说，稳定性是传承代次少的唯一原因。魏国的传承代次少，就有另外一个重要原因——出现过两个在位五十年以上的国君。魏文侯在位五十年，魏惠王在位五十一年；其余两个在位时间长的君主是魏武侯二十六年，魏安釐王三十五年；这四任君主，便占去了一百六十二年。

魏国政治传统的基本架构及其演变，都发生在这四代之间。

这四代形成的政治传统，是破解魏国灭亡秘密的内在密码。

亲士急贤：魏文侯时期的强盛

魏文侯之世，是魏国风华的开创时代。

战国初期，魏国迅速成为实力最强的新兴大国，对天下诸侯产生了极大的冲击力。尤其对西邻秦国，魏国以强盛的国力军力，夺取了整个河西高原与秦川东部，将秦国压缩得只剩下关中中西部与陇西商於等地。

这种令天下瞠目结舌的崛起，根源在于魏文侯开创了后来一再被历史证实其巨大威力的两条强国之路：一是积极变法，二是亲士急贤。先说变法。魏文侯任用当时的法家士子李悝，第一次在战国时代推行以变更土地制度为轴心的大变法。史料对魏国这次变法语焉不详，然依据后来的变法实践，李悝变法的两个基本方面该当是明确的：其一是围绕旧土地制度的变法，基本点是有限废除隶农制、重新分配土地、鼓励耕作并开拓税源等；其二是公开颁行种种法令，以法治代替久远的人治、礼治。

目前我们可以做出的总体评判是，后来商鞅变法的基本面，李悝都涉及了，只是其深度、广度不能与后来的商鞅变法相比。虽则如此，作为战国变法的第一声惊雷，魏国变法的冲击作用是极其巨大的，其历史意义是亘古不朽的，其效用是实实在在的。

变法的同时，魏文侯大批起用当时出身卑微而具有真才实学的新兴名士，此所谓"急贤亲士"。文侯之世，魏国群星璀璨，文武济济，仅见诸史籍的才士便有：李悝、乐羊、吴起、西门豹、赵仓唐；儒家名士卜子夏、田子方、段干木等；故旧能臣被重用者有翟璜、魏成子等。至少，魏国初期一举拥有了李悝、乐羊、吴起、西门豹如此四个大政治家，实在是天下奇迹。由此，魏国"亲士急贤"的声名远播，以致秦国想攻伐魏国而被人劝阻。劝谏者的说法是："魏君贤人是礼，国人称仁，上下和合，未可图也！"

由于魏文侯在位长达五十年，这种政治风气自然积淀成了一种传统。

疑忌人才：魏武侯时期的渐渐变形

魏文侯开创的生机蓬勃的政治传统，到第二代魏武侯时期渐渐变形了。

所谓变形，一则是不再积极求变，变法在魏国就此中止；二则是亲士急贤的浓郁风气渐渐淡化为贵族式的表面文章。也就是说，魏文侯开创的两大强国之路，都没有得到继续推进，相反却渐渐走偏了。这条大道是如何渐渐误入歧途的？历史给我们留下了一些可循路径的蛛丝马迹。

一则史料，魏击（魏武侯）做储君时暴露出浓厚的贵族骄人心态。

魏文侯十七年，乐羊打下中山国后，魏击奉文侯之命做了留守大臣。一日，魏击游览殷商旧都朝歌，不期遇到了魏文侯"待以师礼"的田子方。魏击将高车停在了道边，下车拜见田子方。可是，田子方没有还礼。魏击很是不悦，当即讥刺道："富贵者骄人乎？且贫贱者骄人乎？"田子方冷冷道："亦贫贱者骄人耳。夫诸侯而骄人，则失其国。大夫而骄人，则失其家。贫贱者，行不合，言不用，则去之楚、越，若脱躧（鞋）然，奈何其同之哉！"魏击很不高兴，但又不能开罪于这个顶着父亲老师名分的老才士，只有阴沉沉回去了。

姑且不说这个儒家子贡的老弟子田子方的牛哄哄脾性究竟有多少底气。因为战国时期真正的大才政治家，反倒根本不会做出这种毫无意义的清高，该遵守的礼仪便遵守，犯不着无谓显示什么。我们该留意的，是魏击的两句讥刺流露出的贵族心态——田子方虽贵为文侯老师，依然被魏击看作贫贱者。贫贱者，没有对人骄傲的资格！如此贵族心态，岂能做到真正的亲士敬贤？于是，后来一切的变味大体便有了心灵的根源。

另一则史料，说的是魏击承袭国君后，不思求变修政的守成心态。

魏击即位，吴起已经任河西将军多年。一次，魏武侯与吴起同乘战船，从河西高原段的大河南下。船到中流，魏武侯眼看两岸河山壮美，高兴地看着吴起大是感叹："美哉乎山河之固，此魏国之宝也！"也许是吴起早已经觉察到了这位君主的某种气息需要纠正，立即正色回答说："在德不在险……若君不修德，舟中之人尽为敌国也！"

结果，魏武侯只淡淡一个"善"字罢了。吴起对答，后世演化为"固国不以山河之险"的著名政谚，却没有留下魏武侯任何由此而惊醒的凭据。这是魏国君主第一次将人才之外的山河当作"国宝"。此后，魏惠王又将珍珠宝玉当作"国宝"，留下了一段战国之世著名的国宝对答。魏武侯盛赞山河壮美，原本无可指责。这里的要害是，一个国君在军事要塞之前首先想到的是什么。如何评判山川要塞，至少具有心态指标的意义。魏武侯的感慨若变作："山河固美，无变法强国，亦不能守也！"试想当是何等境界？这件事足以说明，魏武侯已经没有了开创君主的雄阔气度，对人，对物，对事，已经渐渐有了以个人好恶为评判标尺的影子。

第三则史料是，魏武侯错失吴起。

吴起是战国之世的布衣巨匠之一，是中国历史上罕见的政治军事天才之一。与战国时代所有的布衣名士一样，吴起的功业心极其强烈。那则被人诬以"杀妻求将"的故事，虽然虚妄，却也是战国名士功业心志的最好注脚。事实证明，乐羊、吴起在魏文侯时期被重用，是魏国扩张成功的最根本原因。李悝变法，激发积聚了强盛国力；乐羊、吴起，则将这种国力变成了实际领土的延伸。在整个魏文侯时期，乐羊攻灭中山国，吴起攻取整个河西高原，既是魏国最大的两个战略性胜利，也是当时天下最成功的实力扩张。李悝、乐羊死后，兼具政治家才华的吴起，实际上已经成为魏国最重要的支柱。

可是，魏武侯即位，吴起没有得到应有的重用。

吴起既没能成为丞相，也没能成为上将军，只是一个"甚有声名"的地方军政首脑（西河守）。依着战国用人传统，魏文侯时期有老资格名将乐羊为上将军，吴起为西河守尚算正常。然在魏武侯时期，吴起依然是西河守，就很不正常了。《史记·孙子吴起列传》载：秉性刚正的吴起，对这种状况很是郁闷，曾公开与新丞相田文（不是后来的孟尝君田文）论功，说自己在治军、治民、征战三方面皆强于田文，如何自己不能做丞相？田文以反诘方式做了回答，很是牵强，其说云："主少国疑，大臣未附，百姓不信，方是之时，属之于子乎？"

应当说，田文对魏国状况的认定，只是使用了当时政治理论对新君即位朝局的一种谚语式描述。实际上，这种状况根本不存在。魏文侯在位五十年，魏击是老太子即位，实权早早在握，如何能有少年君主即位才有的那种"主少国疑，大臣未附，百姓不信"的险恶状况？刚直的吴起毕竟聪明，见田文摆下了老脸与自己周旋论道，便知道此人绝不是那种凭功劳说话的人物，所以才有了史料所载的"起默然良久，曰'属子之矣'"。

吴起的服输，实际上显然是讲求实际的政治家在顾全大局。不想，却被太史公解读成了"吴起乃自知弗如田文"。这个田文，既不是后来的孟尝君田文，史料中也没有任何只言片语的功业。史料中的全部踪迹，便是与吴起的这几句对答，及"田文既死"四个字。如此一个人物，豪气干云的吴起如何便能"自知弗如田文"？太史公此处之认定，只能看作一种误读，而不能看作事实。

历史烟雾之深，诚为一叹也。

重要大臣将军之间的这种微妙状况，魏武侯不可能没有觉察。之后的处置方式，证明魏武侯对吴起早已经心存戒惧了。田文死后，公叔为相。这个公叔丞相，欲将吴起从魏国赶走，与亲信商议对策。亲信说，要吴起走，很容易。亲信的依据，是秉性评判：吴起有气节，刚正廉明并看重名誉。潜台词很显然，对吴起这等人，得从其尊严名誉着手。于是，亲信谋划出了一个连环套式的阴谋：先以"固贤"为名，请魏侯将少公主嫁给吴起，言明以此试探吴起——吴起忠于魏国，则受公主；若不受婚嫁，必有去心。魏侯必从。而后，由丞相宴请吴起，使丞相夫人（大公主）当着吴起的面蹂躏丞相。吴起见大公主如此秉性，必要辞婚少公主。只要吴起辞婚，便不可能留在魏国了。

这实在是一个高明的阴谋策划。后来的事实丝毫不差，吴起辞婚，魏武侯怀疑吴起而疏远吴起。吴起眼看在魏国无望，便离开魏国，去了楚国。这是一则深藏悲剧性的喜剧故事，使吴起的最终离魏，具有难言的荒诞性。

吴起离魏，至少证实了几个最重要的事实：其一，魏武侯疑忌吴起由来已久，绝非一日一事；其二，魏武侯已经没有了囊括人才的开阔胸襟，也没有了坦率精诚地凝聚人才的人格魅力；其三，魏武侯时期，魏国的内耗权术之道渐开，庙堂之风的公正坦荡大不如前。从魏国人才流失的历史说，吴起是第一个被魏国挤走的乾坤大才。

敬贤不用：魏惠王时期的衰落

魏惠王后期，魏国尊贤风气忽然复起。

魏武侯死时，魏国的庙堂土壤，已经滋生出了内争的种子。这便是魏武侯的两个儿子，公子䓨与公子缓争位。这个公子䓨，便是后来的魏惠王。此前，公子䓨曾得到一个才能杰出的大夫王错的拥戴效力，占据了魏国河外的上党与故中山国之地，公子缓失势。可是，公子䓨还没来得及即位，韩赵两国便进攻魏国了。韩赵两国遵循晋国老部族相互吞噬的传统，要趁魏国内乱之机，灭魏而瓜分之。浊泽一战，公子䓨军大败，被韩赵两军死死包围。

然而，一夜天明，几乎是在等死的公子䓨，却看见两支大军竟然没有了。事后得知，是两国对于如何处置魏国意见相左，各自不悦散去。对这场本当灭魏而终未灭魏的诡异事变，战国时评是："君终无适子，其国可破也！"——魏武侯终究没有堪当大任的儿子，魏国原本是可以破灭的。言外之意很显然：没有灭国，并不是公子䓨的才能所致。但是，公子䓨不如此看，他将魏国大难不死归结于二：一是天意，二是自家大才。

是故，公子䓨即位之后，立即称王，成了战国第一个称王的大国。

魏惠王在位五十一年，可以分为三个时期：称霸前期，衰落中期，迁都大梁之后的末期。第一时期是魏国的全盛霸权时期，大约二十余年。其时白圭、公叔座先后为相，庞涓为上将军，率军多次攻伐诸侯，威势极盛，国力军力毫无异议地在战国首屈一指。第二时期，以三次大战连续失败为转折，魏国霸权一举衰落。这三次大战是，围魏救赵之战、围魏救韩之战、秦国收复河西之战。第三时期，以魏国畏惧秦国之势迁都大梁始，进入魏惠王的最后二十年。

总括魏惠王五十一年国王生涯，成败皆在于用人。

魏惠王其人，是战国君主中典型的"能才庸君"。历史不乏那种极具才华，而又极其昏庸的君主。秦汉之后，此等君主比比皆是。战国之世，亦不少见，魏惠王是一个典型而已。魏惠王之所以典型，在于他具备了这种君主能够给国家带来巨大破坏性的全部三个特征。

其一，聪敏机变，多大言之谈，有显示高贵的特异怪癖。此所谓"志大才疏，多欲多谋"，与真正智能低下的白痴君主相比（譬如后世的少年晋惠帝），此等庸君具有令人目眩的迷惑性，完全可能被许多人误认为"英主"。

其二，胸襟狭小，任人唯亲与"敬贤不用"并存，外宽内忌。这一特征的内在缺陷，几乎完全被敬贤的外表形式所遮掩，当时，当事，寻常人很难觉察。

其三，在位执政期长得令人窒息，一旦将国家带入沼泽，只有眼看着国家渐渐下陷，无人能有回天之力。

在君主终身制时代，这种"长生果"庸主积小错而致大毁的进程，几乎是人力无法改变的。庸主若短命，事或可为；庸主若长生不坠，则上天注定了这个邦国必然灭亡。譬如秦国，也曾经有一个利令智昏的躁君秦武王出现，但却只有三年，便举鼎脱力而暴死了；后来又有两个庸君，一个秦孝文王，一个秦庄襄王，一个不到一年死了，一个两三年死了。所以，庸君对秦国的危害并不大。在位最长的秦昭襄王，也是五十余年，但秦昭襄王却是一代雄主。

即或如秦昭王这般雄主，高年暮期，也将秦国庙堂带入了一种神秘化的不正常格局。况乎魏惠王这等"长生果"庸主，岂能给国家带来蓬勃气象？这等君主当政，任何错误决策，都会被说得振振有词；任何堕落沉沦，都会被披上高贵正当的外衣；任何醒醒权术，都会堂而皇之地大行其道；任何真知灼见，都会被善于揣摩上意的亲信驳斥得一文不值。总归是，一切在事后看去都是滑稽剧的行为，在当时一定都是极为雄辩地无可阻挡地发生着，顺之者昌，逆之者亡。

魏惠王有一个奇特的癖好，酷爱熠熠华彩的珍珠，并认定此等物事是国宝。

史载：魏惠王与齐威王狩猎相遇于逢泽之畔，魏惠王提出要与齐威王较量国宝。齐威王问，何谓国宝？魏惠王得意矜持地说，国宝便是珠宝财货，譬如他的十二颗大珍珠，每颗可照亮十二辆战车，这便是价值连城的国宝。齐威王却说，这不是国宝，真正的国宝是人才。于是，齐威王一口气说了他搜求到的七八个能臣及其巨大效用，魏惠王大是难堪。这是见诸史料的一次真实对话，其意义在于最典型不过地反映出了有为战国对人才竞争的炽热，以及魏国的迟暮衰落。

也许是受了这次对话的刺激，也许是有感于秦国的压迫，总之是，魏惠王后期的魏国，突然弥漫出一片敬贤求贤的气象。这里，有一个背景须得说明，否则不足以证明魏国失才之荒谬。战国时期，魏国开文明风气之先，有识之士纷纷以到魏国求学游历为荣耀，为必须。安邑、大梁两座都城，曾先后成为天下人才最为集中的风华圣地，鲜有名士大家不游学魏国而能开阔眼界者。为此，魏国若想搜求人才，可谓得天独厚。可是，终魏惠王前期、中期，大才纷纷流失，魏国一个也没有留住。

魏惠王前中期，从魏国流失的乾坤大才有四个：商鞅（卫人，魏国小吏）、孙膑（齐人，先入魏任职）、乐毅（魏人，乐羊之后）、张仪（魏人）。若再加上此前的吴起，此后的范雎、尉缭子，以及不计其数的后来在秦国与各国任官的各种士子，可以说，魏国是当时天下政治家、学问家及各种专家的滋生基地。

在所有的流失人才中，最为令人感慨者，是商鞅。之所以令人感慨，一则是商鞅后来的惊世变法改写了战国格局；二则是商鞅是魏惠王亲手放走的；三则是魏惠王后来的后悔是没有杀商鞅。商鞅的本来志向，是选择在魏国实现抱负。作为魏国历史的遗憾在于，当商鞅被丞相公叔座三番几次举荐给魏惠王时，魏惠王非但丝毫没有上心，甚至连杀这个人的兴趣都没有。

麻木若此，岂非天亡其国哉！

种种流失之后，后期的魏惠王突然大肆尊贤，又是何等一番风貌呢？

《史记·魏世家》载："惠王数被于军旅，卑礼厚币以召贤者。邹衍、淳于髡、孟轲皆至梁。梁惠王曰：'寡人不佞，兵三折于外，太子虏，上将死，国以空虚，以羞先君宗庙社稷，寡人甚丑之。叟（你等老人家）不远千里，辱幸至弊邑之廷，将何以利吾国？'孟轲曰：'君不可以言利若是。夫君欲利，则大夫欲利；大夫欲利，则庶人欲利；上下争利，则国危矣！为人君，仁义而已矣，何以利为！'"

这一场景，实在令人忍俊不能。

魏惠王庄重无比，先宣布自己不说油滑的虚话，一定说老实话（寡人不佞）。于是，魏惠王一脸沉痛地将自己骂了一通，最后郑重相求，请几个赫赫大师谋划有利于魏国的对策。如邹衍、淳于髡等，大约觉得魏惠王此举突兀，一定是茫然地坐着，一副若有所思的模样。偏大师孟子自视甚高，肃然开口，将魏惠王教训了一通。滑稽处在于，孟子的教训之辞，完全不着边际，分明是一个失败的君主向高人请教"利国之道"，这个高人却义正词严地教导说，君主不能言利，只能恪守仁义！也就是说，孟子认为，作为君主，连"利"这个字都不能提。在天下大争的时代，君主不言"利国"，岂为君主？

更深层的可笑处在于，魏惠王明知邦国之争在利害，不可能不言利，也明知大名赫赫的儒家大师孟子的治国理念，明知邹衍、淳于髡等阴阳家杂家之士的基本主张，却要生生求教一个自己早已经知道将说出什么答案的人，岂非滑天下之大稽？说穿了，作秀而已。魏惠王亲自面见过不知多少治国大才，没有一次如此"严正沉重"地谴责过自己，也没有一次如此虔诚地求教过，偏偏在明知谈不拢的另类高人面前"求教"，其虚伪，其可笑，千古之下犹见其神色也。

后来，魏惠王便如此这般地开始"尊贤求贤"了。他经常恭敬地迎送往来于大梁的大师们，送他们厚礼，管他们吃喝，与他们认真切磋一番治国之道，而后殷殷执手作别，很令大臣与大师们唏嘘不已。魏惠王用邹衍、惠施做过丞相，尊孟子如同老师，似乎完全与魏文侯没有两样。而且，魏惠王还在《孟子》中留下了"孟子见梁惠王"的问答篇章……

能说魏惠王不尊贤吗？

历史幽默的黑色在于，总是不动声色地撕碎那些企图迷惑历史的大伪色彩。

魏惠王之世形成的外宽内忌之风，在其后五代愈演愈烈，终至于将魏国人才驱赶得干干净净。这种外宽内忌，表现为几种非常怪诞的特征。其一，大做尊贤敬贤文章，敬贤之名传遍天下；其二，对身负盛名，但其政治主张显然不合潮流的大师级人物，尤其敬重有加，周旋有道；其三，对已经成为他国栋梁的名臣能才，分外敬重，只要可能，便聘为本国的兼职丞相（事实上是辅助邦交的外相，不涉内政）；其四，对尚未成名的潜在人才，一律视而不见，从来不会在布衣士子中搜求人才；其五，对无法挤走的本国王族中涌现的大才，分外戒惧，宁肯束之高阁。

自魏惠王开始，直到魏假亡国，魏国对待人才的所有表现，都不出这五种做派。

到了最后的信陵君酒色自毁，魏国人才已经萧疏之极，实际上宣告了自己的死亡。

对吴起的变相排挤，对商鞅的视而不见，对张仪的公然蔑视，对范雎的嫉妒折磨，对孙膑的残酷迫害，对尉缭子的置若罔闻，对乐毅等人的放任出走……回顾魏国的用人史，几乎是一条僵直的黑线。一个国家，在将近二百年的时间里始终重复着一个可怕的错误，其政治土壤之恶劣，其虚伪品性之根深蒂固不言而喻。

说实在话，任何国家任何时代，都可能出现对人才的不公正事件。但只要是政治相对清明，这种事件一定是少数，甚或偶然。譬如秦国，秦惠王杀商鞅与秦昭王杀白起，是两桩明显的冤案，但却没有影响秦国的坚实步伐。原因在二，一是偶然，二是功业大成后错杀。

古典时期的人才命运，或者说国家用人路线，实质上有两个阶段，其方略也有着很大差别。第一阶段，搜求贤才而重用，可以说是解决寻求阶段即"有没有阶段"；第二阶段，功业大成后能在何种程度上继续重用，可以说是需求阶段即"用不用阶段"。历史证明的逻辑是，对于任何一个国家，需求阶段的人才方略都是第一位的，起决定作用的。魏国的根本错失，恰恰始终在需求阶段。在将近二百年里，魏国拥有最丰厚的人才资源，出现的名相名将却寥若晨星。与此同时，战国天空成群闪烁的相星将星，却十之七八都出自魏国。

不能不说，这也是一种历史的奇迹——无限度地为敌国贡献人才。

失才亡国：魏国的历史教训

大争之世，何物最为宝贵？人才。

风华魏国，何种资源最为丰厚？人才。

魏国政道，最不在乎的是什么？人才。

为什么会这样？魏国长期流失人才的根源究竟在哪里？凡是熟悉战国史者，无不为魏国这种"尊贤"外表下长期大量流失人才的怪诞现象所困惑。仔细寻觅蛛丝马迹，有一个事实很值得注意，这就是魏氏先祖笃信天命的传统。魏国正史着意记载了毕万创魏时期的两次卜卦象，至少意味着一种可能：魏国王族很是信奉卦象预言，对人为奋发有着某种程度的轻慢。这种精神层面的原因，很容易被人忽视。尤其在已经成为历史的兴亡沉浮面前，史家更容易简单化地只在人

　　　　　　　　　　　　　　　　　　文明新论

为事实链中探查究竟，很容易忽略那种无形而又起决定作用的精神现象。

事实上，无论古今中外，力图预见未来命运的种种预测方式，都极大地影响着决策者们的行为理念，甚至直接决定着当权者的现实抉择。在自然经济的古典社会，这种影响更大。客观地说，力图解释、预见自然与社会的种种神秘文化，都是古典文明的有机构成部分。一味地忽视这种历史现象，只能使我们的文明历史简单化，最终必然背离历史真相。

在中国春秋战国时代，解释并预测自然与社会的学问已经形成了一个完整庞大的系统。就社会方面而言，阴阳五行学说、天地学说（分为星相、占候、灾异、堪舆四大门类）、占卜学说，构成三大系统，其中每一系统都有相对严密的理论基础，以及其所延伸出的实用说明或操作技能。

第一系统，以"阴阳五行论"为基础，衍生出对国家"德性"的规范：任何邦国，必有五行之一德，此"德"构成全部国家行为的性格特点。譬如，秦为水德，水性阴平，故此行法。这是阴阳五行说对国家行为的解释。第二系统，以"天人合一观"为理论基础，衍生出占星、占候、灾异预兆解说、堪舆（风水）等预测技能。第三系统，以阴阳论为基础，衍生出八卦推演的预测技能。凡此等等，可以说，中国古典时期预测理论的博大庞杂，预测手段之丰富精到，在整个人类文明史上堪称奇葩。

在那样的时代，执政族群不受天命预言之影响，几乎是不可能的。

但是，执政者以何种姿态对待天命预言，又是有极大回旋余地的。

这种回旋，不是今人简单的迷信或不迷信，而是该文化系统本身提供给人的另一番广阔天地。华夏文明之智慧，在于所有的理论与手段都蕴含着极其丰富的变化，而不是简单机械的僵死界定。"运用之妙，存乎一心"，此之谓也。以人对天命的关系说，"天人合一论"的内涵，本身便赋予了人与天之间的互动性。

这种互动性，最终总是落脚于人的奋发有为。譬如，"天意冥冥，民心可察"，故此民心即天心，天命不再虚妄渺茫，而有了实实在在的参照系。于是，执政者只要顺应民心潮流，便是顺应天命。譬如，"天命难违"，但却有最根本的一条，"天下唯有德者居之"。故此，天命的实际标准，只在人有德无德了。预测的"天意"如果不好，君王便要奋发有为，顺应民心，广行阴德，则上天便会给予关照，修改原来的"天意"。

如此天人互动理论，实在没有使人拘泥于"天命"的内在强迫性。

就历史事实说话，先秦时代的中国族群有着极其浑厚的精神力量与行为自信，对天命、天意等，相对于后世种种脆弱心理与冥顽迷信，确实做到了既敬重又不拘泥的相对理想状态。敬重天命，在于使人不敢任意妄为；不拘泥者，在于使人保持奋发创造力。姜尚曾经踏破了周武王占卜伐商吉凶的龟甲，喊出"吊民伐罪，何问吉凶"；春秋诸侯曾经不敬天子，兴起了潮水般的大争风云；新兴阶层大起，纷纷取代久享天命的王权贵族……凡此种种潮流，无不使拘泥天命者黯然失色。

其中，秦国是一个不奉天命奉人事的典型。秦人历史上，有两则神秘预言：一则是舜帝在封赏秦人治水之功时说的"（秦人）后将大出天下"的预言；一则是老子关于秦国将统一天下的预言。两则预言能见诸《史记》，足证在当时是广为人知的。但是，历史的事实是，秦国执政阶层始终没有坐等天意变成事实，而是六代人浴血奋争，成就了煌煌伟业。

那么，魏国是如何对待这些神秘预言的呢？

虽然，在毕万之后，我们没有发现更多关于魏国王族笃信天命预言的史料。但是，历史的事实已经足以使我们做出合理的评判了。一个国家，百余年永远重复着一个致命的错误，这个国家的王族便必然有着精神层面的根源。这个精神根源，不可能是厌恶人才的某种生理性疾病，而只能是对另一种冥冥之力产生依赖，衍生出对人才的淡漠。这个冥冥之力，不可能仅仅是先祖魂灵，只能是更为强大的天命。请留意，魏国灭亡百余年后，太史公尚以天命之论解读魏国灭亡原因，何况当时的魏国王族？

春秋战国时代，对人才重要性的认识达到了空前的高度，无论是用才实践，还是用人理论，都是中国历史的最高峰。在这样的历史条件下，说魏国对人才的重要性认识不够，显然是牵强的。当时，对人才与国家兴亡这个逻辑，说得最清楚透彻的当是墨家。

墨家的人才理论有三个基本点。

第一，"亲士急贤"理念。

《墨子·亲士》云："入国（执政）而不存其士，则亡国矣！见贤而不急，则缓其君矣！非贤无急，非士无与虑国。缓贤忘士，而能以其国存者，未曾有也！"墨子说得非常扎实：对待才士，不应是一般的敬重（缓贤），应该是立即任命重用，此所谓"见贤而急"；见贤不急，则才士便要选择他国，离开出走。田子方说的那种"行不合，言不用，则去之若脱鞋然"的自由，在战国时代可谓时尚潮流。当此之时，"急贤"自然是求贤的最有效对策。

第二，"众贤厚国"理念。

《墨子·尚贤上》云："国有贤良之士众，则国家之治厚；贤良之士寡，则国家之治薄。故大人之务，将在于众贤而已。"这是说，国家要强盛，不能仅仅凭一两个人才，而是要一大批人才。否则，这个国家便会很脆弱。

第三，"尚贤乃为政之本"理念。

《墨子·尚贤中》云："尚贤，为政之本也。何以知尚贤之为政本也？……（贤者为政）则饥者得食，寒者得衣，乱者得治，此安生生！……尚贤者，天、鬼、百姓之利，而政事之本也！"墨子的"尚贤为本"目标，可以一句话概括：尚贤能使天下安宁，所以是为政根本。

墨子的人才理论，具有千古不朽的意义。

魏国以虚假的尚贤之道，塞天下耳目，诚天亡之国也！

亡楚论：固楚亡楚皆分治

——新六国论之五

楚国的最后形象

楚国的最后岁月，堪称山东六国中最有型的一个。

即或是军力最为强大的赵国，在护国之战中也未能有一场足以令人称道的大胜。虽然，赵国灭亡之前，李牧军曾两败秦军。但是，李牧战败的不是秦军主力，且战事规模较小，远不能与楚国抗秦之战同日而语。

相比之下，楚国在最后岁月的两次大战，实在是有声有色。

第一战，楚军以成功的防守反击战，大败秦国主力大军二十万，追击三日三夜不顿舍，攻破两壁垒，杀七都尉。以最保守估计，秦军战死也当有七八万（不包括伤残）。此战规模之大，超过了战国中期六国合纵抗秦的最大胜仗——信陵君救赵之战，更远远超过其余几次胜秦小战，当之无愧地成为战国百余年整个山东六国对秦作战的最大胜利。

第二战，秦以举国兵力六十万南进，楚军以六十余万应战，对峙年余兵败，堪称虽败犹荣。败而荣者，一则，楚国在奄奄一息之时，尚能聚结与秦国对等的兵力，形成战国之世唯一能与长平大战相媲美的平原战场大相持，大决战，其壮勇气势可谓战国绝唱；二则，国君力主抗秦，城破不降，统帅殚精竭虑，兵败自杀，从来分治自重的楚国世族，没有出现一个大奸权臣卖国者。凡此等等，皆具最后的尊严，与他国大不相同。

楚国无法做到的部分是什么

假如排除了种种偶然，楚国能否避免灭亡的命运？

这是一个历史哲学式的问题，也是一个破解历史奥秘的门户问题。虽然有违"历史不能假定"的格律，颇显臆想色彩，但却能引导我们穿过琐碎偶然漫天飘飞的迷雾，走进历史的深处，审视历史框架的筋骨与支柱。假如楚王负刍更为明锐，假如项燕的"退兵淮南，水陆并举，长期抗秦"的方略能够实施，假如项燕拥立昌平君成功，假如楚国的封邑军战力如同主力大军，假如战场没有大雾，假如楚军粮草充足兵器精良，假如楚军不退兵移营而继续原地相持，假如项燕选择了一条更好的退兵路线而不奔蕲县，甚或，假如秦军统帅不是王翦……楚军能战胜吗？楚国能保住吗？

纵然如此，仍然不能保住楚国不灭。

为什么？

首先，已经发生过客观历史状态，是我们无法以任何逻辑分析所能取代的。这一状态就是，楚国在最后岁月的种种努力，都已经在亡国危境的胁迫下达到了最大限度——种种掣肘减至最小，聚合之力增至最大。没有努力的部分，则是楚国已经无法做到的部分。正是这种"已经无法做到"的部分，做出了"不能"两个字的回答。

那么，这种已经无法做到的部分究竟是什么？

就国家生命状态而言，这种已经无法做到的部分，是国家聚合力不够。

以今日话语说，战时的国家动员能力，楚国尚处于较低水平。尽管与楚国自身的历史比较，此时的国家聚合力已经增至最大。然而，以战国之世所应该达到的最佳国家生命状态而言，也就是横向比较，楚国的聚合力尚远远不足。具体说，与敌手相比，楚国的聚合之力远低于秦国。庙堂决策之效率、战败恢复之速度、征发动员之规模、粮草辎重之通畅、国家府库之厚薄、兵器装备之精良、器用制作之高下、商旅周流之闭合、民气战心之高下……凡此等等，无一不低于秦国。就是说，楚国的国家聚合能力，远远低于战国之世的发达状态。所有这一切，面临存亡之战的楚国，已经无法改变了，更无法做到秦国那样的最佳状态了。所以，结局是清楚的：秦国可以在主力大军一次大败之后，几乎不用喘息立即发动了更大规模的第二次战争。而楚国一旦战败，就再也爬不起来了。

楚国起源于江汉山川，数百年间蓬勃发展，横跨江淮，以至战国末世据有整个中国南方，成为幅员最大的战国。而且，这个中国南方不是长江之南，甚至也不是淮水之南，而是大体接近黄河之南。如此煌煌广袤之气势，虽秦国亦相形见绌。然而，就是如此一个拥有广袤土地的最大王国，其国力、军力，却始终没有达到过能够稳定一个历史时期的强大状态。战国之世，初期以魏国为超强，中期除秦国一直处于上升状态之外，齐国、赵国、燕国，也都曾经稳定强大过一个历史时期，甚至韩国，也曾经在韩昭侯申不害变法时期迅速崛起，以"劲韩"气势威胁中原。

在整个战国时期，唯独楚国乏力不振。战国楚最好的状态，便是虚领了几次合纵抗秦的"纵约长国"。战国楚最差的状态，则是连国君（楚怀王）都被秦国囚禁起来，折腾死了。除了最后岁月的回光返照，楚国在战国时期从来没有过一次撼动天下格局的大战，譬如弱燕勃起那样的下齐七十余城的破国之战。

之所以如此，根源便在楚国始终无法聚合国力，从而形成改变天下格局的冲击性力量。楚国的力量，只在两种情势下或大或小地有所爆发：一种是对包括吴越在内的中国南方诸侯之战，一种是向淮北扩张的蚕食摩擦之战。这就是之所以楚国已经逼近到洛阳、新郑以南，而中原战国却始终没有一国认真与楚国开战的根本所在。

在北方大战国眼中，楚为大国，完全不许其北上扩张几乎不可能。而要楚国聚力吞灭那个大国，则楚国也万难有此爆发，故此无须全力以赴对楚大战。当然，另外一个重要原因，也是秦国威胁中原太甚，山东战国宁可忍受楚国的有限蚕食。若非如此，则很难说楚国能否在战国后期扩张到淮北。

一个广袤大国长期乏力，必然有着久远的历史根源。

我们得大体回顾一番对楚国具有原生意义的历史发端事件。

楚国历史中的重大转折

楚国的历史，贯穿着一条艰难曲折的文明融合道路。

楚，在古文献中又称为"荆""荆楚"。考其原意，楚、荆皆为丛木之名。《说文》云："楚，丛木，一名荆也，从林疋声。"又云："荆，楚木也，从艸刑声。"李玉洁先生之《楚国史》以为："疋，人足也。如此论，则楚乃林中之人……古时刑杖多以荆木为之，故荆字从刑。荆、楚，同物异名，后又合而为一。"《左传·昭公十二年》载楚大夫子革云："昔我先王熊绎，辟在荆山，筚路蓝缕，以处草莽，跋涉山林，以事天子。"

上述史料，以及其余史料，都说明楚人确实是在荒僻的荆山丛林草莽中拓荒生存，历经艰难而发展起来的一个山林族群。

楚人历史的第一次转折，是进入中原王权文明圈。

依据种种史料评判，至少从殷商末期开始，楚部族与中原王朝已经发生了实质性的融合，楚部族已经成为受封于"楚"地的殷商小方国。据西汉刘向《别录》载：商末之时，楚人族领鬻熊曾与商纣臣子辛甲一起叛商，逃奔周地，臣服了周文王。《史记·楚世家》则记载："鬻熊子事文王。"这就是说，鬻熊当时接受的封号是子爵，几乎是最低等的小诸侯。甚或，算不算正式诸侯还很难说。

直到周成王时，楚部族首领熊绎，才正式被周王室册封。就其实际而言，则是周王室承认了事实上已经自立发展起来的楚人政权。这次册封，确认了四件大事：其一，国之封地，楚；其二，城邑（都），丹阳；其三，姓，芈氏；其四，熊绎爵位，仍然是子爵。（《史记·楚世家》云："楚子熊绎与鲁公伯禽……俱事成王。"）自此，楚人具备了西周诸侯封国的四大要件，相对正式化地进入了王权文明圈，成为西周诸侯。但是，当时楚政权的爵号很低，很难与中等诸侯国相提并论。

显然，与鲁国君主的公爵相比，楚国君主的子爵是太小了。

而楚人的真正飞跃，在于周幽王镐京事变后熊通称王。

西周失国，平王东迁洛阳，东周伊始。

这时，楚人内部发生了一次兵变，族领熊冒的弟弟熊通，杀死了熊冒的儿子，夺位自立为楚人君主。熊通极是强悍，全力整合楚地各族，土地、民众有了很大扩展。在熊通即位的第三十五年，楚人政权已经成为江汉山川的最大邦国。于是，趁周王室东迁初定诸事尚在忙乱之机，熊通率军北上，攻伐姬姓王族诸侯的随国[1]。随国派出特使，指斥楚国征伐无罪之国。熊通全然不理睬，一战俘获了随国的"少师"（太师副手，此时当为随军主将）。

随国上下震恐，被逼迫与楚议和。熊通只提出了一个条件：随国必须上书周王，敦请周王将楚国君主的爵位提高到"王"——与周天

1　随国，周时王族诸侯国，地在今湖北随州一带。

子同尊。熊通的口吻也极具挑衅性:"我蛮夷也!今诸侯皆为叛相侵,或相杀。我有敝甲,欲以观中国之政,请王室尊吾号!"——当今诸侯已经乱了,楚有绰绰有余的甲士,我也想试试中原国政的滋味,王室必须将我的封号提高为王!随国为免亡国,便代为上书周王,请尊(提高)楚之王号。其时,正是东周第二代周桓王在位,周室尚有些许实力与尊严。闻此令人咋舌的非礼僭越之请,立即断然回绝了熊通的胁迫,不提高楚君封号。随国将消息回报给熊通,熊通备感屈辱,怏怏班师。

谋划两年后,愤怒的熊通一言震惊天下:"王不加位,我自尊耳!"

于是,熊通一举自立称王,史称楚武王。

熊通称王,开始了春秋楚国迈向大国的历史。

须得留意的是,楚国撇开东周王室于不顾,自行称王,在春秋初期是震惊天下的大事。历史地看,这一事件对楚国具有极为深远的影响:其一,楚国自行称王,意味着对当时中国王制礼法的极大破坏,由是开始了中原诸侯长期歧视楚国的历史。其二,周王室断然拒绝提高楚君封号,意味着对楚族自觉融入中原王权文明的拒绝,意味着无视楚人安定江汉的巨大功勋,激起了楚人的强烈逆反之心;由是,大大淡化了楚国对中原文明的尊奉,大大减弱了自觉靠拢中原文明的意愿,从而开始了自行其是的发展。

这是一种国家心理,虽没有清晰自觉的论述,其行却实实在在地表现了出来。

周桓王拒绝提高楚君封号后,《史记》记载的熊通说法颇具意味:"吾先鬻熊,文王之师(将)也,蚤(早)终。成王举我先公,乃以子男田令居楚,蛮夷皆率服,而王不加位,我自尊耳!"熊通说的是这样三层意思:其一,历代楚人对周室有功,从周文王起,楚君便是周之将军,楚人是周之士兵。成王虽以子、男低爵封我楚地,然我族还是平定了江汉诸部,为天下立了大功。其二,楚人以效命天子的中原文明诸侯国自居，视其余部族为蛮夷。其三，周王如此做法，伤楚人太甚，我要自己称王！

实际上，熊通已经将日后形成楚国国家心态的根基因素，酣畅淋漓地宣示了出来。

楚人的这种心态，中原诸侯很早就有警觉。

《左传·成公四年》载：鲁成公到晋国朝聘，晋景公自大，不敬成公。鲁成公大感羞辱，回国后谋划，要结盟楚国而背叛晋国。大臣季文子劝阻，将晋国与楚国比较，说了一段颇具代表性的话："不可。晋虽无道，未可叛也。（晋）国大、臣睦、而迩（近）于我，诸侯听焉，未可以贰（叛）。史佚之《志》有之，曰：'非我族类，其心必异。'楚虽大，非吾族也，其肯字（爱）我乎！"这里的关键词是："非我族类，其心必异。"

《左传·襄公八年》又载：郑国遭受攻伐，楚国出兵援救。郑国脱险之后，君臣会商是否臣服楚国。大夫子展说："虽楚救我，将安用之？亲我无成，鄙我是欲，不可从也！"也就说，楚国虽然救了郑国，但其用心不清楚。楚国不会亲佑我，而是要鄙视压制我，所以不能服从。

受楚之恩，又如此顾忌猜疑，很难用一般理由解释。

当时，与楚国同受中原文明歧视的，是秦国。但是，秦国对中原诸侯的歧视，却没有楚国那般强烈的逆反之心，而是始终将这等歧视看作强者对弱者的歧视。故此，无论山东士人如何拒绝进入秦国，秦国都满怀渴望地向天下求贤，孜孜不倦地改变着自己，强大着自己。当然，这两种不同的历史道路后面，还隐藏着一个重要因素：中原文明对秦国的歧视，与对楚国的歧视有所不同。毕竟，秦人为东周勤王靖难而受封的大诸侯，赫赫功业，天下皆知。中原诸侯所歧视者，多少带有一种酸忌心态，故多为咒骂讥刺秦风习野蛮愚昧，少有"非我族类"之类的根本性警戒。是故，秦国的民歌能被孔子收进《诗经），而有了《秦风》。而楚国作为春秋大国，不可能没有进入孔子视野的诗章，然《诗经》却没有《楚风》。这种取舍，在素来将文献整理看作为天下树立正义标尺的儒家眼里，是非常重大的礼乐史笔。其背后的理念根基，不会是任何琐碎缘由，只能是"非我族类"的根本鄙夷。

其后时代，由于中原诸侯群对楚国的鄙视，也由于楚国对此等鄙视的逆反之心，两者交相作用，使楚国走上了一条始终固守旧传统，而不愿过分融合于中原文明的道路。见诸实践，只求北上争霸，而畏惧以中原变法强国为楷模革新楚国，始终奉行着虽然也有些许变化的传统旧制。

楚政体制的根本点：大族分治

楚国起于江汉，及至春秋中后期，已经吞灭二十一国；至战国中期，楚共计灭国四十余个，是灭国占地最多的大国。须得留意的是，整个西周时期与春秋初期，是楚国形成国家框架传统的政权奠基时期。这一时期，楚国的扩展方式与中原诸侯有很大的不同。正是这种不同，形成了楚国远远强于中原各国的分治传统。

西周时期，中原诸侯的封地无论大小，皆由王室册封决定，不能自行扩展。所以在西周时期，中原诸侯不存在自决盈缩的问题。楚国不同，由于地理偏远，江汉丛莽，加之又不是周室的原封诸侯，而是自生自灭的"承认式"小诸侯，故此可以自行吞并相邻部族小政权，从而不断扩大土地、民众。

及至春秋，中原诸侯也开始了相互吞灭。但是，由于中原诸侯都是经天子册封确认的邦国，政权意识强烈。是故，这种吞灭只能以刀兵征伐的战争方式进行。即或战胜国有意保留被灭之国的君主族群利益，也是以重新赐封的形式确认。被灭国的君主族，从此成为战胜国君主的治下臣民，而不是以原有邦国为根基的盟约臣服。故此，不管中原诸侯吞灭多少个小国，被吞灭的君主部族，都很难形成治权独立的封邑部族。当然，中原大国赐封功臣的封地拥有何种相对程度的治权，也是君主可以决定的。但是，这种封地，也是君主可以取缔的。也就是说，功臣能否获得封地，封地能有多大治权，都是国家可以决定的。

楚国不然。楚国吞并小国后，不能自己决定一切。

历史地看，这是由楚国的两种扩张方式决定的。

楚国扩张方式之一是迫使相邻部族臣服的软扩张。

当时楚国的相邻部族，都是未曾"王化"的部族，也就是未受王权承认的自生自灭小政权。"化外之民"，此之谓也。这种或居山地密林，或居大川湖泊之畔的渔猎部族，既没有正式的国家政权形式，也没有鲜明的权力意识。只要生计相对安稳，臣服于某个有威胁的国家权力，还是坚持自治自立，并无非此即彼的强固要求。春秋时期，分布在江汉山川、江南岭南、吴越地带的这种自在发展的部族政权，尚有很多。

某种意义上可以说，在楚国崛起之前，整个中国南方的族群政权，基本上全部处于自治自立而自生自灭的状态。其时，在这片由辽阔的湖泊江河与雄峻的连绵高山交织而成的广袤地带，只有楚国接受了中原王室的封爵，是具有相对发达的政权形式的诸侯国。也就是说，这一地带，只有楚国有持续扩张的社会组织条件。

但是，楚国若要如同中原诸侯那般，以武力连续不断地吞灭这些部族，也显然是力不能及。于是，基于前述历史原因，便有了种种以"盟约称臣"方式完成的软扩张。这种软扩张，就其实质而言，不妨看作一种整合，一种兼并，一种文明化入。是故，这种扩张必然带有双方相互妥协的一面。

妥协的最基本方面，在楚国而言，是允许臣服部族继续在自己原有的土地上，大体以原有方式自治自立地生存。可以拥有自己的封邑武装，楚国君主不能任意夺其封邑。在臣服部族而言，则接受楚国君主为自己的上层权力，接受其封赏惩罚、行动号令。于是，臣服部族就变成了楚国的臣民，臣服部族原有的生存土地，发生了名义上的变更，变成了楚国政权允许其存在的封邑。臣服部族必须向楚国纳贡（不是赋税），不能反叛脱离楚国，不能再度自立。事实上，楚国前期最大的权臣部族若敖氏（斗氏、成氏为其分支）、蒍氏、伍氏以及楚国中后期的项氏，都属于这种软扩张进来的大族领袖集团。

基于利益平衡，也基于强化联盟，这种软扩张一旦成立，臣服部族的族领便可以依本族实力的大小，在楚国"中央"做大小不等的官吏。在后来的实践中，臣服族领做到楚国"中央"要害权臣者，不在少数。从总体上说，这种软扩张方式既使楚国的扩张速度很快，又形成了楚国大族分治后最重要的历史基础。

楚国扩张方式之二是武力吞并硬扩张。

对于拥有良好生存土地而又拒绝臣服的部族政权，楚国便仿效中原诸侯，以武力吞灭之。对于被消灭政权后的部族及其土地，楚国自然拥有完全的处置权。于是，必然的框架演化是，这些部族人群大部分被直接纳入了楚国君主直辖的族群。这些土地的大部分，也变成了楚国君主直接占有管辖（直领）的土地。也就是说，被武力吞并的部族人口与土地，大部分变成了由邦国"中央"直接治理的土地与人民。

由于有软扩张而来的封邑部族相对比，楚人便将这种被武力吞并而丧失自治（改由王治）的部族人口，渐渐当成了王族势力范围，甚或直接看作王族分支。楚国后来的昭、屈、景三大族，以及庄氏部族、黄氏部族，其所以被当时的楚国社会与后世诸多史家认定为楚国王族分支，原因便在此。这种部族，因为归于王治，因而享有广义王族的名义。但是，又有自己部族的姓氏，并非血统意义上的王族。

文明新论

从总体上说，以战争方式进行硬扩张，其所获得的人口与土地，小部分被用来赏赐功臣或此前臣服的自治族领，大部分归于楚国"中央"直辖。逐渐积累，就形成了一种历史格局：楚国王室因为直领的土地较大，人口较多，因而拥有国内相对强大的基础力量，直辖力量。这种直辖力量越强大，楚国王权便越稳固。

后来，楚国又有了楚王赐封的功臣封邑。这些功臣封邑，成为不同于第一种臣服族群的新世族势力。这种新世族，类似于中原诸侯国拥有封地的功臣，独立性与自治性都不是太强大，一般意义上，还是由王权决定其命运的。其所以有这种情况发生，有两个原因：其一，战争大功臣与其他各种大功臣，必须封赏土地与人口；其二，被武力吞并的部族人口实际上依然存在，其族系领袖也依然存在，王室还得依靠这些族系领袖来统领人民。于是，王室便将已经被征服的各大族群的族领，分封在特定地域。

如上两种情形，形成了楚国分治的普遍根基。

所谓分治，基本点在三方面：其一，经济上分为王室直辖土地，世族封邑土地。后者基本上不向邦国缴纳赋税，是为经济分治。其二，世族封邑，可以拥有自己的私兵武装。春秋时期的楚国对外战争，有（城濮之战）若敖氏之六卒、（吴楚柏举之战）令尹子常之卒""（吴楚离城之战）子强、息桓、子捷、子骈、子盂……五人以其私卒先击吴师"等记载。此等"私卒"就是封地领主直辖的封地私兵，是为军事分治。其三，"中央"政治权力，依据族群实力大小分割。国政由王族与大封地领主分割执掌，吸纳外邦与社会人才的路基本被堵死。

分治的轴心，则是国家权力的分割。

楚国在几乎整个春秋时期，都处于王室与老自治部族分掌权力的状况。

据李玉洁先生《楚国史》统计，从第一代楚王熊通（楚武王）开始，到六代之后的楚庄王，历时近二百年中，楚国的首席执政大臣令尹（相当于中原的丞相）有十一任，其中八任都是由若敖氏族领担任，分别是斗祁、子文、子玉（成得臣）、子上、成大心、成嘉（子孔）、斗般（子扬）、子越（斗椒）；其余三任，一是楚文王弟子元，一是申族人彭仲爽，一是蒍族族领蒍吕臣，也同样都是拥有巨大封地的老世族。在如此权力格局下，楚国的大司马（军权）、司徒（掌役徒）等重要权力，也全部被世族分掌。

楚庄王时期，楚国王族与若敖氏部族的矛盾日渐尖锐。晋楚城濮之战后，若敖氏因统率楚军战败，权力动摇，遂发动兵变，先行攻杀了政敌蒍贾，后又举兵攻打楚庄王。楚庄王集团骤然难以抵御，提出以三代楚王（文王、成王、穆王）的三位王孙为人质，与若敖氏议和。长期经营楚国上层权力的若敖氏族领斗椒，公然拒绝了议和，与楚庄王集团刀兵相见。虽然楚庄王集团最终平定了这场大政变，并将若敖氏除保留一支为象征外，全部分散消灭之，但是造成国家巨大灾难的根源，却丝毫没有改变。

若敖氏覆灭之后，楚国直到春秋末期，历九代国王、十七任令尹，其中十二任令尹是王族公子，两任是蒍氏部族（孙叔敖、孙叔敖子），一任是若敖氏余脉（子旗），一任是屈氏部族（屈建），一任是沈氏部族（叶公子高）。这一时期，基本上由大封地领主执掌国政，转变为公子（王族）执政。

楚国由大世族执政，转变为公子（王族）执政，虽然减缓了大族争夺权力的残酷程度，但却没有改变世族政治的根基。楚国在春秋时期，多次发生老世族兵变，楚庄王的若敖氏之乱、楚灵王的三公子之乱、楚平王的白公胜之乱等，每次都直接危及楚王与王族，足见世族分治对楚国的严重伤害。

楚国的唯一一次不彻底变法

进入战国之世，中原各大国的变法强国浪潮此起彼伏。

当时的"战国"，几乎都曾经有过至少一次的成功变法。魏文侯李悝变法、齐威王驺忌变法、韩昭侯申不害变法、秦孝公商鞅变法、赵武灵王变法、燕昭王乐毅变法等。第一次变法之后继续多次变法，在中原大国也多有酝酿或发生。秦国最典型，一百五十余年，六代领袖始终坚持不断变法。唯独楚国，只有过一次短暂的半途变法。其后的变法思潮，只要一有迹象（如屈原的变法酝酿），立即便被合力扼杀。也就是说，楚国始终没有过一次需要相对持续一个时期（一代或半代君主）的成功变法。因此，楚国的分治状况一直没有根本性变化。

楚国的唯一一次不彻底变法，便是吴起变法。

这次变法，从吴起入楚到吴起被杀，总共只有短短三年。楚悼王十八年（公元前 384 年）吴起入楚，楚悼王于二十一年（公元前 381 年）病逝。吴起于葬礼中被杀，楚国变法宣告终结。以实际情形说，除去初期谋划与后期动乱，即或不计年头年尾之类的虚算，其实际的变法实施至多一年余，真正的浮光掠影。

依据史料，我们分析一下时间构成。吴起入楚第一年做"宛守"（宛郡郡守还是宛城守将，不能确定），第二年做令尹，第三年惨死。如此，所谓吴起变法，则实际上只能发生在第二年及第三年头几个月里。再就史料分析吴起的实际活动：其一，任宛守期间，可能打过一仗——吞并陈蔡；其二，任令尹之初，谋划变法，提出了一套变法方案；其三，为楚国打了三次大胜仗——救赵伐魏、吞并陈蔡、南并蛮越。除此之外，吴起未见重大活动，事实上也不可能再有重大活动。如此，一个简单的逻辑问题便是，一个三年打了三大仗，还做了一年地方官的人，能有多少时间变法？因此，完全可以判定：吴起的变法方案，根本没有来得及全面实施，便被对变法极其警觉的老世族合力谋杀了。

吴起的变法方略究竟有些什么，值得老世族们如此畏惧？

史料并未呈现吴起如商鞅变法那样的论争与谋划，而只是分散记载了一些变法作为。大体归类这些作为：其一，"均爵平禄"。其时，楚国世族除封邑之外，尚把持高爵厚禄的分割，平民子弟虽有战功，也不能得到爵位，非世族将军即或有大功，也不能得到哪怕是低爵薄禄的赏赐。所以，"均爵平禄"是实际激发将士战心的有力制度。应该说，这是后来商鞅变法军功爵制的先河。其二，"废公族无能之官，养战斗之士"。这是裁汰无能，整军强军。其三，"封土殖民"。将世族人口迁徙到荒僻地区，开发拓荒，"以楚国之不足（民众），益楚国之有余（土地）"。《史记·蔡泽列传》云："……吴起为楚悼王立法，卑减大臣之威重，罢无能，废无用，损不急之官，塞私门之请，一楚国之俗，禁游客之民，精耕战之士……禁朋党以励百姓，定楚国之政，兵震天下，威服诸侯。功已成矣，而卒枝解。"所列种种，除了战事，事实上还都只是尚未全面实施的方案。

即或如此，楚国的老世族们已经深刻警觉了，立即行动了。

吴起变法的失败，意味着根深蒂固的贵族分治具有极其强大的惰性。

楚悼王之后的战国时代，古老而强大的"若敖氏式"的自治老世族，已经从楚国渐渐淡出。代之而起的，是有王族分支名义的昭、屈、景、庄、黄、项等非完全自治的老世族。客观地说，后者的权力比前者已经小了许多，譬如私家武装大大缩小，封邑也要向国府缴纳一定的赋税，对领政权力也不再有长期的一族垄断等。但是，在战国时代，这依旧是最为保守的国家体制。相对于实力大争所要求的国家高度聚合能力，楚国依然是最弱的。

楚国之所以能在最后岁月稍有聚合，其根本原因在两处：一则，幅员辽阔，人口众多；二则，实力尚在的老世族在绝境之下不得不合力抗秦。统率楚军的项氏父子，本身便是老世族，就是最好的说明。一战大胜，老世族相互掣肘的恶习复发，聚合出现了巨大裂缝，灭亡遂也不可避免。

　　包举江淮岭南而成最大之国，虽世族分领，松散组合，毕竟成就楚国也。

　　疲软乏力而始终不振，世族分领之痼疾也。

　　摇摇欲坠而能最后一搏，世族绝境之聚合也。

　　战胜而不能持久聚合，世族分治之无可救药也。

　　兴也分治，亡也分治，不亦悲哉！

亡齐论：战国之世偏安忘战，奇也

——新六国论之六

齐国灭亡的若干历史答案

齐国的灭亡，是战国历史的又一极端个案。

自秦王政十七年（公元前 230 年），秦国统一中国的战争历时堪堪十年。自灭韩之战开始，每灭一国，都是一场惊心动魄的大战。更值得关注的是，每一国的战争都不是一次完结的，抗秦的余波始终激荡连绵。我们不妨以破国大战的顺序简要地回顾一番。韩国战场规模最小，然非但有战，更有灭国四年之后的一场复辟之战。赵国之战最惨烈，先有李牧军与王翦军相持激战年余，李牧军破后又有全境大战，国破之后又建立流亡政权代国，坚持抗秦六年，直到在最后的激战中举国玉碎，代城化为废墟。燕国则是先刺秦，再有易水联军大战，再度建立流亡政权，直到五年后山穷水尽。魏国则据守天下第一坚城大梁，拒不降秦，直到被黄河大水战淹没。楚国老大，长期疲软不堪，却在邦国危亡的最后时刻创造了战国最后的大战奇迹，首战大败秦军二十万，非但一时成反攻之势，且成为战国以来山东六国对秦军作战的最大胜仗。再次大战，更以举国之兵六十万与六十万秦军展开大规模对峙，直到最后战败国灭，残部仍在各自为战。

六国之中，唯独赫赫大邦的齐国没有一场真正的战争，轰然瓦解了。

齐国的问题出在了哪里？

论尚武传统，齐国武风之盛，不输秦赵，豪侠之风更是冠绝天下。论军力，齐军规模长期保持在至少四十万之上，堪称战国中后期秦、赵、楚、齐四大军事强国之一。论兵士个人技能，更是名噪天下，号称"技击之士"。论攻战史，齐国有两战大胜而摧毁魏国第一霸权的煌煌战绩。论苦战史，齐国六年抗燕而再次复国，曾使天下瞠目。论财力，齐国据天下鱼盐之利，商旅之发达与魏国比肩而立，直到亡国之时，国库依然充盈，国人依然富庶。论政情吏治，战国的田氏齐国本来就是一个新兴国家，曾经有齐威王、齐宣王两次变法，吏治之清明在很长时间里可入战国前三之列。论文明风华，论人才汇聚，齐国学风盛极一时，稷下学宫聚集名士之多无疑为天下之最，曾经长期是天下文华的最高王冠。论民风民俗，齐人"宽缓阔达，贪粗好勇，多智，好议论"，是那种有胸襟、有容纳、粗豪而智慧的国民，而绝不是文胜于质的孱弱族群。

如此一个大国、强国，最后的表现却是如此的不可思议。

唯其如此，便有了种种评判，种种答案。在种种评判答案中，有三种说法比较具有代表性：一种是齐人追忆历史的评判，一种是阴阳家神秘之学生发的评判，一种是西汉之世政治家的评判。其后的种种说法，则往往失之于将六国灭亡笼统论之，很少具体深入地涉及齐国。这里，我们分别看看这三种评判。

第一种，是齐人对亡国原因的追忆评判。

在《史记·田敬仲完世家》中，以三种资料方式记载了这种追忆与评判：其一，民众关于齐王之死的怨声；其二，司马迁采录齐国遗民所回顾的当时的临淄民情；其三，司马迁对齐人评判的分析。齐人的怨声，是齐人在齐王建死后的一首挽歌，只有短短两句，意味却很深长："松耶！柏耶！住建共者，客耶！"用今日白话，这挽歌便是："松树啊，柏树啊，埋葬了建。实际埋葬建的，是外邦之客啊！"按照战国末世情形，所谓客，大体有三种情形：一种是包括邦交使节、外籍流动士子、齐国外聘官员在内的外来宾客，一种是外邦间人（间谍），一种是亡国后流亡到齐国的列国世族。齐人挽歌中的"客"究竟指哪一种，或者全部都是，很不好说。

因为，从实际情形说，三种"客"对齐国的影响都是存在的。因此，不妨将齐人的挽歌看作一种笼统的怨声，无须寻求确指。但是，有一点是明白无误的：当时的齐人将齐国灭亡的原因主要归结于外部破坏，对齐王的指斥与其说是检讨内因，毋宁说是同情哀怜，且也不是挽歌的基本倾向。司马迁本人在评论中则明确认为：齐人挽歌中的"客"是"奸臣宾客"。司马迁的行文意向也很明白，是赞同齐人这种评判的。

《史记》记载的齐国遗民回忆说，"五国已亡，秦兵卒入临淄，民莫敢格者。王建遂降，迁于共。"烙印在齐人心头的事实逻辑是，因为齐民完全没有了抵抗意志，所以齐王降秦了。这里的关键词是，"民莫敢格者"。国破城破，素来勇武的齐国民众却不敢与敌军搏杀，说明了什么？至少，可以说明两个问题：其一，齐国民众早已经对这个国家绝望了，无动于衷了；其二，齐人长期安乐，斗志弥散，雄武民气已经消失殆尽了。在百余年之后的司马迁时期，齐国遗民尚能清晰地记得当时的疲软，足见当时国民孱弱烙印之深。这一事实的评价意义在于，齐人从对事实的回顾中，已经将亡国的真实原因指向了齐国自己。

第二种，是以阴阳神秘之学为基点的评判。

《史记·田敬仲完世家》后的"太史公曰"，对《周易》占卜田氏国运深有感慨，云："易之为术，幽明远矣！非通人达才，孰能注意焉！……田乞及（田）常所以比犯二君，专齐国之政，非必事势之渐然也，盖若遵厌兆祥云。"这里的"厌"（读音为压），是倾覆之意；"祥"，寻常广义为预兆之意，在占卜中则专指凶兆。司马迁最后这句话是说，因为田氏连犯（杀）姜齐两君而专政齐国，太过操切苛刻，不是渐进之道，所以卦象终有倾覆之兆。鉴于此，司马迁才有"易之为术，幽明远矣"的惊叹。司马迁作为历史家，历来重视对阴阳学说及其活动的记载，各种曾经有过重大影响的预言、占卜、星象、相术、堪舆等，其活动与人物均有书录。事实上，阴阳神秘之学是古代文明极为重要的一部分，舍此不能尽历史原貌。

依据《史记》，关于田氏齐国的占卜主要有两次。

第一次，周王室的太史对田齐鼻祖陈完的占卜，周太史解卦象云："是为观国之光，利用宾于王。此其代陈有国乎？不在此，而在异国乎！非此其身也，在其子孙。若在异国，必姜姓。姜姓，四岳之后。物莫能两大，陈衰，此其昌乎！"这段解说的白话是，这是一则看国运的卦象，利于以宾客之身称王。然而，这是取代陈国吗？不是，是在另外的国家。而且，也不是应在陈完之身，而是应在其子孙身上。若在他国，其主必是姜姓。这个姜姓，是四岳（尧帝时的四位大臣）之后。然而，事物不能两方同时发达，陈国衰落之后，此人才能在他国兴盛。应该说，这次占卜惊人地准确，几乎完全勾画出了田氏代姜的大体足迹。因为，这次占卜一直"占至（田氏）十世之后"。

第二次，发生在陈完因陈国内乱而逃奔齐国之后。当时，齐国有个叫作懿仲的官员，想将女儿嫁给陈完，请占卜吉凶。这次的卦象解说很简单，婚姻吉兆，结论是："八世之后，莫之与京。"莫是暮的本字；而八世之后，恰恰是齐湣王之后；齐湣王破国，齐襄王大衰，齐王建遂告灭亡。这则卦象，同样是惊人地准确。

阴阳神秘之学的评价意义在于，他们认为，国家的命运如同个人的命运一样，完全由不可知的天意与当事人作为的正义性交互作用所决定；齐国的命运，既是天定的，也是人为的。就问题本身而言，这种评判是当时意识形态中极为重要的基本方面，不能不视为一种答案。须得留意，先秦的所有神秘之学预测吉凶，都有一个极其重要的前提观念：当事人行为的善与恶（正义性），对冥冥天意有着重大影响。也就是说，当事者的正义行为，可以改变本来不怎么好的命运；而当事者的恶行，也可以使原本的天意庇护变为暗淡甚或灾难。这便是后世善恶报应说的认识论根基，也是前述的交互作用。

另外一个前提观念是，正道之行，不问吉凶。

这一观念的典型是西周姜尚踩碎龟甲。《论衡·卜筮》云："周武王伐纣，卜筮之，逆，占曰：'大凶。'太公推蓍蹈龟，而曰：'枯骨死草，何知而凶！'"这一事例，在《史记·齐太公世家》中的记载是："武王将伐纣，卜，龟兆不吉，风雨暴至。群公尽惧，唯太公强之劝武王，武王于是遂行。"如此理念，战国之世已经渐成主流。典型如秦国。司马迁记载了秦灭六国期间与秦始皇时期的多次灾异与神秘预言，唯独没有一次秦国主动占卜征伐大事的记载。因为，先秦时代的神秘之学，对国家与个人的正义善行非常看重，所以其种种预测，往往在实际上带有几分基于现实的洞察，也便往往有着惊人的准确性。太史公之所以将韩氏的崛起根源追溯到韩厥救孤，认为因了这一"积天下之阴德也"的大善之行，才有了韩氏后来的立国之命。其认识论的立足点，正在于善恶与天命交互作用这一观念。所谓天人交相胜，此之谓也。而自魏晋之后，占卜星相等阴阳之学渐渐趋于完全窥探天意的玄妙莫测的方法化，强调人的善恶正邪对命运影响的理念则日渐淡薄，故此越来越失去了质朴的本相，可信度也便越来越低。这是后话。

第三种，是西汉盐铁会议文件《盐铁论》记载的讨论意见。

《盐铁论·论儒》云："齐威宣之时，显贤进士，国家富强，威行敌国。及湣王，奋二世之余烈，南举楚淮，北并巨宋，苞十二国，西摧三晋，却强秦，五国宾从；邹鲁之君，泗上诸侯，皆入臣。（后）矜功不休，百姓不堪；诸儒谏不从，各分散，慎到、捷子亡去，田骈如薛，而孙卿（荀子）适楚；内无良臣，故诸侯合谋而伐之。王建听流说，信反间，用后胜之计，不与诸侯从亲，以亡国，为秦所禽，不亦宜乎！"

这段评判，先回顾了齐宣王一代及齐湣王在位前半期的兴盛气象，又回顾了齐湣王后期的恶政，指出了百姓不堪与人才流失两大基本面。对齐王田建的作为，则将其失政归结为三方面：听流说，信反间，用后胜之计。"不与诸侯从亲"，则是信用前述三方的结果。显然，这种观念与齐国民众的说法，与司马迁评判并没有重大差别。应当说，这些原因都是事实，但也都只是最直接的现象原因，而没有触及根本。

那么，根本在哪里？实质的原因究竟是什么？

齐国长期奉行的绥靖主义国策

如果对齐国历史做一简要回顾，我们可以发现，战国时期的齐国有一个所有国家都没有的现象：末期四十余年没有发生过战争。此前十四年，也可以说基本没有战争。也就是说，一百三十八年的历史中，后三分之一多的岁月，齐国是在和平康乐中度过的，五十余年没打过仗。

孤立抽象地说，和平康乐自然是好事，也是人类在各个历史时期都会生发出的基本理想之一，无疑应当肯定。然而，在战国这样一个风云激荡的大争时代，一个大国五十余年无战，无异于梦幻式的奇迹。作为一种历史现象，史家无疑是注意到了这一基本事实。司马迁在回顾齐国历史时说："始，君王后贤，事秦谨，与诸侯信。齐亦东边海上，秦日夜攻三晋燕楚，五国各自救于秦，以故，（齐）王（田）建立四十余年不受兵……客皆为反间，劝王去从朝秦，不修攻占之备。"

且略去太史公诸如"君王后贤"这样的偏颇评价，只就事实说话，首先理出齐襄王时期的轨迹：燕国破齐的第二年，齐襄王被莒城臣民拥立即位，此后五年，直到田单反攻复国，是齐国最后一次被动性的举国战争。此后十四年，齐襄王复国称王，权力完整化。这十四年中，齐国只打了三仗：第一仗，田单主政初期的对狄族之战，有鲁仲连参与，规模很小；第二次，公元前 270 年（秦昭王三十七年，齐襄王十四年）秦国穰侯攻齐，齐军大败，丢失刚（今山东宁阳东北地带）、寿（今山东东平西南地带）两地；第三次，公元前 265 年（秦昭王四十二年，齐襄王十九年），秦军攻赵，齐国应赵国请求而出兵救赵，迫使秦国退兵。

显然，这三仗，第一仗是安定边境，第二仗是完全被动的挨打，第三仗则是基本主动的维护邦交盟约（出兵救赵并非全然情愿）。救赵之战结束，齐襄王便死了。

齐国从国破六年的噩梦中挣脱出来之后，国策发生了重大变化。

此前的齐国，是左右战国大局的大国之一。在齐湣王与秦昭王分称东西二帝之时，齐国的强盛达到了顶点。可是，在燕军破齐的六年之后，齐国跌入了谷底。府库财货几被燕军劫掠一空，人口大量流失，军力大为削减。凡此等等，都使齐国不得不重新谋划国策。应该说，这是齐国国策大变的客观原因。在田单、貂勃领政的齐襄王时期，齐国的邦交国策可以概括为：养息国力，整修战备，亲和诸侯，相机出动。

田单迅速失势，齐国失去了最后一个具有天下视野的大军事家大政治家。

齐国开始了迷茫混沌的转向。

齐国转向，根源不在孱弱的田建，而在齐襄王与那位君王后。

这双人物，是战国时期极为特异的一对夫妇。齐襄王田法章精明之极，善弄权术而又没有主见。战乱流亡之时，以王子之身甘为灌园仆人。及至看中主家太史敫女儿，立即悄悄对其说明了自家真实身份，从而与该女私通了。后察觉大势有变，又立即对莒城将军貂勃说明了自家身份，于是被拥立为齐王。复国后畏惧田单尾大不掉，便听信九个奸佞人物攻讦之言，屡次给田单以颜色。后得貂勃正色警告，生怕王位有失，又立即杀了九个奸佞，加封田单食邑。及至田单与鲁仲连联手平定了狄患，再度建立大功，田法章终于疏远了田单貂勃，仅仅将田单变成了一个奔走邦交的臣子。田法章的作为，显然是一个权术治国的君主，其正面的治国主张与邦交之道，在实际上深受自己妻子君王后的影响。

君王后与其丈夫一样，也是个极有主见的聪明人。

当年，这位还是少女的君王后，一闻灌园仆人田法章（后来的齐襄王）悄悄说了真实身份，立即便与田法章私通了。其父太史敫深以为耻，终生不复见，而君王后却绝不计较仍敬父如常，由此大获贤名，以致连百余年后的太史公也不见大节，屡次发出"君王后贤"的赞语。

后来，君王后极力主张恭谨事秦，很得秦昭王赏识。秦国派出特使，特意赠送给君王后一副完整连接的玉连环，特意申明："齐人多聪明之士，不知能否解开这副玉连环？"君王后拿给群臣求解，群臣无一能解。君王后便拿起锤子将玉连环砸断，对昭王特使说："谨以此法解矣！"

再后来，田建即位的第十六年，君王后病危，叮嘱驯顺的儿子说："群臣之中，有个人可以大用。"及至田建拿出炭笔竹板要记下来，君王后又说："老妇已忘矣！"

一个如此聪敏顽强的女人，能在将死之时忘记最重要的遗言，很值得怀疑。最大的可能是两种情形：其一，平日已经将可用之人唠叨得够多了，说不说已经无关紧要了；其二，陡然觉得有意不说最好，让田建自家去揣摩，以免万一所说之人出事而误了自家一世贤名。后来，田建用了后胜为丞相。从田建唯母是从的秉性说，田建不可能违背母亲素常主张。是故，第一种可能性最大。

田建是个聪明而孱弱，有着极为浓厚恋母情结的君王。在其即位的前十六年里，一切军国大事都是君王后定夺的。君王后的主意很明确，也很坚定：恭谨事秦，疏远诸侯。也就是说，对秦国要像对宗主国一样尊奉，绝不参与秦国与其余五国的纠葛，将自家与抗秦五国区分开来，以求永远地远离刀兵战火。这一主张在君王后亲自主持下，实际奉行十六年。在君王后死时，早已经成为植根齐国朝野的国策。孱弱而无定见的田建，加上着意而行的大奸后胜，齐国在事实上已经没有了扭转这种国策的健康力量。

当然，偌大齐国，并非完全没有清醒的声音。

齐国曾经出现过的两次清醒声音。

第一次清醒声音，是不朝秦国。

据《战国策·齐策六》载：君王后死后的第七年，田建要去朝见刚刚即位五年的秦王嬴政，祝贺秦军蒙骜部大胜韩魏而设置了东郡。临行之时，齐国守卫临淄雍门的司马当道劝阻，问了一个最简单的问题："（国家）所为立王者，为社稷耶？为王立王耶？"田建只能回答："为社稷。"司马又问了一个最简单的问题："（既）为社稷立王，王何以去社稷而入秦？"田建无言以对，便取消了赴秦之行。

第二次清醒声音，是重新发动六国抗秦灭秦。

即墨大夫认为，齐王是可以改变的。风尘仆仆赶到临淄，对田建慷慨激昂地诉说了齐国重新崛起的大战略。这段话是："齐地方数千里，带甲数百万。夫三晋大夫皆不便（亲）秦，在阿、鄄之间者百数（世族大户）；王收而与之百万之众，使收三晋之故地，即临晋之关（蒲津关）可以入矣！鄢、郢大夫不欲为秦，而在城南（齐楚交界之地）下者百数（大族），王收而与之百万之师，使收楚故地，即武关可以入矣！如此，则齐威可立，秦国可亡！夫舍南面之称制（王），乃西面而事秦，为大王不取也！"这次，田建听风过耳，根本没有理睬。

就当时大局而言，即或田建接纳了，即墨大夫雄心勃勃的大战略也几乎无法实现。然而，那是另外一个问题。我们要说的是，这种主张邦国振作的精神与主张，在齐国这样的风华大国并没有泯灭。全部的关键在于，当政庙堂笃信"事秦安齐"之国策，对一切抗争振兴的声音皆视而不见，终于导致亡国悲剧，不亦悲哉！

另外，齐国长期废弛军备，也是重要原因。

事实上，从抗燕之战结束，齐国便开始滑入了军备松弛的偏安之道。

如前所述，田单复国后，齐襄王的十四年只有两次尚算主动的谋战（挨打的一战全然大败，不算作谋战）。如此战事频率，尚不如衰弱的燕国与韩国的末期战事，在战国之世实在可以看作无战之期。如此，则齐国末世两代君主的五十八年一直没有战争。不管其间有多少客观原因，抑或有多少可以理解的主观原因，这都是一个不可思议的异数。

其所以是异数，其所以不可思议，在于两个基本方面：其一，春秋战国两大时代，对于整军备兵的重要性认识非常透彻。也就是说，在社会认识的整体水平上，对战争的警惕，对军备的重视，都达到了古典时期的最高峰。齐国绝非愚昧偏远部族，却竟然完全忘记了、背离了这一基本认识，实在不可思议；其二，从实践方面说，田氏代齐起于战国之世，崛起于大战连绵的铁血竞争时代，且有过极其辉煌的政治、经济、文化、军事全面兴盛的高峰。如此齐国，面对如此社会实践，却竟然置天下残酷的大争现实于不顾，而奉行了埋头偏安的鸵鸟国策，更是不可思议。

无论多么不可思议，它毕竟是一种曾经的现实，是我们无法否认的历史。

后世辑录的《武经七书》中，最古老的一部兵书是《司马法》。

这部兵书开篇的《仁本第一》有云："国虽大，好战必亡。天下虽安，忘战必危。"这两句话所以成为传之千古的格言，在于它揭示了一个冷酷的事实：好战者必亡，忘战者必危；国家生存之道，寓于对战争的常备不懈之中。

纵观中国历史，举凡耽于幻想的偏安忘战政权，无一不因此迅速灭亡。夏、商、周三代以至春秋战国，大国将生存希望寄托于虚幻的盟约之上，置身于天下风云之外而偏安一隅，甚至连国破家亡之时最起码的抗争都放弃者，齐国为第一例也。

第四编

战国人物论

在那个"求变图存"的时代,他们自觉地卷
入了历史大潮,既强烈地追求着自我价值的
最大实现,又自觉担负起了天下兴亡的重担。
他们的个人命运,已经变成了国家命运与族
群命运的缩影。他们义无反顾,死不旋踵,
一代一代地推进着社会变革。

布衣赴难：中国文明史最绚烂血花

春秋战国，是一个由渐进变革进入剧烈变革的大黄金时代。

出自《诗经》的许多惊心动魄的诗句，都是那个时代深刻真实的社会精神体验。"烨烨震电，不宁不令。百川沸腾，山冢崒崩""高岸为谷，深谷为陵""黄钟毁弃，瓦釜雷鸣"，等等，无一不将遥远天宇曾经鼓荡起的壮阔历史风暴辐射出来，弥散出来。两千余年之后，犹自传递给我们一幅令人心神激荡的风云雷电大象图。

那个时代之所以如此，是因为当时诞生了一个叫作"士人"的阶层。

士，不是贵族，不是奴隶，不是工匠，不是商旅，也不是农夫。他们不是寻常的国人，而是"国人"土壤中滋生游离出来的一批以研修特定艺业与追求特定价值为人生目标的形形色色的流动者。如果非要找这些人的基本共同点，那么，知识与技能，自由与独立，大约是两个最大的基本面。

他们是这样的一群人——

无论有没有固定的谋生职业，他们都在进行着自己独有的思索，都在不同领域孜孜精进地奋争，都在特定方面达到了当时社会的最高认知水准。无论生存状态如何，他们都有着昂扬饱满的生命力，都在为实现自己的人生价值进行着最为顽强的追求。他们是一群以精神本位为生存原则的人，自由独立的人格，笃定不移的信仰，价值理念的尊严，建功立业的荣誉，社会现实的公平正义，对于他们都比生命更为重要。他们分门别类地探究真理，分成了诸多形质各异的学派与专业，相互争辩，相互征服，相互砥砺，从而达到了最高状态的和谐共生。他们代表着专业知识，代表着社会良心，代表着社会理想，代表着共同价值，代表着涵盖面最为广阔的社会正义追求。

大体说来，他们都是当时社会的中产阶级。无论是沦落贵族，无论是小康平民，甚或是先代奴隶的蜕变，他们大体都是不穷不富，读得起书，游得起学，人人学有所长，个个都有争心。他们有能力走进庙堂，但是，他们却没有先天的政治地位，不能借助这种先天地位推行自己的社会主张。他们的前途，必须靠他们自己去奋争开辟。他们的价值追求，必须靠自己的顽强实践去实现。

因为不富，他们常常身着布衣，自嘲为"布衣之士"。

久而久之，"布衣"便成了这一阶层的社会通常称谓。

布衣群体的轴心，是研修为政之学的各派士子。

正是这批布衣之士，鼓荡起了社会变革的浪潮。

在那个"求变图存"的时代，一大批布衣名士自觉地卷入了历史大潮，既强烈地追求着自我价值的最大实现，又自觉担负起了天下兴亡的重担。他们的生命，他们的信念，融入了当时的国家生存竞争，融入了当时的社会变革洪流，也融入了华夏文明史的发展进程。从这一意义上说，他们的个人命运，已经变成了国家命运与族群命运的缩影。他们的自我价值实现得愈是充分，他们融入国家命运的程度愈高，他们的命运自由度就愈是狭小，甚至最终完全丧失了对自我命运的支配权。

　　　　　　　　　　　　　　　　　　　　　　　　文明新论

纵然如此，他们义无反顾，死不旋踵，一代一代地推进着社会变革。

那个时代的布衣政治家风云辈出，是中国历史上最为壮丽的一道政治文明风景线。这道政治文明风景线，世世代代激励着我们，引领着我们，感动着我们。这些布衣政治家们的命运，大体可以这样概括——

他们始则应时而动，以无与伦比的超前理念，以惊世骇俗的才具节操，做了社会变革风暴的历史推手。最终，他们往往又被反变革暗潮的回卷，推上了国家命运的祭坛，成为变革所激起的社会震荡的牺牲品。

布衣政治家的鲜血，是战国大变革最为深刻的历史标记。

这种悲剧牺牲，往往是一个国家兴亡的历史十字路口。

这个十字路口是，或以布衣政治家的牺牲消弭社会利益集团之间的巨大裂缝，从而使国家变革获得继续发展的巨大空间，保持国家的持续强盛；或以布衣政治家的牺牲，导致变法势力的全面失败，导致复辟势力全面上台，国家命运日渐黯淡，乃至最终灭亡。

商鞅之死，是前者的典型。

吴起之死，则是后者的典型。

历史展示的法则是，某种社会变革愈是松缓平和，社会付出的种种代价便愈小，当然，社会发展的步伐也小、也慢；某种社会变革愈是剧烈深彻，社会牺牲的种种代价便愈大，当然，社会发展的步伐也大、也快。

世间没有免费的午餐，历史依然如此。

人类千百万年的变革历史，就是这样走过来的。

唯其如此，春秋时期相对松缓平和的渐进变革，发动并主持变革的政治家们的死难牺牲，很少很少。整个春秋时期三百余年，直接因发端或介入变法而被杀者，大约只有一个半人。一个，是郑国"作竹刑"的邓析。半个，是越国实行平和变革的丞相文仲。文仲最终被杀的真实原因，基本面在于权力斗争与君主猜忌，而不在于推行变革。故此，文仲只能算得半个变革牺牲者。春秋时期更多的变革政治家，大都是执政到老而正常谢世的。齐国的大改革家管仲，郑国的大改革家子产等，都是强势而终的。

战国时代则大大不然。

那是一个"凡有血气，皆有争心"的"多事之时，大争之世"。

其时，国家竞争空前剧烈，强则存，弱则亡，结局几乎是立见分晓。烈烈大阳下，强势生存成为最为普遍的社会精神，求变图存成为国家政治的不二大道。变则强，不变则亡。国家要强大，只有走变法大道。

此等普遍精神激荡之下，变法图强的浪潮空前奔涌，社会利益的重新分割空前深彻，族群与个体的生命状态空前饱满，国家权力中枢的使命空前鲜明，各国对种种人才的需求空前急迫，变法与守旧的争夺空前激烈。这，既是历史的总体背景，又是现实的总体潮流。作为现实的国家与现实的个人，每个国家，每个个人，都是历史大潮的一分子。每个国家，每个个人，都是现实潮流的一朵浪花。

在这种社会条件下，战国的"变法"与春秋的"改制"，有了极其重大的不同。

战国变法，更接近于社会革命。春秋改制，则更接近于社会改良。

正因为战国变法所具有的这一历史特质，发动与主持变法的布衣政治家们的流血牺牲，几乎必然地演化为一种普遍的历史现象。

为变法死难，是战国时代布衣政治家的历史宿命。

战国布衣政治家的牺牲精神，是中国文明史最为绚烂夺目的光华！

唯其有如此雄强的社会土壤，有如此一个敢于为变法牺牲的布衣政治家阶层，战国时代的文明发展，才获得了古典时代最大的历史跨越。华夏文明历经二百余年的血火锤炼，统一潮流终于得以汇聚成无可阻挡之势。

最终，这一时代成为开辟中国统一文明正源的伟大时代。

秦孝公嬴渠梁：政治天宇的太阳

大凡中国人，十有八九都知道"千古大变"的商鞅变法。

可是，很少有人知道，商鞅变法时的秦国君主是谁，他起到了什么作用？

古往今来的政治法则：领袖人物是任何国家变革的第一推动力。赵武灵王之胡服骑射、秦始皇之中央集权制、文景之治、贞观之治、罗斯福新政、列宁新经济政策、斯大林主义体制等，都是以领袖名号为变革标志的。

战国时代的秦国，发生了如此一场惊雷闪电，改变了天下格局与文明历史进程，天下竟然皆呼"商鞅变法"，而不冠国君之名，可谓历史一奇。

作为一个变法大臣，商鞅的声望，非但在历史上掩盖了秦国君主，而且在战国当世，也掩盖了秦国君主。如果说，前者尚算正常，那么后者就太不正常了。若用后世的政治潜规则衡量，这可是一桩"只知有某某，不知有某某"的声望大罪，立可置商鞅于死地。便是在战国时代，这种"臣望过君"的罪名杀伤力，也是很厉害的。声名显赫的信陵君，便生生倒在了这种"名望流言"下。大名士范雎首说秦昭王，第一句话也是：而今天下，只知秦有太后穰侯，不知有秦王。仅此一句，秦昭王便惊出了一身冷汗，立即将范雎邀入了密室。

果真如此，商鞅早早该死了，谈何继续深化变法？

不可思议的是，商鞅非但没有获罪，还在变法大成后统率秦国精锐新军一举收复了河西失地。大捷后又爵封商君（领商於十三县封地），成为真正与秦国君主"分土共治"的最强势权臣。声望满天下的商鞅，成功超越了权力法则的沼泽地带。

历史奥秘的背后，必然有被湮没的奇人奇事。

两千多年的历史烟尘，湮没了一座雄奇伟岸的文明高原。或者说，这座文明高原已经被在自身根基上连体生出的文明高峰所掩盖，人们只看见了险峻奇绝的高峰，而忽视了构成其生长根基的广袤坚实的高原。

这座文明历史的"高原"，就是秦孝公嬴渠梁。

说不尽的嬴渠梁，实在是中国文明历史上最为平中见奇的一个领袖人物。

从历史情状说，嬴渠梁之奇，有一种历史的幽默感——以不着痕迹的政治天才，将国家航船平稳驶出了战争与变法的连绵惊涛骇浪，而使国人与历史浑然无觉，在平稳进展中不觉其险，不觉其难。应该说，这实在是历史上空前绝后的大手笔。

我们来大体看看秦孝公嬴渠梁的奇绝风貌。

奇绝之一，二十一岁即位，接手父亲秦献公留下的危机四伏濒临崩溃的烂摊子。交接危机，历来是古典政治的最危险环节。嬴渠梁竟能在没有贬黜杀戮一个先朝大臣的情况下顺利整合朝野，不动声色地巩固了最高权力。以愤青的年龄段，第一次施展方略，便表现出如此的权力斡旋才华，实在令人惊叹。应该说，一轮天才的政治太阳，从此升起在中国文明历史的天宇。

奇绝之二，即位伊始，立即大胆地从父辈的既定国策中摆脱出来，成功遏制了秦人急于收复河西失地的强烈愿望，又成功化解了秦人急于为战死的秦献公复仇的酷烈战心，与最强大的魏国割地议和（包括函谷关在内的骊山以东，全数割让给魏国），使秦国从连绵战火中摆脱出来。这一着险棋，竟然没有引起这个此前只知道死硬拼杀的秦人族群的剧烈动荡，实在令人不可思议。

奇绝之三，国家初步稳定后，立即谋求强国，以四海胸襟面对天下，发布旷古奇文《求贤令》。这卷《求贤令》，惊世之处在四点：第一，面对穷、小、弱、危四大困境，竟然公开宣示要恢复穆公霸业，其勃勃图谋，使山东六国大觉可笑；第二，不局限于向本国求贤，敢于向整个天下征集人才，一时成为战国奇谈；第三，数落历代先祖缺陷，直面秦国困境危局，使"敬天法祖"的老秦人一时瞠目结舌；第四，公开向天下承诺，谁能使秦国强大，便与谁"尊官分土"共享秦国。凡此四点，任何君主但能实现其一，便是惊世明君。嬴渠梁一举全揽，且毕生全部实践成功，堪称古今中外绝无仅有。

奇绝之四，商鞅入秦，以"三说"（三种治国之道）试探秦孝公。这位年轻君主竟能辨识敏锐，对三种不切实际的迂腐治国之道嗤之以鼻，并断然拒绝。在商鞅痛陈变法强国之道后，又能立即摆脱俗见，立即重用商鞅。在一场思想政治大辩论后，再立即决断启动变法。当此转折关头，其成熟老辣，其杀伐决断之凌厉，庸常君主连想也不敢想。秦孝公之政治决断力，千古之下无出其右。

奇绝之五，自商鞅主政变法开始，秦孝公嬴渠梁在国事活动中几乎消失。这一时期关于秦孝公的史料记载，寥寥无几。这一历史现象的背后，隐藏着一个巨大的事实：国君嬴渠梁绝对信任商鞅，从不掣肘，自愿居于二线。如此器宇深沉，如此博大胸襟，如此举重若轻，寻常领袖万难做到。

奇绝之六，战国之世大战连绵，不测的战争时时对变法构成天折的危险。而秦国自变法开始，二十余年间竟然没有发生一场足以威胁变法的大战，堪称历史奇迹。大战连绵，秦国独能成功避险，这是嬴渠梁的领袖之功——全力斡旋国际局势，不使战争危险扼杀秦国变法。此等战时国际环境的腾挪能力，罕见又罕见。须知，韩国申不害变法的失败，便是韩昭侯无力应对国际局势变化，招致魏国猛攻，变法成果一举被摧毁。

奇绝之七，秦国变法二十余年，举国族群没有发生大的动荡。即或是太子犯法、商鞅刑治公子虔使秦国政治格局发生了巨大变化的最严重政治危机，也被成功消弭。终秦孝公一生，所有反对变法的势力不敢公然挑衅，保证了秦国深化改革的最终成功。这种无与伦比的政治平衡能力，强大的政治威慑能力，无论怎么评价都不过分。

奇绝之八，强大崛起之后，独能审时度势，只以收复河西失地为作战界标，而不再对山东六国发动主动进攻，使山东六国一时没有结盟抗秦的口实。这一折中，使秦国在新军尚未达成一定规模的时候，获得了最为宝贵的成长稳定期。强势而知进退，只有最为杰出的战略家才可以把握分寸。嬴渠梁恰恰如此，炉火纯青。

奇绝之九，善后之际大破俗套，非但不以铲除权臣为安定身后之手段，而且在临终之际授予商鞅"可称秦王"的巨大权力。此举被后世的刘备效法，虽不是历史唯一，但却是令天下震惊的绝对首创。

凡此等等，尚不足以展现秦孝公嬴渠梁的全部风貌。

依据谥法，"孝"作单字追谥，为"功业德行广大无边"之意。

秦人以"孝"字追谥嬴渠梁，足见对其崇高景仰。后来，无人当得单字"孝"谥号，便以"孝"配合他字，形成双字谥或多字谥，"孝"字遂演化成一种具体的孝行之德，内涵与"孝"的本意已经相去甚远了。譬如后来的秦孝文王、赵孝成王等，都是如此。

在史书资料中，对这位说不尽的秦孝公，记录得很是简略，历史评价更是少见。

大约只有西汉贾谊的《过秦论》对这位奇绝人物留下了唯一的历史评价："秦孝公据崤函之固，拥雍州之地，君臣固守而窥周室，有席卷天下，包举宇内，囊括四海之意，并吞八荒之心。"包括司马迁在内的后世史家，则大多对秦孝公采取了不置可否的态度。此间最为深刻的原因，只能是"非秦"烟雾之下对伟大秦政根基人物的有意识回避，是一种不甚光明的治史心态。

嬴渠梁，是政治天宇的一轮太阳。

秦孝公烁烁光焰照耀千古，足为领袖之文明标尺。

吴起：为变法死难的第一个布衣巨子

在战国布衣政治家中，第一个为变法死难的，是吴起。

吴起，是一个备受争议的历史人物，谤言风行当时，责难播于后世。

让我们怀着冷静客观的心态，走进吴起生命的历程。

布衣吴起的青少年奋争

吴起，是一颗内涵极其复杂的煌煌巨星。

吴起之所以复杂，一则，在于他不同于所有布衣大家的曲折的奋争经历，在于他正当盛年所绽放的绚烂血花；二则，在于他专业特质的多样性——早期是儒家子弟，后来是兵家、法家两大才，既是发动、主持变法的大政治家，又是不世名将与历史罕见的大兵学家；三则，在于他的一生背负了太多太多的流言中伤，铮铮风骨与沉沉底色始终笼罩在流言攻讦的迷雾里，非但当世之人误解多多，纵然后人也有诸多的莫衷一是。

让我们穿越时空，先看看这位布衣巨子的早期轨迹。

先得做一个交代，所有关于吴起的青少年故事，都是司马迁在三百余年后听"鲁人"，也就是鲁国遗民说的，而并不是吴起的家乡人（卫国人）说的。"鲁人"为什么有如此多的关于吴起的流言故事？大约是两个原因：一是吴起在青少年时期曾经是鲁儒曾子的弟子，二是吴起曾经在鲁国有过一段很不寻常的经历。也就是说，吴起的青少年时期，基本上是在鲁国度过的。那时，吴起特立独行的品性与作为，在当时的"鲁人"中可谓惊世骇俗，是故，"鲁人"有了许许多多吴起的流言故事。

　　先说家世。吴起生于风华卫国，少时即有军旅志向。据史料记载的"鲁人或恶吴起"所编派的流言说，吴起之家曾有过"家累千金"的一段富裕时光，吴起当是富家子弟了。但是，只要认真审视真实的历史元素，便会发现这种富有背后的真实困境。

　　卫国，是一个特殊的诸侯国。特殊之处，在于卫国庶民是殷商遗民七大族群，而国君却是周天子的嫡系王族。周室为分治殷商实力，强力设定了这样一个由周室王族统率殷商遗民的诸侯国。殷商的王族群，则被另外分封成一个诸侯国——宋。所以，数百年间，真正的殷商国民遗风，在卫国，而不在殷商王族后裔的那个宋国。殷商遗民的最大特质，是驾牛车奔走天下的商旅之风。此等风习之下，卫人多闯荡，多见识，多人才，一时成为春秋战国的风华之邦。尤其是"布衣才士"之盛，卫国远过于当时的宋国。一个战国时代，卫国便出了吴起、商鞅、吕不韦三个足以成为中国文明史坐标的大政治家与大学问家。这三人，人人有赫赫功业，人人有煌煌论著，其才具之全面，其节操之出俗，无不居于战国布衣政治家的超一流水准。

　　不能不说，这是中原诸侯群中最大的人才奇迹。

　　由此，我们不难推断：即或吴起之家真的是"家累千金"，也不会是贵胄之富，而是商旅之富；如同后来的吕不韦家境一样，是经商致富。那时候，贵和富，不是完全一致的；贵是政治化的，富则大多是平民化的。这种商人之家,即或"多金",也没有贵族社会地位。从根本上说,他们仍然是平民之家,个人仍然是"布衣"之身。要参与到国家政治层面去实现自己的人生价值,他们必须奋争。

唯其如此,才有了少年吴起种种不同寻常的烈行。

其时,正逢战国初期,士人游学之风已经弥漫天下。但是,游学生活并非后世的我们所想象的那么浪漫舒适。就实际而言,它是一种很艰苦的生涯。许多后来被世人称道的才华名士,都曾经有过这种艰苦的生活磨炼与心志磨炼。吴起,也是如此。

少年吴起,天赋极高,心志极高。大约在幼学之后,吴起便认定自己学业有成了。于是,早早便离家离邦,寻求自己的仕途去了。此所谓"游仕",而不是寻常士子的"游学"。也许由于幼稚,也许由于种种未知因素,总归是吴起第一次"游仕不遂",茫茫然回家了。

此时的吴起,尚是少年心性,一腔愤懑,准备以举家之财再度闯荡。所以,有了后来被流言攻讦为"破家"的挥财之举。"鲁人"的流言说,吴起"破家"之后,邻里乡党纷纷嘲笑诽谤,吴起秉性"猜忍",竟然一口气杀了"谤己者"三十余人!

即或少年吴起当真杀人,这一数字也令人在惊讶的同时,又深深怀疑。

一个失意愤懑的中学生,既不可能有随从帮凶,又不可能有超凡技击术,何能一气连杀三十余人?若全部是妇女儿童,那一定会有更为恶毒的流言被记载下来。流言不说妇幼,则显然是成年男子了。这对于一个少年,太难太难,是根本不可能的一件事。合理推断,很可能是少年拼命,打伤了几个人,后来或有没救治好而死去者。这些人胡天胡地渲染,流传到后来——三百余年后,便成一次杀了三十余人。

鲁人的流言,还演绎了一个大体完整的故事。

杀人之后,吴起连夜逃亡,母亲追到了濮阳城的"卫郭门"外。

吴起与母亲诀别，咬破手臂发誓说："起不为卿相，不复入卫！"果真如此，母亲一定是挥泪不止也不敢大放哭声，万般悲伤地回去了。合理推断，吴起家人很可能全部被杀，或死于官府问罪，或死于群体报复。母亲则很可能在送走儿子的当夜，便逃离濮阳匿居他乡了。以吴起的智慧与叛逆，以当时的酷烈风尚，母亲不顾家人而逃亡，很可能是吴起为母亲出的主意。因为，吴起的家人始终只出现过这一个母亲，没有其余家人的任何记载（后来的妻子除外）。

这是吴起一生第一个重大事变——游仕不遂，破家杀人，落"猜忍"恶名。

猜忍者何？猜忌而残忍狠毒也。

逃离家乡，吴起大约深感自己学问不足，遂投奔到当时颇具盛名的儒家名士曾子的门下求学。这段时间一定不短，至少当在五六年。因为，直到母亲死，吴起一直在曾子门下修学。后来，母亲死了。不知何等原因，吴起没有归家奔丧。也不知何等原因，总归是曾子知道了这件事。曾子对这个学生大为鄙薄，"而与起绝"——将吴起赶出了学馆，不承认吴起是儒家弟子了。

这是吴起一生第二个重大事变——母丧不归，被逐师门，落不孝不仁恶名。

虽说礼崩乐坏，但"不孝不仁"在那时仍然是杀伤力极大的恶名。

以吴起的叛逆秉性，一定是觉得老师太过迂腐，一定是满心愤懑地离开了曾子学馆，流浪到了当时的文华大邦——鲁国。此时的吴起，已经是勃勃雄心的青年了。合理推断，家人父母均已不在，孤绝的年轻人又背负着"不孝不仁"与"猜忍"之恶名，很可能还没有行加冠大礼。但是，生具叛逆性格的吴起不管不顾，自己成婚了，娶了一个齐国女子做妻子。

在鲁国的几年里，吴起一定是深感儒家学问不切实际，从而立志改修功业之学。于是，吴起"改学兵法，以事鲁君"。但是，吴起的

　　　　　　　　　　　　　　　　　　　　　　　　　文明新论

兵学老师究竟是何人，史料未见蛛丝马迹。合理推断，该当是吴起自己发奋攻读兵法之学，自教自学而成才。

名将兵学家的功业之路

此时，发生了吴起一生最为重大的第三次事变——"杀妻求将"。

齐国发兵攻鲁。鲁国国君很想用吴起为将。可鲁国一班大臣却大有疑惑：吴起会不会通联齐国，出卖鲁国？理由是，吴起的妻子是齐国女子。吴起深感这是自己建功立业的第一步，一定很想做这个带兵将领。可是，攻击的理由如此荒诞，吴起不禁大感愤怒。《史记》的记载是："吴起于是欲就名，遂杀其妻，以示不与齐也。"司马迁的说法，令人深感怀疑。因为，这正好与司马迁自己记载的"鲁人恶（中伤）吴起"的说辞一致。合理的推断，最大的可能是，吴起愤怒无由，在家发泄，妻子深感连累夫君，遂羞愤自杀。

不管原因如何，总归是吴起的第一个妻子死了。

鲁国君臣甚为尴尬，遂任命吴起做了鲁国将军。结果是，吴起为将，率军大败齐国。按说，吴起的妻子付出了生命的代价，夫君的功业之路从此该当平坦，鲁国从此也不当再度怀疑吴起。可是，迂腐的"鲁人"社会还是心有戚戚，揪住有战胜之功的吴起不放。

此后，"鲁人"攻讦吴起的两个理由，更是荒诞得令人惊讶。

第一个理由："夫鲁小国，而有战胜之名，则诸侯图鲁矣！"

第二个理由："鲁、卫，兄弟之国也，君用起，则是弃卫！"

依第一理由，倒是吴起的战胜之功，给鲁国带来了灾祸。依第二理由，兄弟之邦的人才，我邦不能用，用了便是抛弃兄弟盟邦。所以，吴起不能用，不敢用。这种匪夷所思的迂腐，在战国之世大约也只有鲁国想得出来，说得出口。可是，颟顸迂腐的鲁君，居然深以为是，"疑之，谢吴起"。——彬彬有礼，让吴起走人。

这次事变，吴起获得了第三个恶名——贪而好色。

这个恶名，一直跟吴起到了魏国，害得吴起几乎与魏文侯失之遇合。

贪，是说吴起贪功，不顾人伦。好色，是说吴起好女色。我曾很长时间为后一个罪名困惑，妻子死了，还要攻讦人好色，这究竟是什么道理？合理推断，只有一种可能：第一个妻子死后，吴起又娶了一个更为美丽的女子，于是，被出产了坐怀不乱的柳下惠的"鲁人"们看作"好色"了。流言加身而荒诞离奇若此，真是那个时代的另类魔障。

请留意，卫鲁生涯，是吴起一生最黯淡的泥沼期。史料所展现的这一段，大都是"鲁人"流言中的事迹。是故，真相如何大大值得怀疑。此等流言，给一个清醒者留下的评判，只是吴起的奋争精神与不合世俗的叛逆秉性，而不是流言所传播的似是而非的故事。

背负着累累恶名，吴起离开了奄奄鲁国，又一次开始了奋发闯荡。

而后，吴起入魏，算是开始了真正的功业之路。

吴起进入魏国，大臣李克向魏文侯如实禀报了从鲁国传来的流言，说吴起"贪而好色"。但是，李克也如实禀报了吴起的用兵才能："然用兵，司马穰苴不能过也！"当时的魏国，正在李悝变法之后的蓬勃兴盛时期，急需夺取秦国的河西高原。于是，魄力过人的魏文侯不计流言，一举任命吴起为大将，统兵对秦作战。

第一战，吴起力拔五城，大败秦军。

由此，吴起开始了在这个超强战国的赫赫功业之路。

几次大战下来，魏文侯终于了解了吴起——"文侯以吴起善用兵，廉平，尽能得士心，乃以为西河守，以拒秦、韩"。西河守，就是镇守河西高原（今日陕北高原）的军政一把手，是魏国最重要的地方大员与军事将领。可是，数年之后，雄明兼具的魏文侯死了，魏武侯继位了。这一时期，除了战无不胜的数十次战役，吴起还在历史上留下了与魏武侯的一段著名对话，化成了"固国不以山河之险"的治国格言。

总之是，吴起在这一时期名声大振，成为天下赫赫有名的兵政大家。

但是，魏国始终没有重用吴起领国，而用了一个平庸的田文（不是孟尝君田文）做丞相。吴起愤懑，曾与田文发生了一场"论功争相"的事件。但是，吴起一看田文摆下了老脸说话，硬是将魏武侯时期说成"主少国疑，国人不信"的危机时期，认为吴起不适合做丞相。毕竟已经成熟起来的吴起，最终还是忍耐了——"起默然良久，曰：'属之子矣。'"

这个事件之后不久，田文便死了。魏武侯又用了公叔为丞相，还是没有用吴起。这个公叔深得魏武侯信任，娶了魏国长公主为妻。尽管如此，这个公叔丞相还是忌惮吴起与他"争相"，遂设定了一个驱赶吴起的匪夷所思的阴谋。

大体说来，这个阴谋的过程是：首先，说动魏武侯，许配吴起以少公主。而后，又邀吴起来丞相府赴宴。席间，公叔夫妇合演了一出"公主蹂躏臣夫"的虐待戏，使吴起反感公主刁蛮。由此，吴起拒绝与少公主成婚，引起魏武侯猜疑。此后，多经流言阴谋杀伤的吴起，已经深感魏国庙堂对自己失去了信任，遂愤然离开了魏国。

这是吴起一生的第四个重大事变——拒绝国婚，遭受疑忌，被迫离魏。

以赫赫盛名而落入龌龊阴谋，吴起被迫离开了最有可能将文治武功推向巅峰的第一个变法强国。当然，魏国也失去了一个顶天立地的军政巨子。这是魏国厄运的开始，从此后，魏国几乎流失了每一个可以翻天覆地的大才。唯独后来的一个庞涓，还被魏国庙堂弄得灰头土脸，窝囊地死在了马陵道战场。如此魏国，也像太阳下的冰块，渐渐地融化了。

政治家生涯：力行变法使楚国大放光芒

这一年，大约是公元前 390 年。

当时，楚国悼王在位，得闻吴起入楚，立即重用。以《史记》说法，吴起是"至则相楚"——一到楚国便做了令尹。按照《说苑·指武》的说法，则吴起先做了一年的"宛守"（今河南南阳，当时是楚国北部重镇），一年后才做了令尹。但无论如何，吴起在楚国终于做了总摄国政的首相，终于开始了最为向往的变法大业。

吴起的楚国变法，一说持续了十年左右，另一种说法是三年余。无论如何，吴起变法，比较于此前魏国的李悝变法，内容要深广许多，可以说是战国变法走向深化的第一步。就基本面说，吴起变法主要有四个方面：一是缩小贵族封地制，将旧贵族迁徙到广大的荒凉地区，将可耕土地让给国人耕种；二是减削官吏禄秩，从而增加军政开支；三是改变军制，选练"战斗之士"组成精兵；四是整顿吏治，破除官场恶风。

虽然时间不长，但吴起的变法收到了巨大的成效。

楚国由此一举变成强国，"南平百越，北并陈蔡，西伐秦，诸侯患楚之强"。除此之外，吴起还救赵攻魏，第一次战胜了超强的魏国，一直攻到了黄河西岸。连番战胜之威，才使楚国从寻常大诸侯一举跃升为"战国"之一。

对于楚国来说，这是极其罕见的强烈光芒。

这片光芒，刺疼了天下，也刺疼了楚国旧贵族。

遭到变法重创的楚国旧贵族，深深地仇恨着吴起。《吕氏春秋》说贵人"皆甚苦之"。《说苑》云，贵族咒骂吴起是"祸人""非祸人不能成祸"，咒骂变法是"逆天道"，咒骂吴起的战胜之功是"凶器逆德"（"且吾闻兵者，凶器也；争者，逆德也。"），等等，不一而足。总之是，对于吴起变法带来的社会震荡，楚悼王没有后来秦孝公那般的镇抚能力，终酿成了一股巨大的复辟势力，给楚国留下了无穷的后患。

不幸的是，当此之时，作为变法后盾的楚悼王突然病故了。

这是吴起一生的第五次重大事变——变法大成之际，明君突兀死去。

乍逢明君雄主谢世，变法大业中途夭折，吴起不得不全力与复辟势力周旋。

布衣政治家吴起的悲壮死亡

贵族复辟势力将杀害吴起的场所，选在了楚悼王的治丧灵堂。

显然，这是一则经过精心策划的阴谋：国君丧事，各方重要力量都得前来奔丧，参与祭奠与全部葬礼程序，吴起自然不能借故回避；被迁徙到广大荒僻地区的旧贵族，则自然可以名正言顺地聚集都城；在参与葬礼的现实力量中，吴起的变法派肯定会有因种种紧急军务政务而无法奔丧的一部分，而贵族则是倾巢出动，有备而来，占据明显的优势。全面权衡，这是诛杀吴起的最佳时机，错过这一时机，贵族对手握重兵的吴起还当真难以下手。

简约的史料，使我们无法明确断定，吴起是否得到了贵族复仇的消息，或者说，吴起是否洞察了这一阴谋。但是，以吴起久经流言与阴谋的阅历，以吴起超凡的政治智慧，以吴起后来匪夷所思的临场应对看，吴起显然是有思想准备的，是自觉赴死的。

从另一面说，贵族势力对变法的攻讦汹汹多年，吴起不可能没有觉察；对贵族的阴狠龌龊，吴起不可能没有体会。对于如此一个终生寻求领政变法功业的吴起，没有理由说他是懵懂奔丧的。最大的可能，是吴起明知凶险而明明白白奔丧，内心实则酝酿着一个以自己的死难向整个贵族复仇的计划。

事情正是如此演变的——

在楚悼王尚未"入殓"的祭奠大礼上，暗藏利器的贵族们发动了突然的谋杀。正当吴起对着楚悼王尸身祭拜时，箭雨激射而来。吴起当即紧紧伏身于王尸，激射的箭雨竟然将楚悼王尸身与吴起钉在了一起！

楚国法律："加兵于王尸者，尽加重罪，逮三族。"继位的楚肃王，愤愤然将七十余家贵族"诛三族"，大举刑杀数千人。关于吴起死后结局，有两说：《史记》仅云"亡其躯"，《韩非子》《墨子》等则云，吴起被车裂（裂尸还是裂人，未明说）。以常理与逻辑推断，后一说疑点太多，不大可能。

总归是，吴起死后，楚国变法成果全面流产，政权重新回归贵族。其后虽有些许改革，终与战国变法应有的深度相距太大，故此一蹶不振。《韩非子·问田》说："楚不用吴起而削乱，秦行商君而富强。"诚哉斯言！

吴起死了，死得惨烈，死得悲壮。

吴起给后世留下了一部兵法，是军事上的成功者。

吴起给当时留下了一场夭折了的变法，但却是变法潮流的强烈实践者。

就人生气象说，吴起是战国初期的一道惊雷闪电。

吴起生命绽放的绚烂血花，是战国变法的永恒标记之一。

墨子墨家：被历史速冻的烈焰利剑

我以我血荐轩辕——鲁迅的这句诗，似乎是专门写给墨子，专门写给墨家的。

多少年来，每次翻开《墨子》，都有一种不同寻常的心跳。

墨子的思想，是一团熊熊燃烧的烈焰。

墨家的行动，是一口凛凛威慑的利剑。

其兴也峻急，其亡也倏忽。墨子学派自春秋中世而起，至西汉遁迹，存在期不过三四百年，全盛期不过百余年。此后两千余年，直至中国近代史之前，墨子与墨家一直被强力潜隐在历史的冻土地带，鲜为人知。应该说，秦帝国之后中国在意识形态领域的巨大转折，"速冻"了墨子与墨家。及至近代，我们这个民族面临西方文明铸成的战舰与火器的强大威慑，直到我们举国奋起救亡，《墨子》才从厚厚的历史冻土中被发掘出来，始得大放光芒。

墨子及其墨家，其追求与命运，最鲜明地凝聚了战国大争的万千风貌。社会精神的激越阳光，国家竞争的血火灾难，布衣士子的独立自由，人民大众的朴实高贵，理性天宇的深邃神秘，一切的一切，都可以从墨子与墨家的跌宕起伏中，浓烈地放射出来。不管你喜欢不喜欢，他都会结结实实夯进你的心里，几乎容不得你去拒绝。无论你从哪个方面去解读，你都无法不为之感奋异常。

何谓思想的冲击力量？

不读《墨子》，无以领略。

在中国五千年历史上，没有任何一个大家，没有任何一个学派团体，能像墨子墨家这样透过漫长的时空隧道，依然给人以强烈的冲击感，如饮烈酒，如遭棒喝，如隆隆雷声响彻多雪的冬天。

墨子与墨家，是中国文明史的一面独特旗帜，迭遇凛凛风霜，终究猎猎飞扬。

这面旗帜上，用鲜血写着大爱，写着和平，写着苦难，写着理想。

这面旗帜下，跋涉着一个夸父逐日的大师，摩顶放踵，载渴载饥，目光如炬，步态赳赳。大师的身后，聚结追随着一群年轻奋发的正义之士。他们身着布衣，赤着脚板，行囊中背负着几卷竹简，几件布衫。手中一口准备随时出击的短剑，风餐露宿，脚步匆匆，奔向遭受侵略的弱邦城邑。遭遇强敌，他们赴汤蹈刃，死不旋踵。消弭战火，他们立即折返，既不图报，更不索恩。即或于饥渴夜半，面对不愿接济他们的负恩民户，他们依然平静如常，毫无怨色，依然脚步匆匆地回到自己的山野营地，立即开始了桑麻耕稼、读书习武的自立生活。辄闻警讯，他们则立即再度出动。

日复一日，年复一年，直至他们赖以生存的社会根基消失。

直到他们的理想，消弭在广袤的历史天宇……

终于，在中国近代史的风雷激荡中，他们复活了。

他们的精神，必将长久地燃烧在我们的心灵世界，烛照着我们灵魂角落的幽暗。

这，就是沉睡了两千余年的墨子与墨家。

凡是创造了大文明系统的民族与时代，都曾经涌现过超越时代的不朽精神和最终为之牺牲的圣哲伟人。古希腊有过苏格拉底，古罗马有过耶稣，古印度有过释迦牟尼。

我们这个古老的华夏民族，则有过墨子，有过墨家。

虽然，这些圣哲伟人所处的社会背景有别，生命的坎坷磨难不一，各自的思想主张不同。但是，他们生命轨迹的本质，则是同一的。这就是，为了一种不被时人社会与世俗政权所理解的高远理想，为了一种理念价值，他们都义不容辞地选择了流血牺牲，选择了走上祭坛。

中国原生文明时代雄杰辈出，具有牺牲精神的自觉者，绝非墨子一人一家。

可是，只有墨子，只有墨家，具有自觉殉道的特殊本质。

墨子与墨家选择流血，选择牺牲，既不是基于特定的权力斗争，更不是基于特定的团体利益。墨家的自觉选择，是基于普遍的社会正义，基于深重的民生苦难，基于深刻的草根立场，基于浓烈的平民意识，基于高远的理想与信仰。从最普通也最扎实的层面说，以墨子与墨家子弟的惊世才具，骇俗节操，任何人要谋得一个显赫的官方职位，或只要点点头接受任何诸侯国的盛邀而身居高位，都决然不是难事。原本，他们应该生活得很舒适，很贵介，很尊严，很荣耀。可是，他们没有。不是不能，而是不为。他们自觉地选择了艰难的苦行自立，自觉地选择了流血牺牲的救世生涯，自觉地选择了最大限度地传播爱心，自觉地选择了将社会引向正义与公平，自觉地选择了与暴政力量的对立……

墨子墨家，不同于任何为特定目标或特定利益而自觉选择牺牲的英雄贤哲。

墨子墨家，是为理想与道义而自觉献身。

墨子墨家对生存方式的选择，具有任何人物任何学派所不能比拟的苦行救世性。

因而，墨子与墨家，具有了穿越时空的精神感召力量。

墨子的高远理想，具有超越时代的永恒品格。

墨子的现实主张，具有涵盖当时社会的天下价值。

这是那个时代社会土壤的骄傲。

这是我们中华文明的骄傲。

对于自觉的社会团体，思想是行动的导航仪。

先让我们看看墨子的思想形态。从总体上说，墨子的所有理论，所有主张，在当时都是另类的，不合于世俗思维方式的。对于后世的古典社会而言，墨家思想更有一种异物植入原体的鲜明的不适感。从高端文明的视野回眸历史，我们完全可以明确：若非春秋战国时代百川沸腾、百家争鸣的社会土壤，肯定不会催生出墨子与墨家。秦帝国及其之后的中国任何时代，都不可能涌现墨子这样的人物与思想，都不可能涌现墨家这样的学派式社会团体。从这个意义上说，墨子与墨家，是中国原生文明时代给我们的民族精神丰碑刻画下的最为独特的一笔，是中国原生文明时代独一无二的精神遗产。

墨子与墨家，只可能诞生在春秋战国时代，不可能诞生在其他任何时代。

通过墨子墨家，我们可以领略原生文明时代的真正风采。

这种独一无二的风采与光芒，究竟是什么？

墨子思想的基本点有十大主张，我们且以最简单的方式浏览一番。

其一，兼爱。

天下道德沦丧，皆起于"不相爱"。"天下兼相爱，爱人若爱其身……视人之国若视其国，视人之家若视其家……是故诸侯相爱则不野战，家主相爱则不相篡，人与人相爱则不相贼……凡天下祸篡怨恨可使毋起者，以相爱生也！"显然，墨子将"不相爱"看作社会堕落的根源，将"兼相爱"看作社会昌盛的根基。所以，创造一个"兼爱"的社会，是墨子与墨家的最高理想。"兼爱"在墨家的地位，几与"大同"在儒家的地位相等，是一种最高的社会理想，是一种永恒追求而又难以实现的社会目标。

其二，非攻。

墨子不笼统地反对所有战争，而只反对以强凌弱的侵略战争。墨子将战争分为两类：除暴祛恶为"诛"，凌弱侵略为"攻"。是故，攻乃"天下之巨害"，"故当攻战，而不可不非"，必须坚决制止"攻"，制止侵略战争。墨子这样说了，也这样做了。大思想家反对不义战争，在历史上屡见不鲜。可是，以学派之力自觉介入国家争端，"志愿军"一样自觉投入反侵略战争，在历史上绝无仅有。

其三，尚贤。

墨子认为，治理国家必须重用贤能之才。"故官无常贵，而民无终贱，有能则举之，无能则下之！""尚贤，为政之本也。""缓贤忘士，而能以其存国者，未曾有也！"可以说，在整个春秋战国时代，没有任何一家将用人、敬贤的道理说得如此透彻。所以如此，墨家不是法家，不会如同法家那样，将社会的稳定大治，寄托于法治。墨家不是儒家，不会如同儒家那样，将社会的稳定大治，寄托于复古仁政。墨家不是道家，不会如同老子那样，将社会康宁大治，寄托于小国寡民的封闭状态。墨家，志在唤起人性中爱的底蕴，将社会大治的希望寄托于人才——贤能之才，寄托于贤才治世所能达到的社会正义与社会公平。唯其如此，尚贤在墨家思想体系中，具有极其特殊的重要地位。

其四，尚同。

墨子认为，治事治国，以"众议是非，同之于上为本"，此谓尚同。"尚同为政之本，而治之要也。"尚同有四法，目标在于保证令行禁止，统一思想，统一步调。尚同，是一种行动管理原则，而不是政治体制的设计。墨子的实际思想是，在一切团体行动与社会协同中，所有的争论与是非，都应该经过一定的磋商渠道，最终统一于"上"。

将这种思想看作专制集权，未免过于简单化。

其五，非命。

墨子针对当时儒家风行的"生死有命，富贵在天"，提出了"非命"主张。也就是说，墨子不相信"命"，将"有命（信命）"看作"天下大害""暴王所作"。墨子诙谐而又犀利地指出：自三代以来，败亡之君从来不说自己用人不当，不说自己疲弱无能，亡国危难之时，准定要说"吾命固将失之（国）！"——这是我的命啊，不是我的错啊！懒惰的穷汉也一样，准定不说自己懒惰，不说自己没本事，穷困之时准定要说"吾命固将穷！"，我命中就是要受穷啊。墨子毫不客气地说，这种人都是"三代伪民"！所以，墨子认为，信命是天下大害："执有命者之言，不可不非，此天下之大害也！"

其六，非乐。

非乐者，反对奢华礼乐也；而不是一些"专家"所认为的那样，是反对一切礼乐。墨家具有浓烈的平民意识，不反对劳动者粗朴自发的欢庆歌乐。墨家弟子个个多才多艺，能歌能乐，假如墨子也反对这等乐歌，岂不可笑之极？但是，墨家坚决反对贵族阶层规模宏大的奢华礼乐。这才是"非乐"的实质所在。儒家重文，以礼、乐、政、刑为天下四宝，对贵胄阶层的大肆举乐，从来持拥戴态度。墨家贵质，认为"民有三患：饥者不得食，寒者不得衣，劳者不得息"。当此社会灾难，贵族却"撞巨钟，击鸣鼓，弹琴瑟，吹竽笙而扬干戚，民衣食之财，将安可得乎！"，"弦歌鼓舞，习为声乐，此足以丧天下！"是故，墨子认为："为乐，非也。"——这种乐事，应该坚决禁止。

其七，节用。

墨子墨家，以节俭为美德，反对贵族阶层的奢靡浪费，严厉斥责其奢靡行为"厚作敛于百姓，暴夺民衣食之财"。墨子将"节用"列为"圣王之道"，透彻论述了"俭节则昌，淫佚则亡"的道理。在先秦学派中，只有墨子开创的墨家，人人自立，耕稼工艺、文武之道无所不通，不奢靡，不排场，苦行救世，始终如一。

其八，节葬。

儒家主张"厚葬"，墨子却坚决反对社会风行而儒家力主的"厚葬久丧"的习俗与制度。墨子认为，厚葬是"穷民贫国之道"，久丧是"寡民伤人之术"。以死妨生，则是"乱国败家之法"。故此，厚葬久丧"圣王不为"。墨子主张节葬，列举了越东之国的"宜弟葬"——剖开长子的尸体食之，死人不占土地；列举了楚南炎人国的"抛朽肉葬"——使死人腐朽，抛弃朽肉而葬其骨骼；列举了义渠国的聚柴薪而焚烧死者——登仙火葬。墨子认为，凡此粗简的安葬方式，都是"上以为政，下以为俗"习惯风俗而已，非关仁义道德事，不应该简单斥责为愚昧失教。

其九，天志。

墨子所言之"天志"，自然是上天之意志。"我有天志，譬若轮人之有规，匠人之有矩。轮匠执其规矩，以度天下之方圆，曰：'中者是也，不中者非也。'今天下之士君子之书不可胜载，言语不可尽计……其于仁义则大相远也！何以知之？曰：我得天下之明法以度之。"显然，墨子的"天志"说，在本质上是天下的最高正义标尺，是据以衡量天下万物的"明法规矩"。

天志说，是墨家的哲学基础之一，是一切社会理论的后盾，是墨家铲除邪恶、彰显正义的精神威慑利器，是天下善恶的总裁判。也就是说，"天志"在墨家这里，有着最实际的功效，与其余学派尊奉"天命"的虚妄，有着很大的差异。

其十，明鬼。

何谓明鬼？鬼有明慧，不可欺罔也。墨子有《明鬼》三篇，两篇佚失，仅存的下篇列举了世间鬼神存在的诸多事例，证实了鬼神"赏贤罚暴"的强大威力。墨子以为，鬼神能明察秋毫，不管你隐藏得多深、多远、多隐秘，不管你多么富有，多么尊显强横，只要你无端作恶，多行不义，必将遭到鬼神的惩罚。

"鬼神之能赏贤如罚暴也，盖本施之国家，施之万民，实所以治国家利万民之道也！……是以吏治官府之不洁廉，……自利者由此止……是以天下治……故鬼神之明，不可为（恶于）幽间广泽，山林深谷，鬼神之明必知之！鬼神之罚，不可为（仗恃）富贵众强（为恶），勇力强武，坚甲利兵，鬼神之罚必胜之！"显然，在墨子这里，"明鬼"是惩恶扬善的精神手段，与单纯的信奉鬼神有着很大的差异。

先秦学派的共同点，就是对于本学派的思想主张，都是坚持身体力行的。

不尚空谈，是那个时代最基本的人生精神之一。

就这种人生精神而言，墨子与诸子百家是一样的。

不同的是，墨家更具顽韧精神，更具强烈的实践性。终其一生，墨子都在实现着自己的价值追求。墨子创立了墨家，将一群愿意追随自己理念的草根青年凝聚起来，组成了一个治学与救世融为一体的学派团体，用行动实现理性目标，用理性引导社会行动。传播天下兼爱，呼吁社会正义，制止凌弱侵略，推动民生工程，扶助爱民官吏，铲除暴行政治……凡此等等的社会行为，都使墨家成为强力介入当时社会政治生活的一支最为独特的力量。

从本质上说，墨家不是游侠。因为他们不乱政，不伸张个人私怨，不以助人复仇为目标。从行动方式上说，墨家不以任何国家的法令为准则，而只以本学派信念为行动准则，对自己认定的非正义国家行为，发动断然狙击，又具有"乱政乱法"的政侠特质。

这真是中国文明史上最为奇异的一道政治光芒。

某种意义上，说墨家是"政侠"，似乎不为过分。

正是这种特异的"政侠"光芒，刺疼了所有国家庙堂力量的眼睛，使其倍感威慑。唯其如此，墨家难以见容于社会，难以见容于任何国家秩序，难以见容于统一稳定的大一统帝国时代。可以客观地说，信奉法治的统一秦帝国，决然不会允许墨家以国家法令之外的一种独立力量存在。

墨家的遁迹，墨家的消亡，几乎是必然的。

墨家不绝于秦，必绝于汉，也是必然的。

墨家迅速进入历史的冻土地带，是无可奈何的一件事。

终于，我们得见墨家，得感谢时代的进步。

但是，如何看待墨家，仍然是我们文明史的一个久远话题。

莫非，这道奇异的光芒是我们永远的一个梦想？

吕不韦：中国古典政治哲学的最高峰

对于先秦历史，吕不韦是当代中国人所熟悉的极少数人物之一。

由于司马迁的某种传奇笔法，由于后世治史儒生的刻意扭曲，由于当代庸俗史谈书籍与庸俗电视剧的猎奇渲染，吕不韦的历史真面目，已经被涂抹成了一部荒诞不经的奸商发迹史、宫闱色情史。吕不韦与他的生身时代一起，变成了儒家制造的历史哈哈镜中扭曲破碎的身影。我们熟知吕不韦这个名字，但我们所知道的吕不韦，与历史真实的吕不韦，却有着难以言说的巨大背离。

历史烟雾的盲区在哪里？

在吕不韦的治国功业与对中国政治文明的特殊贡献被长期地遮蔽了。

吕不韦的人生经历很丰富，很传奇，但却不模糊。从商、从政两大段，每一段都清楚，本来没什么"历史问题"。吕不韦一生的骨干脉络是，生于商人之家，后经商有成，在邯郸遇秦国人质公子嬴异人处境艰难，生出助其斡旋进而自己从政之志。后成功斡旋嬴异人立为太子嫡子，并冒死保护嬴异人逃出赵国。再后秦昭王死，太子嬴柱即位一年又死，嬴异人即位（秦庄襄王），任吕不韦为丞相领政。庄襄王在位三年又死，吕不韦受命以"仲父"身份摄政领国，辅佐十三岁的秦王嬴政，直到其二十一岁加冠亲政。其间，吕不韦进献假宦官嫪毐于太后，导致嫪毐崛起弄权，最终与太后发动乱国事变。秦王嬴政亲政后，吕不韦公开发布亲自主持编纂的大著《吕氏春秋》，与秦王嬴政发生治国理念冲突，被贬黜洛阳（去官而保留爵位）。后来，秦王欲再度贬迁吕不韦于巴蜀之地，吕不韦饮鸩自杀，埋葬于洛阳北邙山一带。

就实际政治作为说，吕不韦有四大功绩，一大罪责。

功绩一，在秦国储君后继无人之际，发现、支持并救出公子嬴异人，而使秦国最高权力得以有序传承；功绩二，于孝文王、庄襄王之后，秦王嬴政少年期，连续三次领导秦国渡过权力交接的重大政治危机，保持了秦国稳定；功绩三，扭转秦昭王末期延续的守势困境，主持秦国反攻扩张，灭周，建立三川郡，使秦国实力重新抬头；功绩四，在"厚重少文"的秦国，勉力推行农、工、商、文并重的政策，使秦国文明风华从此重于天下，为其后秦始皇创制统一文明，奠定了一定的社会基础。

吕不韦的一大罪责是，在不合适的时机，不合适的地点，向秦国太后赵姬进献了一个不合适的人物，导致秦国发生了变法之后统一之前唯一的一次恶性叛乱，几乎无意地颠覆了秦国政权。但是，与吕不韦的功绩相比，从当时秦国的实际出发，这一罪责仍然是次要的。因为，叛乱的轴心是嫪毐与太后，吕不韦并没有与他们结盟。他们排斥吕不韦集团，也排斥秦王政集团。更重要的是，吕不韦在政变酝酿阶段，已经在实际支持秦王亲政了。虽然吕不韦不是平叛主力，但是，没有已经形成权力根基的吕不韦的支持，秦王政肯定不会顺利平息叛乱。

评价吕不韦的政治作为，有一点是非常值得注意的。

自商鞅之后，秦国历代丞相，皆逢明君雄主。独吕不韦一代，初逢秦昭王末期弱政，又逢两代庸主，一代少主，是变法之后秦国历史上最为动荡乏力的低谷时期。这一时期的秦国，最需要整合元气，悉心平和地调治。当此之时，吕不韦独特而深邃的政治哲学，恰恰发挥了最为难以替代的作用。此秦国之幸耶？吕不韦之幸耶？

这种难以替代的历史作用，是吕不韦之所以成为伟大政治家的根基所在。

当时的吕不韦，也一定有这种命运感。在他的《吕氏春秋·仲春纪》中有段话："世人之事君者，皆以孙叔敖之遇楚庄王为幸。自有道者论之，则不然。此荆（楚）王之幸也！"也就是说，楚庄王任用孙叔敖，在有道者看来，这是楚庄王的幸运。原因何在？《吕氏春秋》解释说，这个楚庄王喜好游猎欢乐，荒疏政事，是孙叔敖日夜不息地辛劳政事，才使楚国强盛，才使楚庄王的功绩流传于世的。在战国时代，这是一种极为可贵的人才本位理念，超越了世俗传统的君王恩赐观。同样，吕不韦这样的政治家能被秦国任用，本质上不是吕不韦的幸运，而是秦国的幸运。

吕不韦的实际功罪，并不是他人生的全部内涵。

两千余年之后，以高端文明的视野重新审视中国文明历史的长卷，我们蓦然发现，吕不韦的深邃与伟大，更在于他的吕氏学派是中国古典政治哲学的一座奇峰。吕不韦的历史地位更重要的方面，在于他的吕氏学派对中国政治文明的独有贡献。

春秋时代，是中国文明孕育新潮的时代。战国时代，是中国文明大爆炸的时代。秦帝国时代，是中国文明大统一的时代。这三个时代，构成了中国统一文明正源伟大的生成历史，是中国五千年文明史上万流生发的巍巍高原。在这一文明巨变的大黄金时代，吕不韦承前启后，总揽文明洪流，编定了《吕氏春秋》这部旷世经典，实在是中国文明之大幸运。

从总体上说，先秦时代的诸子百家，其研究活动基本是三个领域：政治变革领域、人文思想领域、实用民生领域。正是这三大领域的交相碰撞，交相融合，形成了空前壮阔的百家争鸣局面，激发出了原创丛生、经典林立的井喷奇观。其中，对于政治变革的种种研究，汇成了丰厚博大的多元政治文明，对当时的社会变革产生了强大的直接推动作用。因此，当时的政治文明学派，成了整个社会变革的中心点，也成了整个社会关注的中心点。

这些政治文明学派中，最主要的有八家：法家、兵家、墨家、道家、儒家、杂家（吕氏学派）、纵横家、阴阳家。就其对当时国家变革的实际影响而言，法家、纵横家、兵家、（吕氏）杂家的作用最大，也最直接。墨家、道家、儒家、阴阳家的直接影响力相对小，但也都具有极为普遍的社会影响力。所谓"显学"，说的就是这种普遍影响力。

从继承文明遗产的当代立场看问题，对春秋战国时代政治文明学派的历史意义，就会发生一种时空大转换后的价值重新定位。重新定位的核心，就是今日的我们看先秦时代的政治文明流派，已经不仅仅看其在当时的实际作用，而且要看其在政治哲学意义上的历史传承价值。

并非所有的政治学说，都能称之为政治哲学。

政治学说之所以能进入哲学境界，至少具有两个基本方面。

一则，该学说有内涵生成的广泛根基；二则，该学说有抽象延伸的深刻本质。

以此为条件或标准，中国原生文明时代的政治哲学流派，只有五家，就是法、墨、道、儒、吕五家。在这五家中，法家以广泛的人性（恶）现实，与广泛的社会秩序追求为根基，创立的法治学说具有永恒延展与抽象的空间；墨家，则以同样广泛的人类精神（爱）为根基，使其普爱终生、追求和平的"兼爱、非攻"理念，具有了永恒的普世抽象价值；道家，以整个宇宙的本质运转（道）为根基，得出了政治循"道"行之，而无须积极作为的理念，同样具有永恒的抽象透视的价值；儒家，则以广泛的人性（善）现实与人群恪守传统的精神需求为根基，使其复古、中庸、仁政等政治理念具有了永恒的极端保守主义的抽象延伸价值。

在这五家中，吕氏学派的政治哲学最为不同。

请注意，历史将吕氏学派定位为"杂家"，是仅仅以其内容"驳杂"而简单化的不准确说法。我们宁可更为本色地称之为吕氏学派。这个学派，以更为扎实的古典农耕经济时代的社会整体运行为根基，全面总结、深刻透视了这种整体运行所延伸出来的种种社会法则、政治法则，使吕氏学说成为透视农耕社会，乃至透视整个古典政治文明运行本质的历史镜鉴，其永恒的抽象延伸的价值，是不言自明的。

吕氏学派的政治学说，《吕氏春秋·审时》称为"耕道"，或"农之道"。简单地说，就是农道，即整个农耕经济的运行法则。如此，吕不韦这个人则可以称之为"道农"——以农耕之道为政治文明之道的伟大政治哲学家。

吕不韦的"农道"，其基本面在六个方面。

其一，"农道"的生命力，基于天地万物之变化而生。故此，农道的根本特点，在于多元兼容，而不是排斥万象。从农道兼容性出发，吕氏政治哲学生发出极为可贵的一系列国家治道：一则，就社会生存而言，农耕社会不能单一生存，而必须以农、工、商、士并重的综合经济形态的民生社会形式生存。"农攻粟，工攻器，贾攻货，（士攻学。）时事不共，是谓大凶。"虽然，《吕氏春秋·上农》原文里缺了一个"士攻学"，但是就全书强调士之作用多多来看，这一意思无疑包含在内。最后的话是说，只要这四个领域一时一事不协调，社会就会发生灾难。故此，社会百业必须协调发展。

基于此等兼容理念，吕不韦在意识形态领域，对所有的政治文明流派采取了罕见的百家兼容、百家并重的态度，对法、墨、儒、道各家政治学说，都有推崇之辞，也都有批判之论。在权力理念上，吕不韦明确提出政治哲学上的"贵公、去私"两大主张。"天下，非一人之天下也，天下之天下也……天无私覆也，地无私载也……忍所私以行大义……诛暴而不私。"这些理念与政策，都是中国政治哲学中的璀璨瑰宝。总体说，这一"农道"包容特点，在春秋战国的政治哲学流派中，是绝无仅有的。

其二，彰显"农道"体系下的商道，推行农耕时代的重商主义。

这一农道体系，非但见诸论著，而且见诸国家重商政策。在战国政治学说中，重农是一致性的。四业并重，在实践上也是有的。法家变法，事实上就有重商的一面。但是，自觉在理论上赋予四业以合理必然的社会地位，尤其是赋予商人以合理的社会地位，吕氏学说是唯一的一家。从根源上说，吕不韦本人就是杰出的大商人，对商道利国利民的社会作用，看得分外透彻。从政治实践上说，吕不韦将商道法则渗入治国之道，堪称战国时代最杰出的商人政治家。

吕不韦见诸政道的商道，是什么？

核心是吕不韦的"义利信"价值观。作为商道的"义利信"观是什么？就是谋利与社会人群的关系（信）、谋利与社会正义的关系（义）。应该说，这是根本性的商道观。对这一根本商道，吕不韦有独特而精辟的见解。首先，吕不韦承认"利"的存在，尤其是利对商人的意义。但是，吕不韦认为"利"有长短之分，谋利要谋"长利"，即长远之利。"天下之士也者，虑天下之长利，而固处之以身若也。利虽倍于今，而不便于后，弗为也。"

其次，"义"更具有根本性，"义"是所有谋利行为的社会正义出发点。《吕氏春秋·无义》云："义者，百事之始也，万利之本也，中智之所不及也。不及则不知，不知则（一味）趋利，趋利固不可必也（反而一定得不到）。"

再次，对于"信"的意义所在，吕不韦同样透彻。"天地之大，四时之化，而犹不能以不信成物，又况乎人事？……夫可与为始，可与为终，可与尊通，可与卑穷者，其唯信乎！信而又信，重袭于身，乃通于天。"

如此"义利信"观，既是吕不韦成功的商旅之道，也是吕不韦治理秦国的政道。在政治实践中，吕不韦之所以主张一定程度地修正秦法，其着眼点正在于国家的长远利益。惜乎未能实现，实乃千古憾事。

以商道入政的政治家，在战国时代有两个——前白圭，后吕不韦。

白圭是魏国大商人，由商入政，为魏武侯末期与魏惠王前期丞相，其政商关系的格言是"以政道治商事，以商道理国事"。白圭于商政两道皆大获成功，成为战国名相之一，无疑也是吕不韦的精神导师之一。但是，从政治实践上说，白圭在魏国并没有推行过重商政策，也没有在理论上对商人的社会地位正名。吕不韦则不然，非但在治国学说中赋予了商人以合理存在的重大社会价值，而且在实践上推行了重商政策。最为显著的例证是，在吕不韦主政期间，秦国曾经公开树立了两个对国家经济有功的大商人榜样，一个是寡妇请，一个是乌氏倮。既封给他们爵位，又给他们筑台显功。在整个春秋战国时代，尤其在商鞅变法后的秦国，这都是独一无二的，是极其难能可贵的重商政策。

其三，农道有根，只有农耕是根本。

因为衣食乃生存之本，延伸到政治之道，就是国家要奉行"上农"政策。作为治国之道，为什么要以农耕为根本，而不是以其他行业为根本？《吕氏春秋》的回答是，这是国家生存的需要，是治道必须。吕不韦论述云："古先圣王之所以导其民者，先务于农。民农，非徒为地利也，贵其志也。民农则朴，朴则易用，易用则边境安，主位尊；民农则重，重则少私义，少私义则公法立，力专一；民农则其产复（财产种类多），其产复则重徙（不喜欢迁徙），重徙则死其处而无二虑……"也就是说，上农，也是农道的政治意义所在，而不仅仅在于粮食问题。

其四，农道的根本，在于顺乎自然法则。

顺乎自然法则，就是顺乎天地四时之变化。国家政治之道，也同样要遵循这一农道法则。吕不韦的说法是："人之与天地也同，万物之形虽异，其情一体也。故古之治身与天下者，必法天地也。"法天地是什么？就是以天地运行之法则为法则。

其五，农道顺天时地况变化，治道也要顺应时势而为。

法天地，自然不可强行人道。一定意义上，这是遏制人治的一种政治观。吕不韦的论述是："强令之笑不乐，强令之哭不悲。强令之为道也，可以成小，而不可以成大。"这里的人道，实际是君主意志。也就是说，如果君主一定要"强令为道"，虽然也可能小有成就，但一定不会成就大业。

其六，农事有除害之必须，国家治理也要革除人之恶欲。

革除人之恶欲，就要建立法度，而且要顺应时势而变法。

吕不韦的说法是："胜理以治国，则法立；法立，则天下服矣……夫不敢议法者，众庶也；以死守法者，有司也；因时变法者，贤主也。是故有天下七十一圣，其法皆不同，非务相反也，时势异也！"这是多么坚定彻底的变法哲学，读到这些力透纸背的论述，谁能说吕不韦的"杂家"学说中没有核心理念。

上述基本点，构成了吕不韦政治哲学中的灵魂。

这个灵魂就是，以法治与变法为基本支撑点，同时吸纳其余政治文明流派之有价值的一面，共同构成包容博大的治国理念。客观地说，吕不韦的政治目光，吕不韦的文明襟怀，是博大的，是有历史真理性的。从政治哲学的意义上说，他的深邃与透彻，超越了包括法家在内的所有政治流派。惜乎后世不察，忽视其学说灵魂，给吕氏学派扣上了一顶不伦不类的杂家帽子，模糊了历史的本质与真相，误人多矣!

吕不韦的悲剧,从根本上说,不在于私进嫪毐的那桩罪责。

秦王嬴政与吕不韦本人,也都没有将那桩罪责看得多么严重。吕不韦的悲剧,最为深刻的根源,在于他的政治哲学本身。当时,秦国的法治传统与法家理念已经被举国奉为圭臬,秦王嬴政更是商鞅政治哲学的坚定推崇者。吕不韦要以广博的包容百家的政治哲学,对纯粹法学派的商鞅法治做出一定修正,秦国的法治力量是坚决不能容许的。

由此,一场深刻而不可调和的政治文明理念的冲突,必然地发生了……

不能谴责秦王嬴政为首的秦国法家。

不能谴责以吕不韦为精神领袖的吕氏学派。

作为实际政治风浪中的他们,都有着太多太多的历史考虑与当下考虑。

同样具有进步意义的理念,发生冲突而导致悲剧,也是历史的常态之一。

但是,作为历史文明的天平,作为一种深远的文明考虑,我们还是要说,吕不韦的政治哲学,包含了更为久远的真理。可以说,吕不韦主持编纂的《吕氏春秋》,是中国古典政治文明的一部大百科全书,其汪洋恣肆,其深邃博大,是对中国原生文明时代政治哲学最为深刻、最为全面的总结,是我们无法用语言说透的最为丰厚的民族政治经验。

让我们对这个原本可以使中国法治文明传之久远的伟大的政治哲学家,对这个中国文明史上最大的道农,保持最深刻的文明追思,奉上最为真诚的文明敬意。

荀子：战国最具独立品格的思想家

在战国文明群山中，荀子是一座突兀的奇峰。

人格的独立自由，思想的卓尔不群，使荀子在中国文明史上具有独一无二的地位。

对于一个思想家来说，人格的独立自由与思想的独立自由，既密切关联，又未必完全同一。人格的独立自由，基本点是思想家的生存方式。只有获得一种不受制于他方的生存方式，思想的独立自由，才有根基与条件。思想的独立自由，基本点是理论的创造品格，以及自我传播方式不受制于外在束缚。只有思想的创造不受制约，思想家人格的独立自由，才能得到最终的充分体现。

但是，具体到每个思想家个人的生命历程，又有着形形色色的差异。

许多思想家，未必具有最充分的人格的独立自由，但在思想创造上却达到了真正的独立自由。譬如孙子，譬如吴起，譬如商鞅，譬如慎到，譬如韩非子等。他们被镶嵌在特定的权力框架中，在最需要人格独立自由的时候，却必须隐忍放弃诸多的独立自由；但是，他们的思想却突破了权力框架的镶嵌，达到了能够真实表现自己思想的独立自由品格的境界。

　　另有一类思想家，他们能从既定的某种社会框架中摆脱出来，奋力争取最为充分的人格的独立自由。之后，他们又在思想上独立自由地伸展，最终在理论上保持了最为杰出的独立自由品格。譬如老子，譬如鬼谷子，譬如墨子，譬如庄子，譬如荀子，譬如公孙龙子等。

　　在这类思想家中，以荀子的独立自由品格最为杰出。

　　老子、庄子的独立自由品格，是相对疏离于社会的，是隐士式的；除了生存方式的艰辛，精神的独立与思想的自由相对比较容易保持。墨子与墨家的独立自由品格，是以社会正义监督人的特殊方式存在的，与国家、政治、社会都保持着外在的相对距离与一定程度的对立；其精神的独立程度，思想的自由程度，都是最充分的，同时也是相对容易保持的。鬼谷子及其学派的独立自由品格，是以间接介入社会，并改造社会的途径体现的；就个人而言，保持思想家的独立自由品格，相对要容易得多。公孙龙子等名家士子，则因其研究对象与社会现实有一定距离，生存方式也是半隐士式的，其充分享有精神的独立与思想的自由，也相对容易得多。

　　荀子不然。

　　荀子，是这类思想家中唯一积极投身社会实践的政治理论家。无论其生存方式还是其精神创造，都不能不与特定的权力框架相联系。在这种社会条件下，既要保持独立自由的人格，又要保持独立自由的思想，其难度之大可想而知。现实中的荀子，却做得极为出色——不受制于权力制约，不受制于生存艰辛，不受制于学派桎梏，不受制于关系周旋，始终坚实地立足于社会现实，始终研究着最尖锐的现实问题，始终保持着人格的独立自由与思想的独立自由。

　　对于中国文明史，荀子的独立自由品格，具有恒久的典型意义。

　　让我们采取一个颠倒的顺序，先看看荀子的思想创造，再来看荀子的人生坎坷。

毕竟，对荀子的理论特质与特殊价值，当代人已经很陌生了。

在先秦大师中，荀子是自成理论体系的大家之一。但是，历史上从来没有"荀家"一说。后世儒家说，荀子是儒家，但又很有些勉强。在儒学大盛的宋代，甚至发生了"灭荀"风潮，连荀族后裔也不得不隐匿逃亡。后世法家说，荀子是法家，但也很勉强。荀子的尊儒尊礼言论多而又多，很使"新法家"们有些尴尬。

实际情形是，只要摆脱了非此即彼的学派桎梏，荀子的真实面目便会很清楚。

荀子是法家。荀子也是儒家。

荀子不是法家。荀子也不是儒家。

荀子既崇法，又尊儒，既批评法家，又批评儒家。

荀子既是法家的修正主义者，又是儒家的修正主义者。

更重要的是，荀子同时具有独立的社会政治理念与哲学精神，没有淹没自己。

我们先看看荀子与儒家及儒家思想的关系。

就战国末期的学派关系而言，荀子对儒家学派的沦落非常厌恶。荀子认为，真正的"大儒"已经没有了，更多的儒家士子已经沦落为"不学问，无正义……逢衣浅带（宽大的衣裳，宽松的腰带），解果其冠（戴着中间高两边低的士冠），略法先王而足乱世术，缪学杂举，不知法后王而一制度，不知隆礼义而杀诗书。其衣冠行伪，已同于世俗矣"。事实很清楚，尊儒尊礼的荀子，对沦落的儒家士人阶层很是反感，不屑与其讨论问题。

此等态度，使当时与后世的儒家们大为不满。

但是，荀子对儒家原创大师，却是尊崇的。

荀子的《儒效》认为，真正的"大儒"是仲尼（孔子）。"彼大儒者……其言有类，其行有礼，其举事无悔，其持险应变曲当……千举万变，其道一也……通则一天下，穷则独立贵名。天不能死，地不能埋，桀跖之世不能污，非大儒莫之能立……"

但是，"大儒"们的社会理念究竟是什么，荀子却从来没有申述过。尊"大儒"，只尊精神，而不涉其政治主张，这是很清楚的一种总体态度：不赞成孔子的复辟主张，但是尊崇孔子的人生精神与做事风格，同时尊崇儒家的礼治教化思想。

那么，荀子与法家的关系如何？

荀子的总体态度是，尊法，主张法治，但又认为必须以儒家教化与王道补充之。

就对法家思想的创新与补充而言，荀子有四大贡献。

其一，荀子首先提出了"人性恶"理论，并对孟子的"人性善"理论进行了全方位的批驳，可谓振聋发聩。这一理论，非但是战国法家立法改制的根基理论，也是后世乃至当代立法思想的根基理论。

其二，荀子提出了"法后王"理论，为法家变法运动立起了鲜明的策略主张——政治变革的进步性，不是"法先王"（师法古代圣贤的治国之道），而是"法后王"（立足当今现实的变法大道）。荀子认为，儒家"法先王"的实际目的，是搬出古代圣王来糊弄不明事理的老百姓——"呼先王以欺愚者！"

其三，荀子提出了"富国强兵"论，为法家立定了鲜明的战略目标。荀子在《富国》中提出了一个古典时代罕见的思想：富国根本，在于裕民。也就是说，富国的根本，在于人民富裕，而不仅仅是国库充盈。在此基础上，荀子又提出了具体的实现方略——"以政裕民"（以政策使人民富裕）；"正法以齐官，平政以齐民"（以公正的执法整肃官吏，以公平的政策凝聚民众）。荀子在《议兵》中高度评价了秦国新军制的威力，明确提出：天下强兵之道，当以秦国为楷模。

其四，荀子一反传统的"天命论"，提出了"制天命而用之"的伟大思想。

天是什么？荀子认为，"天"是一种物象，而不是神灵上帝。"天职"是什么？"列星随旋，日月递炤，四时代御，阴阳大化，风雨博施"等而已。故此，"天行有常，不为尧存，不为桀亡。应之以治，则吉。应之以乱，则凶"。更有惊人处，荀子明确提出了："大天而思之，孰与物畜而制之！从天而颂之，孰与制天命而用之！"这是说，与其将"天"当作伟大的圣灵去想，不如将它当作牲畜与物事去使唤。歌颂上天，不如制服上天为我所用。

这种惊世骇俗的思想，独出于战国，独出于荀子，是非常值得深思的。

上述四方面，即或法家名士，也未必人人皆能如荀子这般深邃彻底。

一个有趣的现象是，荀子批儒家，经常提到法家理念；荀子批法家，又经常提到儒家理念；最后，综合荀子自己的主张，则是法儒互补。最典型者，是荀子在《强国》中叙述自己的入秦见闻，大篇幅高度赞扬了秦政之后，荀子认为秦政最缺乏的，是王制之道，儒家之教。另外，对于墨家以及其余学派，荀子都曾经有过不同程度的批评。

荀子不会刻意迎合某一学派，只凭自己的思考说话。

这种亦法亦儒、非法非儒的立场与思想，在先秦大家中绝无仅有。

除了政治思想的重大创造，荀子还有三大方面的杰出理论贡献。

其一，《正名》以深邃犀利的"名实"思辨，全面批驳了名家风行天下的诡辩论。荀子的思辨水平，非但是中国古典哲学的瑰宝，而且也是人类哲学史的瑰宝。罗马帝国时代的诡辩学派很有名，但是却没有系统的批判理论出现。中国先秦时代不同，非但有赫赫风行的诡辩学派，而且有荀子这样的大师深刻的成体系的批判，相辅相成，激发出了中国古典思辨哲学的最高峰。

其二，《劝学》以激发学生创造力为宗旨的教学思想，在中国教育史上可谓独树一帜。该篇开宗明义云："君子曰：学不可以已。青，取之于蓝，而青于蓝；冰，水为之，而寒于水。"这种教育思想的自觉程度，远远超过了同代各家大师们。

其三，人生做事方法论的"积微"思想。

荀子在《强国》中有一大段话专门论述做大事与做小事之间的关系，其精辟程度足为万世警钟。荀子这段论述的核心思想是，要做成大事，必须先做好每日的小事，此谓"积微"。荀子一反常人思维方式，对重视大事而轻慢小事的世俗心态，提出了批评，指出：要做大功业，只求做好大事，反而导致失败，"能积微者，速成"。无论其论证过程，还是其结论，都实在是人生方法论的一大创新。

再来看看荀子的生命历程。

荀子一生波折甚多，但从未丧失独立自由的人格。

荀子的相关史料太少。《史记·孟子荀卿列传》只给了荀子两百余字的篇幅，实在是简单得不能再简单了。对于荀子的人生坎坷，我们只能凭借史料留下的阶段框架与结局，去合理推断其中蕴含的风浪坎坷。综合史料，荀子给我们留下了如此一串坚实的足迹——

其一，荀子名况，时人相尊为"卿"，故称荀卿，是赵国人。

其二，荀子年五十，始入齐国游学，并进入稷下学宫。

其三，荀子在学宫曾"三为祭酒"——三次做稷下学宫长官。

其四，齐人攻讦荀子，荀子离开齐国。

其五，荀子入楚，被春申君任用为兰陵县令。

其六，春申君死于政变，荀子被免职，学馆废止。

其七，荀子留居兰陵，死葬兰陵。

其八，李斯、韩非曾为荀子学生。

其九，荀子晚年整理著作，有数万言传世。

联结如上足迹，我们可以合理推断出这样一幅奋争的人生历程——

荀子，出生于族性烈乱而自由奔放的赵国，少学有成。

荀子长则继续求学，但却不是当时任何诸子大家的学生，而是多方受教，游学成才的名士。此等大家战国多有，不足为奇。年五十而游学入齐，并立即名震齐国，说明荀子入齐之先，已经是一个学问有成的名士大家了。

荀子担任学宫领袖，三起三落。这说明，荀子历经了艰难的周旋，一定在坚持着什么。而这种坚持，并不为官府与学宫大师们所理解。于是，三起三落之后，荀子终于遭受到了普遍的攻击。在此情势之下，荀子没有选择妥协，而是毅然离开齐国，选择了另行开辟阵地。

荀子入楚，春申君任用荀子做了挂名的兰陵县令。荀子一定与"战国四大公子"之一的春申君很是相得，春申君一定欣然允诺：为荀子建立兰陵苍山学馆，所挂"县令"头衔，只是春申君给荀子的一份生计而已。

从此，荀子开始了私人学馆的育人生涯。李斯、韩非，一定是这个时期的荀馆学生。后来，春申君死于权力争夺，荀子被免职了，学馆也被废止了。荀子没有被牵连处死，说明荀子与春申君只是社会情谊，而不是春申君的政治死党，兰陵令只是挂名领钱而已，并不是实际的县令。春申君死后，荀子一直没有停止对现实的研究，并整理出了十数万言的文章流传，直至老死兰陵……

大言无形，大音希声，宁非荀子哉！

荀子在身后的历史遭遇，奇特而又微妙。

司马迁的《史记》，将荀子与孟子并列作传，却仅仅只有两百余字的篇幅。长于而且喜好引用当事人言论与著作的司马迁，经常能将一个寻常人物的说辞，记录下长长一篇。其典型如赵良说商鞅，如全文引用贾谊的《过秦论》等。但是，司马迁却对荀子的惊人思想，没有罗列一句，对其"数万言"著作，也没有列举任何篇目。从总体上说，《史记》对荀子的态度，淡漠中包含着批评。虽然，司马迁对孟子的事迹也记载得同样简单，态度却大不一样。写孟子，司马迁开首便是一段"太史公曰"，写下了自己对孟子"罕言利"的感叹。

《战国策》与刘向《孙卿新书叙录》，也有片段的荀子记载，也很简单。

显然，生当战国末期的荀子，在汉代就已经开始被淡化了。

其后两千余年，荀子的境遇每况愈下。至于宋代，甚至有了"灭荀"运动，理学家们将荀子大大贬低了。其后，荀子在中国思想史上的地位日渐淡化，"归属"也模糊不定，甚至连其生卒年月，也被历史遗忘了。有人说，荀子是法家。有人说，荀子是儒家。有人则说，荀子就是荀家。就法家儒家而言，似乎都承认荀子，但在本阵营内的地位，却又都很寻常。如此两千余年，荀子虽然未被淹没，却也只能被不死不活地拖着。

如此奇特的历史现象，与荀子的伟大思想体系相配吗？

如此一位具有最鲜明独立自由品格的思想家，却被历史弄得纠缠不清，问题究竟出在了哪里？

韩非《孤愤》：战国法家的命运预言书

　　韩非，是中国文明史上的一座奇绝高峰。

　　韩非之书，是一口凛冽的长剑，闪烁着摄人心魄的清冷光芒。

　　韩非的悲剧命运，在法家群山中最令人感慨唏嘘。

　　高大瘦削的身躯，冷峻傲岸的秉性，永远揉得皱巴巴的名贵丝袍，散乱无冠的长发，吟唱式说话的口吃病——这便是韩非在历史小说《大秦帝国》中的形象。自童稚之期骤然闪现于议政庙堂，到青少年时代在苍山学馆与李斯同窗，再到为"存韩"而违心入秦，最终冷清清死于云阳国狱。在自己所经历的每个历史转折点，韩非都是一道灵魂被撕成碎片而燃烧的奇异光焰，令人目眩，令人扼腕，令人欲语不能，令人欲哭无泪。

　　公元前 233 年，一颗思想巨星陨落了。

　　以生命与学说的奇异光焰，韩非在政治天宇刻下了永恒的印记。

　　韩非的悲剧，全部来源于两个根基：生当战国末世，生身王族之家。

　　韩非既生不逢时，又生非其所。

这两个根基，几乎必然决定了韩非的精神将被撕裂的悲剧命运。从第一方面说，韩非思想犀利深邃，极富实践精神，是战国法家名士群中出类拔萃的大师。孰料生不逢时，战国的变法浪潮已过，秦国催动的统一中国的大潮已经席卷天下，山东六国已经陷入岌岌可危的生存绝境，已经没有了变法强国的现实条件。当此之时，韩非无论如何孤绝坚持，无论如何愤然努力，都无法像李悝、吴起、商鞅、申不害、乐毅等法家名士那样发动并主持一国变法。也就是说，时代主流的变化，决定了韩非变法实践的追求必然破灭，政治理想必然无法实现。当其时也，除了投身秦国统一中国文明的潮流，韩非要实践自己的政治理念，几乎没有第二条路可走。

可是，韩非没有选择这条功业之路。

因为，韩非无法摆脱自己的第二根基——韩国王族公子的身份。

作为有惊世洞察力的韩非，其著作问世即流传天下。自然，这部大书也不可避免地流传到了当时的秦国，被当时的秦王嬴政看到了。这位秦王读了《韩非子》后，大为惊叹："嗟乎！寡人得见此人，与之游，死不恨矣！"当李斯告知秦王，这是韩非的著书后，这位秦王立即出兵"急攻韩"，威逼韩国立即将韩非送到秦国。此前，无论韩非如何"数以书谏韩王"，力主变法救韩，韩国都一直没有任用韩非。此时急难，韩王（韩）安却将韩非当作了救命稻草，给了韩非一个特使之身，将韩非当作"政治人质"，也当作实行"移祸存韩"计的推行者，送进了秦国。

这就是"乃遣非使秦"这五字史料的真相。

韩非"出使"，韩国当然会有一番秘密谋划。

虽然史料语焉不详，然根据韩非后来的作为，这条逻辑线还是推断得清楚的。

请让我们先做一个基于无数事实的历史假设：韩非像诸多入秦名士李斯、尉缭、姚贾、顿弱、郑国等一样全力投入秦国统一大业，至少，韩非一定会像李斯一样，成为秦帝国统一中国文明的功勋巨匠；而以嬴政始皇帝对于国家政治结构的超强掌控能力，也一定不会发生后来李斯、姚贾"陷害"韩非的事件。

果真如此，韩非的命运定然是另一番模样。

但是，韩非的灵魂却自我撕裂，走上了一条不归路。

韩非入秦之后，没有投身秦国功业大潮，而是力图存续濒临灭亡的腐朽韩国。为了不使韩国灭亡，韩非先给秦王呈上了《存韩书》，力劝秦国不要攻灭弱小的韩国，而应该攻灭丰饶广袤的楚国。其后的韩非作为，史料无载。但我们完全可以根据后来的事实发展推定：韩非始终没有放弃存韩主张，又拒绝介入秦国任何谋划，与秦国君臣格格不入。从政治实践上说，这条路既违背时代潮流，又违背现实的政治法则。

但是，我们没有理由谴责韩非——名士爱国，自有节操。

即或这个国家确实腐朽，一个人愿意为其殉葬，也当报以足够的敬意。否则，便没有屈原精神，便没有基于历史真理的相对性而立就的民族精神界碑。

但是，社会价值法则永远不是一面性的，我们要说的是政治法则的另一面。就当时的政治实践来说，韩非的存韩之法太过浅显，很不高明。也许，这就是历史无数次上演的明知不可而为之的悲剧了。韩非的《存韩书》，极其类似于此前韩国"献上党，移祸赵国"的策略，企图再次移祸于楚国。

战国之世，历经生死存亡的几百年残酷大争，各国累积的政治经验都极其丰厚，秦国自然更是如此。当此之时，秦国君臣轻易地识破了韩非的意图：将强大的秦军引向山水无比纵深而灭国难度最大的楚国，使韩国有喘息机会。若秦军在广袤的楚国战败，则韩国便有再造机遇。对于秦国利益而言，这是一则极为险恶的谋划。面对如此误秦之策，秦国庙堂不可能平静，秦王嬴政不可能不愤怒。

于是，秦国君臣的三项对策相继出台了。

　　其一，由李斯以同样的上书形式，反驳《存韩书》，揭穿韩非的用心；其二，在韩非依然毫无悔改的情况下，将其下狱；其三，开始向山东大举进兵之前，将韩非处死。

　　就实说，秦王嬴政将自己殷殷强请来的大师下狱，内心一定很矛盾，也一定很苦恼。可是，基于国家利益，基于奉行秦法，一个杰出的国君，是不能容忍某个人公然将国家引上不可预测的危险道路的。据《史记》说法，后来秦王后悔了，派人赦免韩非，可是韩非已经死了。我对这一说法表示根本性怀疑：韩非至死不悔，临死之前尚"欲自陈"——要再次陈说自己的主张，自然不可能是转而向秦国表示忠诚效力。政治洞察力与强毅秉性皆毫不逊色于韩非的秦王嬴政，何能法令既出而悔之？下狱而赦免之说，更与秦法实践大相违背，不可信。

　　由李斯出面处死韩非，只是既定对策的实施方式而已。

　　从政治法则说，将韩非下狱处死，秦国利益使然，秦国法度使然。

　　说韩非之死是李斯、姚贾"陷害"，是同门相残，实在太经不起推敲了。

　　作为生命个体之实践，韩非无疑是精神分裂的悲剧命运。

　　但是，作为思想家，韩非却是光耀万古的伟大星座。

　　韩非的伟大，表现于对社会政治的深彻洞察。

　　在那剧烈动荡的大争之世，韩非自囚深居，思通万里，烛照天下，将鲜为世人所知的种种权力奥秘与政治黑幕悉数化为煌煌阳谋，陈列于光天化日之下，成为权力场运行的冷酷法则。一部大书《韩非子》，使古往今来之一切权力学说与政治学说相形见绌，人类文明之绝无仅有也。即或后世西方极为推崇的马基雅维利之《君主论》，也远远不可与其比肩而立。静心品评《韩非子》，其深刻明彻，其冷峻峭拔，其雄奇森严，其激越犀利，其狰狞诡谲，其神秘灵异，其华彩雄辩，其生动谐趣，无不成为那座文明高原的天才奇峰，无不成为那个时代的学养旗帜。

《韩非子》之命运，与韩非本人精神分裂的悲剧命运如出一辙：在一个以"求变图存"为主流的时代，在变革家手中，它是焚毁黑暗的熊熊火把；在迂阔守成的保守时代，在阴谋家眼中，它是权术之道的狰狞利爪。

用之于变革大业，《韩非子》是开山利斧。

用之于权术阴谋，《韩非子》是一剂鹤顶红。

韩非其人其书，被锐意进取者们一代又一代地揣摩着，发挥着；被传统的保守主义者们一代又一代地诅咒着，谩骂着。不能以公法灭其学，则必以口诛笔伐追诬其人，追诛其心。但是，不管如何咒骂，《韩非子》始终都是揭示权力场法则的历史镜鉴，当道者尽可以公然反对，然却不得不悄悄地按照其法则运行。

后世有学人冯振曾这样评判韩非之书："《韩子》乃药石中烈者，沉疴痼疾，非此不救；用之不当，立可杀人！虽知医者，凛凛乎其慎之！"

韩非的政治洞察力，最典型地体现于《孤愤》。

韩非的《孤愤》，不是诉说自己的孤绝，不是宣泄一己的愤懑，而是为天下变法之士的命运愤然呼号。初读《孤愤》，一身冷汗，眼前梦魇般浮现出翻翻滚滚的惨烈场景：车裂商君的刑场，尸骨横飞；浑身插满箭镞的吴起，倒在血泊灵堂；形同枯槁的赵武灵王，正疯子一般撕裂吞咽着掏来的幼鸟，嘴角还淌着一缕鲜红的血……就实说，《孤愤》没有罗列一个血案，但却令人惊悚莫名。根本之处，在于《孤愤》以无与伦比的洞察力，烛照了变法志士无法避免的悲剧命运，将血腥的未来，赤裸裸地铺陈开来，冷森森地宣示了变法家的血泊之路。

让我们来看看，韩非是如何一层层揭开这一鲜血之路的。

首先，变法家的秉性与使命，决定了必然与旧势力不共戴天。

> 智术之士，必远见而明察，不明察，不能烛私。
>
> 能法之士，必强毅而劲直，不劲直，不能矫奸。
>
> ……
>
> 智术之士明察，听用（一旦任职），且烛重人（当道权臣）之阴情。
>
> 能法之士劲直，听用，且矫重人之奸行。
>
> 故智术能法之士用，则贵重之臣必在绳（朝纲）之外矣！
>
> 是智法之士与当涂之人，不可两存之仇也！

其次，当道旧势力拥有既成的种种优势，变法之士则是先天劣势。

韩非在《孤愤》中，一一列出了当道者的基本优势，谓之"四助五胜"。四助是诸侯之助、群臣之助、君王近臣之助、门客学士之助。其所以有此四助，根由是："当涂之人擅事要，则外内为之用矣。"有权力结交诸侯，有权力决定群臣利益分配，与君王之近臣内侍利害相关，有权力财力给士人门客以养禄，故此有这四种助力。五胜是一为官爵贵重，二为朋党众多，三为得朝臣多数，四为国人多趋于传统而一国为之讼（辩护），五为得君王爱信。与当道者相比，变法之士却是五不胜：其一，官爵低（处势卑贱）；其二，无朋党依附（无党孤特）；其三，在朝野居少数（反主意与同好争，一口与一国争）；其四，缺乏故交根基（新旅与习故争）；其五，与最高领导及其亲信疏远（疏远与近爱信争）。

第三，变法之士必然被旧势力视为政敌，必欲除之而后快。

韩非是这样说的："资（根基）必不胜，而势不两存，法术之士焉得不危？其可以罪过诬者，以公法诛之！其不可被以罪过者，以私剑（刺客）而穷之！是明法术而逆主上者，不僇于吏诛，必死于私剑矣！”

这是最为冷酷的预言：变法志士只要违背传统势力之利益，只可能有两种结局——不死于公法，必穷于私剑！终归是必须走上祭坛，充当牺牲。

第四，变法之士必为牺牲，然变法之士死不旋踵，代有人出。

韩非的预言，是冷酷的。但是，韩非并不是一个悲观主义者。韩非清醒地看到了变法运动的酷烈，并深刻揭示了这种酷烈的根本原由——社会利益结构的深刻冲突。但是，韩非仍然慷慨宣布：变法不会止息，变法家不会畏缩不前；凡变法之士，宁变法而死，也不愿为腐朽将亡之邦殉葬！

与死人同病者，不可生也！
与亡国同事者，不可存也！
今袭迹于齐、晋，欲国安存，不可得也！

最后，《孤愤》对国家领袖提出了冷峻的警告。

变法之难，要在君主，君主不明，国之不亡者鲜矣。

变法之士，孤存孤战，不得领袖支撑，变法必败。

有鉴于此，韩非告诫欲图变法之君王，该当如何认识并保护变法之士。

韩非指出，最要紧的是两条。

一则，不与左右亲信议论变法之士，更不能凭着亲信议论而评判变法之士。

修士（人品高尚之士）不能以货赂事人，恃其精洁，而更不能以枉法为治……

　　人主之左右……求索不得，货赂不至，则……毁诬之言起矣！

　　治辩之功，制于近习。精洁之行，决于毁誉。

　　听左右近习之言，则无能之士在廷，而愚污之吏处官矣！

二则，君主一定要明察权臣朋党用私、杜绝贤路、惑主败法之罪行，否则无以变法。

　　主有大失于上，臣有大罪于下，索国之不亡者，不可得也！

这就是韩非，灵魂被撕成碎片燃烧的悲剧实践家。

这就是《韩非子》，古典政治理论的最高峰，古今中外无可超越。

这就是《韩非子》，一口奇绝的双刃剑，运用之妙存乎一心。

咒骂也罢，赞誉也罢，要了解中国政治，谁都绕不开《韩非子》。

赵雍：战国时代最为英雄浪漫的国王

英雄又浪漫的人物与故事，在历史上极少极少。

因为，英雄之行难，浪漫之行亦难，英雄兼具浪漫，则难之又难。常人尚且如此，一个国王要想英雄浪漫，简直是自己拽着自己头发要上天——想得再疼也是梦。可是您别说，历史上还当真有这么一位国王，其英雄功业如烨烨雷电，其浪漫挥洒如烁烁流云，堪称前无古人后无来者，不得不让你激赏感慨，不得不让你万般喟叹。

这个国王，就是战国之世名震天下的赵武灵王——赵雍。

很多人知道"胡服骑射"，可是这些人未必知道胡服骑射的发动者与领导者，就是赵武灵王。更很少有人知道胡服骑射成功后，赵武灵王的英雄功业与浪漫悲剧的人生。战国赵武灵王的代表形象是，一身雁翎胡服，一匹雄骏胡马，一口锋锐战刀，率领骑兵军团飓风般飘飞在广袤的阴山草原。可是，赵武灵王还有另一个形象：在他雄武身影的光环上，总飘荡缠绕着一朵雪白的流云，一个美丽的草原牧羊女。

说起来，赵武灵王的故事，更像一个远古传奇，而不像历史记载。

然而，这一切恰恰是历史，而且是没有任何争议的真实历史。

武灵王，名字叫赵雍，是肃侯赵语的儿子。肃侯赵语在位二十四年病逝，赵雍即位时，应当不到三十岁。其时，正是战国中期，国际形势是，天下已经有过了两次大变法浪潮，秦国已经一强独大，威慑天下。山东六国，则正在风起云涌地不断发动合纵抗秦运动。但是，由于缺乏真正强大的轴心国，六国合纵抗秦，屡起屡败，一片颓丧，弥漫山东。

这时的赵国，处境很是艰难。一是小——国土被林胡、楼烦、匈奴、中山国等敌对势力大大压缩；二是穷——半农半牧，商业闭塞，民生凋敝；三是弱——民众尚武，军队战力尚可，但数量太少装备太差，被外患压得喘不过气来，长期无力争霸中原；四是国家体制落后——未经变法，官制简陋，封地分治严重，无以凝聚国力；五是内斗激烈——民众族群私斗，军队有动辄发动政变之恶风。

面对如此重重艰难，赵雍以不可思议的沉着冷静，即位十九年只作调查研究，而没有实际响动。其间还自贬身份，将国君的"侯爵"降低到了"君爵"，比那个"三年不鸣，一鸣惊人"的楚庄王可是沉住气得多了。十九年之后，赵雍一飞冲天，虎啸而起，霹雳雷电一般推行了以胡服骑射为轴心的全面军事变革。就实说，胡服骑射只是一个响亮上口、让民众听得懂的改革口号，其实，这是一场以军事变革为突破口的大变法运动。

变法之后，赵雍一举称王，戴起了战国最后一顶王冠。

变法之后，赵雍亲率轻锐强大的骑兵军团，开始了连续不断的草原战争。短短几年，大败楼烦，大败林胡，大败新兴匈奴，大败北方草原所有胡族，将长期劫掠中原的胡患打得一蹶不振，一举驱赶到千万里之外的大漠深处。随即，赵国设置云中郡，将阴山之南的广袤地带全部控制在赵国手里。

征战第七年，赵雍称"主父"，让出国君之位，专事征战四年。四年之中，三次对中山国用兵，彻底拔除了这个打入中原几百年的胡族"钉子户",使赵国领土大为拓展,有了向中原伸展的坚实根基。在整个变法与征战之中,赵雍几次只带卫队深入林胡部族,探查胡人骑兵战力。又孤身深入咸阳,探查秦国实情。凡此等等惊险故事,无一不成为令天下瞠目的英雄传奇。

可以说,赵雍这个名字,是当时天下最响亮的英雄名号。

变法之后的十一年,是赵雍人生的英雄浪漫交响曲。

赵雍之浪漫,完全可以用"痴情传奇"四个字来概括。

还在赵雍即位尚没有起飞的第十六年,他做了一个美丽的梦。梦中,一个仙子般的处女对他弹着琴,唱着歌:"美人荧荧兮,颜若苕之荣。命乎,命乎,曾无我嬴!"从此,赵雍牢牢记住了那个梦中仙子,多次在酒宴中对人说及,痴心之像,溢于言表。当时,赵国一个小官吏吴广(不是秦末起义的那个吴广)听了这个消息,猛然想起自己的小女儿孟姚被夫人昵称为"娃嬴",心下不禁一动。

古意:娃者,美也;嬴者,众人眼中之美也。娃嬴者,美中之美也。

可见,这个孟姚是何等地美丽!

史书简约,将孟姚——后来被呼为吴娃——婚配赵雍的浪漫故事过滤掉了,直接跳跃到"孟姚甚有宠于王"一句了事。长卷历史小说《大秦帝国》很为这一过滤遗憾,遂演绎了一大篇赵雍的草原浪漫传奇,简直就是一曲活生生的战国草原恋曲。

后来,吴娃生了一子,名赵何。在儿子长到少年时,美丽多情的吴娃死了。赵雍因痴爱吴娃,非但大举厚葬,且在吴娃死后不顾重臣反对,决然废黜了前妻所生长子赵章的太子之位,决然改立赵何为太子,并立即即位称王。后来,在一次朝拜大典上,眼见长子参拜弟弟的可怜相,赵雍又大大不忍。于是,重新起用长子赵章为大将。后来,赵雍又要谋划将赵国两分,使赵章与赵何同时为赵王。

英雄赵雍的悲剧,从此开始了。

赵雍因情而生的轻率决策,激起了沉睡赵国的兵变传统。

两个儿子各有政治靠山，一场残酷的内争，在秘密的情境下生发了。长子赵章褊狭，为夺王位，借护卫赵雍在吴娃陵寝沙丘宫避暑为由，假传"主父"之命，宣赵何议政，企图在沙丘宫借机杀害赵何，而后强行逼父亲退位，自己称王。少年赵何（孝成王）尚无主见，在赵成、肥义等一干重臣支持下，打败了赵章人马，逼杀了赵章。后因畏惧赵雍威势乱国，又将赵雍软禁在沙丘宫，断粮三月有余。

最后的岁月，赵雍饱受饥饿摧残，连沙丘宫树上的鸟蛋都吃光了，终致活活饿死。

生命的最后一曲，是赵雍人生最悲怆的命运交响曲。

谥法：武，军功宏大也；灵，诡异神秘也。

武灵王之谥号，不亦奇哉！

赵武灵王的故事，是一曲令人荡气回肠的先祖英雄交响曲。

赵武灵王的命运，又是一曲令人感慨万千的政治命运交响曲。

赵佗：岭南文明的第一座丰碑

岭南文明的开发，是一条漫长的披荆斩棘之路。

这条道路的历史转折点，发生在秦末汉初时期。

这个转折点矗立的文明历史坐标，是一个伟大的帝国将军——南海尉赵佗！

就中国古典时期的地理形势而言，整个岭南地区很是广袤。若以秦帝国划定的岭南三郡为界，当时的南海郡、桂林郡、象郡，大体包括了今日广东、广西、海南全部，以及福建一部分、云南一部分、贵州一部分、湖南一部分、越南大部分。若以西汉设置的交州（交阯刺史部）为界，则范围更大。事实上，当时的岭南地区，还包括了岭南秦军管辖的会稽郡、闽中郡，即今日的浙江省、福建省。因此，我们可以称之为"大岭南"。

那时的岭南、闽南、浙南，都是交通闭塞、山水险恶、气候酷热、自然条件非常恶劣的地域。粗朴的渔猎采摘，简单的刀耕火种，以及城堡族群几近原始习俗的散漫聚居，是当时岭南最基本的生存方式。因为闭塞，因为落后，在整个夏商周三代，岭南地区没有大的文明信息进入华夏族群的历史记载。当然，这不能包括当代考古发掘所证明的早期文明足迹。

大岭南地区有效融入华夏文明的脚步，是从战国时期楚国开始的。

但是，楚国对岭南的涉足，大体还只是象征性的"遥领"。也就是说，楚国以半用兵半谈判的方式，使岭南诸多部族"臣服"，成为楚国的"朝贡"小诸侯。这种遥远的朝贡统辖方式，没有实际治理权、赋税权，也没有军兵征发权，比西周的联邦诸侯制还要松散。这就是"遥领"之治。正因为如此，楚国广拥岭南万里土地人众，其轴心实力却只在淮南与淮北，以及江南江东的小部分，始终无法与土地人口少得多的中原战国真正抗衡。

直到战国末期，秦帝国统一战争的历史风暴前，岭南状况没有任何实质性变化。

所以，楚国对岭南的涉足，仅仅是历史的"预热"阶段。

岭南历史的转折，是随着秦国大军南下灭楚开始的。

始皇帝亲政，以王翦、蒙恬重建新军，齐刷刷涌现出一大批年轻将领。当时，真定（今属河北）人赵佗是秦籍赵人，也就是战国后期迁入秦国的赵氏家族之后裔，是秦国大军中最年轻的将军。因为名将之多冠绝一时，也因为年轻需要锤炼，赵佗在灭六国大战中未曾崭露头角而见诸史书。在王翦统率举国六十万大军南下灭楚时，赵佗依然是年轻的方面将军，隶属于当时的南海尉屠睢所部。依据赵佗后来的行为秉性，此时的赵佗，一定是个勤奋、勇敢、沉稳、扎实，而且颇有政治才能的青年将军。若与战国人物相比，赵佗与马服君赵奢的作风极为相似——既富将才，又富政才。

赵佗形迹见诸史书，是从秦军越过五岭，进入海天南疆开始的。

始皇帝统一中国后，有两个最重要的着力点：第一是北进反击匈奴，第二是南进整合岭南。秦帝国主力大军全部部署在这两处：九原大军三十余万，岭南大军二十余万。所以要动用主力大军南进，是基于当时岭南的实际状况：山锁水封，行进艰难；自治族群林立，相互恶斗不休；非主力大军不足以披荆斩棘，不足以靖乱安定大局。为此战略方针的实施，秦帝国动用了举国之力，而且经历了一次惨痛失败，才全力以赴地开进了岭南。

王翦灭楚之后不久就病逝了。此后，秦军南下的第一任统帅是大将屠睢。初次进军岭南，秦军选定的路线是经会稽郡（今日浙南）南下，经闽中郡（福建）进入岭南三郡。结果，这场南进战争遭遇到"百越"族群丛林游击战的顽强抵抗。秦军断粮，屠睢战死，士兵严重损失。第二次，帝国以任嚣为统帅，配置水军同时作战。同时，秦军又开凿了灵渠水道、陆上的杨越新道，保障后勤输送。这次，秦军才从中南五岭打开通道，正式进入岭南三郡，并同时辖制闽浙两郡。

这时，赵佗的职位是"龙川令"——镇守龙川地区的司令官。

任嚣大军时期，帝国始皇帝君臣，对整合岭南采取了三大政策。

第一，大规模修建了杨越新道，使穿越五岭险难大大改善。

第二，动用军力大规模开凿了灵渠，连通了长江水系与珠江水系，使军粮辎重能以当时最小的代价输送岭南。

第三，向岭南移民三十万，其中有未婚女子一万五千人或三万人，以为帝国主力大军在当地实施后援的根基力量。由于这次大移民，才有了"岭南大军五十万"之说。实际上，这五十万开进岭南的中原人，是一支军民合体的巨大开发力量，而不是单纯的军队。此时的赵佗，正是这"五十万大军"的骨干之一。

赵佗走上历史舞台，是从担任帝国岭南大军统帅开始的。

此时的赵佗，已经担任南海郡的龙川令近十年了。

龙川，是今日广东省梅州市西南地带的一个县，是当时越过五岭之后的第一座险关要塞，地理位置特别重要。在岭南军政一体的情况下，帝国大县的县令是等同郡守的高阶大臣，是"上马治军，下马治民"的绝对一把手，非军政通才的将军不能出任。可见，当时的赵佗，已经是南海军出类拔萃的将军了。

正在岭南大军全力整肃地方之际，秦始皇帝骤然病逝了。

栋梁摧折，帝国大厦轰然崩塌，这是历史的悲剧。

河山板荡，国家危难，不期使赵佗这颗文明巨星，骤然升起在南疆天宇。

在五十万南海军驻守岭南第十三年的时候，陈胜吴广起义了，大动荡来临了。其时，恰逢南海军总司令任嚣病危。此时，南海军与帝国中央已经失去了联系的可能。临终之时，任嚣断然将权力移交给了沉稳而极富勇略的赵佗。任嚣的最后叮嘱是三点：其一，断绝杨越新道，以防中原"盗兵"（起义军）祸及岭南。其二，以番禺为轴心城堡，以五十万中原军民为依托，自立岭南，建立诸侯政权，等待中原变化。此点原话是："番禺负山险阻，南北东西数千里，颇有中国人相辅，此亦一州之主，可为国。"其三，军中官员将佐，没有人能理会这等战略构想，只有将后事交给你了。

于是，赵佗做了南海尉，成了帝国南海军与闽越军的总司令。

中原连年动荡，帝国五十万军民孤悬岭南。当此之时，赵佗的方略决断，事实上将深远地影响着岭南文明的历史命运，也必然地决定着南进军民的群体命运。如果赵佗是一个毫无文明襟怀的野心勃勃的政客，他完全可以利用南下军民对中原暴乱势力的仇恨，向最南端的九真郡、日南郡（后世的越南）渐次撤退，建立彻底脱离中原文明的独立王国。

可是，赵佗没有这样做。

基础的原因，当然是帝国南下军民的华夏情怀，不是滋生此等野心的社会土壤。

更为直接的原因，却是赵佗的中国文明襟怀。

让我们以文明审视的目光，来看看赵佗的历史足迹吧。

秦亡之年，赵佗率南下军民建政，诛杀了企图乘乱滋事的旧部官员，重新立定了各郡郡守，又击溃了企图驱赶帝国大军的岭南暴乱部族，自称"南越武王"。这便是《史记》所称的"诛秦所置长吏，以其党为假守……击并桂林、象郡"的史实。

赵佗此举，在天下动荡中真正安定了岭南大局。

此后十余年，赵佗在岭南实行仿效秦治的变法，使岭南文明大大跨上了一个历史台阶。据《汉书·高祖本纪》载："粤人之俗，好相攻击。前时，秦徙中县之民南方三郡，使与百粤杂处。会天下诛秦，南海尉它居南方，长治之，甚有文理。中县人以故不耗减，粤人相攻击之俗益止，俱赖其力。"也就是说，在赵佗自立的年代里，中原南下军民的人口非但没有减少，而且还成功遏制了百粤部族的相互残杀。

无疑，这是开拓岭南文明的伟大历史贡献。

汉高帝十一年，汉高祖刘邦派遣陆贾为特使，正式承认赵佗王号，定其辖境北至长沙。

刘邦死后的吕后当政时期，封锁了中原与南越的商路，并诛杀留在中原的赵佗宗族，掘烧赵氏先祖墓地。赵佗大怒，发兵攻长沙，大败汉军两次，打通了岭南商路。因愤怒于吕后政权的作为，赵佗称"南越武帝"，与中央汉室同等帝号。

汉文帝元年，欲解决南粤问题，又以陆贾为特使修好，愿意承认赵佗帝号以修好。特使陆贾抵达，得到赵佗的隆重接待。赵佗谦卑地自称"蛮夷大长，老夫臣佗"，坦诚地表示："妄窃帝号，聊以自娱，岂敢以闻天王哉！"其行为是"乃顿首谢，愿长为藩臣，奉贡职"，汉文帝闻报，大悦。

汉景帝即位，赵佗派使称臣，并朝贺，以诸侯自居。也就是说，赵佗的态度很明确：西汉中央政权只要善待这支帝国遗民及岭南之地，岭南诸郡便无条件归附中央节制。否则，我便要用实力教你清醒过来。历史已经证明，赵佗的战略是促使西汉改变沙文主义，并促使岭南和平化入中国的正确方针。

赵佗对汉文帝的回书，百味俱在，择其核心，录之如下：

> 老夫身定百邑之地，东西南北数千万里，带甲百万有余，然北面而臣事汉，何也？不敢背先人之故。老夫处粤四十九年，于今抱孙焉！然夙兴夜寐，寝不安席，食不甘味，目不视靡曼之色，耳不听钟鼓之音者，以不得事汉也……老夫死骨不腐，改号不敢为帝矣！

一句"不敢背先人之故"，浸透了多少南下老秦人的血泪？

赵佗的动人之处，在于他是最后一个充分体现了秦帝国文明襟怀的秦军名将，也是老秦人族群中最后一个具有天下风骨的首领。将军之"先人"者何？老秦人族群也。"先人"之精神何在？在维护华夏文明统一的铮铮风骨，在宁舍小群之利而顾全大局的天下胸襟。六十余年赤心不改，赵佗与中原南下军民一起，终使岭南三郡完整复归华夏文明体系。

历史地说，赵佗军民是开发岭南文明的第一支真正的客家人。

赵佗，是岭南文明的一座历史丰碑。

这位赵佗老王，在位六十七年，据说年逾百岁，惊人的高寿。

岭南一抔土，秦人万古魂。

而今的岭南人，血脉里一定流淌着古老秦人的热血。他们柔韧强毅，每每在时代转折时求变图存，顽强发展。尤其在近现代史上，岭南人更是光华灿烂，令人无限感慨。作为中国人，让我们记住赵佗这个老秦人的名字，记住那支不远万里跋山涉水去到岭南的帝国大军，记住那群作为第一批客家人的中原移民，记住我们的文明足迹。

　　　　　　　　　　　　　　　　　　　　　　　文明新论

赵佗这个名字，在岭南可谓如雷贯耳。

但在中土地区，在赵佗将军的故乡，赵佗这个名字，却已经是鲜为人知了。

跋

积微深掘　理我文明

一

在战国思想家群中，荀子的"积微"说是一剂醒世良药。

战国时代，是"大争之世，多事之时"。当其时，举凡出色的政治家、实业家、学问家，都在关注如何通过"大事"中的"大举"来建立煌煌功业，实现各自不同的国家目标与人生抱负。荀子却别有一番考量，在著名的《强国》中以两百余字的专段，提出了"积微者速成"的理论，主张治国做事的要害是先扎扎实实做好每天的小事、琐事，而不能厌弃小事，一味坐等大事来临。

这篇短文论述透彻，语言精到，全文录之如下：

积微，月不胜日，时不胜月，岁不胜时。凡人好敖慢小事，大事至，然后兴之务之。如是，则常不胜夫敦比于小事者矣！是何也？则小事之至也数，其县日也博，其为积也大。大事之至也希，其县日也浅，其为积也小。故，善日者王，善时者霸，补漏者危，大荒者亡！故，王者敬日，霸者敬时，仅存之国，危而后戚之。亡国，至亡而后知亡，至死而后知死。亡国之祸败，不可胜悔也。霸者之善箸也，可以时托也。王者之功名，不可胜日志也。财物货宝以大为重，政教功名者反是，能积微者速成。诗曰："德辖如毛，民鲜克举之。"此之谓也。

我按重新整理的语序，翻译一下这段话：

积微以成功，岁不胜季，季不胜月，月不胜日。

凡人都怠慢小事，总是在大事来临时，才专心忙活起来。这样的人，实际上常常不如那些认真处置每日小事的人啊！为什么？小事很多很多，每天都有，耗费的精力时间很多，但累积的成果也大。真正的大事，发生得很少，耗费的时间与精力也少，其积累的成果也少。（譬如国家大事如战争，如灾难，如盟约，如变法等，不会是天天都有的。）

所以，善于每日认真处置小事者，可以达到"王"的功业；能够在一季之中处置积压事务者，可以达到"霸"的功业；如果仅仅是临事修补漏洞者，就很危险了；如果从来荒疏、不理日常政务，一定是要灭亡的！

所以，能够王天下者，看重每一日；能够霸天下者，看重一季之事；奄奄仅存之国，便只有在亡国后空自忧戚了。这些亡国者，总是在亡国危机来临时才知道危机，在死亡来临时才知道死亡。殊不知，导致亡国的祸败根源，是无法用后悔来弥补的。霸者所以彰显天下，在于尚寄希望于每季理事。王者之大功，则在于数也数不清的每一日的积累。财宝，是越大越重越好。国家政事则相反，能够每天认真处置政务，积累微小之功，实际上成功最快。《诗经》云："大德如鸿毛之轻，可常人很少有人能举起它来。"说的就是这个意思。

荀子的意思是很清楚的，是专门告诫那些贪大弃小、好高骛远者的。

这既是一种为政精神，更是一种做事精神。就其精神实质而言，适合于任何一个领域的从业者。对于治学，荀子的"积微说"，更加具有深刻的意义。

二

梳理中国文明史，是一个远大的目标。

但是，这一远大的目标却隐藏在扎扎实实的每一件小关节之上。

我们说的这种"小关节"，不是对于历史事件的排列叙述，不是对于无数细节的细致考订，等等。尽管，这些技术性梳理，也是很重要的，也是很需要的。但是，毕竟我们民族对于具体历史进程的整理与记录，已经达到了世界最为详尽的地步；尽善尽美固然好，但已经不是我们的当务之急了。我们的当务之急，我们面临的历史需要，是尽可能地厘清中国文明史，以科学时代的文明理念重新解读我们的历史，从而尽可能明晰地确立我们文明史的若干重大坐标，明确我们的文明传统中的核心价值观体系，为我们民族面临的新文明跨越创造新的语言谱系，实现我们民族的文明话语权。

为此，我们所需要的"小关节"积微，不是对历史事件与历史人物的无休止考订，而是对于每一重大历史事件、每一重要历史人物的重新解读，重新评估，重新定位，而是重新发掘我们文明传统的核心价值观，分析其究竟表现在什么样的历史形式之中，从而为我们民族提供实现新文明跨越的精神资源。

从总体上说，我们的人文历史领域，已经沉湎于记录工作、考订工作两千余年，迄今为止，仍然沿着这一巨大的历史惯性在滑行。作为承担中国文明反思重任的基本阵地，中国的人文学界，应该到了走出对历史进行技术性梳理的时候，应该到了对我们民族的文明史进行大规模理论整理的新时期。如果不能树立这一方面的基本共识，不能跨出文明反思的新步伐，中国当代的人文历史学界将被历史判定为失去感悟能力的平庸一代。

我们的文明在自己本土绵延相续五千余年，成为世界唯一，其中最主要的文明生存发展的历史经验是什么？我们的文明传统所形成的核心价值观体系究竟是什么？仅仅是儒家价值观吗？汉武帝时期"罢黜百家，独尊儒术"，将我们民族的思想多元化传统扭曲归结为"独尊"的宗教式一元化法则，应该如何评价这一文明史上的大转折？我们对于中国文明传统的扬弃继承，究竟是仅仅以儒家体系为基础，还是应该以春秋、战国、秦帝国三大时代的多元化思想体系为基础？我们的政治文明传统中，究竟隐藏了什么样的核心价值观，值得我们继承的良性遗产究竟是哪些方面？统一的中央集权制、宗法制、科举制等最基本的古典社会制度，在我们的文明发展中有没有历史坐标的意义，有没有值得继承的方面？

凡此等等基本问题，以及与之相联系的无数文明史问题，都构成了我们无法回避的重大历史任务。在当代世界，中国的重新崛起，已经成为一个世界无法回避的基本问题。世界需要清楚中国，中国也需要清楚中国。在人类各个文明体系正在努力寻觅减少文明冲突与国家冲突的时代，重新崛起的中国能否向全世界清楚地表述自己的生存价值观与核心价值观体系，是中国融入世界的一个最重大问题，也是中国维护自己核心利益的最基本问题。能否克服我们在中国历史传统、中国文明核心价值观方面的失语状态，是我们民族在新的世界生存状态下的一个历史瓶颈。

英国政治家撒切尔夫人，曾经这样评判当下中国的文明价值观失语状态："中国的崛起并不可怕。因为，中国是一个不输出价值观的国家。在历史上，凡是不输出价值观的国家，都不会构成威胁。"请注意，所谓"不输出价值观"，在西方语言方式中有三层实际内涵：一则，这个国家不发动对外革命式的改造行动；二则，这个国家的文明价值观不明确，无法对世界清楚表述；三则，这个国家在重大生存利益问题上，没有基于历史传统而产生并能清晰表述、严格坚持的核心价值观，实际上是无可输出，几乎是没有自己的核心价值观。

悲矣哉！拥有五千余年文明史的中国，竟落得如此含混的一个世界形象。

不管我们如何坚持宣传某些自认为很清楚的价值理念，譬如礼仪之邦、德服四邻、德治仁义、和谐太平、孔孟之道等，世界大多数国家就是不理解，加上不相信。为什么？基本原因只有一个，这些自我唠叨都不是我们历史上曾经反复表现的坚实的国家行动，不是我们的文明根基。中国文明根基（核心价值观体系）究竟是什么？中国人说不清，世界自然也说不清。但是，外部世界对中国至少有一个最基本判断：中国自己宣传的那些东西，与中国的国家历史行为不符合，所以绝不是他们的历史根基。

那么，我们的文明根基究竟是什么？

我们说不清吗？不。许多人（譬如以儒家为根基的传统学人）认为，我们与我们的国家，已经说得非常清楚了，只不过世界不理解而已。

我们说得清吗？不。许多人认为，中国文明问题、中国文明传统所形成的核心价值观体系问题，还远远没有说清；笼罩秦后历史与弥漫当下社会的儒家理念，只是我们文明史中的一家，远远不是全部，更不是主流根基。

我们不怕问题。问题总能解决。

可怕的是，我们回避问题，自以为没有问题。

所以，从提出问题开始，我们民族的文明梳理工程就倍加艰难。

我们只能一点一滴地努力，一点一滴地澄清，是为积微。

三

在重读中国文明史的大目标中，重新解读秦文明是一个核心问题。

秦帝国所建立的统一文明体系，构成了我们民族成熟的统一文明的开端。但是，在此后的两千余年历史中，秦帝国与秦文明却被无限度地抹黑了，被无限度地妖魔化了。这种对轴心时代的扭曲悲剧，构成了重读秦文明之所以成为重读中国文明史之核心的最基础原因。

阁下所翻开的这本书，正是我将近二十年来重读秦文明史的一些基本思索。

特别值得一提的，是我的老朋友、老同学董健桥。他是武汉大学哲学系硕士，陕西省地方志办公室副主任、高级编审，是很有成就的文献专家。在我的《中国原生文明启示录》（编按：即本套《中国原生文明论》中的《原生文明》一书）与本书成稿后，健桥为我进行了认真仔细的文献校对，也提出了诸多技术修改意见，为这两部书的出版付出了辛勤的汗水。尽管是数十年的老朋友了，还是要道一声感谢。

积薪者众，大火始能燃烧。

积微者多，大功始能告成。

我们的道路很遥远，我们的工作很艰难。

但是，我们有信念，不气馁，日每积微，终能积跬步以成远足。

孙皓晖

2011 年冬

于海口积微坊

2021 年

修订于海口积微坊

文
景
——
Horizon

社 科 新 知　文 艺 新 潮

中国原生文明论. 原生文明·国家时代·文明新论
孙皓晖 著

出 品 人：姚映然
责任编辑：但　诚
营销编辑：胡珍珍
封扉设计：东合社·安宁

出　　品：北京世纪文景文化传播有限责任公司
　　　　　（北京朝阳区东土城路8号林达大厦A座4A　100013）
出版发行：上海人民出版社
印　　刷：山东临沂新华印刷物流集团有限责任公司
制　　版：南京展望文化发展有限公司

开 本：700mm×1020mm　1/16
印 张：121　字 数：1,541,000　插 页：9
2024年1月第1版　　2024年1月第1次印刷
定 价：598.00元
ISBN：978-7-208-18362-9 / K · 3297

图书在版编目（CIP）数据

中国原生文明论. 文明新论 / 孙皓晖著. 一上海：
上海人民出版社，2023
　ISBN 978-7-208-18362-9

　I.① 中… II.① 孙… III.① 文化史-中国-文集
IV.① K203-53

中国国家版本馆CIP数据核字（2023）第131009号

本书如有印装错误，请致电本社更换 010-52187586